第三届

两岸华文教师论坛文集

Liang'an Huawen Jiaoshi Luntan Wenji

贾益民●主编

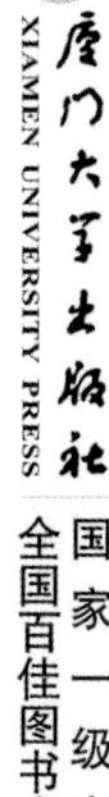

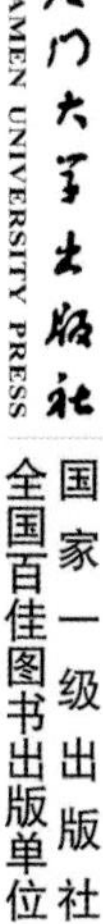

厦门大学出版社
XIAMEN UNIVERSITY PRESS
国家一级出版社
全国百佳图书出版单位

华文教育发展的支撑体系（代序）

——在第三届“两岸华文教师论坛”上的报告

贾益民

尊敬的董鹏程先生，尊敬的黄奇教务长，尊敬的各位专家、各位学者：

大家早上好！

昨天听了一天大家的报告，今天上午又听了梁教授的一个报告，非常地高兴，大家的研究非常深入，探讨的问题对今后学术建设具有很大的指导性。接下来我的这个报告，是自己就华文教育建设发展过程中的一些问题、一些思考，谈一些个人的看法。

我觉得现在我们全球华文教育的发展，还需要进一步做一个顶层的设计，从大陆方面来讲，尤其如此。那么这个顶层的设计，应该怎么样来思考？这个问题，这些年来，国内的有关机构和有关的部门，有些专家学者也都在探讨。前一段时间我去北京参加了一个座谈会，在这个座谈会上做了一个即兴的发言。我今天的这个报告实际上就是那个发言中的一个部分，在这里和大家汇报一下，谈谈个人的一些想法， 请各位专家学者指正。

华文教育从大陆的中央政府来讲，现在是高度的重视，我想大家都听说过，习近平先生在 2010 年的时候曾经讲过一段话，这一段话可以概括为三个字：根、魂、梦。团结统一的中华民族是海内外中华儿女共同的根；博大精深的中华文化是海内外中华儿女共同的魂；实现中华民族的伟大复兴是海内外中华儿女共同的梦。所以我们可以把“根、魂、梦”再延伸一下，可以认为我们的华文教育实际上就是三大工程：留根工程、铸魂工程和圆梦工程。实际上这里已经昭示了华文教育在实现中国梦过程当中的重要作用。

我们说华文教育作为在实现中华民族伟大复兴过程中的一个重要桥梁和平台，实际上是传播中华文化的一个重要平台。海外有 5000 多万的华人华侨，有的说远远不止这个数字，究竟有多少，也缺乏田野调查，现在通行的说法是五千多万，有的说是八千多万，有的说可能已经超过一个亿了，因为还有些八分之一、十六分之一血统的没有办法统计起来，反正是一个很大的社会群体。如果就按五千万或者 8000 万的这样一个数字，相当于世界上一个中等以上大国人口的总数。这些人分布在全世界 160 多个国家和地区，他们在传播中华文化方面，在帮助其他外国友人来了解、认识中华文化方面发挥的作用是多么的大。

实际上外国朋友外国人接触中国文化最早的时候可能就是从他身边的华人华侨开始，他们从华人华侨社会、华人华侨社区、华人华侨社团或者华人华侨朋友的身上来认识中华文化的点点滴滴，然后从此引起他对中华文化、对中国人的兴趣，逐步地去扩大对中华文化的了解和认识。那么这里面，华人华侨起了很重要的桥梁作用。但是非常遗憾的是，我们的第二代第三代甚至第四代（华裔子女）已经不会讲汉语了，更谈不上对中华文化的传播了。所以（要）对这些华人华侨子弟进行华文教育，使他们在传承中华文化的同时，能够肩负着向世界各国朋友来传播中华文化的重任。中华文化在世界上的地位和作用会进一步地展示，我想我们这样的话，会改变整个世界对中国历史文化、对中国现实乃至对每一个中国人的态度。我们知道现在世界上对中国、对中国人有很多误解、偏见，甚至是有意见，因为现在在海外看到传播中华文化的东西太少太少。所以华文教育作为传播中华文化的一个重要平台，它将发挥非常重要的作用，所以大陆提出来中华文化“走出去”这样一个战略，就是要致力于提升中国的软实力。

现在中国经济的发展大家有目共睹，但是在这个过程中，我们看到我们的文化的提升，在世界范围内文化地位的提升还处在一个滞后的状态。我们看到现在在中国大陆，甚至在港澳，在台湾可能也会有这种情况，甚至在其他国家，我们看看坐地铁的，坐计程车的那些小孩子手里面捧的大部分都是日本动漫的东西，打开手机、打开电脑玩的游戏（也都是日本动漫的东西）。作为这种东西，中国出去的非常非常少。看起来是一种游戏，看起来是一种消遣、一种娱乐，但实际上他在接受某种文化的熏陶，而为什么我们博大精深的中华文化，我们有这么多的这么美好的、这么丰富的、这么生动的中国故事，为什么就不能出现这样的文化产品，行销全世界？我们想一想，现在走到全世界各地，到商场里、到旅游景点看到的东西，哪里生产的？很多都是 made in China，但是我们的文化产品看不到，（或者）很少很少。这也显示了一个国家、一个民族、一种文化的地位和作用，显示了文化的一种“软实力”，但是我们现在是非常缺乏。所以我认为华文教育在这一过程中应该肩负着非常重要的历史责任，它在中华文化“走出去”战略当中的作用应该说是不可替代的。

同时我们看看，中国经济发展了，但是世界经济处在一个什么样的状态，而且这种世界经济的发展带来的世界的安全问题是什么，给中国造成的周边的安全环境又是什么，这里面的问题也相当多。中国周边 30 多个国家，除了大国关系之外，中国现在面临的就是周边国家关系。而实际上我们的华侨华人最集中在我们周边的这些国家，尤其是东南亚各国。那么中国要和平发展，和平崛起，中国要奔向小康，要全面实现现代化进程，全面提升人民的生活水平、幸福指数，那么她必须要有一个安全稳定的国际环境，要有一个安全稳定的周边环境，那这需要什么？除了国家政府间的外交之外，更重要的是依靠公共外交、民间外交。我们看到，在周边，乃至在世界大国当中，我们的华侨华人社会对维护这种安全稳定的环境，发挥了非常非常重要的作用。而华人华侨社会当中，要使这种安全稳定的环境继续稳定下去的话，我们不（能）仅仅立足于现有的这些老一辈的华侨华人，还需要继续做第二代第三代乃至后面几代人的华侨华人子弟、华裔子弟的工作，发挥他们在周边，在世界各国当中的作用，为整个中华民族的发展创造一种和平的环境。

我们看到华侨华人社会长期以来实际上对此作出了巨大贡献，而且华文教育在从中也起到了非常重要的作用。我们可以通过华文教育，通过汉语教学，通过文化的交流，通过教育的交流，去做这些国家的各个阶层，乃至政府高层的一些工作，来维持我们一个友好的国际关系（和）国际环境。中国在改革开放以来，实际上 90 年代以来，华文教育在这当中发挥了非常重要的一个作用。所以我们的华文教育不能仅仅就教育谈教育本身，仅仅局限在很狭窄的一个学术层面上，我们必须要把它提升到一个更高的战略高度，去认识我们所从事的这个事业的重要价值和意义。我想这是我们每个华文教育工作者应该要思考的、要承担的一份责任。

我们经常讲现在全球“汉语热”“华文热”，热到什么样的程度，远远不及全世界学英语的人的“热”的程度高。实际上我们要对这个“热”要有一个冷静的分析，要有一个冷静的思考，我们可以说汉语现在可以作为第二大外语，在全世界作为第二大外语，但是和第一（外语）之间差得太远，不是紧靠在一起的，你一跨就可以越过去，这个历史进程还相当的遥远，但这是我们奋斗的一个目标，就是要缩短这个距离。

我（们来）看看就是在现有的这个背景下，学习汉语的、学习华文的究竟是哪些人。我们可以看看东南亚，看看美国，看看加拿大，这些华人华侨聚集最多的地方，是华文教育开展、汉语教学开展最好的地方，学习者绝大多数是华人华侨子弟，是华裔子弟。2007 年的时候我就发表过一篇文章，在汉办主持的一个座谈会上我做了一个发言，根据我们了解的情况，研究的成果，谈到了这一事实，后来国家汉办还有点不太高兴。因为你这么多学习者都是华侨华人了，那汉办做的多少事情，数以百计的孔子学院和孔子课堂，你看注册的学习汉语的学生究竟有多少人，我们遍布全球各地的几万所的华人华校里面有多少老师和多少学生？这个情况，我想没有必要列举具体的数字，这些国家的基本情况就是这样的。美国与加拿大，东南亚的像泰国、印度尼西亚、马来西亚、新加坡等等，算一算、想一想就可以想得出来，绝大多数学习者还是华侨华人，所以我们说“汉语热”“华文热”，“热”在哪里，实际上还是“热”在华侨华人这群人身上，那这个就值得我们深思。

这个“热”受到一定的局限，发展相对来讲还是比较缓慢的。而且我们看到华侨华人社会当中在华校里面学习汉语的这些孩子处在一个什么样的状况呢？基本上都是年龄比较小的阶段学习积极性比较高，当然这些学习积极性不是来自于他本身，而是来自于家庭来自于家长，那么年龄稍微大一点，家长管不了的时候，他就不学了。那为什么我们不能吸引他一直学下去呢？这个原因在什么地方？我想这里面有一个教学质量的问题，也就有一个“教什么”和“怎么教”的问题。梁教授刚刚谈到，高程度的华语文教材的编写需要注意的问题，这实际上在一定程度上也反映了这些方面的一些问题。

我们不要去教那个什么“相提并论”或者“筚路蓝缕”这些高难度的词，咱们换一个形式，“一路走来很艰辛”就很通俗易懂。这里面有一个“教什么”、“教多少”和“怎么教”的问题。我说这个是有依据的。我在暨南大学的时候编写了一套教材，叫《中文》，1997 年发行到现在，每年发行 200 多万册，到现在已经发行 2500 多万册了，这是最保守的估计，还不包括在海外他们自己印的，印多少，我们也没有数，因为我也从来没有拿过版权，我要是拿版权，我们编写组的成员早就发家致富了。但是我们看到我们的《中文》教材从小学一年级到六年级一共 12 册主教材，24 册练习册，还有 12 册教师手册。那我们看看我们教材的发行情况，基本上是第一册到第四册发行量占了三分之二，第五册第六册就少了很多，第六第七册第八册以上就非常少了，到十、十一、十二很少很少，凤毛麟角。这是为什么？这说明不是说他学到了第四册、第五册就改教材，不是换了其他教材，很多是终止学习了，不学了，是这样的一个状况。也许是我们的教材编写得有问题，没有吸引他再一进步地学下去，如果你有更好的教材吸引他继续学下去也行啊，但是我们看也没有出现这种状况。我们希望有更好的教材能够替代《中文》，吸引更多的孩子去学习，但是我们现在也看不到。所以学生流失的这种情况，在很大程度上说明我们在教学方面存在很多问题，所以怎么样来提高教学质量，提高我们华语文教学、汉语教学的这种吸引力，吸引这些孩子学下去。这个我觉得非常值得重视，值得去思考。

我们现在希望做普及的工作，希望读的人越来越多，而且我们希望这些孩子发动起来，让他们继续读下去，但是事实不是这样。这个“量”和这个“质”怎么样来同步发展，这个值得我们进一步去思考。怎么样提高教学质量？我想我们这里应该想办法把华文教育支撑体系建设（好），我们有一些支撑体系，（但）就是归根到底我们教学质量上不去，或者是吸引不了（学生），我们在基础性工作方面就有很大的缺陷，值得我们去深思，而且这些基础性的工作我觉得是支撑我们华文教育继续生存、进一步发展的很重要的一些因素。所以这里面我就提出，我们五大支撑体系的建设，这也是我们华文教育的最基础性的一个工作，但是我们看看这样一些体系建设，实际上我们现在还有很大的缺陷。我这里提出来五大支撑体系，大家可以讨论，也可以提出其他想法，我想大概这五个方面是最基础的、最重要的。

我们首先看华文教育的教学标准体系建设。我们现在缺乏一个统一的华文教育大纲。我们现在在编教材，编教材依据什么教学大纲，从教育学上来讲，首先你要有教学大纲，也就是对整个教学有一个总体设计，在这个总体设计的基础上来编你的教材，在总体设计里面来确定你的教学目标，你的教学的“质”和“量”的规定性。教多少，教哪一些，你的对象是什么，对象的特点是什么，他的需求是什么，（以此）来确定教多少、怎么教。在这个基础上我们再来编教材，有了这个教材，实施教学，我们才可以依据这个进行教学的评估，去进行教学的测试，甚至是华文能力的水平测试，我们再搞测试大纲，再编教材，但是前面这个东西没有，所以我觉得华文教育再进一步地提升质量的话就成了无根之木、无源之水。所以我提出来华文教学标准体系的建设是非常重要的，而其中最核心的是教学大纲。

我们看到大陆的对外汉语教学从最早的时候，一直发展到现在的汉语国际教育的这个大纲体系，从原来的在大陆内的对外汉语教学，也就是在大陆接收外国留学生学习汉语、学习华语，发展到走出国门、走向世界，在国外来进行汉语教学，所以对外汉语教学的概念转化为了一种汉语国际教育的概念，我们看到他们教学的设计是一步一步紧紧在跟上，到现在为止基本上已经完成了总体设计的这样一个转变，而且基础建设也都有，都全面。我们很多教授都参与了这些基础性工作的设计，我也参与了其中一些。但是我们看到我们华文教育，从华文教育这个层面，也就是面向海外的华侨华人子弟的汉语教学、华语文教学这个层面来讲，我们看看，没有。当然也可以说，对外汉语、汉语国际教育的大纲也可以用啊，它基础性的一些东西我们也可以用。但是我们想想，它毕竟不叫做华文教育，因为它的教学对象是什么，它设定的教学对象是以非华人华侨子弟为主的、面向非华人华侨的、外国人的汉语教学，而且它面向的主体是以成年人为主。我们的对象是什么，是华人华侨子弟，华人华侨子弟是什么，是以少年儿童为主的（群体）。到海外几万所的华文学校里面看看，基本上都是这些孩子。所以他们的教学大纲拿到这些人的身上是不实用的。更不用说，我们的华文教育当中还有文化教学的问题在里面，我们说文化与语言并重，汉语国际教育它可以忽视文化的问题，以语言为主。那这样看的话，它的大纲显然忽视了这些问题，那我们怎么办？所以我觉得我们应该要建立一套我们华文教育自己的一种大纲体系，也就是说在教学上要有一个总体的设计，我觉得现在是我们华文教育必须要这样做的时候，这是我们的一个短板。

所以这个大纲，我觉得我们简单概括来讲，可以分为两类，一个是通用大纲，也就面向全世界各华文学校通用的大纲，我想这里不需要再解释很多，它（大纲）解决教多少、教什么的问题，甚至还包括怎么教的问题。那么在这个通用大纲的指导下呢，我们可以建立本土化的教学大纲，也就是面向不同国家和地区的本土化大纲，这种本土化大纲要在通用性的大纲的指导下，把它结合起来，体现不同国家和地区的华语教学的特殊性，它的差异化。

这里面讲到本土化，什么叫本土化，大家可以开专题讨论会，我建议以后我们可以专门讨论下什么是本土化的问题。对于本土化现在也有很多种解释，我们最简单的解释是认为，比如编一套教材，它注释的语言或者翻译的语言，用的是英语，那它就是面向英语国家和地区的，加上日语就是面向日本的，加上泰语就是面向泰国的，认为那就是本土化了，我们现在国家汉办搞了很多，一套教材有各个语种，那这叫本土化吗？我想这些都值得探讨。什么是本土化，在教学当中怎么体现，在教材当中怎么体现，还需要进一步探讨和讨论，但是我觉得我们要制定大纲的时候，这个问题一定是必须要解决的，因为如果你不解决的话，你很难根本解决本土化教学和本土化教材编写的这样一个问题。

从大纲上来讲，语言教学大纲这个相对来讲可能容易一些，我们也可以有各种参照。但文化大纲我们到现在见不到，文化究竟教什么，怎么教，中华文化她的核心理念是什么，核心价值在什么地方，我们传播中华文化，让他们认同中华文化，这个目的部分就是让他们认同我们的价值观，尤其华人华侨子弟，他们要能够不仅仅认同，还要传承，把中华文化的价值观浸透到他们的血液里面去。但我们的价值观究竟怎么概括，怎么说？西方人他可以讲自由、平等、民主、博爱等等，他会有一系列的概念来讲，那我们的实际上是很难的。我想我们现在还没有一个大家公认的、通用的这样的一个表述。我们现在也有很多文化教材，编了很多文化教材。那么（我们）把这种价值观、把这种文化理念再把他们转化为面向不同的年龄阶段、面向不同的教学对象的这种教学内容的话，又应该怎么样来呈现？这都值得我们去研究、去探讨。所以我觉得文化大纲的研制也是非常非常重要的，我们编教材的过程当中最头疼的不是语言的问题，恰恰就是这种文化的问题。每篇课文它都包含一个文化点，或者一定的文化内容，你怎么样来呈现，它是什么样的内容，传达一个什么样的价值观或者是文化理念。这个问题非常的重要。所以我有一个建议，这个建议我已经在很多会上呼吁过，我们两岸、和董先生多次开会，我们都多次提议，也算是我们的一个梦想，能不能成立一个世界范围内的华文教育专家委员会，看看用什么样的形式来成立，用这个专家委员会来集合全球华文教育界的精英或者专家学者，然后来一起研究这些问题，然后统一来规划、策划这些问题，进一步把这些基础性的问题搞清楚，然后在这个专家委员会下面成立若干个分委员会，来专门地研究解决华文教育当中的核心的一些问题。我想这个不仅仅是大陆的事情，也是台湾的事情，也是全世界华文教育界共同的一个事业，我想我们可以研究一下、探讨一下用一种什么样的形式把大家组织起来、整合起来做这些。所以我又想到，这个是华文教育走向规范化、科学化，推动华文教育进一步发展的一个很重要的一个平台。

第二，我建议要建立海外华文教育的评估体系。现在海外的华文教学的情况究竟怎么样，我们心里并没有底。像我们的《中文》教材，我们的设定是半年用一册，结果有一些学校一年才用一册。有些认为一个学期也就半年用一册觉得还不够用，说是太简单了。那么这里面就有一个统一的教学的标准、统一的教学规范化的问题。现在大陆国务院侨办在海外建立了很多示范学校，大概有 50 多所示范性学校。我也谈这个意见，它是什么样的示范，它是教学的一种示范，还是办学的一种示范，还是它编的教材是一种示范，还是它采用的教学方法是一种示范，它的示范性究竟表现在什么方面，现在五花八门。对这个示范性学校，它的办学我们也没有一个大致统一的标准，也就是（说）你是一个示范性学校，我要授予你这个荣誉，我要怎么样来评估你，你在哪一些方面是示范性的，你的教学质量究竟怎么样来评估等等，这一系列的问题都需要我们（来做这方面的工作）。海外华文学校我们说要吸引更多学生，这些学生来了要能留得住，要让他们尽可能地多学几年，学的程度要高一些。那你的教学我们应该有什么样的要求，这些都还没有。所以我觉得这个评估是非常重要的。

我们可以根据办学的实际情况设定不同的评估内容，我想大致可以包括三个方面的内容，一个是教学质量的问题，教学质量的评估。你这个学校有没有你的教学大纲，有没有教学方法，你选用的教材和你的教学大纲的设定、计划方案是否是统一的，是否是一致的，这些方面要有基本的评估，另外，你的课程教学评估，你的课程教学教的怎么样，是怎么样教的。第二个方面，你教了之后你的效果怎么样，那就看华文学习者的华文水平怎么样，那就要对他的水平（做）一个测试，能力的一个测试，那现在我们没有一个统一的东西在里面。再一个，你的老师，老师的教学能力究竟怎么样，这里也缺乏办学的实力评估，你的办学条件、基本条件等等这些。所以我想我们开始做，可以从这几个方面来搭建一个基本的评估体系，然后把这项工作逐步把它开展起来，这个是规范办学提高教学质量的一个重要方面。所以我觉得我们可以在这个委员会里面成立一个评估分委员会，在专家委员会下面成立一个分委员会，来专门研究评估的方法和评估的内容，来提出评估的实施方案。我想这个是非常重要的。

第三是华文教师发展体系建设。吴勇毅教授（在大会上）提的实践性知识的问题，也都是谈的华文教师培养、培训等相关的一些问题。但是我想我们现在在华文教育界尤其是面向海外的广大的华文教师，还没有一个华文教师发展的这样一个方案，就是这些华文教师到底怎么样发展，或者怎么样培养培训，培养什么，包括它的职业规划这些方面的问题很缺乏。所以现在国务院侨办正在组织制定一个“华文教师证书”的等级标准，这个是我 2007 年的时候提出来的，后来到 2009 年的时候领导批示，认为这是一个好事，应该做，然后又重新立项，那时候我还在暨大工作，牵头做。现在曾毅平教授在负责这个事情，制定一套华文教师证书等级制度的这样一个体系，然后根据这个证书的一个等级要求，来提出培训的体系，但是这个事什么时候能够真正推开、实施，或者说怎么样来完成，因为它离具体实施还有一段距离，我希望这个东西做好，台湾已经有这样的做法，我想以后能不能整合一下，统一来做，以华文教育全世界的一个统一的大的委员会的这样一个名义，从专家学术的层面来推行这个事情，我觉得这个非常有必要。

从现在的华文教师培训可以看出，我们派老师出去，或者请他们进来，培训来培训去还是那些内容，每年参加培训的基本上还是那批老师，你到了旧金山去参加培训的，每年参加培训的还是那些老师，请他们到大陆来或者到台湾去培训，每年还是那些老师，因为有一些（人）拒绝培训，他也没有时间培训，有些乐于培训，年年愿意参加培训。因为有机会可以去台湾转一圈，或者到大陆不同的地方转一圈。来大陆的时候，今年是在这里培训，明年在那里培训，你这里培训走这一圈，那里走那一圈，很好的观光机会，是不是？所以每次培训基本上大部分也是这些人。培训什么呢？语音教学，语法教学，词汇教学，讲来讲去还是那几个教授在讲，还是那些内容，重复来重复去，最后实际效果究竟怎么样？我们花了很多钱，两岸都花了很多钱，我觉得这个确实是要规范化、科学化。那应该怎么样来做，使他培训一次有一次的提高，而且在原有的基础上让他向更高层次去培训，我们采取什么样的措施和办法去做这件事？这确实是非常值得研究的。

我觉得这涉及教师发展的问题，我们应该要建立一个华文教师发展的体系。根据这个体系的需要，我们来策划我们的各项工作，我们应该做什么，应该怎么样做。所以我想这里面我们可以推动证书的实施。这个因为时间关系就不再讲了。另外就是青年教师的这种培养和发展建设，我想这两个方面非常重要。

第四是教学资源体系建设。我们现在看到海外华文老师很辛苦，学生也很辛苦。老师教学要参考资料，找不到多少。学生学习，见不到更多的课外的辅助性读物，有，非常非常少。学生最多就是要学就拿着一本课本，最多有一本练习册，你让他再去找更多的东西，去吸引他，非常少。这说明我们教学资源严重匮乏。有人说我们这些都有啦，这个从幼稚园一直到小学，到中学，教材也都有啦，多媒体光盘也有了，网络上的也有了等等，但是有多少呢？我们可以掐着指头算一算，台湾的有一些我不是太清楚，大陆的我很清楚。大陆的给华人华侨送的教材能够有多少种？不超过五种，全世界不超过五种，国务院主打的就是我们的《中文》，还有北京华文学院编的《汉语》，还有一套《幼儿汉语》，其他还有什么？《千岛娃娃学汉语》是专门给印尼编的。还有什么？想一想，光盘，就是我们《中文》《汉语》的光盘，那也是我策划，我主持搞出来的。再想想还有什么？想不出来。北语、国家汉办出了很多，可对象不一样。实际上，说是很多，主要是面向成年人的、孔子学院用的，真正面向华侨华人子弟的这种仍然还是很少。所以我们海外的孩子很辛苦，老师也很辛苦，为什么？资源匮乏。

现在教学资源体系是一个现代化、立体化的体系，包括教材、教辅、网教（网络教育）、空教（台湾有个空中大学，新成立的，空大。我们华文教育也应该有空教）、多媒体，现在发展到富媒体。有没有贫媒体，我不知道。有富媒体，媒体资源越来越多，那我们怎么样来用，怎么样来适应这种需要，因为你华文教育不做，其他教育都在做了，所以我们怎么样跟上时代的要求，在这方面应该要做。我们提供了海外学习华语的（人）这种选择，教材的选择、教学资源的选择越丰富越多，那我们的这些就越发展，我相信吸引的学生也将会越来越多。

国家汉办通过孔子学院确实做了很多（工作），我觉得有些经验是值得我们来借鉴的。当然国家汉办也在逐步地面向华人华侨学校开展一些工作，但那不是他们主要的工作。所以在这一方面，我觉得我们任重而道远。教材体系，或者也可以说通用教材，还有本土化教材体系，我觉得这个不同体系的教材都应该得到发展，而接下来发展的重点也还是本土化教材。我也想在这个，我构想一个专家委员会，下面应该有一个教材的研发分委员会来专门做这个事情。

第五，回到我们学术本身来讲，就是华文教育学科理论体系建设问题。在90年代初的时候，我们提出来，华文教育应该作为一个学科来建设，不管别人认不认为它是不是个学科，你自己要把它当作一个学科来建设，来研究这个领域里面基础理论问题，它要做什么，要怎么做，它的学科支撑是什么，它的内涵是什么，它的外延是什么。我们应该要建构这样一个学科理论体系的大厦。在这个大厦当中，我们每一个学者可以找到自己的定位，我在做什么，有很多学科都是从无到有的。开始人家都不承认，你做起来了，他慢慢地就承认了，慢慢地你就有学术地位了，不再说你华语文教学是小儿科，就教那些孩子们“你好”“吃了吗”，不是这么简单的问题。在大陆，对外汉语教学原来不认为是一个学科，认为是小儿科，你要评教授，你编写的教材，不能评教授的，尽管发行量这么大，全世界这么多人用我的教材在学习汉语，了解中华文化，但是评教授算零分，根本用不上，他要看你发表论文和你出的专著，那怎么办？你就要自己设立一个目标，自强不息，要不断地去努力，去建设这个大厦，慢慢它就有了。现在大陆就认可了。为什么认可了？一个很重要的标志就是在大学里面设置了华文教育本科这个专业，那你说它是不是一个专业啊？是不是一个学科啊？而我们在博士点硕士点这个学位里面可以自主设置华文教育的硕士点、博士点，也就是我们可以培养华文教育的硕士生和博士生了，那你说它是不是一个学科啊？那应该说现在是一个学科了，从教育部的专业目录上可以找到华文教育这四个字，那慢慢地这个学科就建立起来了。但是我们这个学科还是初步的，还需要不断地去经营，所以这就需要我们大家来共同努力，学科里面体系的建设绝对是非要重要的。

那么我们这个学科理论究竟包括哪些主要方面的问题？我想这个大家都知道。我简单说一下，一个是华文教育理论。解决这个理论是怎么回事，它的内涵的问题，习得规律的问题，教学法的问题，教材及教学资源、教材研发的问题，中华文化传播关系这个问题，教师发展研究问题，华文教育全球化战略及政策法规研究问题，这个问题很大，但是我们必须要在全球化的战略性背景下来思考问题，推动华文教育发展。因为会涉及很多政策问题，各国不同的华语文的政策问题，华语文教育政策的问题，这个非常重要。还有我们作为一个学科，还要研究它的历史。我们现在还见不到一部华文教育的通史，我们见到最多的就是个别的国别的华文教育历史的研究。我提出我们应该从国别史的研究到国际史的研究，最后走向世界史的研究，这是我们最后的目标之一，要写出一部世界华文教育史。我想我们应该有这个自信，这些研究我觉得都是非常重要的，每一个方面也都需要一些团队，有一些专家学者去不懈地努力。

所以我觉得以上五个支撑体系是我们发展这个事业非常基础性的工作。那么这个工作要做，我觉得需要我们两岸携手，协同创新来共同建设，所以我们两岸的这种合作交流就非常重要。在这些方面，大陆有大陆方面的优势和特色，台湾有台湾的优势和特色，而且台湾在这些方面的优势和特色在某些程度上来讲甚至比大陆的还要突出。所以我觉得两岸的交流合作是非常重要的，我们可以通过这种合作，协同创新，以建立五个支撑体系建设入手，建立两岸华文教育界合作交流的多领域、多样化、多层级平台。交流合作的平台可以是多样的，可以是多层级的，也可以是多样化的，也可以是多领域的。（让）我们两岸携手来共同规划更广领域、更深层面、更高水平的全面合作。

我想推动华文教育今后的大发展，这是我们共同的事业，共同的追求，共同的梦想。让我们携起手来共同努力，去实现这样一个梦想。在这里我特别感谢董鹏程先生，还有我们在座的台湾学界的各位朋友，能够参与到这个事业当中来。华侨大学的大门永远向大家敞开着，欢迎大家来，而且大陆学界也都有这样的共识和愿望。期待着我们的合作结出更丰富的成果。

谢谢大家！

2013 年 8 月 26 日

目 录

语言与哲人：哲学研究中的语言视域

纪秀生
华侨大学

摘　要：本文在对西方哲学中关于语言问题研究的轨迹进行简要梳理的基础上，集中探讨了现代西方哲学语言转向的核心问题、主要观点及其所呈现的两条基本脉络——“逻辑建构”和“人文阐释”。进而，对这种转向所形成的语言世界建构之于哲学研究的价值和意义，给予了剖析和阐发。哲学研究的语言转向昭示人们，人类语言永远是人类世界的弥久而常新的问题。

关键词：语言哲学；语言转向；语言世界；意义

1. 语言：一个绕不开的哲学话题

打开两千多年的西方哲学史，我们可以发现，语言问题就是哲人们格外关注的问题之一。

公元前 5 世纪，古希腊哲学家就开始认识语言问题，“这在有关思维与词、事物与名称的关系的辩论中反映最为突出。”①对此，古希腊哲学进行了论争并分为两派：一派为“本质论”，认为事物的名称是由其本身的性质所决定的；另一派为“约定论”，认为事物的名称是预先约定，是人们按照习惯确定的，名称与事物本身的性质没有必然的联系。这次争论的双方代表分别是第一个将“逻辑”（logos）这个概念引入哲学之中的哲学家赫拉克利特和被誉为“希腊人中第一个百科全书式的学者”德谟克利特。古希腊哲学家在这次关于事物与名称之间关系的争论中，虽然没有得出明确的结论，但是却在客观上大大激发了人们对语言的极大兴趣，也为日后人们专注于语言问题的研究并使得语言学成为一门独立的科学奠定了最初的基础。

中世纪的西方哲学关于语言问题的探讨也是非常突出的。在中世纪以“七艺”（语法、雄辩术、修辞学、音乐、算术、几何、天文）为基础的文化教育中，与语言有关联的语法、雄辩术（逻辑）、修辞学成为“七艺”中的“三才”，足以见得当时重视语言问题的程度。中世纪重视语言问题的探讨也与当时的哲学家热衷于《圣经》的诠释有关。中世纪之初的大哲学家奥古斯丁就把《圣经》中《约翰福音》开篇的一句话“太初有道，道与上帝同在，道就是上帝……万物是借着他造的”理解为“太初有言”，他把“道”解释为“语言”，并

①康德拉绍夫（1985），《语言学说史》，武汉：武汉大学出版社，第 6 页。

明确提出了语言创生万物的思想。

文艺复兴以后，西方哲学开始跨入近代的大门。近代哲学以认识论为中心，对认识论的研究和对语言的探讨不可避免地要同时进行。因为，认识的基础、来源对应着语言意义的起源；人所固有的认识能力的局限与语言对于人的思想把握事物真相的消极作用有关；反映经验事实的命题和表示语言规则的命题具有不同的认识论意义，等等。这一时期的哲学家划分为经验主义和理性主义两大阵营，但双方都十分关注语言对于思维的表达作用和遮蔽、扭曲作用。对 20 世纪语言哲学产生过重要影响的英国经验主义哲学家洛克，在其巨著《人类理解论》中用了总共 11 章的篇幅，较为详尽地讨论了有关语言的意义、功能以及语言的缺陷等诸多问题。与之不同，理性主义阵营中的德国哲学家莱布尼兹认为，语言是人类结成社会的纽带；词语是用来代表人们的思想和观念的。在莱布尼兹的语言观中，最引人注意的是他提出了一种人工语言（理想语言）的设想。虽然莱布尼兹没有系统地勾画出这种人工语言的轮廓，但他看到了日常语言的语法形式和实质性的逻辑形式的区别。

西方哲学在 20 世纪初又发生了一次更为重要的转向，即高度重视从哲学上研究语言问题。现代哲学家们发现，人们在说明认识的本质以及在探讨人与存在、人与世界关系的时候，已经深深地受到了他们自己的语言的制约和影响。他们认为，语言不仅仅限于充当一种交际工具与媒介，实际上它是一种独立的有价值的存在，是人与世界沟通的唯一方式，人所认识的世界只能是语言的世界，人对世界的任何一种感知都必须以语言为前提，人与世界的任何沟通也只能在语言给定的情况下进行，语言之外的世界对人来讲是无法认识的。如果哲学研究不首先搞清楚语言的本质、意义和功能等问题，那么，认识论和本体论以及其他哲学问题都是无法解答清楚的。因此，许许多多的现代哲学家便开始把研究语言置于解决人与世界、人与存在的关系等哲学问题的中心地位。

西方哲学把这种从哲学角度研究语言问题的研究领域，称之为“语言哲学”，并把这种由近代哲学史上的认识论向现代语言哲学的转变看作是一次“哲学的伟大转变”，也就是人们通常说的哲学中的“语言转向”（linguistic turn）。

2. 语言转向：现代西方哲学的两个脉络

转向之后的语言哲学，一般认为是沿着英美语言哲学和欧洲大陆语言哲学两大脉络发展的。

在英美语言哲学中，又分为逻辑分析学派和日常语言分析学派。逻辑分析学派是以弗雷格、罗素、前期维特根斯坦等哲学家为代表，以数理逻辑为分析手段，深入开展语言分析和逻辑分析的学派。语言哲学就是在这一学派的基础上发展起来的。弗雷格早在 19 世纪末的一系列著作中就指出，日常语言容易导致人们错误地看待事物，逻辑学家不应该盲目地追随语法，而应该和语言的逻辑失误作斗争。对于弗雷格来说，语言研究之所以必要，一方面因为语言是表达思想的必不可少的工具，在语句结构和思想结构之间有着对应关系，因而能够用作从可感觉之物达于不可感觉之物的桥梁；另一方面又因为这种对应关系是极不可靠的，语言在表达思想的同时必然带入了非思想的东西。为此，弗雷格提出了建立一种排除任何非逻辑内容的“概念文字”的方案，以之作为“纯粹思维的形式语言”。可以说，把哲学研究归结为对语言进行逻辑分析，进而建立理想的逻辑语言，这正是逻辑分析学派的典型主张，而弗雷格是开其先河者。

罗素在与弗雷格相似的方向上展开了自己的逻辑研究和语言分析。他在 1914 年宣称，许多哲学问题是由于语言的表面语法形式误导而产生，一些真正的哲学问题可以还原为逻辑问题。后来罗素所主张的摹状词理论、意义理论和真理理论都被看作是逻辑分析学派的典范理论。有论者认为罗素才是语言哲学的奠基人，他的描述理论被普遍认作语言哲学的划时代成就。

20 世纪大概最广为人知的英国哲学家——维特根斯坦是罗素的弟子，但维特根斯坦在逻辑分析学派中令人瞩目的程度，甚至超过他的老师。他在前期出版的《逻辑哲学论》中说道："这本书的整个意义可以概括如下：凡是能够说的事情，都能够说清楚，而凡是不能说的事情，就应该沉默。"[①]在他看来，凡是符合逻辑形式的都是可说的，而形而上学的实体、善和恶的存在等不合逻辑形式的表达内容以及逻辑命题形式本身都是不可说的"神秘的东西"。维特根斯坦还提到，"哲学家们的大多数问题和命题是由于我们不理解我们语言的逻辑而来的"，"我的全部任务就在于解释语句的性质。这就是说，在于指出所有事实的性质，指出语句是什么东西的图画，在于指出全部存在的性质"。正是在这个意义上，维特根斯坦的那句名言——"全部哲学就是'语言批判'"[②]才成为西方哲学发展的一个新时代标志。此外，维特根斯坦在其后期著作《哲学研究》中，又提出了一套与前期对立的思想体系。这种全新的体系核心就是"语言游戏"说。"语言游戏"说是指人类的语言是按照一定的规则在一定的场合中所使用的活动，语言、规则和使用的活动是它的基本要素。语言在使用中才有意义，语词的意义就是它的用法。维特根斯坦的"语言游戏"学说是 20 世纪语言哲学中一种十分重要的学说，它对后来的日常语言分析学派及其言语行为理论都产生过直接的启发和推动作用。

20 世纪 30 年代以后，在英美语言哲学内部分化出一个新的学派，即日常语言分析学派。日常语言分析学派的创始人摩尔所倡导的概念分析法是这个学派用以进行语言精细分析的主要方法，他对日常语言和常识的强调成为这个学派的共同信条。该学派有一个从日常语言的范畴分析——日常语言的用法分析——言语行为分析的过程。一般认为，维特根斯坦是该学派的一个重要转折点，而由奥斯汀、斯特劳森、格赖斯和塞尔等人对日常语言行为的分类、性质、对话逻辑以及语言交际意向的建设性的探索才是真正代表日常语言分析学派独具特色的方向。

如果说英美语言哲学强调把全部哲学问题归结为语言问题，把哲学的任务归结为对语言进行逻辑分析的话，那么，欧洲大陆语言哲学则从反思语言的人文特性角度强调语言研究在哲学中的重要地位。从欧洲大陆语言哲学的观点看，哲学的使命不是对语言的逻辑分析或澄清科学命题的意义，而是寻求人类存在的意义。他们认为，对人的存在意义的追问，应当诉诸对语言的理解和解释。比如说，卡西尔把人定义为"符号的动物"来取代把人定义为"理性的动物"，就是指明人的独特之处，想试图在包含自然科学与人文科学整个人类文化领域中通过他的"符号形式的哲学"或"人类文化哲学"的体系来实现哲学的

①维特根斯坦（1962），《逻辑哲学论》，北京：商务印书馆，第 20 页。
②维特根斯坦（1962），《逻辑哲学论》，北京：商务印书馆，第 38 页。

“语言转向”。对卡西尔来说，以往“人是理性的动物”的观点只是“一个根本的道德律令”，而不是“一个关于人的本性的经验陈述”。“对于理解人类文化生活形式的丰富性和多样性来说，理性是个很不充分的名称。但是，所有这些文化形式都是符号形式。因此，我们应当把人定义为符号的动物（animal symbolicum）来取代把人定义为理性的动物。只有这样，我们才能指明人的独特之处，也才能理解对人开放的新路——通向文化之路。”①

语言与存在的关系问题一直是西方存在主义和哲学解释学普遍重视的一个问题。而德国著名哲学家海德格尔提出的“语言是存在的家园”的观点无疑是其中传播最为广泛、最有影响的一个。海德格尔不满当时以逻辑分析为特征的语言哲学，认为它割裂了语言与存在的内在联系。他认为现代哲学的当务之急是把语言和存在联系在一起，因为“语言的命运奠基于一个民族对存在的当下牵连之中，所以，存在问题将把我们最内在地牵引到语言问题中去②。”于是，海德格尔在 1946 年出版的《诗人何为》一书中首次提出了“语言是存在的家园”的观点。海德格尔之所以强调“语言是存在的家园”，是因为他坚决反对把语言仅仅看作是一种用以交流思想的工具。在他看来，“语言不仅只是工具，不只是人所拥有的工具之一；恰恰相反，正是语言提供了人处于存在的敞开之中的最大可能性。只要有了语言，就有人世，人世就是抉择与制作、行动与责任的无限交替着的循环，同时也是彷徨与专断、衰落与混乱的无限交替着的循环。只有在人世居主导地位的地方，才有历史。这才是从更为基本意义上说语言是拥有物。语言服务于这一事实：人能历史地存在。语言并不是人所掌握的工具，毋宁说它是掌握着人存在的最大可能性的东西。”③虽然，海德格尔在“语言是存在的家园”中更看重和强调语言的本体论意义，有一定的合理性，也为后来的语言哲学家提供过有力的材料和证据，但是，海德格尔毕竟过分夸大了语言在人类认识世界过程中的作用，因此也同样遭到了许多人的批评。

伽达默尔在他的哲学解释学中指出，语言处于解释学的中心地位。他说：“语言是理解本身得以实现的普遍媒介。”因为“理解的语言性是效果历史（Wirkungsgeschichte，理解者与被理解者之间的历史联系）意识的具体化”。“在理解中所发生的视域交融乃是语言的真正成就。”④在他看来，世界本身体现在语言中，人类世界经验本身具有语言性。理解是在理解者与被理解者之间相互作用过程中实现的，也就是在对话过程中实现的，了解对话的结构是了解语言性的关键。对话是一种语言游戏，但不是我们在用语言进行游戏，而是语言游戏本身在向我们诉说、建议、沉默、询问，并在回答中使自身得到完成。伽达默尔这种语言观引导解释学实现了本体论的转向。他说：“这种关于事物本身行动的说法，关于意义进入语言表达的说法，指明了一种普遍的——本体论的结构，亦即指明了理解所能一般注意的一切东西的基本状况。能被理解的存在就是语言。”⑤

梅洛·庞蒂深受海德格尔存在主义思想的影响，强调语言与存在、语言与文化的密切联

①卡西尔（1985），《人论》，上海：上海译文出版社，第 34 页。

②徐友渔（1996），《语言与哲学——当代英美与德法传统比较研究》，北京：三联书店，第 154 页。

③伍蠡甫（1987），《西方文艺理论名著选编》，北京：北京大学出版社，第 576 页。

④伽达默尔（1999），《真理与方法》，上海：上海译文出版社，第 496 页。

⑤伽达默尔（1999），《真理与方法》，上海：上海译文出版社，第 606 页。

系。他认为，语言不仅是一种交往的手段，而更主要是一种创造的工具。语言使文化成为可能。语言由于具有高度的观念性，因而它使人们能够谈论那些不可见的东西和那些并不存在的东西。语言不仅使人能够谈论过去和未来的世界，而且使人能够谈论诸神和魔鬼的世界。语言能像音乐那样暗示出某种并不存在的东西的存在。语言是人用于表示思想的存在的声音。语言还具有实践性，它给我们带来一个具有实感的、可在那里居住的世界。与其他存在物一样，人也生活在自然的世界中，但是，人作为说话的存在者，还通过语言而生活在文化的世界中。

3. 语言的世界：一种新的建构与阐释

语言转向不仅使哲学的内容和形式都发生了极其重大的变化，而且也使哲学本身在研究目标、任务及手段等方面发生了根本的变化。正如哲学家们评论的那样，语言转向是“一场哲学中的革命”，是“哲学自我意识的一次大觉醒”，是“一种具有划时代意义的新型哲学的开端”。毫无疑问，语言转向的产生在西方哲学史上具有极其重要和深远的意义。

首先，语言转向使得语言成为哲学研究中一个自主的领域，使得语言成为人们前所未有的关注对象。诚然，从古希腊到近代，许多哲学家都对语言进行过哲学考察，不过他们并不认为这种考察是一切哲学研究的必要条件或先决条件。而转向之后的哲学把语言本身当成了哲学的中心问题，或认为必须研究语言才能解决哲学问题。在语言哲学家看来，哲学的主要任务就是阐明语言的性质和功用，说明语言何以传达意义。这就使得人们对语言的性质和结构，对语言与思维的关系，语言与世界的关系等问题有了更加深刻的认识。

其次，语言转向比起近代哲学认识论的转向更具有广阔而深切的哲学反思价值。我国学者孙正聿在其《哲学通论》一书中指出，近代哲学的“认识论转向”，是从“观念”出发去反省“观念”与“存在”的关系，因此，“观念”是近代哲学研究的重心和出发点。现代哲学的“语言转向”，是从“语言”出发去透视“观念”与“存在”的关系，“语言”是现代哲学研究的重心和出发点。对比“观念”和“语言”，作者发现，对“语言”的分析或解释，具有更为积极的哲学反思价值①：观念必须以语言的形式而确定为思想，因此说“语言是思想的寓所”；观念以语言的方式而实现对世界的把握、理解和描述，因此说“语言是世界的寓所”；在观念与存在的关系中，观念和存在各是对立的一极，语言则是消解观念与存在的二元对立，实现观念与存在的统一的中介，因此说“语言是思想与世界相统一的寓所”；观念必须以语言（文字）的方式实现其社会遗传，并从而积淀为“文化”，因此说“语言是历史文化的水库”；观念必须以语言的方式而实现主体间的思想交流，因此说语言是交往实践的中介；语言形式是丰富多彩的，从而实现观念以语言形式的多样性而达到对世界的丰富性的把握；语言作为观念的客观载体，它构成思想批判的对象，从而使观念以语言为中介而实现其自我批判；观念作为心理过程，它的超自然性（社会性）是以自然性过程表现出来的，而语言则不仅以符号化的方式实现其超自然性，而且以其“客观知识”的存在方式而构成逻辑分析的基础；观念自身无法实现其社会遗传，因而也无法实现其自主发展，而语言的演化与发展具有某种“不以人的主观意志为转移”的自主性，并因而构成人与社会发展的重要

①孙正聿（1998），《哲学通论》，沈阳：辽宁人民出版社，第415页。

前提。

再次，在现代哲学的“语言转向”中，人类存在的矛盾性以“语言”为载体而获得深刻的揭示。[①]这主要表现在：(1)“语言”表述的是外在于个人的社会性存在，它作为制约人的存在的“制度”而存在，作为人的存在的“规则”而存在。在这个意义上，是“语言”占有个人。“言语”表述的是历史性存在的个人的语言实践，它作为个人活动而存在。在这个意义上，是个人占有“语言”。(2)人们通常把语言视为交流的“工具”，而不是把语言视为人的存在方式，在现代哲学的“语言转向”中，则突出地探讨了语言与历史文化的关系、语言与人的思想方式和行为方式的关系，语言与人类文化的多样性和统一性的关系。(3)现代哲学对语言的逻辑性与人文性的辩证理解，在一定的意义上，是实现科学主义思潮与人本主义思潮合流的前提，也是实现对人的“理性”与“非理性”、“意识”与“无意识”等辩证理解的前提。

最后，语言转向为哲学打开了一个全新的、富于价值的研究领域。西方哲学家们认为，转向后的语言哲学开创了哲学研究的新视野，它一反过去哲学研究的传统，使哲学从一种对概念思辨体系的研究转移到了语言哲学对语言的意义和使用的研究；它在探讨哲学的问题时不是从经验的角度或者是从想象的角度去追求世界的本原是什么、世界能不能被我们认识这样一些悬而未决的问题，而是径直去研究语言表达式的意义，研究人们说了什么，说清楚了什么，应当说什么等等；哲学研究中使用的一些概念也发生了变化，传统哲学中的“本原”、“主体”、“客体”这样一些概念的神圣地位让位给了“语言”、“意义”、“逻辑”形式这样一些新的哲学概念；意义问题、表达问题、理解问题取代了人的认识能力、来源及界限问题，成了哲学研究的中心问题。在这个意义上，语言转向毫无疑问地在 20 世纪的哲学中获得一种中心地位。

然而，无论怎样总结语言转向的哲学史意义，有一点是需要说明的，就是语言转向并不意味着它已然成功地解决了所有的哲学问题，不能因为这种“转向”而排除有的哲学家在研究语言哲学的同时也研究其他哲学问题，更不能因为这种“转向”而否定语言哲学之外的其他现代哲学流派产生和存在的价值和意义。

---

①孙正聿（1998），《哲学通论》，沈阳：辽宁人民出版社，第 417 页。

网络语言向日常语言的渗透

胡培安
华侨大学

摘　要：网络语言按照其所使用的词汇的语义内涵和社会文化功能可以分为三种类型：专业术语、一般用语和网络信息交流等用语。专业用语向日常语言的渗透是互动的，一般用语本身就是日常语言的一部分，聊天、发帖、跟帖用语即狭义的网络语言对日常语言的渗透最为明显。狭义的网络用语对日常语言的渗透在丰富日常语言的词汇、丰富日常语言词汇的语义内涵、丰富日常语言的修辞表达方式和语法格式方面都有或多或少的表现，如创造了类反语、实示、混搭等修辞方式，出现了语法与词汇的超常搭配等。网络语言得以创新和渗透的生态因素包括虚拟生态、视觉媒介、戏谑心理、压力释放、科技支撑、模因效应等各个方面。应认可、尊重、肯定网络语言，关注它的发展和变化，同时作必要的规范和引导，这才是我们对网络语言所应持有的正确态度。

关键词：网络语言；基本特点；词汇日常语言；渗透；规范

听到“美眉”、“偶”、“恐龙”、“抓狂”“灌水”之类的词语从同学们的嘴里脱口而出时，我这才意识到：随着社会步入网络时代，计算机网络通讯的盛行，不但创造了现代人类社会的一种崭新的生存方式和文化形态，极大地拓展了人们的活动空间，而且也给我们带来了一种新型的语言——网络语言，这种语言正以它鲜活的表现形式、强大的生命力，冲击着日常语言，以特有的坚定的步伐实现着向日常语言的渗透。我们在调查研究中发现，这种新生的网络语言在“新新人类”中特别流行，这些新词汇已经被他们广泛应用于日常语言中。网络语言作为一种新的语言现象已悄悄地走进了我们生活，那么它为什么能如此迅速地发展？它是怎样向日常语言渗透的？这确实是个值得我们研究的话题。

1. 网络语言及分类

网络语言是随着互联网的普及和发展而兴起的，它是利用电子计算机在网络交际领域中使用的语言形式。它诞生于数字化的信息新时代，是一种前无古人的新语言，率先掌握并使用这种语言的人类群体大多为16～35岁的“新新人类”。网络语言可以分为广义和狭义两种。

广义的网络语言包括三个方面的内容。第一，与网络技术和设备有关的专业术语，如：鼠标、键盘、界面、平台、菜单、硬盘、局域网、防火墙、浏览器等等；第二，与网络活动有关的一些用语，如：网民、网吧、网虫、黑客、短信息、第四媒体、政府网络、虚拟空间、信息高速公路、电子购物、上网、网聊、网友、泡吧等等；第三，网民在聊天室、BBS空间、微博空间、飞信传播发布、回应信息时所使用的语言符号和超语言符号，可称之为网络信息交流用语。如：美眉、大虾、顶、灌水、GG、JJ、酱紫、太空人、绝代佳人、^(^（表示开心）、^_^（表示高兴）、:-O（表示喔）、!（表示吃惊）、⊙.⊙（表示睁着眼睛看着你）、☺☻（表示高兴）、（表示大笑）、（表示惊讶）等等。

狭义的网络语言只是指网民在聊天室或 BBS 上聊天或发布、回应信息时所使用的语言符号和超语言符号，也就是广义网络语言的第三种类型。狭义的网络语言又分语言符号和超语言符号两种类型，语言符号是指含有音、形、义三个要素的符号形式；超语言符号是只有形、义两个要素的符号形式。超语言符号由于没有语音形式，因而不能进入口语交际，表达与接受时只能通过视觉去感知。

2. 网络语言向日常语言的渗透

2.1 广义网络语言向日常语言的渗透

在调查研究和查阅资料过程中我们发现，广义网络语言的第一种类型，即专业术语的部分和日常语言之间具有互动的渗透关系。一方面许多网络专业术语是借用日常语言通过隐喻的方式生成的。比如“桌面”原指“桌子上面可以承载事物的平面”，在网络语言中被隐喻为“电脑的屏幕”，可以将电脑中的各种内容以快捷方式显示出来，从而省去每次从硬盘分区中找寻的麻烦，这种功能类似于生活中“桌面”的功能。再如“视窗、菜单、文件夹”等等都是如此。另一方面，网络专业术语也会向日常语言渗透，丰富日常语言的词汇量或词义内涵。比如“硬件”通常是指电脑网络中的物质形态的组成部分，“软件”通常指电脑网络中的非物质形态的程序部分，这两个词语都通过隐喻的方式渗透进日常语言，“硬件”又可理解为日常生活中某个方面建设中的“设备、仪器、房屋”等物质形态的部分，“软件”则常用来指日常生活某个方面建设中的“精神、文化、作风、文明”等非物质形态的部分。

广义的网络语言的第二种类型，即一般用语的部分本身就是日常语言的有机组成部分，“网民、网吧、网虫、黑客……”这些词语是随着网络现象而产生的新词、新语，它们是语言记录生活的同步反映。

2.2 狭义的网络语言向日常语言的渗透

狭义的网络语言向日常语言的渗透是最为生动、最为特殊的，也是最为值得研究的现象，其渗透的表现、方式、规律，是我们讨论研究的重点。

2.2.1 丰富了日常语言的词汇

网络语言在丰富日常语言词汇方面首先表现为扩充了日常语言词汇库的数量。这又分两种情况。一种是日常语言本来具有某个词项，但网民在网络交际的过程中，创造了一个新的词项，以实现一种特有的语用功能和表达效果。这是一种最为常见的现象，大量的网络词语都属于这种情况。比如：“这样子”不叫“这样子”，叫“酱紫”；“年轻人”不叫“年轻人”，叫“小p孩”；“版主”不叫“版主”，叫“斑竹”；“好看”不叫“好看”，叫“养眼”等等。这是由于在网络赛博空间里进行虚拟交际的主体主要是中学生和大学生，网络用词基本上都是他们创造的结果。他们不喜欢循规蹈矩，他们不喜欢死水一潭，他们希望通过自己的创造来丰富自己的世界。他们是时代的弄潮儿，他们引领生活的时尚，他们从自身充满智慧的创造中体验快乐，他们为自己的创造得到某种认同而欢欣鼓舞。他们需要通过对常规语言规范的反叛来发泄烦恼，从而享受枯燥沉闷的学习生活之外的自由和无拘无束的快乐。这些词语风格诙谐，格调轻松，充满智慧的火花，可以表达交际主体玩世不恭、游戏人生的心理特征，具有平易、朴实、幽默的语用功能，因而经过一段时间的淘汰、沉淀之后，相当一部分进入到校园生活语言之中，然后再逐步辐射到日常语言之中。马静先生统计了《美国语言学季刊》1998 年第 1 期到 1999 年第 2 期上收录的 886 个新词，发现来自互联网的新词达 264 个，占全部新词的 26.41%，比例之大超出一般人的想象。虽然马静先生说的是英语世界的现象，但现代汉语的情况与它基本相同。日常语言中原有的词项和网络语言中新造的词项共存于语言系统之中，形成新的同义词群，实现不同的交际功能。

另一种情况是日常语言中存在着对某种事物的指称缺位，网络语言就创造了一个新的词项，对那些常常在网络生活被人提及的事物进行指称，从而丰富了日常语言的词库。我们知道语言是有限的，而现实生活中的事物是无限的，这种有限和无限的矛盾必然造成大量的语言指称的缺位现象，这些语言缺位一般可以通过描述的方式解决，比如我们在生活见到一个不认识的人，我们没有办法用一个词来指称这个人，于是只好通过类似这样描述的方式来指谓他——“长着一个啤酒肚的男人、穿着红色夹克的中年男人”等等，可是如果我们要经常提到这个男人的话，老是用描述性的指谓方式既不方便，也不经济，于是就有了强烈的造词的需求，从而促动了特定的词项指称的产生，我们可以用“张三”或“李四”这样一类的词项来指称这个男人。网络交际中也经常遇到这样的指称缺位的现象，一旦这个指称的对象，属于网络交际中常常提及的人或事物，网民们必然会放弃用描述的方式来指谓，转而选择创造新词的办法来指称。我们来看两个网络语言创造的新词向日常语言渗透的例子。以前，日常语言中有“歌迷、球迷、影迷”这样的指称性词语，也有“刘德华的追星族、周杰伦的追星族”这样的描述性指谓词语，但就是缺乏一个对所有的“迷”的总称性的词项，网络生活中由于经常要提到这一类人，再使用上面这些个别性或描述性的表达方式，费时、费力，敲击键盘十分麻烦，网民们就根据英语的“fans”一词的谐音创造了一个新词“粉丝”，现在这个词语已经在日常语言中大行其道了。再比如，以前对那些收入中等以上、讲究生活品位、格调比较高雅的年轻的男士和女士，没有一个专门的指称词项，网络交际中经常谈论到这类人物，于是他们就把“文革”中的“小资产阶级”加以简化，构成一个新的词项“小资”来指称这类人物，这个词以其准确、生动、简练，获得了日常语言的词项地位，今天人们甚至已经感觉不到它原本是一个网络词语了。

2.2.2 丰富了日常语言某些词汇的语义内涵

网络交际中，克服上面所说的语言指称缺位现象的另一个办法就是借用日常语言中已有的词项，使之增加新的内涵，用于指称某个常常提及的对象。这样，以前日常语言中的词项就会增添新的义项，一旦这个义项被大多数语言社群的成员所接受，这个网络用语就完成了向日常语言的渗透。类似的例子在网络语言中比比皆是。比如，随着改革开放的深入，出现了一类特殊的人群，他们在高雅、整洁的办公室工作，常常是单位的骨干和精英，这类人是多数网民向往、追求的目标，因而网络交际中经常提及、讨论，于是就用“白骨精”来指称。“白骨精”其实是《西游记》中的一个妖怪的名字，和生活中的某类人没有任何关系，但由于“白骨精”正好可以看作是这类特殊的人群“白领、骨干、精英”等特征的简称，从而促使网民用这个妖怪的名称来借指这部分人，这样原本属于日常语言的“白骨精”，增加了新的内涵，变成了一个网络用语，由于这个词的新的内涵准确、新颖、诙谐，很快就被其他成员认同，“白骨精”又以新的内涵傲然重返日常语言的舞台。

同样的例子还有“太空人（长得漂亮但没有知识的人）、绝代佳人（不要孩子的漂亮女人）、顶（支持，因回帖使原发帖在空间位置上越来越高）、爬墙头（只看帖子不发言）、月光族（每个月的工资花光的人）”等等。

2.2.3 丰富了日常语言的修辞格式

网络语言对日常语言的渗透还表现在网络造词或增加词义内涵时所采用的丰富多彩的修辞方式。我们就已经观察到的现象进行一种列举式的论述。

（1）传统修辞方式中有曲解和谐音方式，但经常是单独使用的，而网络造词却将传统修辞方式中的曲解和谐音方法结合起来，突破了传统修辞的单一模式。

比如“月光族”一词，先是“光芒”的“光”和“净光”的“光”谐音，然后再把“月光”曲解为“月月用光（工资）”，从而实现“月光族”的特有内涵。再比如网络用语中把一个男流氓称为“婴儿”，这个网络用语的内涵的产生也有一个谐音、曲解的过程。“婴儿”的英语对应词是“baby”，“baby”的发音和汉语的“卑鄙”谐音，而“婴儿”常常流涎、没有牙齿，这被曲解为“下流”和“无耻”，从而网络用语“婴儿”就有“卑鄙、下流、无耻”等诸多内涵。这种接连使用曲解和谐音的修辞方式构成了网络语言的一个重要的特色。

当然网络用语也有纯粹的谐音或曲解方式的。如用“油墨”谐“幽默”，用“驴友”谐“旅友”，用“色友”谐“摄友”，把“工分”曲解为“发帖数量”，把“楼”曲解为“发言回帖的顺序”等等。

时下的校园语言中，经常有这种曲解和谐音共用的表达方式。这可以看作是一种初步的向日常语言的渗透。

（2）网络用语创造了一种独特的修辞方式，我们暂且称之为类反语。

传统修辞格式中有一种反语格，指正话反说表示赞美等意义，或反话正说表示讽刺等意义的修辞方式。比如夏衍的《包身工》把狠毒的老板称为“慈祥”的老板就明显具有讽刺的意义；孙犁的《荷花淀》里那几个女人把自己的丈夫称为“狠心贼”，表示的恰恰是深沉的爱。而网络用语中有大量正话反说的现象，却没有明显意义上赞美、肯定等积极意义，至多是造成轻松、诙谐的交际氛围，所以我们把这种现象称为类反语。比如把一起旅行的“旅友”叫“驴友”，把有相同摄影爱好的朋友叫“色友”，把自己或别人“睡觉”叫作“猪猪”，将心爱的东西展示给外人看或向他人炫耀得意之事，网民自称为“亮骚”，把“版主”叫作“班猪”，把“过奖”叫“果酱”，把“高手”叫“大虾”，把“好孩子”叫“猪娃”，把自己的网名叫作“甲壳虫”或“屎壳郎”等等。这些词语既没有故意骂人的意识，也没有自我贬低的目的，更没有正话反说表扬、赞美别人的表达作用，只是一种幽默表达而已。

有趣的是网络用语中很少出现反话正说的现象。“美眉”就是指“漂亮妹妹”，绝对不是对丑女人的反讽用法，丑女人常被称为“恐龙”；“强”就是“强”，可以拆分为“弓虽”，但绝对不是对“弱”的反讽。网络语言之所以很少有反话正说的现象，大概是因为反话正说虽然也有幽默的成分，但这种幽默是黑色的、凝重的，和网民在网络交际中要寻求一种轻松的氛围不很协调，还有一个原因应该是网络交际是一个虚拟的交际空间，参与交际的人大多素昧平生，没有什么个人恩怨，自然不需要反讽这种风格的修辞方式。

（3）网络用语大量使用一种实示的表达方式，这和日常语言有非常大的不同。

这里我们所说的“实示”是指网络语言采用大量的超语言符号将自己或别人的表情、心情、动作等实际地展示出来的一种表达方式。实示应该算是一种特殊的修辞手段，只不过不是利用一般的语言材料而已。我们前面说过，网络中经常用^（^表示开心，用^_^表示高兴，用:-O 表示喔，用！表示吃惊，用⊙.⊙表示睁着眼睛看着你，用☺☻表示特别高兴，用表示大笑，用表示惊讶，用两个握在一起的图形表示握手等等都是实示的实际例证。

网络语言之所以出现这么多超语言符号，是因为网络聊天主要是以视觉为接受形式，各个软件开发者设计了大量的固定的超语言的图形符号，网络交际者可以随时提取使用，比打字更为方便，这些图形符号形象、逼真、生动，深受网民的喜爱。由于视觉接受形式不需要语音载体，所以这些超语言的图形符号在网络媒体上使用没有任何客观障碍，可是这些图形符号因其没有语音形式却很难在日常口语交际中出现。但这种实示的表达方式也有向日常语言渗透的表现，这主要表现对在书面语的渗透上，学生的日记中出现这种实示符号的情况多有所见。

（4）网络语言创造了一种新的修辞格式：混搭。

网络语言中经常会出现汉字跟字母，汉字跟数字，汉语和英语等混搭组成新词，如：“me 2”（me，too）、“我是 MM”（我是美眉）、“99 我”（救救我）。这种网络衍生的新修辞格式使日常用语平添了许多色彩。

2.2.4 产生了一些超常规的搭配现象

语法是语言最稳固的要素，一般不会轻易变化。网络语言对日常语言的语法渗透当然也是十分微弱的，但也不是绝对没有，我们在调查研究过程中就发现了一些超常搭配的现象，表达一种强调的意义。比如“严重打倒、严重同情、吐血推荐、抓狂灌水、被就业、被自杀”等等，这些表达方式能否逐步辐射到日常语言之中，还有待进一步的观察。

3. 怎样看待网络语言向生活语言渗透现象

不可否认的是网络语言正以不可阻挡的速度向生活语言渗透着，那么，应怎样看待这种渗透呢？

许多教育专家认为，网络是一个虚拟世界，网民有着自己与众不同的网络词典，然而由于未成年人对新鲜事物具有超强的接受能力，这些搞笑的、简约化的、别出心裁的语言已经不仅仅是网络世界的专利，它正对汉语言造成污染，甚至在一些小学生的作文里也出现这些字眼。这种不健康的苗头，应该引起教育界人士的关注。而上海市人大教科文卫委员会主任委员夏秀蓉认为，我国的语言文字需要发展，也需要规范。从语言文字发展规律来看，对目前存在和正在发展中的网络语汇不宜简单化地绝对禁止，需要区别对待。将不规范的网络语汇排斥出汉语文出版物、国家机关公文、学校教育教学之外，并不意味着不可以使用这些语汇。

可见对待网络语言的日常化上，真是仁者见仁，智者见智，公说公有理，婆说婆有理。通过多方调查，我们很快达成共识：网络语言是新时代的知识青年创造的，网络中大量的生动活泼的新鲜词语深受青年大学生的喜爱，而如果网络语言符合社会成员使用的习惯，有利于彼此间传递信息，它自然就有必要保留下来，变成社会的通用词汇。网上流行语可以使网上对话锦上添花，使大家说话更遂心更直率，联络也更贴心更亲切，语言有这样的亲和力才真好，这是时代的产物，是新科技的新发展造成的，是全球化背景下造成的，所以我们对待网络语言大可不必视同洪水猛兽。最近在美国现代语言协会举办的会议上，与会者们讨论了计算机和网络的发展对语言发展所起的作用。他们发现，网络通信并没有导致家长们所担心的句子简化、语法不佳或语言啰唆等情况，这一结果使得那些担心上网会使孩子语言能力下降的家长们才稍微放下心来。同时，他们还发现虽然网络语言相对来说不很正式、不很礼貌，但网络并未使人们的语言变得风格雷同，而仍然是各具特色的。从这一点看，网络语言的存在还是顺应历史潮流的，并未给语言的正常发展带来负面的冲击波。

4. 结论

综上所述，网络语言按照其所使用的词汇的语义内涵和文化功能可以分为三种类型：专业术语、一般用语和聊天、发帖跟帖用语。专业用语向日常语言的渗透是互动的；一般用语本身就是日常语言的一部分；聊天、发帖、跟帖用语即狭义的网络语言对日常语言的渗透最为明显。狭义的网络用语对日常语言的渗透在丰富日常语言的词汇、丰富日常语言词汇的内涵、丰富日常语言的修辞表达方式和语法格式方面都有或多或少的表现。网络语言作为共同语的一种新型变体，像其他社会方言一样，都会对日常语言产生积极或消极意义上的冲击。每个词汇的流行必然有它的市场，网络语言是随着互联网的普及和发展而兴起的，经过时间检验的网络语言，必定会进入社会、生活，被人们使用，进而推动语言文化的发展。正确认识网络语言，对其积极、规范、鲜活的表达方式进行适当的吸收，是我们应当采取的正确态度。

参考文献

[1]李军（2002），《浅谈网络语言对现代汉语的影响》，《社会科学战线》，第6期。
[2]宋子然（2004），《汉语新词新语年编例解》，《四川师范大学学报》，第5期。
[3]林界军等（2005），《网络语言词典》，上海：上海教育出版社。
[4]马静（2002），《网络用词向日常语言的渗透》，《西北工业大学学报》，第3期。

汉字结构理论与对外汉字教学

冯玉涛
华侨大学华文学院

摘　要：关于汉字的结构理论，传统有象形、指事、会意、形声、转注、假借的六书说。唐兰首创象形、象意、形声的三书说，其后陈梦家修正为象形、假借、形声，刘又辛从另一角度划分为表形、假借、形声，裘锡圭补充、修正为表意、假借、形声，而周有光从功能考虑，又划分为形符、音符和定符。苏培成、詹鄞鑫照顾历史术语，分别创立新六书说。但这些划分汉字结构的理论，都不能概括古今所有的汉字类型。我们主张表意字、形声字、假借字和记号字的四书说，认为它们能够囊括古今所有汉字的结构类型。四书说在对外汉字教学中也有理论和实践意义，其简便、实用、概括性强的特点，使非汉语为母语的境外生容易掌握，并迅速理解汉字的形、音、义关系，大量而有效地识读汉字，纠正、避免学习汉字的偏误，提高汉字、汉语学习的效率。

关键词：四书；结构类型；记号字；记号

1. 汉字结构理论述评

1.1 六书说

“六书说”是最早的汉字结构理论。《周礼 · 地官 · 保氏》云：“保氏掌谏王恶，而养国子以道，乃教之六艺：一曰五礼，二曰六乐，三曰五射，四曰五驭，五曰六书，六曰九数。”[①] 但《周礼》只有名称，没有具体说明何谓六书。西汉末刘歆在《七略》中最早解释了六书，其书虽不存，但东汉班固完整保留其说。《汉书 · 艺文志 · 六艺略》云：“古者八岁入小学，故周官保氏掌教国子，教之六书，谓象形、象事、象意、象声、转注、假借，造字之本也。”[②] 其后许慎进一步阐释。《说文解字 · 叙》说：“周礼八岁入小学，保氏教国子先以六书。一曰指事。指事者，视而可识，察而见意，上、下是也。二曰象形。象形者，画成其物，随体诘诎，日、月是也。三曰形声。形声者，以事为名，取譬相成，江、河是也。四曰会意。会意者，比类合谊，以见指撝，武、信是也。五曰转注。转注者，建类一首，同意相受，考、老

①阮元编（1981），《十三经注疏》，北京：中华书局，第 731 页。

②班固（1961），《汉书》，北京：中华书局，第 1351 页。

是也。六曰假借。假借者，本无其字，依声托事，令、长是也。”[①]有八字韵语的定义，又各有两个例字，使六书理论完善不少，故从南唐徐锴《说文解字系传》起，便依班固的次第和许慎的名称，认为象形、指事、会意、形声、转注、假借就是六书。

六书是汉代人归纳的汉字结构理论，对研究汉字构造贡献不少，但也有不尽科学之处。具体表现在：

第一，六书是分析篆字的结果，既不能概括全部的古文字结构，更不能解释全部的今文字结构。

第二，六书内部的分析方法、角度不一致。前四书是以孤立的、静态的方法分析的结果，而后二书是以联系的、动态的方法分析的结果，前后并不在同一平面。明杨慎将六书分成四经二纬、清戴震将六书分成四体二用，根本即在乎此。

第三，六书中有的界定不够明确。如对于转注和假借，由于受字数限制，导致定义模糊，使后人颇有争议。如朱骏声说：“一字而数训者，有所以通之也，通其所可通则为转注，通其所不通则为假借。”[②]又说：“转注者，体不改造，引意相受，令长是也；假借者，本无其意，依声托字，朋来是也。凡一意之灌注，因其可通而通之为转注；一声之近似，非其所有而有之为假借。就本字本训而因以展转引申为他训者曰转注；无展转引申而别有本字本训可指名者曰假借。依形作字，睹其体而申其义者，转注也；连缀成文，读其音而知其意者，假借也。”[③]完全脱离了许慎对转注、假借的认识，由此可见六书争论激烈之一斑。

1.2 三书说

前人已发现“六书说”之不足，但皆在其框架内修修补补。1935 年，唐兰先生首次突破了六书说的窠臼，并创立了“三书说”。他说：“我把中国文字分析为三种，名为三书。第一是象形文字，第二是象意文字。这两种是属于上古期的图绘文字。第三是形声文字，是属于近古期的声符文字。这三种文字的分类，可以包括尽一切中国文字，不归于形，必归于义，不归于意，必归于声。”[④]后来，唐先生进一步说：“形意声是文字的三方面，我们用三书来分类，就不容许再有混淆不清的地方。”[⑤]

但唐先生的三书也有明显不足。裘锡圭先生《文字学概要》总结了四点[⑥]：（1）把三书跟文字的形意声三方面相比附；（2）没有给非图画文字类型的表意字留下位置；（3）象形、象意的划分意义不大；（4）把假借字排除在汉字基本类型之外。

1956 年，陈梦家把汉字分为象形、假借、形声三种基本类型。他说：“象形、假借和形声是从以象形为构造原则下逐渐产生的三种基本类型，是汉字的基本类型。”[⑦]

1957 年，刘又辛认为汉字应该分为表形字、假借字、形声字。他说：“表形字和假借字是一切古文字都用过的造字法，形声字则为汉字所独有。这三种造字法包括了古今汉字的全

①许慎（1963），《说文解字》，北京：中华书局，第 314 页。

②朱骏声（1984），《说文通训定声》，北京：中华书局，第 8 页。

③朱骏声（1984），《说文通训定声》，北京：中华书局，第 11—12 页。

④唐兰（1981），《古文字学导论》，济南：齐鲁书社，第 402—403 页。

⑤唐兰（1979），《中国文字学》，上海：上海古籍出版社，第 75—78 页。

⑥裘锡圭（1988），《文字学概要》，北京：商务印书馆，第 105—107 页。

⑦陈梦家（1988），《殷墟不辞综述》，北京：中华书局，第 77 页。

部。"[①]但是，发展阶段和结构类型是从不同角度划分的结果，不能等同对待，刘先生把发展阶段完全等同于结构类型、造字法，似可商榷。

和唐兰等不同，周有光先生在肯定"六书说"的原则下提出三书理论。他说："中国有'六书'说（指事、象形、形声、会意、转注、假借），西洋有'三书'说（意符、音符、定符）。'六书'着眼于来源，'三书'着眼于功能……'三书'不仅适用于说明丁头字和圣书字，也适用于说明汉字。'三书'也有普遍适用性。"[②]

周先生从汉字的结构功能入手，提出了形符、音符、定符的三书说，可谓别出心裁，但也存在明显不足。他的三书说讨论的是汉字由什么元素构成，而不是构造方式。把构造元素当成构造方式，混淆了概念。

1988年，裘锡圭先生提出了自己的三书说。他说："我们认为陈氏的三书说基本上是合理的，只是象形应该改为表意（指用意符造字）。这样才能使汉字里所有的表意字在三书说里都有它们的位置。"[③]"三书说把汉字分成表意字、假借字和形声字三类。表意字使用意符，也可以称为意符字。假借字使用音符，也可以称为表音字或音符字。形声字同时使用意符和音符，也可以称为半表意半表音字或意符音符字。这样分类，眉目清楚，合乎逻辑，比六书说要好得多。"[④]同时，裘先生还坦诚地指出自己的三书说并不能概括全部的汉字。他说："三书并不能概括全部汉字。前面讲过，在汉字发展的过程里，由于形体演变等原因，有不少字变成了记号字、半记号字。三书说跟六书说一样，只管这些字的本来构造，不管它们的现状。此外，汉字里还有少量不能归入三书（同样也不能纳入六书）的文字。"[⑤]

裘先生的"三书说"，逻辑比较严密，概括性强，学习者容易掌握，但是，正如裘先生自己所说，还有一些汉字不能纳入三书，这恐怕就是其"三书说"的不足了。

1.3 新六书说

所谓"新六书说"，就是源自汉代的"六书说"而又与其不同的汉字结构理论。其主张者以詹鄞鑫和苏培成两位先生为代表。

詹鄞鑫曾说："我们将汉字结构类型分为六类：象形、指示、象事、会意、形声、变体……这六类正好也合'六书'，为了区别于传统的六书，姑且称之为'新六书'吧。"[⑥]

詹氏的"新六书说"也存在着诸多问题：

一是"指示"和"象事"难以区分。

二是没有假借字，导致一些汉字无法归类。

三是变体字的划分没有意义。

苏培成先生说："现代汉字从内部结构说，是由意符、音符和记号构成的。这三类字符搭配使用，构成了现代汉字的六种结构。为了和传统六书相联系，我们叫作现代汉字的新六

---

①刘又辛（1957），《从汉字演变的历史看文字改革》，《中国语文》，第1期。

②周有光（2002），《比较文字学初探》，上海：上海文化出版社，第118—119页。

③裘锡圭（1988），《文字学概要》，北京：商务印书馆，第105页。

④裘锡圭（1988），《文字学概要》，北京：商务印书馆，第107页。

⑤裘锡圭（1988），《文字学概要》，北京：商务印书馆，第107页。

⑥詹鄞鑫（1991），《汉字说略》，沈阳：辽宁教育出版社，第217页。

书。”[①]其新六书是：会意字、形声字、半意符半记号字、半音符半记号字、独体记号字、合体记号字。

苏先生的“新六书说”充分认识到了记号在现代汉字中的重要地位，且着眼于现代汉字的形、音、义来分析汉字结构，具有创新的一面，但也存在问题。主要有：

一是和詹氏的新六书说一样，没有假借，使许多汉字无法归类。

二是标准不明确，分类混乱。例如他认为“珊”字是形声字，其意符是王（玉），音符是删省声，而同是音符不能准确表音的字如“醉”、“灯”之类，则被看作半意符半记号字。同样特征的字却归于不同类型，使人难以理解。

三是为了迎合传统六书，把现代汉字分成“六”类，过于勉强。

1.4 四书说

既然“六书说”、“三书说”、“新六书说”都有缺点，那么，究竟怎样的汉字结构理论才是全面而科学的呢?

我们认为汉字的结构类型应该是四书：表意字、形声字、假借字和记号字。

表意字包括传统六书中的象形字、指事字、会意字和今文字中的半记号半表意字。形声字包括六书中的形符加音符的形声字和记号加音符的形声字——半记号半表音字。假借字就是许慎所说的“本无其字，依声托事”的假借字。记号字就是字形本身没有任何反映、提示意义和读音信息的符号的字。

我们的四书和传统的六书以及裘锡圭先生的三书之间的对应关系如下：

表 1

结构理论	对应关系							
四书	表意字				形声字		假借字	记号字
六书	象形字	指事字	会意字	部分转注字	形声字	部分转注字	假借字	
三书	表意字				形声字		假借字	

在此特说明记号字、半记号半表意字、半记号半表音字。

早在 1949 年，唐兰即提及记号和记号字的概念。其《中国文字学》中说：“图画文字和记号文字本是衔接起来的，图画演化得过于简单，就只是一个记号。”[②]但唐先生没有具体说明什么是记号。比较而言，裘锡圭先生对记号的认识更准确、科学。他说：“各种文字的字符，大体上可以归纳成三大类，即意符、音符和记号。跟文字所代表的词在意义上有联系的字符是记号，在语音上有联系的是音符，在语音和意义上都没有联系的是记号。拼音文字只使用音符，汉字则三类符号都使用。”[③]主张：“在文字形成刚开始的时候，通常是会有少量

①苏培成（2001），《现代汉字学纲要》，北京：北京大学出版社，第 93 页。

②唐兰（1979），《中国文字学》，上海：上海古籍出版社，第 109 页。

③裘锡圭（1988），《文字学概要》，北京：商务印书馆，第 11 页。

的记号被吸收成为文字符号的。”[①]认为古文字中的十（即数字七）、八、乂、∧等符号可能来自记号。

杨占武（1992）在讨论民族古文字西夏字时，认为记号在其中是表示名词变为动词的标志[②]。我们（1994）系统分析了6000个西夏文后，归纳出10个记号，发现它们不具备语法意义[③]。所以，我们遵从裘锡圭先生关于记号的观点并申明：所谓记号，就是在字形结构中，既不说明意义，又不联系语音，更不区别词性，而只是指点、区分或者美化字形的部件。2004年，我们系统分析了记号，将其分成填空记号、别形记号、指示记号、代替记号四种类型，按照层次分成笔画记号、部件记号（或者叫旁记号）和字记号（又叫记号字）三个层次[④]。

记号字的来源比较复杂。有的记号字原来就是一个记号，如“·”、“一”、“丨”、“丿”、“乀”、“乂”、“十”、“八”）等。有的记号字只代替原字形的轮廓，如六国古文的无、马（[illegible]）、侯（[illegible]）、仓（[illegible]）、晋（[illegible]、[illegible]）、具（[illegible]、[illegible]）等，今文字特别是简化字中的以、衣、归、不、为、卫、危、么、门、手、立、风、凤、午等。有的记号字是截取原字形的一部分而来，如简化字凿、产、声、医等。由于记号字不是通过字形表示意义，也不联系字音，只是表现为不同字形，同时考虑到它们在古今汉字中都存在并且有一定数量的事实，我们主张把记号字作为独立的一书，列为第四书。

半记号半表意字也可以叫作记号意符字，它由记号和意符两部分组成，意符表示意义或者意义类属、范围，记号用来区别字形。如“晋”字，甲骨文作[illegible]，本从双矢，下面的“曰”字形是准的（靶子）之形，整字以双箭射靶子表示向前、向上义。金文循变作[illegible]、[illegible]，讹变作[illegible]、[illegible]，双矢竟变成双鱼。篆文作[illegible]，上半部在金文循变字的基础上加记号变成“臸”，由会意字变成从日从臸、臸亦声的形声字。六国古文中，“晋”的上下半部各用记号代替而字作[illegible]、[illegible]，为记号字。东汉后继续使用记号代替上半部分而作[illegible]、[illegible]、[illegible]，这样使楷书“晉”、“晋”就成为上半部是记号，下半部是意符的半记号半表意字。其余如六国古文的尚、吉等，简化字的针、送、眉、执、梦、着、赵、鸡、汉、邓、权、劝、叹、难、欢、保、过、左、右、付、讨等，都属于半记号半表意字。这类字中，记号起区别不同字形的作用，意符区别意义。这类字中，记号的作用在于区别不同字形，等于区别了不同的字，区别并不同的意义，所以，可以把它们归入表意字中。

半记号半表音字也可以叫作记号表音字，其结构一半是记号，一半是声符。如经历的“历”，繁体作“歷”。《说文·止部》说：“歷，过也。从止，厤声。”原来是形声字，简化字变成由声符“力”和记号“厂”组合的半记号半表音字。再如繁体字“養”，原来从食羊声，是形声字，简化字作“养”，成为下面是记号上面是声符的半记号半表音字。又如简化字“义”字，宋元时期的俗字用同音字“乂”代替繁体字“義”，后来为了从形体上区别开，就在“乂”上加了一点作“义”，作为道义的专用字（宋元时正体字中把“叉”写作“义”，和后来道义的“义”只是同形字关系，不在我们讨论的范围内），这时候，我们可以把它当作半记号半表音字看待。其余如简化字的廉、丛、巩、每、亭、岂、后、党、齿等，都属于

①裘锡圭（1988），《文字学概要》，北京：商务印书馆，第4页。

②杨占武（1992），《西夏文字中的名—动派生字》，《宁夏社会科学》，第3期。

③冯玉涛（1995），《西夏文形意字浅析》，《宁夏社会科学》，第4期。

④冯玉涛（2004），《记号、记号的使用与汉字的记号化》，《宁夏大学学报》，第3期。

半记号半表音字。这类字中，记号既是结构部件，又起区别字形并连带区别字义的作用，相当于意符。声符和字音有联系，或者直接表示读音，或者和字音相近。所以，这类字一半是意符（或形符）一半是声符，可以纳入形声字中。

总之，汉字的结构类型应该是四书：表意字、形声字、假借字和记号字。如此划分，古今所有的汉字都能够找到各自的类属：不归于表意，就归于形声；不归于形声，就归于假借；不归于假借，就归于记号。这种划分既科学、全面，又简便、明晰，便于教学特别是对外汉字教学。

2. 汉字结构理论在对外汉字教学中之使用

我们主张对外汉字教学应该立足于字本位理论。

"字本位"一语最早见于郭绍虞《中国语词之弹性作用》[①]一文，其中以"字本位的书面语"与"词本位的口头语"相对，其理论依据是：从符号的角度看，文字不是代表和表现语言的，不是记录语言的书写符号。语言和文字是两种有本质区别的、相对独立的符号系统，语言是听觉的，文字是视觉的。文字的本质是字形，语言的本质是语音，文字以"形"示"义"，语言以"音"示"义"。语言和文字有联系，字音是语言和文字之间的"中介"，语言和文字通过字音进行相互转化、相互作用。从交际的角度看，语言和文字是两种不同的交际工具，语言是口头交际工具，文字是书面交际工具。从能力上说，语言和文字表现了人的两种不同能力，语言表现听说能力，文字表现读写能力。

我们认为"字本位"教学方式就是独立设立汉字教学课，以汉字为中心而教授字以至词汇。汉字是形音义的结合体，对外汉字教学包括字形、字音和字义三个方面的学习，让学生能够见字知音，见形知义，这就要求学生首先掌握汉字的结构类型、构成规律等。掌握其结构类型，就有学好汉字的基础，学生就会发现汉字并没有想象的那么难学、难记、难认。

2.1 利用汉字结构特征

汉字结构是立体的组合，既有平面结构，又是有层次的结构。笔画和笔画记号处于同一平面，属于第一层次；形符、声符、旁记号处于同一平面，属于第二层次；表意字、形声字、假借字、记号字处于同一平面，为第三层次。

苏培成先生认为："汉字的构字成分分为三个层次，就是笔画、部件和整字，其中部件是核心。"[②]我们主张把记号分成笔画记号、旁记号、字记号三个层次，与此不谋而合。在笔画、部件、整字（包括记号字）三个层级中，笔画是组成汉字的基本单位，部件是汉字形体的中间而又重要的单位。要强调的是，部件具有较大灵活性，或和字的读音、意义有联系，或者只和字形有联系而和读音、意义无联系。同时，我们还得注意，字与字之间也是有层次的，可以分为独体字（包括独体表意字和独体记号字）和合体字（包括合体表意字、形声字和合体记号字）两个层次，独体字为第一层次，合体字为第二层次。汉字结构的立体性、层

①郭绍虞（1938），《中国语词之弹性作用》，《燕京学报》，第24期。

②苏培成（2001），《现代汉字学纲要》，北京：北京大学出版社，第64页。

次性决定了在对外汉字教学中要把构字部件的三个层面和整字的两个层次有机结合起来而进行教学实践。

在对外汉字教学的初级阶段，重点应放在独体字教学上。由于独体字是以笔画或者笔画记号直接构字，因而这一阶段的笔画学习就尤为重要。教师可以通过独体字的教授，让学生学习各种常见的独体字的笔画和笔顺，为日后部件与整字的教学打下良好基础。

这方面要注重两点：

首先，重视基本笔画的教学。教师让学习者了解五种基本笔画即横、竖、撇、点、捺的书写规范，书写顺序，并在书写的过程中，读出笔画名称，使学生养成良好的书写习惯，为进入高级阶段的汉字学习打基础。

其次，让学生了解笔画和笔画的组合方式。笔画的组合方式大致有相交（十、七）、相离（八、二）、相切（人、刀）、长短（士和土、异和导、未和末）、高低（人与入、上与下、干与士、本和未）五种，不同组合方式即构成不同偏旁以至不同汉字。境外生之所以容易混淆“人”和“入”、“士”和“土”、“异”和“导”等，就是由于没有注意笔画的组合方式而导致的错误。因此，在初级阶段，要用一些简单而相似的字如“八”和“人”、“人”和“入”、“士”和“土”、“干”和“于”、“刀”和“力”、“主”和“玉”、“异”和“导”等等，让境外生了解不同笔画及其不同组合代表不同的汉字，以便他们更有效地记忆、书写、应用汉字。

在学习了一定阶段的独体字后，就可以进入常见的合体字教学中。合体字包括形声字、合体表意字、半记号半音符字和半记号半表意字。由于合体字都是由偏旁构成，且在3500个常用字和次常用字中，合体字占绝大部分，要掌握常用汉字，就必须重视合体字教学，重视其中的部件教学。

部件是由笔画组成的具有组成汉字功能的构字单位，可以分为意符、音符、记号三类。

在汉字形成之初，就有一些源自记号的字，随着汉字的发展，不少原来有形音义理据的字失去了理据，变成记号或者记号字，以致现代简化字中有大量的记号字和半记号字。针对一些丧失理据的合体字（合体表意字、半记号字），可以采用部件识字法。在教学时，尽量选用构字能力强，可以称说的成字部件作为教学的基础字，然后通过基础部件系联相关汉字。

在部件识字法中，可以用以下两种方法：

第一种是部件组字法。先教一些笔画比较简单的成字部件作为基本字，再由基本字组合成合体字，使学生联系旧字学习新字。例如：木—对→树、广—木→床、日—寸→时、王—见→现、弓—长→张、木—子→李，等等。

第二种是部件拆分法。将一个复杂的汉字拆分出熟悉的部件字。如：稿→禾—高、客→宀—各。部件识字法的好处是有助于境外生把握合体字的结构方式，深化他们对汉字结构特点的认识。

在部件汉字的教学过程中，还需要进一步掌握部件的组合规律和组合位置。

汉字部件的组合位置主要有左右、上下、包围和框架四种。要让学生重视组合位置，明白相同的部件不同的位置，就可能构成不同的汉字，如古与叶、回与吕等等。如有一条谜语，说的就是有口旁和木旁不同位置组合出的汉字：木在口中栽，非杏也非呆，若当困字猜，不是真秀才。（谜底是“束”）

在学习了笔画、笔顺、部件和组合规律的基础上，就要引导学生从整字出发，建立汉字特别是合体字的整体意识。我们发现，境外生识字时，往往缺少整字意识，写出来的字大都结构松散，比例不当。这就要求教师要加强引导，可以通过田字格、九宫格等，培养学生汉字的整体观念、规范书写习惯、纠正书写错误。

2.2 利用汉字表音特征

现代汉字90%以上都是形声字，因此在教学中应充分利用形符表意、声符表音、记号别形的特点进行教学。

由于古今语音的演变，形声字的声符与字音往往不完全同音，但是至少存在相近或者音转的关系，同声符的字都有共同的语音特征，至少也能够提示字的大致读音，因而在教学中就要充分运用形声字的声旁或声符，尽量利用声符系联汉字。

利用声旁系联汉字来教授汉字，能够帮助学生记忆一系列具有相同声符的字。例如以“古”为声旁的故、估、姑、固、咕、沽，以“正”为声旁的证、整、症、征、怔、政，以“令”为声旁的领、零、玲、岭、铃、龄、岺等，以“仑”为声旁的论、轮、伦、纶、抡、囵，以“主”为声旁的住、驻、注、柱、蛀、拄，等等，都可以通过声符系联而识读、记忆。比起单字单音的记忆，成组的记忆使识字量大，效率高，更牢固，达到事半功倍的效果。

对于形声字中易混淆的同声符字，可以通过形符来区分。前人的“形声相益”如清朝段玉裁所说的“同形符者以声别，同声符者以形别”就是这个意思。例如，学生常常会混淆“辩”和“辨”的形义，区别不开“辩论”和“分辨”各该用哪个字。这时，教师就可以列出其他以“辡”为声的字如辫、瓣等，启发学生寻找其中的规律，最后由教师说明或者由学生发现、总结这些字是以“辡”作声符，剩余的部件就是形符，这些字都是通过形符说明意义或意义范围——“辩论”是用语言，所以从“言”；“分辨”是把相近的东西区别开，所以从“刀”；“辫”的对象是绳子一类，所以从“糸”；“瓣”是指瓜片、花片，所以从“瓜”。如此举一反三，就掌握了以“辡”为声的一系列字，大大提高了学习效率。

对于大量的同音字，可以利用声韵相同、声调不同的特点组织汉字教学。这样，一方面练习了声调，另一方面能让学生在学习初期建立声调不同、字词不同的概念。例如通过“ma”这个音，可以系联妈、麻、马、骂。同时也要让学生知道汉字里读音完全相同而字形不同的现象，并注意区别它们。如“一、衣、依、医、溢”、“难、男、南”等。对于同音而形通的字，如“白、伯、拍、柏、泊”、“采、踩、彩、睬”、“共、供、恭、拱、龚”、“戋、浅、钱、笺、贱、践、饯”等同声符的字，可以分门别类教学，利用声旁说明读音，利用形旁、记号说明意义或字形，辨别异同。

2.3 利用汉字表义特征

时至今日，形声字的形旁、合体表意字的意符虽然不能直接表示意义，但最少能提示、限定意义。对于形声字，可以系联同一形旁并通过说明古文字形体来教授汉字。例如扌（手）旁，古文字作（金文），像人手掌自然张开的样子，因而单用表示手掌；作为偏旁则表示的意义类属。可以是与手有关的器官、事物，如拇、拳、指、掌等；可以是与手有关的动作、行为，如按、拍、扯、撤、打、抖、拱、提、抓等。“足”字，甲骨文作或反向作，像人膝盖以下的部位，所以本来表示人足，扩大表示任何动物的足，作为偏旁可以表示和脚有关的部位，如趾、蹄等；可以表示与脚有关的动作、行为，如跑、踢、跳、踩、跨等。再如“宀”

旁，古文字作宀，像侧面看到的房子形象，本来表示房子，作为偏旁，或表示房子的种类、组成、类似房屋的空间（如宫、室、家、宅、宇、宙、寨等），或表示和房屋有关的动作、行为（如寝、宿、害等），或表示和房屋有关的人（如宾、客、宰、守、寇等），或表示有关的性质、状态（如宏、安、定、寒、宽、完等）。其他“人”旁、“女”旁、“口”旁、“目”旁、“耳”旁、“肉”旁、“犬”旁、“牛”旁、“马”旁、“鸟”旁、“山”旁、“水”旁、“木”旁、“艸”旁、“走”旁、“止”旁、“辵”旁，等等，都可以通过形旁的古文字结构来推求字义或字义类属。这样做，既提高了学生学习的乐趣，也便于学生理解，有利于学生成组地学习汉字，从而提高识字效率；并且还可以通过形旁辨析形近字、同音字、音近字，减少学习者的记忆负担，获得持久的记忆效果，增进学习者对汉字的感悟。

把意义上有联系的字放在一起教学，让学生通过意义的关联进行联想。以字义为纽带可以把汉字组成同义、反义、类义三种不同的聚合。在这些聚合中可以以旧带新、由此及彼，提高学习效率。例如可以通过同义系联法来说明宽—阔、肥—胖、江—河、杨—柳等；可以通过反义系联来说明进—出、正—反、难—易等；可以通过类义系联来说明颜色类汉字红、黄、蓝、绿、黑、白等，天气类汉字风、雨、云、雪、雷、雾等。在这些类义场中，学习者可以学习与某一意义相关的一类汉字，强化记忆，掌握字形和字义的联系。

利用汉字的字义规律，还要注意一些声符同时表义的形声字即古人所说的亦声字。这类字既表现了字形的演化过程，又和古代的文化因素相关，因而老师在教授这类字时，可以适当谈谈文化现象。这样做，一方面可以让学生真正了解汉字形、音、义的内在联系，另一方面可以让学生了解中国文化，增加教学的广度、深度，提高学习者的兴趣。但是，需要注意的是，这种文化讲授要服务于汉字教学，要以有利于学生记忆和理解汉字为基本宗旨，不能把对外汉字教学课上成文字学课、汉字文化学课。

3. 利用四书理论避免、纠正偏误

我们的四书中之所以单列记号字，就是由于现代汉字中存在大量的记号、半记号字和记号字，并且，我们认为，现代汉字的记号具有区别性、类推性、简约性和模糊性的特点。在对外汉字教学中，就可以利用“四书说”及对记号的分析指导教学，避免、纠正偏误。

汉字的结构类型以及境外生学习汉字的习惯，决定他们在学习汉字过程中偏误较多而且复杂。例如我们发现境外生经常把“人”和“入”、“乳”和“孔”、“今”和“令”、“毕”和“华”、“导”和“异”、“季”和“李”、“必”和“心”、“己”、“已”和“巳”、“辨”和“辩”、“迈”和“边”、“土”和“士”、“末”和“未”、“日”和“曰”、“说”和“悦”、“木”和“禾”、“治”和“冶”、“要”和“耍”等字混淆。

他们的汉字偏误主要表现在两个方面：

3.1 笔画偏误

境外生经常忽视笔画的细微差别，造成汉字偏误。具体表现是：

（1）忽视笔画的长短。如“土”与“士”，“人”和“入”，“己”、“已”、“巳”。纠正偏误时，教师首先说明这三组字都属于记号字，然后说明各自的不同——“土”、“士”是上下横的长短不同；“土”是上短下长，“士”正相反；“人”、“入”是撇捺高低或长短不同，“人”

是撇长捺短，“人”是撇短捺长。对“己”等也可以通过第三笔的长短、高低说明区别，还可以用口诀“‘己’平‘已’半‘巳’封口”概括笔画特点，加深学生的印象。

（2）忽视笔画的多少。如“找”与“我”、“心”和“必”等。教师纠偏时，首先说明其四书结构：“我”、“心”、“必”属于记号字，“找”是会意字。然后说明具体区别。“找”是手（扌）拿着戈寻人、寻物，“我”左边不是手（扌）；“心”、“必”的差别是有撇（可以形象比作一把刀）还是没有撇，“必”是在“心”里插了一把刀。

（3）忽视笔画的组合方式。如“人”与“八”，一个相切，一个相离，但有境外生却把这二字写得难以区别，不伦不类。

（4）忽视笔画的方向。在组合部件甚至字形时，汉字的笔画方向是固定的，不能随意改变，但境外生不时出现改变笔画方向的错误。如把手旁（扌）的提写成撇（丿），以致好像“才”，“刁”写成“刀”样，绞丝旁的提写成丿，都是他们易犯的笔画方向错误。

3.2 部件偏误

3.2.1部件改换

（1）改换形近部件：由于相似而改换或混淆意符，以至不能区别氵和冫、厂和广、木和禾、礻和衤、弋和戈、日和目等，而把“冶炼”读或写成“治炼”、“清泠”读或写成“清冷”、“季节”读或写成“李节”等。教师纠偏，就得说明它们在四书说中的结构和意符表示的意义范围、类属。如“氵”和“冫”——“氵”表示和水有关，所以江、河、湖、海、洋、濒、滨、浦、清、浊、浑、混等从之；“冫”表示冰或和冰有关，所以凝、冷、冻、冬、寒、凌等字都以之为意符。至于其间易混淆的字如“治”和“冶”、“泠”和“冷”的异同，自然容易区别开。“治”、“冶”都是半意符半记号字，“治”本表示治理水，故从氵；“冶”本表示融化冰，故从“冫”。“泠”和“冷”都是形声字，“泠”表示水清新、清洁，故从水令声；“冷”表示寒冷，故从冫令声。

（2）声旁改换：由于声旁与字本身同音而改换声旁，有的学生竟出现琓（玩）弄、椒（树）木等怪异的词形。

（3）意符改换：其中分两种情况或由两个原因造成。第一，由于一些意符代表的意义相近而改换意符。如“走、辶、足”和“艹、⺮”等表意相同或相近的意符，容易混淆，张冠李戴，而将“赶”写成了“迀”、“笔”写成了“芼”。第二，由于受前后字形的意符的影响而类化改换某个字的意符。如出现女姓（性）、坏（环）境、惊（凉）快等组合。

3.2.2意符增损

（1）增加意符：受上下文的影响，增加意符。如技（支）持、诤（争）论、葫（胡）萝卜、黄莲（连）、渲（宣）泄等等。

（2）减损意符：受上下文的影响，减少意符。如成（城）市、导至（致）等。

（3）部件移位：把合体字的左右、上下部件互相对移。境外生中把打、须、和、需等字的部件颠倒的现象，可谓屡见不鲜。

除了以上两种书写偏误外，还有整字的偏误，主要是把字写得分崩离析，结构松散。由于这是一种更高层次的要求，接近书法层次，此不赘言。

总之，汉字偏误都是由于学生没有充分认识汉字相似部件的区别，没有充分认识到意符的表意功能、声旁的表音功能、记号的别形功能而造成的错误，再加上缺少汉字习得，书写练习不够、不熟练，只是凭借模糊记忆来书写而造成的书写偏误。利用汉字结构理论，以字形分析为基础，沟通字音与字义，掌握汉字结构理论，了解其结构类型，熟悉汉字内在规律，对避免、纠正汉字偏误有重要作用。

参考文献

[1]阮元编（1981），《十三经注疏》，北京：中华书局，第731页。

[2]班固（1961），《汉书》，北京：中华书局，第1351页。

[3]许慎（1963），《说文解字》，北京：中华书局，第314页。

[4]朱骏声（1984），《说文通训定声》，北京：中华书局，第8页。

[5]朱骏声（1984），《说文通训定声》，北京：中华书局，第11—12页。

[6]唐兰（1981），《古文字学导论》，济南：齐鲁书社，第402—403页。

[7]唐兰（1979），《中国文字学》，上海：上海古籍出版社，第75—78页。

[8]裘锡圭（1988），《文字学概要》，北京：商务印书馆，第105—107页。

[9]陈梦家（1988），《殷墟不辞综述》，北京：中华书局，第7页。

[10]刘又辛（1957），《从汉字演变的历史看文字改革》，《中国语文》，第1期。

[11]周有光（2002），《比较文字学初探》，上海：上海文化出版社，第118—119页。

[12]裘锡圭（1988），《文字学概要》，北京：商务印书馆，第105页。

[13]裘锡圭（1988），《文字学概要》，北京：商务印书馆，第107页。

[14]裘锡圭（1988），《文字学概要》，北京：商务印书馆，第107页。

[15]詹鄞鑫（1991），《汉字说略》，沈阳：辽宁教育出版社，第217页。

[16]苏培成（2001），《现代汉字学纲要》，北京：北京大学出版社，第93页。

[17]唐兰（1979），《中国文字学》，上海：上海古籍出版社，第109页。

[18]裘锡圭（1988），《文字学概要》，北京：商务印书馆，第11页。

[19]裘锡圭（1988），《文字学概要》，北京：商务印书馆，第4页。

[20]杨占武（1992），《西夏文字中的名—动派生字》，《宁夏社会科学》，第3期。

[21]冯玉涛（1995），《西夏文形意字浅析》，《宁夏社会科学》，第4期。

[22]冯玉涛（2004），《记号、记号的使用与汉字的记号化》，《宁夏大学学报》，第3期。

[23]郭绍虞（1938），《中国语词之弹性作用》，《燕京学报》，第24期。

[24]苏培成（2001），《现代汉字学纲要》，北京：北京大学出版社，第64页。

[25]周健（2005），《汉字突破》，北京：北京大学出版社。

[26]胡文华（2008），《汉字与对外汉字教学》，上海：学林出版社。

[27]陈怡（2012），《跟我学汉语：汉字课本》，北京：北京大学出版社。

[28]孙德金（2006），《对外汉字教学研究》，北京：商务印书馆。

[29]北京语言大学汉字研究所，北京语言大学对外汉语研究中心编（2011），《汉字教学与研究》（第一辑），北京：北京语言大学出版社。

[30]李蕊（2010），《汉字轻松学：起步篇》，北京：北京师范大学出版社。

[31]李蕊（2013），《汉字轻松学：发展篇》，北京：北京师范大学出版社。

[32]吕必松（2003），《汉语教学路子刍议》，《暨南大学华文学院学报》，第 1 期。

[33]叶蜚声、徐通锵（1997），《语言学纲要》，北京：北京大学出版社。

[34]张朋朋（1992），《词本位教学法和字本位教学法的比较》，《世界汉语教学》，第 3 期。

汉语无标志被动句（受事话题句）的构式研究*

费惠彬　段洁云
云南师范大学

摘　要：本文分析了汉语原型无标志被动句构式的论元角色和动词参与者角色之间的互动情况，归纳了该构式的语义结构和相应的表达形式。

关键词：无标志被动句；受事；话题；构式

1. 汉语无标志被动句构式的存在

汉语被动句一般被分为两类，即有标志被动句和无标志被动句。如果细化的话，有标志的被动句还可以被划分为有明显标志的被动句和准标志被动句，前者指"被"字句，后者指含有"给、叫、让"的被动句；无标志被动句指句中没有表示被动意义的标志性词语的被动句，此类句子的主语为受事，因此被称为无标志受事主语句（陆俭明，2006：218）。有标志被动句句中存在明显的表被动的标志，称为显性被动句。但是无标志表被动义的句子的身份却存在争议，有研究者认为从语法形式和意义相结合的角度看，这类句子不宜归纳到被动语态系统中（戴耀晶，2006：72）。

构式语法理论认为，构式本身具有其独立的意义，该意义独立于句子中的词语而存在。具体而言，"C 是一个构式当且仅当 C 是一个形式——意义的配对<Fi, Si>"，且 C 的形式（Fi）或意义（Si）的某些方面不能从 C 的构成成分或其他先前已有的构式中得到完全预测"，即该构式在语法中是独立存在的（Goldberg，1995，吴海波译，2007：4）。汉语无标志被动句构式作为一个形式和意义的配对体，其形式和意义不能从其构成成分中得到完全预测，构式中的动词和其他构成成分都难以完全预测构式的形式和意义。正如 Goldberg 指出的那样，"含有基本论元结构的构式被证明与动态的情景相联"，这种构式是"基于体验的完形"，即"简单句构式与反映人类经验的基本情景的语义结构直接关联"（Goldberg，1995，吴海波译，2007：5），由于人们所体验的动态情景不同，有标志被动句所反映的动态情景语义结构也必

* 本文为 2012 年度云南省哲学社会科学规划课题"基于对外汉语教学的汉语话题结构认知研究"（项目编号：YB2012077）的部分成果；同时也是 2013 年度云南省教育厅科学研究课题"基于语言类型学和认知语言学的韩、泰、越三国留学生习得汉语话题结构调查研究"（项目编号：2013Y428）的部分成果。

然不同于无标志表被动意义的句子，就是说无标志表被动意义的句子构式具有独立的形式和意义配对，所以我们认为无标志表被动意义的句子也可以称为被动句。另外，由于意义是和有着高度组织的特定的情景框架或情景相联系（Goldberg，1995，吴海波译，2007：24），具有封闭性，因此，Goldberg 认为构式属于“封闭类成分”，具有“封闭类成分的意义”（Goldberg，1995，吴海波译，2007：28）。从构式的封闭性上来说，其基于体验而表现出来的形式和意义也具有独特性，无标志表被动的句子在形式上无显性被动标志，在语义上却确实表达了被动意义，由于构式是形式和意义的结合体，即使在形式上没有显性被动标志，但是整个构式的形式却能表达被动意义，体现了形式和意义的高度结合。从完形感知上来说，完形是作为整体来感知的，构式作为完形，也应该从整体上来感知和把握。因此，本文认为汉语中无显性被动标志但表示被动义的句子可以看作被动句。

因篇幅所限，本文仅就汉语无标志被动句的原型表达式“S+V+C”展开讨论。

2. 无标志被动句受事的受影响性

汉语无标志被动句的主语在语义上承担受事的角色。请看例句：

（1）a.她家搬到了离市区较远的郊外。

b.她家被搬到了离市区较远的郊外。

（2）a.小区内的房子一栋栋地盖了起来。

b.小区内的房子被一栋栋地盖了起来。

（3）a.钱包忘在公交车上了。

b.钱包被忘在公交车上了。

（4）a.电脑放在隔壁的房间。

b.电脑被放在隔壁的房间。

（5）a.下一代又生出来了……

——张爱玲《倾城》

b.下一代又被生出来了……

（6）a.饭做了。

*b.饭被做了。

（7）a.信已经写了。

*b.信已经被写了。

（8）a.外面的胡琴继续拉下去……

——张爱玲《倾城》

*b.外面的胡琴被继续拉下去……

（9）a.我们发工资了。

*b.我们被发工资了。

上述例句中的 a 句都表示被动意义，句中的主语均为受事。主语扮演受事的角色不是由显性的被动标志凸显出来的，我们从 b 句中就可以看到，（1）到（5）的 b 句中都可以加“被”字，变为显性被动句，而（6）到（9）加上“被”字后则不可接受。由此可见，a 句中主语属于受事不受是否加被动标志的影响，其受事性是句式赋予的。a 句的谓语部分都较复杂，句中的动词都不能是光杆动词，“被”字句中同样也不能出现光杆动词。被动句构式中动词之后的部分是对动词语义的补充，表示受事受到动词所表示的动作或行为的影响而产生的结果，张伯江（2001）将这种情况看作因“影响性”语义要求而产生的句法结果。无标志被动句的谓语部分之所以较为复杂，其原因就是因为语义的复杂性反映在句法中。由于这种“影响性”的作用，主语在语义上就成为受事。

虽然句法可以反映语义，但是，有时候语义的具体含义在句法上却难以明确体现。如：

（10）a.唐老师打过电话了。

（11）a.他洗过了。

（12）a.那个班的同学通知过了。

（13）a.小明没有问过。

（14）a.班长还没有定下来。

（15）a.鸡不吃了。

如果没有具体的语用环境，我们无法从上述的句子中判断主语是施事还是受事，因为句子的主语代表的人或物都可以实施句中动词所表示的动作和行为，但是它们也可能不是动作的实施者，而是动作的承受者，即它们可能是施事，也可能是受事，上述的 a 句都是歧义句。（10）a 中的电话可能是“唐老师”打的，也可能是打给“唐老师”的。（11）a 可能指“他洗过澡了”，也可能指“别人帮他洗过澡了”。也就是说，上述句子的 a 句可以理解为下列的 b 句和 c 句，如：

（10）b.唐老师给我们打过电话了。

c.我们给唐老师打过电话了

（11）b.他自已洗过澡了。

c.某人给他洗过澡了。

（12）b.那个班的同学通知过我们了。

c.我们已经通知过那个班的同学了。

（13）b.小明没有问过我。

c.我没有问过小明。

（14）b.班长还没有就某件事情做出决定。

c.班长的人选还没有被定下来。

（15）b.鸡不吃食了。

c.某人不吃鸡了。

我们注意到，上述 a 句中的主语都是有生的。大部分的动作和行为都是有生命的事物发出的，同时，这些有生命的事物也经常成为动作和行为的目标或承受者，这似可以解释 a 句为何属于歧义句的原因。另外，无生的事物也不是绝对不能成为类似 a 句中的主语，只是它们进入 a 句中时，已经拟人化了，即可以理解为有生的。如果把（10）到（15）的 a 句当作无标志被动句的话，它们只能理解为 c 句的意思。这就提出一个问题，即我们如何从语义的角度区别 a 句是否是被动句。这要回到我们前面谈到的“影响性”上，我们说过，被动句构式中动词之后的部分是对动词语义的补充，表示受事受到动词所表示的动作或行为的影响而产生的结果，也就是说，无标志被动句构式要求句子中必须出现受事，且受事是受到了动词表示的动作或行为的影响而产生了动词后的部分所表示的变化。句中的主语必须是受事，而且动词表示的动作或行为产生的影响的目标指向受事。如果按照 b 句来理解的话，a 句中的主语在语义上属于施事，它们不是动作或行为影响的目标，没有受到任何影响。只有按照 c 句来理解，a 句中的主语才是动作或行为影响的目标，也就是语义上的受事。从以上分析中可以看出，我们无法根据单个的、具体的句子（这里排除了语境因素）判断其是主动句还是无标志被动句，但是，如果从构式的角度来进行分析的话，则可以根据句子中论元所扮演的语义角色和所受到的语义限制上区别具体句子所属的句式。由于构式是"封闭类成分"，其意义属于封闭类成分的意义，这也是我们能够通过构式意义预测其论元的语义角色及语义限制的原因。另外，从受事的角度来说，所谓"影响性"指的是受事受到的影响，而非受事对其他事物的影响，所以，把"影响性"改称为"受影响性"在表述上要更加清晰一些。

3. 无标志被动句构式中受事的概念和论元角色的侧重

从上面的例句中可以看到，无标志被动句中的主语既可以是有生的，如（5）a、（9）a、（10）a、（11）a、（12）a、（13）a、（14）a 和（15）a，也可以是无生的，如（1）a、（2）a、（3）a、（4）a、（6）a、（7）a、（8）a。本文中把在主语位置上的语义角色称为"承受者"，即指它们是动词代表的动作或行为所产生结果的承受者。（10）a 到（15）a 都是歧义句，它们的主语都是有生的，但是，（5）a 中的主语"下一代"同样是有生的，而（5）a 明显地不是歧义句。这是什么原因造成的？这需要我们考虑动词和构式之间的互动关系。Goldberg（Goldberg，1995，吴海波译，2007：26）指出"动词的意义必须参照包含了丰富世俗知识和文化知识的背景框架"，她还认为"动词是否含有某种方式被看作与句法有关的动词意义"（Goldberg，1995，吴海波译，2007：28），利用与动词相关联的框架语义知识可以解读构式。为方便读者阅读，我们把（5）a 重新写出来：

（5）a.下一代又生出来了……

——张爱玲《倾城》

通过一般的世俗知识可以知道，（5）a 中的动词"生"指的是母亲生下了孩子，因此句子中的主语"下一代"只可能是受事，而不可能是施事，所以，（5）a 没有歧义。而（10）a 到（15）a 中的主语则既可能是施事，也可能是受事，如（10）a 中的"唐老师"可能是打电话的人，也可能是接电话的人。当然，从动词和构式的整合上来看，动词参与者角色必须和构式的题元角色语义一致，否则将不能熔合，汉语无标志被动句中的动词参与者角色必须和构式中的题元角色—受事相熔合，参与者角色被理解为构式中受事角色的一个实例，这是构式语法理论的语义一致原则（The Semantic Coherence Principle）（Goldberg，1995，吴海波译，2007：47）。从这一点来看，进入无标志被动句构式的动词的参与者角色只能是受事，那么句子也就不会产生歧义。

根据构式语法理论的对应原则（The Correspondence Principle），动词进入构式后，其侧重表达的参与者角色必须和构式中的同样被侧重的一个论元角色相融合（Goldberg，1995，吴海波译，2007：47—48）。在汉语无标志被动句构式中，被侧重的论元角色是受事，构式语法认为，这些被侧重的角色在语义上有凸显性，在语义或语用上可以得到区别，如特定的话题或焦点（Goldberg，1995，吴海波译，2007：46）。汉语无标志被动句的受事主语在语用上可以被看作话题。因为话题是话题结构中话语的出发点，整个话题结构的述题部分都围绕话题而展开，所以话题也可以被看作是一种焦点，即话题焦点。被侧重的动词参与者角色一般必须得到表达（Goldberg，1995，吴海波译，2007：42），无标志被动句构式的主语在语义上扮演受事角色，这个受事角色是构式中被侧重的论元角色，因此与其融合的动词参与者角色一般需要在句子中表达出来。但是在某些特定的语境下，被侧重的论元角色能够确认时，可以不必表达（Goldberg，1995，吴海波译，2007：42）。如（1）a 的上文中如果有诸如“她家搬到哪里去了？”之类的问句，（1）a 就可省略主语“她家”，直接表达为“搬到了离市区较远的郊外”。

4. 无标志被动句的构式语义

本文的前面部分曾提到构式是“基于体验的完形”，“简单句构式与反映人类经验的基本情景的语义结构直接相联”，这和认知语言学中的象似性原则不谋而合。象似性（iconicity）是“指语言结构在一定程度上反映经验结构，即承载说话者观念的客观世界的结构。因此，语言结构是被经验结构激发和解释的，以达到两者相符”（威廉·克罗夫特，龚群虎译，2003：121）。语言结构的象似性原则主要包括“语言材料的象似顺序（iconic sequencing）、象似邻近（iconic proximity）和象似量（iconic quantity）”（弗里德里希·温格瑞尔&汉斯-尤格·施密特，彭利贞等译，2006：342）

4.1 顺序象似性

因为原型无标志被动句中缺乏施事，其句法结构上的主语是受事，是动作或行为的承受者。由于缺乏施动者，动作或行为的承受者一般必须出现于动作行为之前，即受事要位于动词之前，成为句法结构中的主语。受事的“受影响性”，也决定了被影响的对象必须在带来影响结果的动作行为的前面，影响的结果则理所当然地放在了动词的后面。这是人的经验结构反映在句法结构之上的结果。汉语无标志被动句的主语在语用层面上就是话题。王寅（1998）曾提出“话题象似性”，指出话题即是思维的起点。思维的起点表现在句法结构上，即是句子的主语，表现在语用上即是话题。而话题的一大特征就是话题的位置一般位于话题结构的首位，单个话题结构形成的句子中，话题就位于句首。所以，在一般情况下，话题象似性也表现为一种顺序象似性（在特殊语境中，话题也可能不在句首，而在句中或句末）。

4.2 数量象似性

概念信息量对应于相应的语言表达式，概念信息量越多，语言表达式就越长。原型无标志被动句中缺乏显性被动标志，也缺乏施事成分，其语言表达式比有标志被动句简单，如：

（16）a.钥匙藏在抽屉里。（无标志被动句）

b.钥匙被藏在抽屉里。（有标志不带宾语的“被”字句）

c.钥匙被他藏在抽屉里。（有标志带宾语的“被”字句）

另外，无标志被动句的受事是动作行为结果的承受者，动词之后的部分必须表现出承受者受到的是什么影响，所以句子中的动词不能是光杆动词，反映在句法上就是一个复杂的谓语。这也体现了数量象似性。从另一个角度来看，话题结构中的述题蕴含新信息，述题的概念信息一般比话题多，具有更高的概念重要性和意外性，因此述题的语言表达式较长。

4.3 距离象似性

距离象似性指概念上的距离体现为语言表达式上的距离，即概念上距离近，语言形式上距离也近，例（16）充分说明了这一点。（16）的主语受动词的影响程度从大到小依次为 a 句、b 句和 c 句，在语言形式上也表现为主语离动词越来越远。从这一点看来，无标志被动句的主语的“受影响性”的程度要强于有标志被动句。

4.4 构式语义

汉语无标志被动句的原型构式“S+V+C”中 S 为受事，是动作行为的承受者。S 居于动词之前，和动词距离非常接近，具有较强的“受影响性”。动作行为产生的影响在概念上位于动作行为之后，反映在句法上就是动词之后的部分 C。

综上所述，本文认为“S+V+C”的构式意义是“受事 S 通过 V 的方式承受了影响 C 带来的结果”。该构式的语义结构和相关表达形式独立于词项，构式的形式和意义不能从构式的构成成分中完全预测出来。同样，该构式的语义结构和相关表达形式也不能从其他已有的构式中得到全面的预测。我们不能从有标志被动句构式中得到完全预测，也不能从主动句构式中得到完全预测，因为，即使是形式完全相同的主动句构式“S+V+C”，其语义结构和无标志被动句的语义结构也存在不同。

参考文献

[1]戴耀晶（2006），《现代汉语被动句试析》，刑福义主编（2006），《汉语被动表述问题研究新拓展》（《华中语学论库》第二辑），武汉：华中师范大学出版社。

[2]陆俭明（2006），《有关被动句的几个问题》，刑福义主编（2006），《汉语被动表述问题研究新拓展》（《华中语学论库》第二辑），武汉：华中师范大学出版社。

[3]弗里德里希·温格瑞尔&汉斯-尤格·施密特（2006），彭利贞，许国萍，赵微 译（2009），《认知语言学导论》，上海：复旦大学出版社。

[4]王寅（1998），《从话题象似性角度谈英汉句型对比》，《山东工业大学学报》，第 2 期。

[5]威廉·克罗夫特（2003），龚群虎等译（2009），《语言类型学与语言共性》，上海：复旦大学出版社。

[6]张伯江（2001），《被字句和把字句的对称与不对称》，《中国语文》，第 6 期。

[7][美]Adele E. Goldberg（1995），吴海波译（2007），《构式：论元结构的构式语法研究》，北京：北京大学出版社。

[8]Givón, T. (1990). Syntax: A Functional-typological Introduction,Vol.2. Amsterdam: John BenJamins.

汉语教师跨文化环境课堂管理问题探讨

胡秀梅
北京师范大学汉语文化学院

摘　要：有效的课堂管理是推进教学活动顺利进行的最重要环节，是保证教学效果和教学质量的关键，教师对课堂的管理能力直接决定了课堂教学的成功与否。在汉语课堂中，为了提高学生的兴趣和教学效果，教师会较多地使用游戏类活动辅助教学，但往往存在课堂秩序差、学生参与度低、教学目标达成度低、游戏活动针对性差等低效现象。除此之外，还有因为学生不同文化背景而导致的学生之间、师生之间的冲突。这都与教师对跨文化环境课堂的管理能力相关，涉及教师的教学技能、课堂活动管理能力和跨文化交际能力三个方面。教师需要通过对不同教学文化的解读、师生文化的解读、儿童和青少年心理的解读等来提高对多元文化环境下的课堂的管理能力。

关键词：跨文化；课堂活动；管理能力；教学文化

有效的课堂管理是推进教学活动顺利进行的最重要环节，是保证教学效果和教学质量的关键，因此教师对课堂的管理能力直接决定了课堂教学的成功与否。通常课堂中出现的问题是多种多样的，简单地说有以下几类：课堂纪律和秩序问题、学生学习热情和状态问题、学生间冲突问题、师生间冲突问题、教学目标无法顺利完成问题。由于对外汉语教学的特殊性，在汉语教学中，除了存在以上这些课堂管理的问题之外，还出现了因学生之间、师生之间文化背景不同而带来的问题。这是因为来自世界各国的留学生有着各自不同的文化背景，文化冲突和融合问题对教师的课堂管理能力提出了更高的要求。下面我们结合课堂案例来探讨汉语教师的跨文化课堂管理能力问题。

1. 案例分析

1.1 案例一：课堂游戏类活动管理

为了更有效地教学，在初级汉语课堂，特别是面向非成人的中小学课堂中，教师会较多地使用游戏类活动来辅助教学。有针对语音教学的各种朗读活动，如分角色朗读、小组计时竞赛朗读；针对汉字和词汇学习的认读类游戏活动，如："挖地雷"、"拍苍蝇"、"猜词游戏"等；针对句型学习的"句子接龙"、"句子配对"以及综合性的"角色扮演"活动。还有唱歌、音乐或视频欣赏等。在观察中我们发现，这些课堂的辅助活动并不都能够很好地达到目的，一些活动在实施过程中并不顺利，导致课堂秩序差、教学进度失控以及教学目标达成度低，这些低效现象的产生与师生双方都密切相关。我们以某国际学校的初级汉语课堂[①]为例，来看课堂存在的问题。

1.1.1 案例描述

以词汇认读为目的的游戏活动——挖地雷

游戏规则：游戏开始前，教师设计词卡，在每张词卡背面写一个分数或画一个地雷。教师准备挂帘，方便向学生展示词卡。将学生分成不同的小组，每个小组轮流选读挂帘上的词语，教师会根据词卡背面的分数为小组记分。如果挖到了地雷，小组之前所有的分数都将被炸掉。最后，得分最多的小组获胜。

教学对象：初级水平的初中生，16 人

活动背景：学生已经学习完第一单元所有的生词

活动目标：复习、认读第一单元的生词

活动形式："挖地雷"（组内合作、组间竞争，就近 4 人一个小组）

活动材料：背面写有分数的第一单元生词卡（共 60 张）

活动时间：计划 30 分钟，实际使用 45 分钟

活动的组织和实施过程：教师向学生介绍活动规则，并通过示范告诉学生计分的方法。然后将学生就近分成三组。刚开始，学生都比较兴奋，活动前几轮进展得比较顺利。每抽掉 5 张生词卡，教师就补充新的进来。第三轮以后，活动开始出现问题。每个小组组内成员轮流读卡，轮到林××时，他不愿参与活动，而且一直与组内另外两名男生打闹。教师安排他到最前排一个人坐，他却开始与那两个男生传纸条。教师制止了一次，后来就不管了。由于教师设置了较多地雷，各小组的得分常常被炸成 0。刚开始，小组内部还能互相鼓励，但是随着次数越来越多，学生的参与热情开始下降。挖到地雷的同学开始受到其他同学的埋怨，一些本来应该轮到的学生放弃参与，影响了课堂秩序；一些学生开始要求组内其他人听从自己的选择，组内成员间出现争吵。由于课堂秩序比较混乱，教师只得暂停活动，对学生的行为进行管理，并重新修改了计分方法。最后，此次活动在 45 分钟时间内仅完成了约 40 个词卡。

1.1.2 案例分析

通过观察，我们发现以下几个方面的问题：

（1）课堂秩序差，课堂进度失控

学生在活动过程中发生争执和打闹，小组成员之间的不合作迫使老师中止活动来调停，因此耽误了活动的进程，没有在规定时间内完成游戏，妨碍了整个教学的进行。

（2）学生参与程度不均衡

小组活动中各成员之间存在着程度不等的不参与、不合作、不交流、不倾听等情况，个别学生由于汉语水平低、学习动机差及文化差异等原因不能有效地参与到小组活动中。

（3）教学目标达成度低

教学目标是完成60张词卡的认读，但活动结束时仅练习了40张词卡，未能实现活动目标。

---

①案例参考褚凤丽（2011），《青少年对外汉语教学中小组活动低效现象及对策研究》，北京师范大学硕士毕业论文。

另一方面，活动过程中师生过多关注分数而忽略了认读的准确性，并没有真正达到认读的目的。

（4）活动过程不完整

由于活动持续时间过长，教师来不及对活动做出总结和评价，此环节缺失。活动过程中，教师也没能对学生活动中存在的问题及时反馈。

1.2 案例二：课堂文化冲突处理

1.2.1 案例描述

因学生向教学负责人反映无法与任课教师沟通的问题，负责人安排一名教学指导教师旁听并进行课堂记录。

课堂：英国××大学孔子学院

学生：中级汉语水平，9 人

年龄：18～32 岁

课堂记录：

上课开始，任课的中国教师向大家问好，并主动用英语表示道歉。教师说："很对不起，上节课可能我的态度不太好，我应该跟大家说得更清楚。"学生友好地表示没关系，气氛和谐，同时大家纷纷拿出书本准备上课。教师继续为上次课的行为作出解释。

教师说："我想我们之间可能有误会，我上节课太紧张了，所以没有解释清楚。这是因为我们两个国家的文化不同，我第一次碰到这样的情况。你们提的问题太多了！我一下子不适应，所以有点不耐烦了。你们知道吗？在中国我们老师上课时，学生是不能随便提问的，大家都安静地听着。这表示对老师的尊重。不像你们英国，可以随便地提问！所以我不想回答你们的问题。"

此时不少学生露出惊愕的表情，并开始小声议论。有学生则表现出不耐烦和愤怒，并且低声骂人以示不满。教师试图继续说明，但学生开始大声说话。有年龄偏大的学生直接要求老师别再说了，用不太客气的语气说："好的，我们接受你的道歉，别说了，上课吧。"于是教师开始上课。课堂气氛沉闷，教师的提问没有学生回答，学生表现出不合作态度。学生对词语的用法不明白时仍然直接问教师，教师简单地说明语义，但未对搭配和用法进行说明，学生继续追问，教师对学生的提问无法正确解答，学生表示不满。教师转而求救于旁听的指导教师，要求指导教师跟学生说明。学生之间相互讨论，不听教师讲解。课堂混乱，直到下课。

1.2.2 案例分析

从这个课堂中，我们可以看到主要存在以下几个问题：

（1）课堂气氛紧张，师生关系不融洽。

（2）教学无法顺利展开和完成。

（3）教师不能清晰准确地回答学生学习过程中的疑问。

（4）教师不能正确面对跨文化冲突，不能正确反思自己的行为。

上面的两个课堂案例集中反映了对外汉语课堂教学中存在的问题，一个是对游戏类活动的管理和控制不当，致使教学活动低效；一个是无法正确处理文化冲突，致使教学活动不顺利。究其原因，我们不能简单地说教师的课堂控制能力差，这实际包括了教师的教学技能、课堂活动管理能力和跨文化交际能力三个方面。

2. 教师课堂管理能力问题

2.1 教学技能问题

教师的教学技能指的是教师是否具有有效教学的能力，比如能否合理地安排教学内容和设定合适的教学目标，能否根据教学内容和学生的情况选择合适的教学方法，清晰地讲授教学内容，准确地解答学生的疑问。从案例中，我们可以看到以下问题：

2.1.1 游戏活动的设计不够合理

案例一的教师在教学活动的设计和选择时，虽然已经有针对性，但一些游戏类活动的设计仍然存在不够合理的地方，教学目标与任务类型选取不当，活动目标不明确、针对性差，与教学内容之间的关系不紧密。如针对语音教学的“小组计时竞赛朗读”，目标是让学生运用正确的语音、语气、语调读课文，但学生过分关注速度而忽略了语音、语调。有时规则过分复杂、操作性差，学生在参与过程中无法顺利完成任务。

2.1.2 语言理论和语言本体知识不足

案例二中的教师无法清晰地回答学生语法方面的问题，显示出教师语言本体知识的不足；而备课不够充分，也未能提前预测教学的难点和学生可能出现的问题。因此在课堂中碰到学生提问时，不能清晰解答，甚至给出错误解释。碰到无法解答的问题时，不能巧妙地应对，而是纠缠于不当之处，以致问题更加复杂，反而更凸显出教师语言知识的不足。

2.1.3 不能很好地调动学生的情绪

教师对学生的情绪关注不够，当学生在学习过程中出现兴趣减弱、注意力不再集中的现象时，两位教师都没有适当地调整教学环节或者更换教学活动以吸引学生的注意力。

2.1.4 教学反思能力不足

对教学活动的反思应该是多方面、多角度的，包括教学的每一个环节、步骤，与教学相关的内部和外部因素、教学活动的参与者（教师和学生两方面）、教学的效果（优点和不足两方面）。

案例二中的教师对教学活动的反思不准确，产生偏差，教学效果得不到改善。学生认为教师不能解答学生所提出的问题，对一些问题的解释不清楚；教师则认为学生是无理取闹，是不尊重教师，片面地把问题归咎于学生，而没有从自身入手来思考问题。她试图让学生明白，中国学生在课堂上不随便提问是尊重老师，不像英国学生这样乱提问。结果她的道歉和解释更加激发了学生的不满，以致最后不得不换老师。从这个例子中我们可以看到，教师的反思能力也是需要关注的。

2.2 课堂活动管理问题

教师对游戏类活动的管理关系到活动是否按计划进行、活动过程是否顺利、活动是否达成目标等，案例显示的问题则主要表现在以下几个方面：

2.2.1 教师课堂活动指令语模糊不清

教师发出的指令语不够清晰，目标指向性不够具体。有时教师在活动实施过程中对规则和要求的讲解显得冗长，没有做到“简练易懂”，而学生的汉语水平有限，对于教师用汉语表达的课堂指令语的理解比较困难。有的教师指令语则兼用中英文，意思不够明确、具体，学生不能很好地了解教师的意图，不知应该做什么、怎么做、何时做、何处做。

2.2.2 教师角色定位偏差

教师虽然是课堂的主导者，是课堂活动的指挥者，但同时也应该是活动的参与者、监督者、协调者、帮助者、评价者，教师必须在不同的阶段承担不同的责任。据观察，在一些问题课堂中，教师以旁观者角色游离于活动之外。有时教师甚至坐在讲台上专注于自己的事情，对学生的讨论或活动情况漠不关心，没有对学生的活动进行指导和管理，对学生的问题不及时反馈，致使学生参与活动的积极性降低，转而进行一些与课堂无关的活动，如闲聊、看手机等。

2.2.3 教师对学生的关注不均衡，对活动的总结和评价不够

教师过分关注个别学生或者个别小组，忽略了对其他小组情况的观察和指导。活动结束时，由于没有设计有效的评价手段，教师不能够对活动做出全面准确的总结，有的教师则因为时间关系而直接省略了总结和评价环节。教师对活动奖惩不够明确，对优秀学生的表现没有充分的肯定，对表现差的学生管理力度又不够，这一定程度上打击了学生参与活动的积极性。

2.2.4 无法有效处理学生冲突和突发事件

由于学生是青少年，处于青春躁动期，在课堂活动中有时过于兴奋或散漫，甚至出现打闹行为。特殊的青少年心理和不同的文化背景使得他们不遵守课堂纪律、不服从教师的管教，但出现这些问题时，教师有时无法及时有效地处理。调查还发现，学生总是在同一个地方出现问题，当活动无法顺利进行时，有的教师不能及时调整规则以保证正常的课堂教学。

2.2.5 教师无法准确掌握时间

由于对课堂活动中学生的汉语水平和能力的差异估计不足，对每个学生参与活动的时间和任务分配考虑不充分，使得案例一中的教师在整个课堂活动中无法准确掌握时间，没能按计划完成活动目标；同时对突发事件处理不当，造成时间的浪费。有时教师过分纠缠于某一个问题也会浪费时间。

2.3 跨文化交际能力

教师跨文化交际能力涉及方方面面，从日常生活到教学工作，从外交礼仪到价值观念。对于汉语教师来说，最先面对也是最直接面对的就是与教学工作相关的教学文化差异。对不同国家的教学文化差异不了解，直接影响汉语教学和文化推广工作。案例二所显示的问题便主要与教学文化的不同相关。

案例二中的教师虽然已经意识到自己与学生之间的问题源于不同的课堂文化，但她最终将师生之间的无法沟通归结于学生自由发问过多，对她不够尊重。这无疑是一个典型的跨文化交际障碍问题。习惯了中国（或其他一些东方国家，如韩国、日本）传统课堂的教师，也许一时无法适应学生直呼其名、随时提问、提意见、插话甚至与教师争论的状况，或者无法有效地应对以致产生跨文化冲突。传统的教学往往以教师为中心，教师多以知识传授者身份出现，学生等待教师提问，极少主动提问或插话，更不敢与教师争论，他们的交流是单向的，课堂较为安静。但现代教育理念下的课堂大有不同，特别是欧美国家的学生自主要求高，多

以学生为中心，师生关系相对随意松散，学生随时提问、插话、质疑，课堂气氛较为活跃。这是完全不同的两种课堂文化，是不同教学文化差异的一种表现。

教师因为对跨文化环境和不同的教学文化知识的欠缺而直接导致了对课堂的低效管理，并因此影响了教学。因此，我们在教师培养的过程中，不仅要重视教师教学技能的培养，更要重视和加强跨文化交际能力的培养，提高教师跨文化环境课堂管理能力。

3. 跨文化环境课堂管理能力的培养

由于教学对象来自世界各国，不同的文化背景、教育体制和教学文化，使得教师在教学和课堂管理过程中面对更严峻的挑战。我们可以通过以下一些方面来加强跨文化环境课堂的管理能力。

3.1 了解各国文化知识，提高跨文化交际能力

面对来自世界各国的学生，教师应该充分了解学生的相关信息和尊重学生的不同文化背景，包括对学生的个人信息、风俗习惯、宗教信仰、学习动机、学习习惯以及学生的年龄特征和学习者特征，避免引起不必要的冲突和麻烦。我们可以通过学习了解文化差异和思想观念差异。比如东西方文化对于“个人和集体”、“隐私权”的不同看法。在教学活动的设计和实施过程中，充分考虑学生这些不同，从学生普遍接受和共同的兴趣点出发，以保证与学生的交流和教学活动顺利进行。

3.2 学习解读不同教学文化，提高课堂组织能力

不同的国家有不同的教育体制和教学方式，因而产生了不同的教学文化。这种差异带来了课堂教学与管理的问题。东西方国家差异较大，即使都是东方国家，各个国家之间的课堂也存在明显的不同。有的是课堂纪律松散混乱，如泰国的课堂纪律混乱，学习积极性不够，对非正式教师不听从；有的课堂相对沉闷，如韩国和日本的学生虽然尊重教师，但主动性差，教学活动低效。这与教师的教学方法、学生的行为习惯和多元文化背景密切相关。教师需要充分考虑学生的心理和行为特征，选择最合适的教学方法。不同教学文化所强调和重视的理念不同，在具体的教学中就会采用不同的教学方式。除了我们传统的讲授型教学方式，教师还应该了解体验式教学、任务型教学等其他方式。在教学过程中更多地关注师生互动、生生互动、批判性学习等理念。作为跨文化环境下的课堂管理者，如果教师不了解这些不同的教学文化和教学理念，就无法提高课堂的组织能力，使教学活动更有效。

3.3 学习解读师生文化，提高处理师生冲突的能力

对于师生关系，中国传统思想是“一日为师终身为父”。传统教学也以教师为中心，教师多以知识传授者身份出现，更多地具有权威性，师生之间表现出一种上下位的关系。但随着教育思想和理念的改变，教师角色在转变，并呈现出多样化，师生关系也变得多样化。既有长辈型教师，也有朋友型教师，甚至有助手型教师。西方教育理念更是如此，师生关系越来越平等，课堂上学生意见的发表更自由，课堂气氛越来越活跃。对于很多教师来说，这是他们需要面对的新的教学文化，是完全不同的两种课堂文化。汉语教师认真解读不同文化背

景的师生文化，有助于正确处理师生关系，避免师生冲突。良好的师生关系可以使教学进行得更为顺利有效。

3.4 学习解读儿童和青少年心理，提高管理学生课堂混乱行为的能力

教学对象的年龄不同，行为特征也十分不同。当教师面对非成人的教学对象时，了解他们的心理特征和行为特点有助于正确看待他们的课堂行为，特别是一些可能不理智的表现。因为不同年龄段的人会有不同的心理和行为特点，特别是青少年的叛逆性，因此学习和解读相关的心理学知识有助于提高教师管理课堂秩序的能力。教师在游戏活动的设计和安排上也能更为准确和合理，在课堂上能更有效地调动学生的积极性。

3.5 学习研讨教师课堂用语规范，提高教师指令语的有效性

教学指令语是教师在教学过程中为了有效地组织和开展教学活动，对学生进行有效管理所发出的各种各样的指令。指令语是否有效直接决定了教学能否顺利进行。由于我们面对的是不同母语的学生，什么样的指令语是最有效的？是汉语指令语还是英语指令语？或者是其他指令语？课堂不同使用的指令语是否不同呢？这些都是需要教师学习研究的。我们应该归纳总结出简练易懂、意思明确的指令语，以此提高跨文化环境下的课堂教学效率。

3.6 进行教学观摩和教学实践，提高课堂应变的能力

教师的应变能力与教学进度的流畅性直接相关。课堂中难免会有突发状况，可能是学生冲突，可能是教学问题，有经验的教师通常能及时灵活地处理。经验的积累来自于勤奋和广泛地学习，因此需要进行教学观摩，向有经验的教师学习，多进行教学实践，在实践中提高教学和应变能力。

3.7 交流教学心得，提高教学反思能力

教学反思能力也是教师的基本素质之一。通过跟别人的交流和学习，对自己的教学进行自我检视，发现问题、解决问题，在不断地自我反思过程中自我提升。

综上所述，由于汉语课堂的特殊性，教师必须有意识地加强跨文化交际的相关知识的学习，提高跨文化环境课堂的管理能力。

参考文献

[1]聂学慧（2012），《汉语国际推广形势下教师的跨文化教学能力》，《河北大学学报（哲学社会科学版）》。

[2]曲凤荣（2012），《对外汉语教学视阈下的跨文化冲突与策略》，《黑龙江高教研究》，第8期。

[3]褚凤丽（2011），《青少年对外汉语教学中小组活动低效现象及对策研究》，北京师范大学硕士毕业论文。

[4]吕良环（2009），《外语课堂教学行为研究及案例》，南昌：江西教育出版社。

论东南亚本土华语师资的专业化*

汪敏锋
南开大学　福建师范大学

摘　要： 东南亚本土华语师资专业化是一个动态的发展过程。根据东南亚本土华语师资的现状，一方面要着眼在职华语教师的职业化，根据“经验学习周期”，突出认知规律，强调培训对在职华语教师认知层面的影响，将培训效果有效地落实在教学行为目标上；另一方面加强新生代本土华语师资的培养，在构建有效的管理体系的基础上，将非定向型培养体系和定向型培养体系结合起来，实现新生代本土华语教师的学历化和专业化。

关键词： 东南亚；本土华语师资；职业化；专业化

本土化师资人才是汉语国际教育持续发展的基石。在第十一届国际汉语教学研讨会上，许嘉璐先生形象地指出在汉语国际化进程中“能烧中国菜的厨师太少了”，强调汉语国际教育中师资是关键。2013年亚洲地区孔子学院联席会议在柬埔寨首都金边召开，会议就师资队伍的本土化建设等内容进行具体讨论。汉办主任许琳表示孔子学院在今后的发展中将注重教材和师资力量的本土化，继续稳步前行，进一步成为各国家地区与中国开展语言和文化交流的重要平台。毋庸置疑，国际化的教育形态需要国际化的教师，国际化的教师不仅需要懂得对象国语言，还必须了解对象国的文化和汉语学习者的心态，同时要了解对象国汉语教学的实际情况，而在这些方面本土化教师具有天然而明显的优势。在东南亚由于地缘、历史的关系，汉语教育更多地体现为华语教育，其相近的华侨华人史和华语教育史，使得东南亚的华语教育、本土华语师资建设既具有历史维度的相似性，又具有现实平面的趋同性。

1. 东南亚本土专业华语师资专业化的现状

据统计，东南亚集中了近 90%的华人华侨，本应是华语教育最发达、需求最旺盛的区域，然而，在历史维度上东南亚的华语教育却走出了一段曲折的发展历程，华语教育遭到禁闭：印尼在苏哈托时期华校遭到破坏，华文在公共场合禁止使用，华语读物禁止流通，华语教育禁锢长达 32 年之久。菲律宾独立后推行菲化政策，掀起了 20 余年的“菲化运动”，波及华语教育的教育菲化案使菲律宾的华语教育受到极大的破坏。除此之外，东南亚的泰国有泰化运动，缅甸有缅化运动，越南有越化运动，都对华语教育进行了限制、破坏、禁闭。期间，

* 本文获福建师范大学青年成才基金项目（VS-1407）的资助，特此致谢。

东南亚华语师资建设几乎处于停滞甚至空白阶段。但随着华语教育国际化的发展和中国国际地位的提高，东南亚的华语教育获得了新的发展契机。“东南亚地区的华语教育已经复苏并走出了低谷，开始了蓬勃发展的阶段。”（周健，1998）复苏后的华语教育需要大量的华语师资，然而华语师资的主体是华语遭禁锢前华校的初、高中学生，其华语的交际能力强，与中国人的语言交际能力无异。但是学历普遍不高，语音方言浓，普遍缺少汉语知识的素养，教学理论和教学法缺失，而且年龄偏大，女性偏多，年龄结构、性别结构失衡，本土华语师资队伍在数量、质量上都严重落后于现实需要，本土华语师资队伍的专业素质不容乐观。“师资匮乏、老化和后继乏人是东南亚各国华教界面临的基本问题，且短期内难以解决。或学历偏低，或缺乏中文和师范教育背景，或二者兼而有之，则是在职教师中比较普遍的现象。教师队伍不稳定，教师（主要指全日制学校的教师）的兼职现象也很常见，这显然不符合教育的职业化要求，不利于教师专业水平的提高”（李嘉郁，2008）。以印尼为例，汪敏锋（2013）从本土华语师资的源流和教龄两个方面考察了印尼本土华语师资的专业性。从师资源流上看，调查的 110 位华语教师中之前职业是教师的只有 36 人，非教师的高达 74 人，占了 67.3%之多，其中以裁缝师、工厂工人、商人、职员为主。从年龄和教龄比来看，师资的平均年龄是 57 岁，但平均教龄只有 6.15 年，充分说明了印尼本土华语师资的非职业性、非专业性特征明显。

在东南亚经济一体化、汉语教育国际化的背景下，东南亚的华语教育日新月异，呈现了一些新态势。华文教育与汉语教育互相促进，华语氛围渐浓，华语使用的群体日益多元化。除了华人外，有越来越多的非华族学习华语，东南亚华语教育正沿着“从华人到非华人，从学校到政府机构，从平民到政府官员”的轨迹逐渐走进主流社会。华语教育的层次也不断提高，本科学历、研究生学历的高层次华语人才增多。东南亚华语教育新态势对华语师资建设提出了新的要求。如果说，复苏时期的华语师资是能“说华语”的具有非职业性、非专业性特征的华语师资的话，那么汉语教育国际化背景下的华语师资就是不仅仅能“说华语”，还要“懂华语”，会“教华语”的职业化的、专业化的师资。仅会“说华语”的本土师资已经不能适应“汉语教育国际化”背景下的华语教育，而需要更加职业化、更加专业化的师资队伍。

2. 东南亚本土华语师资专业化的内涵

教师专业化（teacher professionalization）是指教师职业具有自己独特的职业要求和职业条件，有专门的培养制度和管理制度。教师专业既包含学科专业性，也包含教育专业性，国家对教师任职既有规定的学历标准，也有必要的学科知识、教育能力和职业道德的要求等。

由于华语教学对象、教学环境的特殊性，本土华语师资专业化有其独特的内涵。主要包括以下几个方面：

一是特定的知识结构，包括“汉语知识与技能”、“中华文化知识”、“中国与所在国文化比较及跨文化交际”、“普通语言学的理论知识”、“教学方法”、“第二语言习得与学习策略的基本理论和知识”、“海外华语知识”等。其中需要突出强调“第二语言习得与学习策略的基本理论和知识”和“海外华语知识”的重要性。“华语”对新一代的东南亚华语学习者来说已不是“第一语言”，而是第二语言，那么华语教师需要掌握第二语言教与学的基本原理和假说，了解第一语言与华语的差异、其对华语学习产生的影响，理解隐性、显性学习在华语学习中的作用等，并用以指导教学实践。除此之外，“‘华语’今天已经获得了全新的地位：它既不等于‘汉语’，也不等于‘普通话’……是特殊的标准语”。郭熙（2007）认为华语以普通话为核心，是汉语标准语在域外的遍称。既然华语也是标准语，那么华语教师在掌握普通话的主体知识外，还需熟悉华语本体知识，了解华语与普通话在语音、词汇、语法等方面的差异，树立正确的语言规范观，避免从域内汉语的视角去审视、规范域外的华语，所以具有一定的“海外华语知识”有助于华语教师树立正确的语言观。

二是相应的能力结构，包括良好的华语交际能力、华语课堂教学能力、组织管理能力、教学设计能力、自我发展提高的基本能力等。由于东南亚华语师资的缺乏和华语课程的设置，华语教师是一种“粗放型”的分工，往往需承担不同层次、不同课型的教学任务，这就要求华语教师是“一专多能”的“多面手”，因此华语教师还需具备“承担不同水平层次、不同类型课程教学任务的能力”。另外，由于东南亚优秀的本土华语教材的暂时缺位，华语教师还需具备“教材的再加工能力”和“利用华语电子资源的能力”。

三是职业道德规范，Mann（2005）指出因为教师不是一个被动的机器，教学过程不是一个机械的过程。他们生活在现实生活中，面对的是活生生的学生。教师的价值观、道德观、职业观一方面会受到所处环境的影响，反过来也会影响他们对环境的反应，影响他们的教学实践。华语教师除了需要具备教师职业应该具有的诸如“热爱教育事业”、“关爱学生”等职业道德规范外，还有一些特定要求。例如华语教师需要具有“对中华文化的认同感”和“服务于所在国多元文化交流的意识”。作为华语教师需要认同中华文化这是共识，而且从现实情况看，东南亚本土华语师资具有强烈的中华文化认同感。周健（1998）指出东南亚教师队伍能尊重理解中华文化，热爱汉语教学工作。但是也要防范走向极端，在认同中华文化的基础上，华语教育最终还要立足于东南亚多元文化，为促进多元文化的交流和融合服务。

可见，东南亚本土华语师资专业化包含“知识——能力——素养”三大内涵，是一个重知识、强能力、要素养的成长模式。从现状可以看出，东南亚本土华语师资是一个有其独特之处的教师群体，呈现出源流繁杂、水平参差、师资发展水平不高、非职业化、非专业化的特点。这对东南亚本土华语师资专业化是一个很大的挑战，统一的师资培育体系无法适应不同群体的需求。据此东南亚本土华语师资的培育应该分层次逐步进行。

3. 深化在职华语教师的培训：实现职业化

东南亚在职的本土华语教师群体特点是年龄偏大，工作经历丰富，而华语知识结构、教学能力结构还有待完善，是一群缺乏专业背景的“非专业教师”。实现职业化就是通过培训使得在职本土华语教师具备职业所需的知识结构、能力结构和道德素养，使之成长为“合格教师”。然而东南亚本土华语师资职业化培训虽然引起了各方重视，华语教师也有着强烈的职业发展愿望，但培训实效与培训愿望严重错位，培训效果仍不理想。这表现在：其一，多年来教师的培训需求并未发生根本变化；其二，培训后回到课堂教师往往又束手无策，偶尔大胆尝试却又效果不佳。以印尼为例，我们曾根据印尼两大华文报刊《国际日报》《星洲日报》的报道，对 2010 年 1 月至 2011 年 6 月的印尼各种华语（华文）师资培训进行了统计评估，结果发现仅在这 1.5 年的时间里见于报端的培训就高达 70 次之多，可谓培训需求旺盛。在调查的 110 位本土华语教师中，参加 4 次以上培训的高达 66.5%，结果见表 1.

表 1　印尼本土华语师资参加培训次数调查结果表

参加培训的次数	1 次	2～4 次	4 次以上
人数（人）	7	30	73
比例（%）	6.3	27.2	66.5

不难看出，印尼本土汉语师资积极参加国内外各种形式的汉语培训，有着强烈的自我职业发展的愿望。宗世海、李静（2004），马跃、温北炎（2003）在10年前曾对印尼华语教师培训做过调查，那时师资培训也相当普遍，培训的内容主要集中在专业知识和教学技巧方面。10过去了，现在我们再次对印尼110位参加培训的本土华语教师进行调查，当问及“您还需要哪些方面的培训”时，结果还是“提升专业知识”和“掌握课堂教学技巧”，培训方式也还是以短期的进修培训为主。调查“你认为以前的培训效果怎样？”时，17.5%的教师认为“很理想”，24.9%的教师认为“比较理想”，49.8%的教师认为“不太理想”，7.8%的教师认为“不理想”。后两者相加达到57.6%，通过这一比例足见近10年的培训几乎没有明显的成效。这一现象值得我们深思。

目前东南亚本土华语师资培训方式主要有两种，即“请进来”和“派出去”。不管哪一种培训形式都忽视了培训对象的特殊性，教师花了大量时间来听讲座，但回到课堂往往又束手无策，偶尔大胆尝试却又效果不佳。

因此，我们在评估、总结、反思当前的培训效果的基础上，需要深化在职本土华语师资的培训。

3.1 着眼师资培训的“职业化”，突出培训的行为目标

1999 年，拉姆齐（Ramscy）说，培训定位在培训过程中，在过程中培训得以实现，不可能把培训和过程分开。东南亚本土华语师资培训过程需要确立对象国、做需求评估、分析培训对象、确定培训目标、做出培训计划、选择培训专家、进行效果测评等。其中根据培训对象定位培训内容、定位培训方法、定位培训目标决定着培训效果。培训目标分成中、长期目标和行为目标。东南亚本土在职华语师资培训中，长期目标是实现师资的“职业化”，培训的行为目标是“培训后教师学到了哪些知识，将能够做什么”。就东南亚本土华语师资水平来看，首先要通过在一个个行为目标的完成来实现师资的“职业化”。我们曾就印尼本土华语师资培训问题向教育心理学家连榕教授请教，连教授指出：“印尼华文教师的成长培训要从职业化到专业化的发展，这是符合印尼华文教师的实际的，这个观点很有价值。通过我们几年前（从教师的主观幸福感、职业倦怠、职业承诺等职业情感方面，笔者注）对印尼教师的一些简单测试，就发现不同年龄、教龄的教师没有什么显著差异，这是不符合教师的成长心理的，只能说明印尼教师的发展水平还不高，从职业化到专业化的发展应该成为各种培训设计的基础，从这个角度安排逐渐提高的培训可能更符合教师的需要”（连榕教授 2013 年

3 月 2 日给笔者的邮件）。东南亚本土华语师资培训应从“实现本土华语师资的职业化”出发。

“培训后教师学到了哪些知识，将能够做什么”，师资培训的结果要最终转化为这一行为目标，突出解决教学中的实际问题。行为目标的完成离不开有效的培训方法。东南亚本土师资课堂培训方法主要有：演讲+文字材料，教学案例评析，现场课堂教学观摩与点评等。鉴于不同培训方法具有各自的优缺点，培训方法应根据培训内容进行定位。表 2 提供了培训内容、培训目标、培训方法、效果测评间的定位关系。

表 2 培训内容、培训目标、培训方法、效果测评间的定位关系

培训内容、目标	培训方法	效果测评
知识结构（学到哪些知识）	演讲、文字材料、小组讨论、看录像、听录音、辩论、练习、角色扮演	笔试、口试
能力结构（将能做什么）	教学案例分析、课堂教学观摩、扮演角色、模仿训练、教学示范与指导、沉浸法、一课多讲、片段教学、课堂讲座	通过随堂听课、实习课的观察，列出观察内容清单；对个案进行评析
道德素养	实地考察、自我分析、角色塑造、讨论、价值观澄清练习、沉浸法	间接观察行为、交谈、人际关系、看待问题的方法、角度及选择的行为

通过培训内容、培训目标、培训方法、效果测评的定位，有序地、螺旋递升式地夯实本土华语教师的语言能力基础，在坚持培训原则基础上，逐步提高、丰富本土华语师资的培训，避免培训内容的低效重复，从而满足本土华语教师多方面的培训需求。

3.2 遵循“经验学习周期”，加强培训对教师认知层面的影响。

“东南亚的华文教师一般都工作忙，负担重，往往只能挤出很短一段时间来进修。根据我们的经验，教师进修班一般为期两三周，长的也不过一个月左右”（周健，1998）。在短期内要完成本土华语师资的“知识结构”、“能力结构”等多方面的培训，“培训大都是提纲挈领式的，快马加鞭式的专家讲课，培训中缺少正规课堂教学中的操练和必要的消化吸收过程”，违背了教育规律。美国心理学家、教育学家 Kolb（1984，1986）在其第一部专著《经验学习》（*experiential learning*）中指出，学习是“经验”（experience），需经历“经验学习周期”。“经验学习周期”包括“具体经验”（concrete experience）、“对观察进行思考”（reflective observation）、“提炼抽象概念”（abstract conceptualization）、“主动经验”（active experimentation）四个环节。[①]

①转引自兰迪斯等编（2009），《跨文化培训指南》，北京：北京大学出版社，第 63 页。

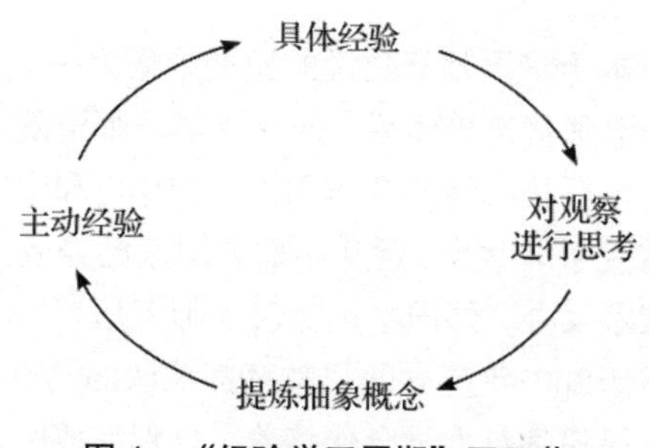

图1 “经验学习周期”四环节

是否、多大程度上、如何形成或改变东南亚本土华语教师已有的知识结构、教学理念和教学行为是评估培训效果的决定性参数，也是以教师为研究对象的教师认知研究的主要研究议题之一。在东南亚本土华语师资培训中，过去我们做得多的是对知识的“传授”，为了“知识”而“知识”，忽视了培训对本土华语教师认知层面、行为层面的影响。我们曾就相关问题问过一位有多年工作经验的泰国本土教师，他表示培训的时候听老师讲的那些方法、模式都很好，正是他们这些老师需要的，感觉培训效果很好。但是一回到学校和课堂又是另外一回事，用起来的效果没有想象的好。这种现象在东南亚具有一定的普遍性，我们认为主要原因是培训并没有改变本土华语教师固有的认知层面，只是暂时地改变了部分教学行为。“教师的认知研究和教师发展是相辅相成的”（孙德坤，2008）。东南亚本土华语师资的建设需要促进本土华语教师的认知发展，加强培训对教师认知层面的影响，而这就需要遵循“经验学习周期”进行培训，培训的每一个学习部分都应提供对观察进行思考、学习提炼概念、利用某种观点或技巧主动实践、参与一个组织的具体经验的机会，并能够让受训教师讨论自己的感受、思想和观点，这样能夯实基础知识，促进教师的认知发展，提高教师的课堂教学行为和培训效果，

因此，着眼师资的“职业化”，突出培训的行为目标和加强培训对教师认知层面的影响，是深化东南亚在职华语教师培训的两个重要方向，只有这样，才能最终将本土华语师资的培训内容内化为课堂教学行为，实现东南亚本土华语师资的“职业化”。

4. 加强新生代华语教师的培养：注重学历化、专业化

目前，东南亚本土华语师资队伍的主体是第二、第三代的华侨华人。新生代的华语教师主要有两部分，一部分是从中国、中国台湾、马来西亚或新加坡等华语区留学归国的毕业生；另一部分是当地高校中文系、汉语系、汉学系、华文系、中国学研究中心等部门的毕业生。这部分教师的比例近几年在印尼、泰国、越南、柬埔寨、老挝等国正在逐步提高，例如从2008年开始，泰国教育部选派100名泰国大学中文专业的学生到中国学习一至二年，毕业后充实到汉语教师队伍中去。由于这些华语人才的培养是按照汉语作为第二语言教育的模式进行，缺乏师范性的专业定向，属于一种非定向型师资培养体系，其培养模式有本土高校单独培养的，也有“1+2+1”、“1+3”、“2+2”等国内外联合培养的，但是专业定向的缺位导致这种体系不利于培养华语教育的专业教师。与老一代华语教师相比，这些新生代的华语教师受过较正式的汉语能力训练，大多具有本科以上的学历，是潜在的专业华语师资，应成为本土华语师资专业化优先培养对象。因此，加强新生代非定向型师资的专业化培养，使其加入充实本

土华语师资队伍，是东南亚本土华语师资建设的发展策略之一。

其二，要建立定向型华语师资培养体系，即建立华语师资院系或设置华语师资专业，培养模式以国内外合作培养（包括政府间的合作和校际合作）和中国国家汉办资助为主。东南亚独立单边的华语师资培养院系非常少，近几年部分国家已经或正在积极筹建定向型的师资培养体系，并得到了中国国家汉办“外国本土化汉语师资培养”项目的支持。例如印尼基督教大学在国家汉办的支持下于2003年建立印尼教育部承认的具有本科学历的汉语师资系，该系隶属于师范学院，与中方福建师范大学合作培养，分别完成中、印尼双方论文后，可以获得中、印尼双方的本科学历。2009年印尼泗水UNIVERSITASWIDYAKARTIKA也通过“2+2”模式联合培养汉语教学专业师范生（黄洁，2012）。从2010开始，菲律宾红溪礼示大学孔子学院、红溪礼示大学教育学院和福建师范大学共同推出了汉语言师范教育作为第二专业的双学位教育项目。该专业于2010年4月底正式获得菲律宾高教部批准并成为菲律宾高等教育史上第一个汉语言师范教育本科专业，培养对象为有意愿成为汉语教师的红溪礼示大学教育学院质优生。福建师范大学和菲律宾红溪礼示大学双校授课、联合培养，合格毕业生将成为双语（汉语及英语）及双证（菲律宾高教部教师资格证及相应等级的汉语教学资格证书）教师。优秀的定向型师资还可以优先获得国家汉办“汉语国际教育专业硕士”项目支持。

定向型华语师资培养体系需重视课程标准、课程大纲的制定，突出华语师资培养的理念。陈申、薛馨华（2010）认为语言师资培养的理念应根据加拿大著名语言教育家Stern提出四个基本问题进行，它们分别是：(1）语言究竟是什么？（2）语言是如何学到的？（3）社会文化环境对语言和语言教学有何影响？（4）如何解释语言教学？“这四个问题构成了语言教师培养的理论支柱”，“培养第二语言教师的师范课程都离不开这个框架，设置的各类详细科目也以上述的四个方面为基准”。定向型华语师资的培养课程体系既要根据科学理念培养语言教师的语言教学能力，还需突出师范性，按所在国师范教育的规定开设相关“教育学”、“教育心理学”等课程，宗教国家还需开设相应的宗教课程。

其三，要构建新生代本土华语师资管理体系。管理机制是本土华语师资培养体系持续有效运作的一大要素，也是形成一支稳定、专业的华语师资队伍的重要保障。当前东南亚本土华语师资的培养不管是非定向型的还是定向型的都存在着一定的管理难题，一方面非定向型的培养体系缺乏教育专业的定位，不利于培养真正热爱华语教育的专业教师，在东南亚经济的发展面前，往往会出现严重的华语教师流失现象；另一方面，定向型的师资培养体系以合作培养或国家汉办资助为主，对象国政府主导功能的缺位、工资待遇不高等因素易造成教师管理的不力。例如国家汉办面向孔子学院（课堂）优秀学员，海外本土汉语教师、各国大学中文专业优秀毕业生等提供资助的“汉语国际教育专业硕士”项目，“要求申请者书面承诺毕业后至少从事5年汉语教学工作。有具体任教意向者（须提供拟任教单位出具的证明）将被优先录取。汉办将为优秀毕业生回国任教提供支持，如招聘为本土汉语教师并给予工资补贴等”[①]。虽然规定“至少从事5年汉语教学工作”、“须提供拟任教单位出具的证明”，但缺少有效的刚性管理，学生学成回国后，也存在专业师资流出汉语教学领域的现象。我们认为需建立一个“政府牵头，制定制度，校际合作，跟踪管理”的管理体系。

但不管怎样，东南亚专业化的新生代华语师资建设应将非定向型与定向型的师资培养体

---

①来自国家汉办网站 http://cis.chinese.cn

系结合起来，这种系统的本科、研究生的华语学习和学历培养是普通培训不能替代的。

5. 东南亚本土华语师资专业化路径

东南亚本土华语师资专业化是一个动态的发展过程。根据东南亚本土华语师资的现状，一方面要着眼在职华语教师的职业化，根据“经验学习周期”，突出认知规律，强调培训对在职华语教师认知层面的影响，将培训效果有效地落实在教学行为目标上；另一方面加强新生代本土华语师资的培养，在构建有效的管理体系的基础上，将非定向型培养体系和定向型培养体系结合起来，实现新生代本土华语教师的学历化和专业化。但是我们也需认识到本土汉语师资专业化的培养是一项极具挑战的工程，需要各方共同持续的努力，尤其是对象国政府。师资培养是自上而下的培养模式，需由对象国政府主导，出台支持政策，加强管理，华语源流地中国给予一定帮助，联合提高东南亚华语师资的专业水平。目前，中国政府有关部门与东南亚泰国、印尼、新加坡、马来西亚、菲律宾、老挝等国签署了教育交流备忘录和开展汉语教学及师资培养的相关协议。2013 年 6 月中国—东盟教育培训中心成立，该中心依托国内高校现有资源，旨在帮助东盟国家培养华文教师、中小学校长等方面人才，促进中国—东盟人文领域交流与合作。①可以说，政府高层的互动、合作培养师资协议的签署为高效快捷地培养东南亚学历化、专业化的本土华语师资提供了难得的契机和政策保障。

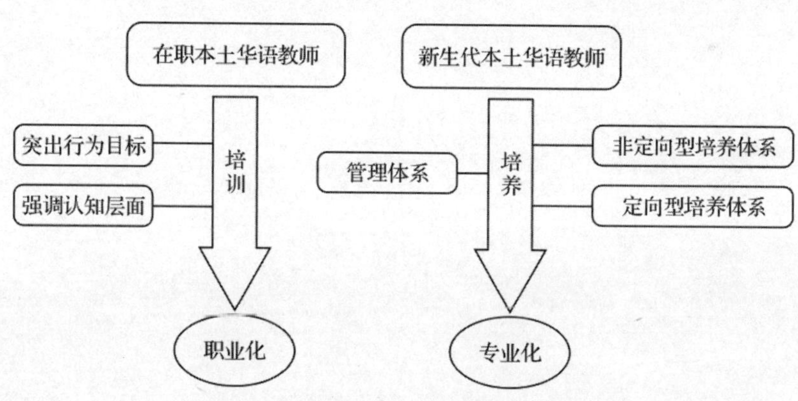

图 2 东南亚本土华语师资专业化路径

参考文献

[1]陈申，薛馨华（2010），《国际汉语教师培养理念解构》，《语言教学与研究》，第 5 期。

[2]郭熙（2007），《现代华人社会中称说“汉语”方式多样性的再考察》，《南开语言学刊》，第 1 期。

[3]黄洁（2012），《印尼汉语师资培养的教材及教学模式略论》，《第十届国际汉语教学研讨会论文选》，北京：万卷出版公司。

①来自 http://www.fjnu.edu.cn/s/2/t/250/d8/c1/info55489.htm.

[4]李嘉郁（2008），《海外华文教师培训问题研究》，《世界汉语教学》，第 2 期。

[5]马跃、温北炎（2003），《印尼华文教育的现状、问题与对策——从社会问卷调查看印尼华文教育的状况》，《东南亚纵横》，第 9 期。

[6]孙德坤（2008），《教师认知研究与教师发展》，《世界汉语教学》，第 3 期。

[7]周健（1998），《浅议东南亚华文教师的培训》，《暨南学报》（哲学社会科学），第 4 期。

[8]汪敏锋（2013），《印尼本土汉语师资培训中的一些问题及策略》，《东南亚纵横》，第 1 期。

[9]宗世海、李静（2004），《印尼华文教育的现状、问题及对策》，《暨南大学华文学院学报》，第 3 期。

[10]兰迪斯等（2009），《跨文化培训指南》，北京：北京大学出版社。

[11]Kolb（1984）*Experiential Learning*. Englewood Cliffs, UJ: Prentice Hall.

[12]Mann（2005）The Language Teachers Development. *Language Teaching* 38,103—118.

论推测型语用标记"说不定"类的演变历程及形成机制

孙利萍
华侨大学华文学院

摘　要：现代汉语中活跃着一批表推测的语用标记。以"说不定"为例探讨推测类语用标记的形式表现、语义基础及其演变历程，并进一步探讨该类语用标记语法化的动因和机制，指出主观化在"说不定"语法化为语用标记中起的重要作用，重新分析及使用频率是"说不定"语法化的主要原因。

关键词："说不定"；推测；语用标记；语法化；主观化；重新分析

1. 引言

在现代汉语中存在大量"说不定"的说法，如：

（1）这回他们可捞着了，还不足开啊？诶，说不定啊，还有龙虾。（电视剧《编辑部的故事》）

（2）这时候太阳落下去了，剩下了一带金黄色的余光，西北风似乎是小了一点，可是头顶上掉下来了几个大雨点，一阵黑云过去了，西北方向还在响雷，说不定，风再一大，也许把黑云吹过来，这儿要下暴雨呢。（刘流《烈火金刚》）

例（1）、（2）中的"说不定"不表实在语义"不能确定地说"，后项内容只是主观推测出来的一种可能性。其实这种表面上的推测中说话者"我"的主观评判倾向已经非常明显，表明了该词语用层面的很强的主观性。经分析，该类"说不定"具有以下主要特征：第一，没有真值意义，其功能主要表现在语用层面上；第二，句法上相对独立，不充当任何句子成分，可以省略，不影响命题的真值性；第三，语音上具有识别性，前后可有停顿，位置相对较灵活。一般来说，在言语交际中具备上述几个特征的表达式可以看作是语用标记。这种"说不定"是一个表推测的语用标记。与"说不定"这种用法类似的还有"说不好、说不准、说不成"等。

前人对于"说不定"类的相关研究多为该结构的个案，如鹿钦佞（2008）考察分析了"搞（弄/闹）不好"的功能及其语法化，何小静（2009）考察分析了评注性副词"说不定"的语法化及相关问题，另外丁崇明（2006）考察了表推测义"我也说不好"的句法、语义语音等特征。周敏莉（2010）指出语气副词“说不定”由同形动补结构固化而来。梁星（2013）考察了“说不定”由动补结构到语气副词的词汇化和语法化过程。然而，鲜有对作为语用标记的“说不定”的研究。鉴于此，本文以“说不定”为例，重点探讨该类语用标记的分布特征、语义基础和语法化的过程，以及语法化的动因和机制等问题。

本文所采用的语料主要来自北大CCL现代汉语语料库。

2. 语用标记“说不定”类的分布特征

2.1 语用标记“说不定”不存在肯定式

“说不X”是否定式的中补结构，按理说应该存在相应的肯定式。但是，通过检索发现，语用标记“说不X”没有相应的肯定式。例如：

（3）祁老人只得到了四世同堂的荣誉，天佑，说不定，还许有五世同堂的造化呢！（老舍《四世同堂》）

（3’）*祁老人只得到了四世同堂的荣誉，天佑，说定了，还许有五世同堂的造化呢！

例（3）的“说不定”与肯定式（3’）不能对应出现，证明语用标记“说不定”不存在肯定式。这表明“说不定”的语义虚化，不再具有实在意义，因此没有否定式的表达，更没有与之相应的肯定式。

2.2 语用标记“说不定”的共现成分

语用标记“说不定”常常与后续句中的“会、要、该、可能、得（děi）”等表示将来范畴的助动词共现。例如：

（4）李建华在思忖着：“上回我用几十元在葡京赌钱，就轻而易举赢了3000多元。这是条生财之道啊，何不试试自己的赌运，说不定，会财星拱照呢！”（1994年报刊精选）

（5）“我想，小草好歹是少爷的骨肉，漱兰好歹是个媳妇……说不定，老爷会有回心转意的一天……”（琼瑶《青青河边草》）

这是因为“说不定”语用标记的表推测功能是非现实性的，非现实性的结构与将来时态密切相关，所以“说不定”与将来时命题相关联是很正常的。但是，语用标记“说不定”所推测的命题却并不限于将来时命题，形式上也可以是当前命题以及过去命题，但是这种推测还是非现实性的。例如：

（6）什皮格尔格利亚斯的妻子和女儿都还在苏联，实际上就是人质，因此他对自己的命运也不太乐观，说不定，也在想方设法摆脱困境。（《斯大林肃反秘史》）

（7）凌晨，我乘坐的飞机抵达奥利机场。阿瑟前来接我，见了面两人都笑容可掬，可我感觉到，他知道我此刻心里在想些什么。说不定，他已晓得我曾经往伦敦打电话找过他了。（《读者》）

例（6）、（7）形式上分别为现在和过去的命题，表明“说不定”具备了更多的主观性，但是还是非现实性的推测。

语篇中共现的这些助动词通常起到加强推测语气的作用。

2.3 语用标记“说不定”的位置

语用标记“说不定”在话轮中的位置相对自由，一般具有三种位置，即话轮的开头、中间和结尾。例如：

（8）说不定，为这个善举，感动了上天，还许教虾仁们早些搬开呢！（老舍《哀启》）

（9）但是，雅晴却可以嗅出空气里某种不寻常的紧张，说不定，他们已经开过一个“凌晨会议”，因为大家的神情都怪怪的，都沉默得出奇。（琼瑶《梦的衣裳》）

（10）他心里想，现在该怎么办？也许埃米尔会来找他，说不定。（《鹈鹕案卷》）

通过检索北大 CCL 语料库我们发现，这三种位置的“说不定”在使用频率上是不同的。作为语用标记的“说不定”共有 2168 例，位于话轮开头位置的共有 355 例，位于话轮中间位置的共 1810 例，位于话轮结尾位置的共有 3 例。具体统计数据见下表：

表 1　语用标记“说不定”位置分布的频次与比例

	开头	中间	末尾	总计
频率	355	1810	3	2168
比例（%）	16.37	83.49	0.14	100

表 1 显示，三种位置中以位于话轮中间位置的“说不定”使用频率最高，为 83.49%，以话轮结尾位置使用频率最低，为 0.14%。这表明“说不定”主要具有语篇连接功能，而较少具有话语完结功能。

语用标记“说不定”出现位置不同，其表达的意义与功能也不完全一致。位于话轮开头位置的“说不定”通常是为了凸显整个话语的信息焦点。如（8），把“说不定”置于话轮开头，是为了凸显后面的“为这个善举，感动了上天，还许教虾仁们早些搬开呢！”位于话轮结尾位置的语标记“说不定”一般是追补前面话语信息，如缓和面子、追补礼貌、质疑等，体现礼貌的功能。如（10），把“说不定”置于话轮结尾，是为了缓和面子，即“如果埃米尔不来找他”也不至于太没面子。而位于话轮中间位置的“说不定”通常是语篇衔接的功能，如（9）的“说不定”衔接前后的话语，使语篇更连贯。

语用标记“说不定”在语篇中拥有相对自由的位置，其认知基础是认知语言学的“图形—背景”凸显原则，以收到突显信息焦点的作用。

2.4 语用标记“说不定”的内部凝固性很强

语用标记“说不定”内部凝固性很强，没有停顿，没有明显的重音，但是在“说不定”的前后可以有语音上的停顿。试比较：

（11）受了世俗观念播弄的父亲，只在私塾里念了两年书，所读的是什么呢？我不清楚，从他后来的谈话揣测起来，大概是《百家姓》和《幼学琼林》吧，但也说不定，说得定的，是他的对于失学的懊恨。（唐韬《种在诬蔑里的决心》）

（12）安妮很喜欢有人支持她，老实说，如果她被何家的人赶出来，她真不知道怎样过，说不定，她会去自杀的。（岑凯伦《合家欢》）

例（11）中的“说不定”是一个短语，“说”和“不定”中间可以出现短暂的停顿，语音重音在“不定”上，整个短语的语义为“不能确定地说”。例（12）中的“说不定”是语用标记，内部语音上没有停顿，“说”和“不定”结合非常紧密，没有明显的重音，“说不定”前后可以有语音停顿。

3. “说不定”的语法化历程

“说不定”从表示“动作行为不能实现某种结果”的短语，发展到表示“推测义”，再到语用标记，可以说是发生了语法化。“说不定”的语法化历程体现出“说不定”结构在语义上具体义逐渐减少、抽象义逐渐增加，语用上客观性逐渐减少、主观性逐渐增加的过程。

“说”与“不定”的组合最早出现于宋代，但是当时的“说”还不是动词。如：

（13）先儒不知卦自蹇来反遂牵于无所往又有攸往故其说不定。（宋冯椅《厚斋易学》）

（14）谓琚瑀皆为玭珠，又谓是玉石，其说不定，后人作图以组贯小珠，未必确也。（清江永《乡党图考》）

到了明代，出现了动词“说”与“不定”的组合，数量也不是很多。例如：

（15）许官用何者私情今且当向发心修行证会名入所乘强劣有定不定圣说定人说不定人言义如是决定名印说如是故名如是。（明梅鼎祚辑《释文纪卷》四十五）

（16）林冲道：“不知几时回来？”庄客道：“说不定，敢怕投东庄去歇，也不见得，许你不得。”（施耐庵《水浒传》）

例（15）、（16）中“说不定”是一个动补短语，整个结构呈现出客观义，是动词“说”与补语“不定”的语义组合。其中的“说”表言说义，是整个短语的焦点，是体现出较强的“动作性”的自主动词，表示具体动作，具有较强的施事行为能力，体现出较强的支配性。“不定”补充说明“说”的结果，是个否定式结果补语，其语义指向前面动词“说”。

到了清代，动补短语“说不定”用例增多。例如：

（17）“他两个天天来一遍就去了。”问：“天天甚时候来？”回说：“或早上，或午上，说不定的。”问：“他们住在那里？”回说：“师父住在某庙里，师太不知道住在哪里。（清《二十年目睹之怪现状》）

（18）如今听得舅太太提起父亲病重的事情，觉得自己一个身体没有一些着落，虽说倚着父亲做个靠山，但是一个人是说不定的；万一个父亲死了，叫自己去倚靠着那一个？想到这里，便不知不觉的长叹一声。（清《九尾龟》）

（19）秋谷把要去苏州的话向他说了，修甫问几时回来，秋谷道：“说不定，或者一礼拜内就可回头。”（清《九尾龟》）

例（17）、（18）、（19）中的“说不定”虽然是“说”和“不定”在线性序列上组合在一起，但他们还是关系松散、联系不紧密的两个不同语言单位，语音上“说”和“不X”中间还可以有停顿，因而还是一个动补短语。

清代晚期，动补短语“说不定”的主观性增强，可以表现说话者的主观评价，这就为“说不定”的词汇化提供了基础。如：

（20）有这样的手段，我幸亏识时务，早早归降，不然，即不死于阵上，也说不定为他们暗中刺死。（清唐芸洲《七剑十三侠》）

（21）我看你们两位，是要防备些，出言不可大意，若触怒了赛妹妹的怒，说不定他去告诉妹夫，合同妹夫前来，与我等为难。（清《施公案》）

例（20）、（21）中的"说不定"表示一种对前面事件的主观评判，后面的"为他们暗中刺死"、"他去告诉妹夫，合同妹夫前来，与我等为难"是说话者的具体评价内容。

到了现代，"说不定"已经经常作为一个评注性副词出现在句中。评注性副词"主要是表示说话者对事件、命题的主观评价和态度的"（张谊生，2000）。评注性副词"说不定"是针对一种情况而做出的推测，是说话者对事件的主观认识，其组成成分之间不能插入其他成分，结构凝固，其中"不定"的语义是指向前面的动词的。"说不定"在句法上主要充当状语。

发生了词汇化的"说不定"结构中的"说"不再表具体动作，"动作性"更弱，施事行为能力更差，体现出较弱的支配义。"不定"的语义特征表现为更弱的"目标性"，整个"说不定"语义泛化和抽象化。例如：

（22）一位知名科学家说："这一叠加过程是如此复杂，说不定到什么时候会出现特大浪，一个十足的杀伤浪！"（1994年报刊精选）

（23）再如造假古牙雕这样的人，若能把"聪明"用到了正道的科学研究上，说不定就能搞出个什么重大科学发现来。（1993年《人民日报》）

评注性副词"说不定"进一步语法化，其真值意义完全消失，句法上独立，不再参与句法结构作句子成分，在句子中位置比较灵活，"说不定"内部联系密切，"说"和"不定"之间不能插入任何其他成分，前后都可以有停顿，功能上表示一种推测态度。那么此时的"说不定"就已经语法化为语用标记了。例如：

（24）万梓良说：自己还是喜欢拍戏这一行，哪怕做生意再忙，也不会放弃娱乐圈。他有点神秘地小声说："说不准，有一天，有合适的剧本，我会投资做出品人。"（丹苗《万梓良：拍戏人生》）

（25）应该理会古人对神奇事端作出的想象，说不定，这种想象蕴含着更深层的真实。（余秋雨《洞庭一角》）

例中的"说不定"的语义不再表示"不确切地说"，也不表示"可能、也许"，它的作用是在话语中表示一种推测的语气，其中的"说"的"动作性"更弱。

具体演变历程如下：

短语→动词→评注性副词→语用标记

以上对"说不定"的语法化历程分析，体现出"说不定"结构语义上具体义逐渐减少抽象义逐渐增加、语用上客观的表义功能逐渐减弱主观的表态功能逐渐增强的语法化过程。

4. 语法化的动因及机制

4.1 主观化

主观化是"说不定"结构语法化为语用标记的最主要的原因。

主观化即指语言为表现主观性而采用相应的结构形式或经历相应的演变过程。（Lyons，1977；据沈家煊，2001）。主观化的过程就是人的认知域从客观的现实世界域表示词汇概念义，到主观的逻辑推理域的表达主观态度，再到主观性更强的言语行为域的话语处理功能语用功能主观化的过程，也是“说不定”成为语用标记的演变过程。具体的过程在上文“说不定”的语用语法化部分已经分析，此处不再赘述。杨书俊（2005，2007）证明了“说不定”类虚化的原因是语义的主观性，认为“说不定”等在语义上有一种共同的倾向，就是含有对已发生或未发生事情的一种猜测。这一点可以把“说不X”与肯定式“说得X”结构上进行比较，发现肯定式“说得X”结构语义为概念意义，不存在猜测义这种主观性，因此很难发生虚化，如“说得准”、“说得好”等还只是短语。

当“说不定”表示“可能”时，就带有较为强烈的推测语气。在此基础上进一步虚化，自然就演变为评注性副词，表示推测语气，推测其后命题产生的可能性。随着高频使用，“说不定”的这种主观性推断促使评注性副词“说不定”进一步虚化成为语用标记。

4.2 重新分析

重新分析在语用标记“说不定”的形成过程中也起了重要的作用。“说不定”最早是一个“说”和“不定”组成的短语，然后这两个相邻的语言单位经过重新分析，组合成一个动词“说不定”，随着使用频率的增加，“说不定”的主观猜测性增强，最后虚化为一个话语标记。它的重新分析过程如下：

A：[说+[[不定]+X]（X为宾语）

B：[[说不定]+X]

C：[[说不定]//+X]

上面是对“说不定”的结构分析。A类的“说”加“不定X”组合形成一个短语。B类中“说”和“不定”这两个相邻的语言单位经过重新分析，形成一个凝固的整体形式“说不定”，后面再跟宾语，之后随着“说不定”的主观性增强、独立性增强，“说不定”后面可以停顿，位置相对自由，程序意义占主位，最后形成一个话语标记“说不定”（C类）。因此，“说不定”作为整体引进后续成分时可以有停顿“//”，其中“不定”的读音相对A中的“不定”已经弱化了。例如：

（26）任何高明的教练只能选择球员，不能选择裁判，绞尽脑汁制订的战术与球员千辛万苦付出的努力一样，<u>说不定</u>什么时候会被一声哨响吹回老家。（1994年《人民日报》）

例（26）“说不定”+“什么时候会被一声哨响吹回老家”，后边的“什么时候会被一声哨响吹回老家”由于受主观化影响而重新分析成了一个话题，“说不定”后可以出现语音停顿，即，“说不定”，“什么时候会被一声哨响吹回老家”。这样的重新分析促使了“说不定”意义虚化为表推测语气的语用标记。

5. 余论

本文以“说不定”为例对该类语用标记的语法化历程进行了描写和分析，分析了“说不定”语法化的语义基础和语法化过程中“说不定”结构的语义演变路径。“说不定”经历了从表示客观“不能确定地说”义抽象到表示“主体对什么事情没有把握”义，直至虚化为表示主观推测功能的语法化过程。主观化是“说不 X”语法化的主要动因与机制，另外还有重新分析、高频使用等机制。

参考文献

[1]鹿钦佞（2008），《“搞（弄/闹）不好”的功能及其语法化》，《汉语学习》，第1期，第37—43页。

[2]何小静（2009），《评注性副词“说不定”的语法化及相关问题》，《语文知识》，第3期，第87—89页。

[3]丁崇明（2006），《歧义格式“我也V不好”》，《云南民族大学学报（哲学社会科学版）》，第9期，第229—233页。

[4]周敏莉（2010），《语气副词“说不定”的多角度研究》，《理论界》，第12期，第160—162页。

[5]梁　星（2013），《“说不定”的词汇化和语法化》，《语文学刊》，第3期，第20—21页。

[6]张谊生（2000），《现代汉语副词研究》，上海：学林出版社。

[7]沈家煊（2001），《语言的“主观性”和“主观化”》，《外语教学与研究》，第4期，第268—269页。

[8]杨书俊（2007），《“V+不+X”动补式结构的语法化过程和机制》，《汉语研究与应用（第5辑）》，北京：中国社会科学出版社。

[9]Langacker, Ronald W. (1977). Syntactic Reanalysis. Charles Li (eds.). *Mechanisms of Syntactic Change*. University of Texas Press.

海外华文教师职业发展的规律性特点研究

华霄颖 陈旭
华东师范大学

摘 要：本文依据作者近年来承接和参与的有关海外华文教师专业发展的系列课题的研究成果写成。我们尝试将海外华文教师的研究纳入教师教育研究的学科范畴，通过运用文献研究、问卷调查、录音访谈、个案研究等研究方法，获取研究材料，进而分析海外华文教师职业发展的阶段及其规律性的特点，在此基础上探索这些特点对海外华文教师培训的启示。

关键词：海外华文教师；职业发展；阶段；特点

最近两年，我们承接了一系列有关海外华文教师的课题[①]。在课题设计时，我们有意识地将课题系列化，使课题之间具有连贯性，不断深化对研究对象的认识。我们主要的研究思路是，突破以往仅仅把海外华文师资培训作为侨务工作范畴的实践性研究的局限，尝试将海外华文教师的研究纳入教师教育研究的学科范畴，揭示海外华文教师职业发展的特点及规律，在此基础上探索对华文教师培训的启示。在研究过程中，我们主要采取了文献研究、问卷调查、录音访谈、个案研究等研究方法获取研究材料。

为了探究海外华文教师专业发展的特点，我们在问卷调查的基础上，对来华进修的澳洲某中文学校的教师进行了录音访谈，从中选择了具有典型性的教师进行个案研究。限于篇幅，我们不详细展示具体个案分析过程，只陈述研究结论。

需要指出的是，由于研究对象具有特定的地域性（发达国家的华文教育领域），因此研究结果也相应地受限。例如，东南亚各国的华文教育与欧美、澳大利亚等发达国家的性质不同（全日制和周末业余制），教师专业发展也会有很大差异。本研究结论主要基于我们对澳洲中文学校教师的调查研究，对于具有相同特点的华文教师的职业发展具有参考和借鉴意义，对具有不同特点的华文教师发展也有一定的启发作用。

再者，也由于海外华文教师的地区差异性大，即使在同一个国家，不同城市的华文教师也可能存在差异。鉴于以上因素，我们把研究得出的结论概括为“规律性特点”，而非具有较大普遍意义的规律。

---

①这些课题主要包括：上海华文教育研究中心 2010 年课题“海外华文教师培训意愿调查”（主持人吴勇毅）、2012 年课题“新形势下海外华文教师专业发展需求与对策研究”（主持人华霄颖）和国务院侨办 2010—2012 年课题“海外华文教师职业发展规律研究”（主持人吴勇毅）。

1. 海外华文教师专业发展的阶段性特点分析

1.1 海外华文教师专业发展特点和专业发展阶段的划分

关于教师专业发展的阶段，国外已有相对比较成熟的研究，国内也有比较扎实的立足于本土教育实践的研究。综观各家学说（详见表 1），我们发现有几个特点：第一，对职前教育都给予了一定的关注（福勒、费斯勒、叶澜等），这说明他们认为职前教育是教师专业发展的知识基础；第二，因为教师是作为职业被选择，所以国内外研究者都不约而同地对求职最初的“生存动机”予以关注，注意到构成教师专业起始阶段求生存的特点，关注他们为此而具有的行为表现。第三，各家的阶段划分虽然名称有差异，阶段划分不一，但论及教师教学生涯的发展，实际上都包含了适应、发展、走向成熟的阶段，反映了教师从事教学之后经历了从关注自身的生存状况、关注教学任务到关注学生学习及自身对学生的影响这样的发展阶段，在不同的阶段具有不同的关注重点，呈现出一定的发展规律。

表 1　教师专业发展阶段研究比较

人物	阶段
福　勒	任教前关注阶段、早期生存关注阶段、教学情景关注阶段、关注学生阶段
凯　兹	生存阶段、巩固阶段、更新阶段、成熟阶段
伯　登	生存阶段、适应阶段、成熟阶段
费斯勒	职前教育阶段、入门阶段、能力建立阶段、热心和成长阶段、生涯挫折阶段、稳定和停滞阶段、更新生涯阶段、退出生涯阶段
休伯曼	入职期、稳定期、实验和重估期、平静和保守期、退出教职期
叶　澜	非关注阶段、虚拟关注阶段、生存关注、任务关注、自我更新
本　文	适应阶段、发展阶段、成熟阶段

资料来源：参见贺斌（2007），《国外教师专业发展阶段理论简介》，《青年教师学报》，第 5 期。

基于以上的理论基础，结合我们对海外华文教师的问卷调查、访谈和文献研究，我们认为，海外华文教师与一般教师相比，具有比较鲜明的特点。首先，相当一部分海外华文教师（主要分布在东南亚以外的国家）是兼职从事华文教学，因此，在他们的专业发展历程中，“求生存”的特性就变得不太明显。一旦他们自己发觉或学生及家长认为他们不适合，他们可能很快就会停止教学，这是因为作为兼职，他们可以自由选择。第二，从教师来源看，在我们研究的教师中，相当一部分教师在开始从事华文教学时，已经从事过各种类型的教学工作，因此，他们作为新入职教师的求生阶段已成为过去时，尽管需要适应新的教学环境、教学对象和教学内容等，但不会再重复出现初任教职时的那些问题（比如彷徨、迷茫、不知所措、紧张焦虑等）。因此，我们把海外华文教师的专业发展阶段分为适应、发展、成熟三个阶段。

1.2 海外华文教师专业发展的阶段性特点

（1）适应阶段：初步掌握开展教学、处理教学事件的基本知识，教学能力和课堂管理能力欠缺，开始积累并逐渐巩固所获得的教学经验，关注个别学生，试图寻找新的方法和技巧。

在适应阶段开始时期，由于华文教师都是初次进入该领域，并且缺乏相关的专业背景，对教学环境和教学活动的知识有限，在课堂内容安排、课堂纪律管理等方面遭遇到挫折，教学感受为不顺、缺乏自信、紧张、无从下手或是惑而不解，在具体的教学上处于模仿的状态而少有自身的见解，没有能力尝试新的教学方法。经过一段时间的调整，华文教师才逐渐变得适应起来。因此，如何缩短适应期是海外华文教师在职培训的一项重要内容，而培训方式的选择，比如说带教、工作坊或是集中规模培训等，是非常关键的。

由于华文教师的来源不同，专业背景和就职经历的差异会给适应阶段带来不同的表现，影响他们的适应时间、适应内容和适应效果。比如在我们选择的三位个案中，Y 老师毕业于中等师范，又在中国从事过 15 年小学语文教育工作，因此适应得比较快。Y 老师遇到的主要问题是对海外华文教育对象不熟悉，安排的课堂教学内容的难度高于学生能接受的程度，在其他方面都比较顺利；而 L 老师和 G 老师不仅在教学内容上，而且在课堂管理上也遭遇了很大的挑战。L 老师初任华文教师时，遇到的一个突出问题是教学方法的问题。L 老师完全沿用国内（甚至是大学）的教学方式，课堂安排以教师讲解为主，缺乏互动，没能意识到学生的中心地位，也不能调动学生的兴趣和积极性，这一定程度上也就导致了课堂秩序的混乱。这使得缺乏教学经验和教育学背景的 L 老师在课堂管理方面又出现了很多困难。G 老师作为一名从英语专业跨越到华文教育领域的年轻新教师，多种因素都给她初期的华文教师道路造成了困难。尤其是在与家长关系的处理上，相比于 Y 老师和 L 老师，G 老师遭遇了更大的挑战。如何处理家长的意见，处理与他们的关系，这对课堂教学、自身价值定位以及学校的生源等问题上都有很大的影响。年轻的 G 老师，在知识和经验都不足的情况下处境更为艰难，这甚至给她带来了情感上的焦虑。

（2）发展阶段：学到了许多有关组织课堂、学生、课程和方法等方面的知识，教学技能有长足的进步，开始注意到学生的复杂性。

在发展阶段，华文教师通过借鉴他人、培训以及自我反思等各种途径学到了许多关于华文教学、课程安排、课堂管理、教学方法以及与家长关系处理等方面的知识，不断学习新的内容来充实自己的教学，教学技能也随之有了很大的提高。

Y 老师在教学中适应得很快，刚开始遇到的主要问题就是对学生的中文程度认识不够，Y 老师采取的策略是主动了解学生的汉语水平以适应他们的需要，在教学过程当中逐渐地调整，简化教师语言，用形象化的教学方法进行教学。

G 老师主要采取的策略是向有经验的华文教师请教，学习、琢磨他们的备课方式，吸取有价值的的内容，主动根据学生的实际情况改进教学。在课堂管理的问题上，G 老师积极主动地反思和探索，学习如何与学生打交道，调动学生的兴趣和积极性并且让学生喜欢自己。在与家长处理关系的过程中，G 老师虚心听取建议，用认真和负责取得家长的信任。从刚开始由家长的质疑、不信任给 G 老师带来的焦虑不安到后来得到家长的信任和喜欢，G 老师不仅增强了作为一名新手华文教师的信心，也找到了自身的价值和对华文教育工作的热情。

L老师在适应教学之后，逐渐调整，不仅仅是在具体的教学上，更重要的是在教育方式上。这一调整一方面主要得益于该中文学校的培训体系，另一方面也是与其他两位教师不同的方面，就是得益于自己的孩子，也就是伴随着自己孩子受教育的过程，有意识地观察了澳洲教师的教育行为和方式，并将之迁移到自己的华文教学之中。

（3）成熟阶段：教师已经有了自己的专业见解和认识，能很好地控制教学活动和教学环境，乐于尝试新的教学方法，能够娴熟地处理可能出现的新问题，对教学充满自信。他们把更多的注意力放在教学对象上，而非只关注自己如何去应付教学，已经形成了自己的教学风格。

这三位教师的专业发展都经历了不断调整和适应的过程，最年轻的G老师教龄也已达9年之久，现在都已成为比较成熟的华文教师骨干。在课堂管理、课堂内容安排、课堂教学以及与家长关系的处理等方面都已经形成自己的经验和策略。Y老师目前负责中文学校的精英班教学（学生在学完后要参加被称为“澳洲高考”的VCE的中文统考），学生年年捷报频传。她在华文教学方面已经很成熟，在很多地方还形成了自身的特色。比如在汉字教学方面，能用最简单和形象的方法帮助学生理解和记忆。在课堂管理方面非常老练，方法、活动灵活多样。在遇到特殊学生、特殊情况时方法得当，以鼓励、表扬为主，建立师生间的信任，既有助于课堂纪律又能调动学生兴趣。而L老师也顺利从一位华文教师转变为优秀的教育管理者，对新形势下海外华文教育的性质、特点、意义和发展趋势，对华文教师的专业发展有了更为深刻的理解，对自身的专业发展也有非常明确的设计。伴随着自身的努力和经验（实践性知识）的增长，G老师在与家长关系处理的问题上也是得心应手，赢得了很多家长和学生的喜爱；作为相对年轻的华文教师，G老师凭着自己教育硕士的专业背景和流利的英语进入澳洲主流学校任教，并且尝试将日校注重活动的教学方法引入华文教学，设计精彩多样的活动，加强与学生的互动。

值得一提的是三位教师从自身的华文教育实践中形成了属于自己的理论和教育理念，并且在华文教育的过程中意识到作为华文教师的价值所在。作为教育管理者的L老师总结出教育根植于爱的教育理念。更为难得的是，尽管明白在周末学校教授华文的得到和付出远远不对等，但是三位教师通过多年的华文教育实践也逐渐明确作为一名华文教师的价值所在，并把推广中国语言和文化作为己任。用她们自己的话说，就是“既能教中文也能推广中国的文化，我们是在为中国做贡献。”

2. 海外华文教师专业发展的规律性特点探索

2.1 入职动机相似，专业发展道路不同

我们在调研中发现，在欧美地区，海外华文教师入职的初始动机都很相似，大致可分为两种。一种是作为孩子的家长，其子女在成长过程中自然面临着祖（籍）国语言文化的传承问题，抱着不让孩子忘记自己的根文化的简单信念，在缺乏教师的情况下家长就自告奋勇地承担起教学任务；另一种是因为刚到国外，语言不通或不甚通，且别无所长，但又需要解决经济问题，做中文教师自然成为首选。前者多见于中文学校初创时期，从管理人员到教师，

大都由家长担任（或轮流担任）。随着近几年留学潮的再度兴起，出国就读本科、硕士的留学生越来越多，其中一部分就读教育等相关专业的学生去中文学校兼职的颇多。在我们调查的那所澳洲中文学校，属于这两种动机而从事华教者占了大部分。

从教师来源看，作为新移民集中聚居地区的、由新移民创办的周末中文学校，该中文学校在师资选择上具有得天独厚的条件。大陆新移民是 20 世纪 80 年代中国开放出国留学之后形成的，这些移民学历层次较高，有的已在当地高校或科研机构就职。在这样的条件下，该中文学校的师资队伍主要由曾有国内教学经验或有教育学背景的教师构成，近几年又加入了像 G 老师那样去澳洲攻读本科或硕士学位的留学生。

在上文描述分析的个案中，三位教师就是这三种类型的缩影。有着中国国内 15 年小学语文教学经验的 Y 老师，入职初期遇到的主要问题就是过高估计学生汉语水平（某种程度上把学生假设想象成国内的小学生），由于能在课堂管理、与家长关系处理等方面应付自如（得益于过去的教学经历），这使得她能够较快地适应新的教学环境，并且凭借在国内积累的丰富的小学语文教学经验，迅速成长为教学上颇有特色的骨干教师。

L 老师既无教学经验也无教育学背景，入职初期在课堂教学、课堂管理、对学生的认识等方面都出现了非常严重的问题，甚至将中国大陆的教学方式搬到了澳洲的课堂。通过该中文学校的新教师培训，也通过自身的努力学习与反思，她很快地适应了教学，并成功地转到教学管理岗位，逐渐成长为一名具有远见的教育管理者和教师。

年轻的 G 老师则是另一种类型，她有教育学背景，却缺乏汉语专业知识和教学技能；她年轻活泼，有朝气和活力，在不断提高专业能力的过程中，也在处理与教学相关的各种人际关系上经历了自身作为社会人的蜕变成长。

通过研究我们发现，入职动机的差异对教师专业发展的影响并不大，而教师的专业背景和以往的职业经验对其专业发展影响较大。

2.2 通过对关键事件加以充分反思是华文教师实现自主专业发展的内在因素

“关键事件”的概念是沃克在研究教师职业发展时提出的。“关键事件”是指“个人生活中的重要事件，教师要围绕该事件做某种关键性的决策。它促使教师对可能导致教师特定发展方向的某种特定行为做出选择”[①]。关键事件促进教师专业发展的核心在于它能够引发教师专业结构的解构和重构，教师每经历一个关键事件而获得专业发展的过程就是一个教师专业发展的基本循环。通过关键事件，外在的影响因素与教师原有的教育信念、知识等内在结构的不一致变得明晰化、尖锐化，再经过对各种作用因素关系的反思，继而做出决断和选择，决定对原有的内在专业结构做局部修改、调整或全部更新，以至最终获得专业发展。关键事件可以是教师教学的具体感受，也可以是他人的实践性知识和各种理论原理，甚至是意想不到的生活感受。关键事件引发教师明晰问题所在，并开始以批判的目光反观自身，包括思想背景、行为甚至是深层的信念、价值观、动机、态度和情感等。意识到问题所在后，教师需要有方向地、聚焦式地寻找新思想与新策略来解决面临的问题，而这些新思想与新策略来自于研究领域和实践领域。随着教师研究的深入，研究者认为教师是一个具有自主性的反思实践者，反思是教师获得专业发展的必要条件。

---

①转引自苏红（2011），《关键事件：抵及教师专业发展的核心》，《教育科学研究》，第 11 期。

通过关键事件加以反思和调控是华文教师实现自主专业发展的主要内部因素。我们在访谈中发现，老师们对自己教学生涯中的某些经历或事件记忆尤其深刻，对这些经历带来的思考也特别深入。比如，Y 老师刚入职在进行课堂教学时，总是感到安排的内容不能顺利地教授给学生，通过反思发现问题的根源是自己对学生的汉语水平认识不足，于是主动去了解学生的汉语背景和水平，逐渐调整具体的教学策略并改进了教学方法。G 老师刚入职时，备课时看到课文，不知从何下手，通过观摩老教师的课以及自我思考，意识到自己在课堂内容安排等方面存在着问题，她采取的策略是从其他有经验的老师那里寻求实践性知识，并针对自己的课堂教学进行逐渐的调整。L 老师在课堂管理上沿用中国大陆的教育方式，甚至出现在课堂上发脾气乃至摔书却并不奏效的情况，后来，她从子女接受澳洲教育以及自身后来从事华文教育的过程中意识到澳洲与中国大陆在教育方式上的差别，个人的生活经历让 L 老师找到了合适的教学方法。在华文教师专业发展的过程中，具体的教学感受是引发其反思的重要因素，而他人的实践性知识、各种理论研究乃至个人的生活事件都可以启发教师做出行动上的改变。美国心理学家波斯纳提出了“教师成长＝经验＋反思”这一著名公式，对教师反思的关注，在一定程度上揭示了实践性知识的生成方式。这就启示我们不仅要培养华文教师自主反思以实现其自主发展的意识，而且要提供培训、交流、研讨、示范课、听课等各种可以培养教师反思能力的外在形式，以引发教师对自身教学实践的自主反思，同时也可为教师重构专业知识和实践知识提供借鉴。在这个过程中，教师对教育教学的理解会升华，其专业素养也会得以提升，并逐步向专家型教师转型。从整个职业生涯的历程来看，这些关键事件在教师专业发展的各个阶段普遍存在，而且对教师的专业发展作用明显。①

2.3 自我钻研与团队协作学习相结合是海外华文教师专业发展的基本策略

我们调研的澳洲中文学校为教师提供的团队协作学习方式多样，有培训示范、同行交流、集体备课、课题研讨等各种形式。Y 老师教学经验丰富，后来在该中文学校的培训课上为新教师讲解学生情况、课堂管理以及汉字教学等方面的内容，这对新入职的华文教师来说指导意义很大。L 老师刚入职时即参加了该中文学校为期一周的培训课程，收益颇多。G 老师作为新手教师时，遇到的问题很多，她主动向有经验的教师请教，而很多有经验的教师也都带领着她，这一点也是华文教师薪火相传的一个重要原因。另外在专业发展的过程中更需要自我钻研，持有认真、负责与努力的心态是华文教师成功的关键。Y 老师意识到与中国大陆学生害怕教师、上课时规规矩矩不同，澳洲学生上课非常好动，这就需要吸引他们的注意力、调动他们的积极性，于是 Y 老师从网上、其他教师处借鉴还有自己摸索出一套学生的方法；在汉字教学方面，更是处处留心，记录各种有趣的字谜、游戏使学生喜爱学习汉字。G 老师开始在课堂内容安排上无从下手，于是不仅向其他教师借鉴经验，而且通过“反思本”坚持进行自我反思，逐渐在教学上得到发展走向成熟。在 L 老师专业发展的过程中，为了改变自己陈旧的、不合时宜的教学方法，通过观察自己孩子日校教师的所作所为，琢磨适合澳洲学生的汉语教学方法，最终取得了好的教学效果。

因此，我们认为，海外华文教师由于是兼职担任教学，没有很多途径接受专业培训，因此，华文学校应提供各种能创造团队协作学习的形式如培训、交流、研讨、示范课、听课等

①参见苏红（2011），《关键事件：抵及教师专业发展的核心》，《教育科学研究》，第 11 期。

的机会，促使教师学会反思，从而内外结合，给海外华文教师的专业发展创造良好的条件。

2.4 价值的升华是推动海外华文教师专业发展的内在动力

中文学校是周末学校，大多数教师为兼职，即身兼两份工作，但他们要花费大量的时间和精力在备课、上课、批改作业和处理与家长的关系上。由于中文学校管理人员较少、事务繁杂，作为管理者就更为辛苦。在所得远低于付出的状况下，入职华文教育本身就是一种价值选择的结果。随着教育过程的进展，华文教师自身的价值也得到了提升。年轻的 G 老师获得了自身的成长，得到了家长和学生的认同和喜欢，提高了自信心和自豪感；Y 老师乐在其中，因其认真负责的态度和辛勤的付出得到了家长的尊重；Y 老师和 L 老师作为年长一辈的华文教师对华文教育有着极大的奉献精神，把华文教育当做一项事业来做。当问及华文教育的前景时，L 老师说："既能教中文也能推广中国的文化。我们是在为中国做贡献。把我们的文字教给别的国家的人，首先是文字，深层次就是文化各方面。"强烈的使命感使他们意识到华文不仅仅是一种沟通、交流的工具，还是民族认同的载体，更是传播和传承中华文化的火种。

作为一种低报酬的兼职，付出与所得之间的不对等一直是海外华文教师面临的一个现实问题。海外华文教师选择了华文教学，没有升职、发财的利益可图，完全凭借着他们对传承祖（籍）国语言文化的一腔深情。因此，可以说，海外华文教师专业发展的内在历程也是作为华文教师的价值升华的过程。正是基于这种传承民族语言文化的使命感，使得海外华文教师克服种种困难投身于华文教育这一崇高的事业之中而无怨无悔。

3. 对海外华文师资培训的启示

3.1 海外华文教师的年龄结构及学历层次、专业背景等正在发生变化，华文教师培训也应随之发生变化

根据以往我们的认识，海外华文教师普遍存在年龄大、学历低、缺少专业背景的问题，但是从我们调查的结果看，似乎并不如此。由于研究条件的限制，我们无法保证调查对象的典型性，但是，相当数量具有共性的情况在某种意义上还是有说服力的，至少可以显示正在发生的变化。根据我们的调查结果，华校教师的年龄结构正在趋于年轻化，学历层次也在提高，专业背景调查也显示语言学科和教育学心理学学科背景的教师数量增加，这在以留学为目的的新移民集中的发达国家尤其如此。如果能够用扩大调查范围等方法进一步证实，那么，我们以往重专业知识体系及其教学方法的培训课程架构应该随之有所调整甚至重组。

3.2 海外华文教师职业发展的阶段性特点对有针对性地设置师资培训课程具有启发意义

海外华文教师职业发展的阶段性特点告诉我们，在不同的阶段，教师对培训的需求不同，因此，相关院校组织培训时，如果能对培训对象的阶段性特点有所认识，可以有针对性地设置课程，使培训有的放矢，真正对教师的职业发展起到推动作用。

3.3 海外中文学校自身的培训功能应引起重视

我们在深入研究中发现，几乎每所海外中文学校都有自己的教师培训，而这一点，在以往的师资培训中并未引起应有的重视。教师教育理论告诉我们，校本培训对教师的职业发展具有相当重要的作用。我们对澳洲某中文学校中文教师的个案研究也说明校本培训对其职业发展过程中的重要作用。这或许能给我们改革未来的教师培训模式提供极其有益的经验和思路。

汉语习得知识网块的建构与评估的设想

夏 菁
华中师范大学国际文化交流学院

摘 要：本研究立足于学习者的语言系统，基于知识是网块习得的思考，运用知识挖掘和分析技术，对大量来华留学生语料进行知识挖掘，实现对语料在字、词、句、篇的结构意义上的统计分析，旨在挖掘与发现留学生习得汉语的规律与模式。在这些研究的基础之上，建立汉语知识网块建构程度的评估模型。知识网块是笔者对知识建构运用的一种图式描述，强调围绕核心连点构网。汉语知识网块的组合元素如同网络中的信息实体（entity），与网块主题有着最近距离的、最相关的连接（link），这些组合元素以最近程度的连接，搭建并生长成为知识网块。基于这样的思考，我们将从来华留学生大量作文语料中就每类主题的作文集合逐一展开知识挖掘，挖掘出留学生就某类主题能用汉语有效表达或能成文成篇与所需要掌握的字、词、句型、知识点等的所组成的汉语知识网块的程度与数量的关系。这样的知识挖掘与分析，实际上是一种关于来华留学生汉语知识建构与发展的分析，帮助我们比较全面和客观地观察来华留学生习得汉语的情况，如知识网块中字词句型是如何建构发展的？掌握了哪些字、词、句型以及知识点就能比较好地完成某一主题的表达或形象的建构？上述研究结果将揭示留学生汉语知识网块的掌握程度和数量与留学生汉语表达能力的关系，进而在此研究的基础上可以形成科学的评估模型。

关键词：汉语习得；汉语语料；知识挖掘；评估模型

1. 汉语中介语研究的新思考

本研究以汉语中介语语料为研究对象。中介语属于学习者的语言系统。几乎从一开始，汉语中介语的研究聚焦于局部的分析讨论，如统计字、词、句型的使用率并由此排出习得顺序；或者关注于偏误的分析，如：语法的偏误分析、词汇偏误分析；抑或比较学习者母语与汉语的异同点。其目的在于发现外国人学习汉语的难度和难点，解释汉语习得的某些规律性特征。毋庸置疑，这些讨论对对外汉语教学具有重要的价值和指导意义，如找出如何治理偏误的方法以及克服难点的策略。然而，无论是偏误还是难点分析，几乎都盲视了学习者学习汉语的真正苦恼。笔者曾看到一篇美国人写的点评文章："为什么汉语如此的难？"作者感叹汉语之难在于："你常常很熟悉一段文字里的每一个词，却仍然没法弄懂在说什么。""如果你看汉字出现频率，任何报纸 95%以上的汉字都轻松地被包含在那些 2000 个最常用汉字里。”但“对文章具体说的什么仍然似懂非懂”。又说，“阅读理解并非仅仅是知道一大堆词这么简单；你必须能够感觉到词与词之间在大量的上下文里是怎样组合的。”①这里实际上提出了一个习得汉语的方法和效率的问题，就是如何在习得汉语的过程中使汉语与其相关知识搭建并生长。

我们知道，中介语语料作为学习者的语言输出，反映了学习者运用语言的整体综合能力。对语料库语料作整体结构性的知识挖掘，可以发现学习者对于汉语与其相关知识搭建与生长的情况，从而可以挖掘学习者语言能力的发展规律以及语言能力与所反映的知识之间的相互关系。这样研究不仅关注了学习者的语言输出，其结果又反过来指导学习者的语言输入。然而，问题是学习者如何实现汉语与其相关知识搭建并使之生长？笔者有次荣幸出席由著名学者主讲的关于社会网络知识挖掘的讲座，在研究方法与原理的探索上深受启发。此后带着浓厚的兴趣和好奇心学习和了解网络知识挖掘的研究成果。简要地说，网络知识挖掘的基本出发点是，网络中有许多的网络知识实体（entity），并且这些实体之间有着不同程度、不同形式、不同等级的连接（link），这些实体和连接一起形成了一个大的知识网络图。这样的知识网络图本身具有各种重要的信息。同时它是搜索引擎用来提高搜索速度的技术之一。比如，Google、百度等著名搜索引擎都使用了这种技术。不过，对知识挖掘至今还没有一个一致的定义，一般认为，知识挖掘是从大量相关数据中进行数据探索和建立相关模型的先进方法，以从大型数据库中寻找有意义、有价值的信息。网络知识挖掘的基本原理对笔者深有启发。类比于网络知识挖掘，笔者认为，汉语中介语料库语料隐含着学习者丰富的信息，有待进行数据挖掘，以发现潜存其间的信息状态与特征。比如，通过对语料库语料的知识挖掘，可以探讨学习者所输出的语言信息是否类似于网络信息，呈现围绕核心信息的等次网状结构？基于这样的问题意识，本研究立足于留学生汉语学习者的语言系统，基于知识是网块习得的思考，运用知识挖掘和分析技术，对大量来华留学生作文语料进行知识挖掘，实现对作文语料在字、词、句、篇的结构意义上的统计分析，发现留学生汉语的表达程度与其汉语知识网块的关系。这一关系将揭示汉语知识网块的数量与程度的高低，直接反映留学生习得汉语的成效以及汉语的表达能力。整个研究过程旨在挖掘与发现留学生习得汉语的规律与模式，并在这些研究的基础上以期形成评估汉语水平以及汉语知识网块建构程度的模型。

2. 挖掘与评估建模的设想

所谓知识网块是笔者对知识建构运用的一种图式描述，强调围绕核心连点构网。汉语知识网块是指由字、词、句型、知识点的组合以及组合元素之间的结构关系。汉语知识网块的组合元素如同网络中的信息实体（entity），与网块主题有着最近距离的、最相关的连接（link），这些组合元素以最近程度的连接，搭建并生长成为知识网块。有鉴于此，笔者提出知识是网块习得的观点，认为留学生汉语表达程度与其对汉语知识网块的掌握程度有着密切的关系。就本研究的对象作文语料来说，组词造句、成文成篇的表达，直接反映了学习者对围绕某类主题所需的知识网块的掌握程度。如此相推，学习成效和质量的高低与学习者对汉语知识网块的建构密切相关。知识网块实际上反映了关于知识的认知模式。它帮助学习者对所学汉语

①http://jiaoiangzhang.weebly.com/1/post/2012/10/5.html

内容所反映的事物的性质以及该事物与其他事物之间的联系达到内在结构性的理解。由此相推，留学生要最大效果地习得汉语及相关知识，应该建构一个有关汉语知识相互关联的知识网块，并随着学习汉语时间的推移而不断地向网块增添新的内容，把新知识或概念置于网块结构中。

这里有必要对知识网块与图式概念、语块概念予以厘清说明。图式是指围绕某一个主题组织起来的知识的表征和贮存方式。图式也是一种知识的框架，是对知识的有序的贮存。图式理论广泛运用于语言的学习中。语块则是兼有句法和词汇特征的固定或半固定的语言结构，如固定短语、套语、谚语以及出现频率很高的单词组合等，以整体形式储存于大脑。由于语块被当作词汇来看，强调整体的学习与记忆，其理论被广泛用于教学实践之中。总体而言，无论是知识网块，还是图式、语块，三者都关注了语言习得的整体性，但图式与语块着重于语言习得的记忆贮存，而知识网块不仅注重了将知识信息置于网络结构的吸收，而且对语言输出的连接搭建的能力尤为关注。在知识网块的建构中，既有围绕主题对使用语言的结构、等级、程度等的分类组合，又关注了相关知识的运用。学习者个人的经历和知识既成就了语言的运用能力，也丰富和支撑了主题的表达。

沿着这样的思考，本研究借助于计算机的数据挖掘和分析技术，对来华留学生大量作文语料中的每类主题的作文集合逐一展开知识挖掘，试图挖掘出留学生就某类主题能用汉语有效表达或能成文成篇所需要掌握的字、词、句型、知识点等的所组成的汉语知识网块的程度及其数量。这样的知识挖掘与分析，实际上是一种关于来华留学生汉语知识建构与发展的分析，帮助我们比较全面和客观地观察来华留学生习得汉语的情况，如，知识网块中字词句型是如何搭建生长的？掌握了哪些字、词、句型以及知识点就能比较好地完成某一主题的表达或形象建构？通过这样的知识挖掘与分析，从而发现留学生语篇的表达能力与其汉语知识网块建构之间的关系。

基于上述的设想，在研究问题展开讨论之初，笔者对由北京语言大学研发的 HSK 作文语料进行了初步的阅读与统计分析，其结果基本验证了我们的假设。这里以三则作文考题为例分析说明。第一则为“如何看待‘安乐死’”。这个题目的语料共 707 篇。其中 90 分以上的 53 篇，80～90 分的 144 篇，70～80 分的 189 篇，60～70 分的 232 篇，60 分以下的 89 篇。得分情况见图 1。

现在我们对几个得分区位的语料分别展开讨论，以期发现学习者语言表达能力与其对知识网块建构程度和数量的关系。首先，以 90 分以上作文语料进行分析。我们采取随机抽样的方式统计分析了 6 篇语料，其结果基本相近。现在我们选择其中一篇详细说明。这是一篇 549 字的语料，得分 95 分。考生认为丈夫帮助妻子“安乐死”是不得已的摆脱痛苦的抉择。其中反映考生的知识点有 10 个，并都成功地运用字词句构成知识网块，说明考生对与各个知识点的最近相连（link）信息有很好的掌握。无论叙述还是推理、判断，环环相扣，各个知识网块直指中心主题。具体情况见图 2。

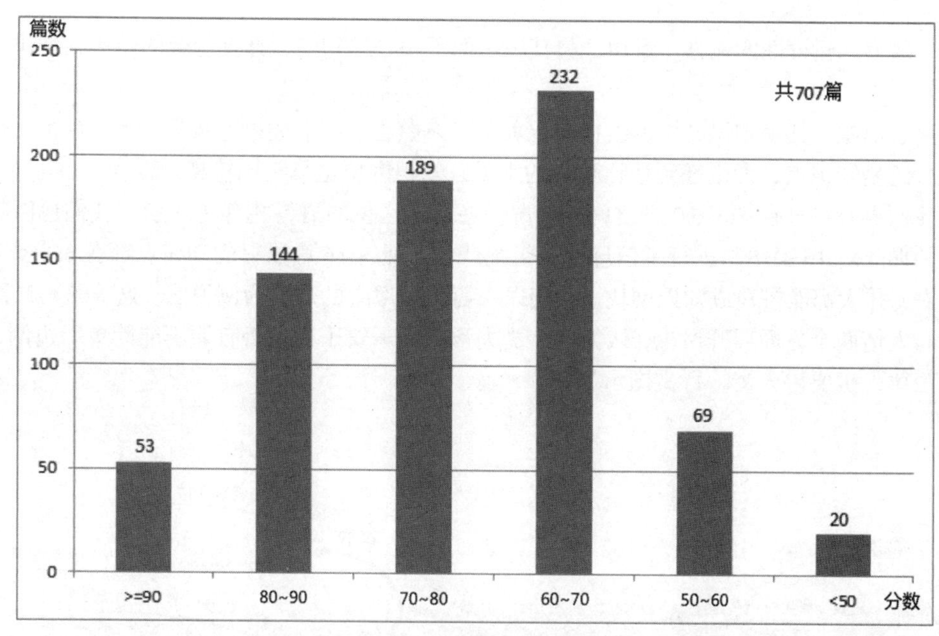

图 1

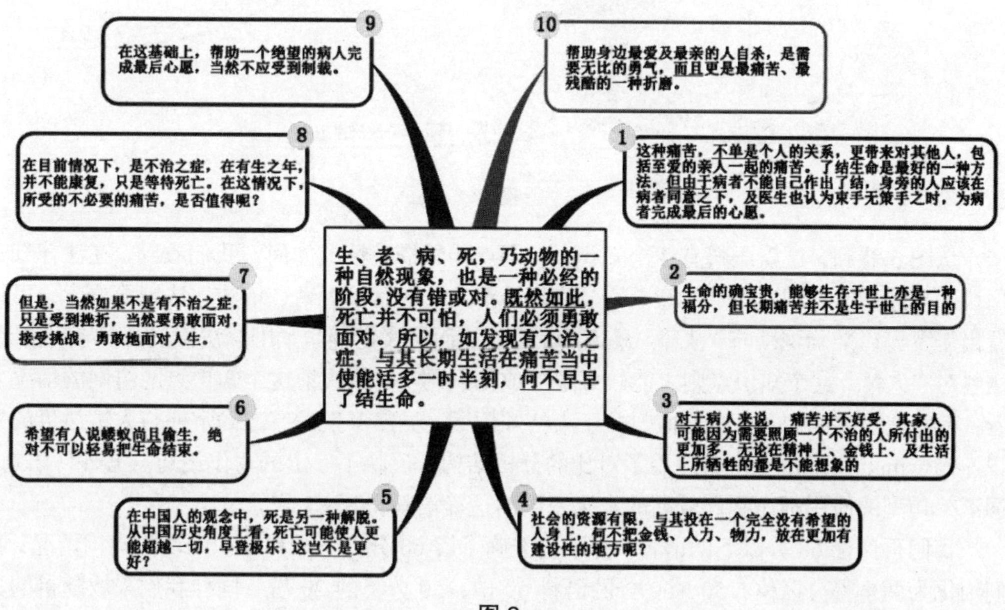

图 2

图 2 中 1 是关于妻子的痛苦与不要痛苦的相连（link）关系的知识网块。与妻子的痛苦相连的是：不单是她个人的痛苦，还有他人、挚爱的亲人；与不要痛苦相连的是：了结生命、病人无法了结、医生束手无策、身旁人为病人完成心愿。很明显，这些相连关系密切而且直接。我们也看到，图 1 直接运用或隐含了不单……更、（因为）……所以、由于……（所以）、（虽然）……（但是）复句连词，它们很好地连接了这些相连，构成知识网块。

图 2 中 3 是从社会资源有限这个知识点组建知识网块的，与此的相连（link）有金钱、

人力、物力、建设性的地方。运用“与其……何不……”句型，具有骨架的作用，搭建了知识网块。

鉴于篇幅，其余知识网块的组构情况就不一一赘述。从上述讨论可见，无论词汇、句子类型，还是知识点，考生都到达比较高的水平，知识网块也具有比较高的程度。

我们再看得分在 80～90 分之间的情况。在这个区位的语料共有 144 份。我们也以随机抽样的形式对 16 篇语料进行了信息的分析统计，发现这 16 篇语料的知识点都在 3 个或者 4 个左右，并大都能搭建成知识网块。我们以一篇英国考生的语料为例说明。这篇语料试图从法律与人情两个方面展开讨论，认为判定丈夫帮助妻子安乐死是否有罪不能简单一边倒，既要讲法律，也要讲人情。行文图示如下：

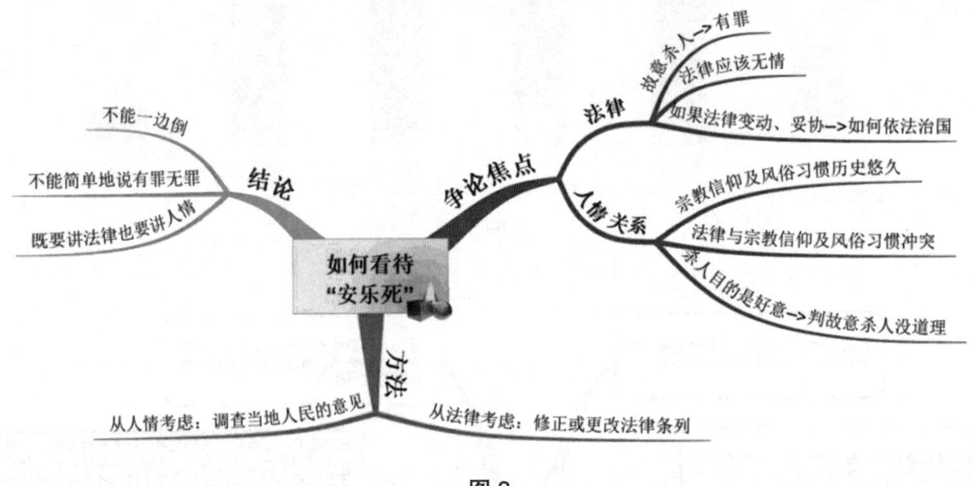

图 3

从图 3 看到，这篇语料有 4 个知识点，围点构网搭建情况如何？我们看到，在法律知识网块，与此相连出现法院、故意杀人、有罪、清官、法官、无情、依法、法制等概念，可以看出作者可以准确识别与“法律”最近的信息，从而行文走笔紧紧围绕法律展开。与此相比，语料对“人情”这个知识点则未能较好地形成知识网块。从人情这个知识点的组网的情况来看，考生把宗教信仰、风俗习惯归并于人情知识网，显然考生没有准确掌握与人情最近的知识连接（link）。但由于作者运用了对比的分析结构，反映了一定的写作技巧。另外，语句、词汇、句型的使用都达到比较高的水平，因而这篇语料得到 85 分。

我们再讨论 60 分以下的语料。为了更准确了解 60 分以下语料知识网块的建构情况，我们细化为两个得分区位：50～60 分的语料 69 份；50 分下的 20 份。同样我们采取随机的方式，从 50～60 分的语料中抽出 8 篇进行了统计，发现 5 篇 60 分的语料知识点分别为 2 到 5 个，但仅有其中一篇语料构成 1 个知识网块；3 篇 55 分的语料的知识点为 2 到 4 个，但都只有其中 1 个知识点形成了知识网块。50 分以下的语料的情况又怎样呢？我们随机抽出 3 份语料统计，发现情况大体类似。以得分 40 分语料为例，发现仅有 1 个知识点，但未能形成知识网块。具体图示如下：

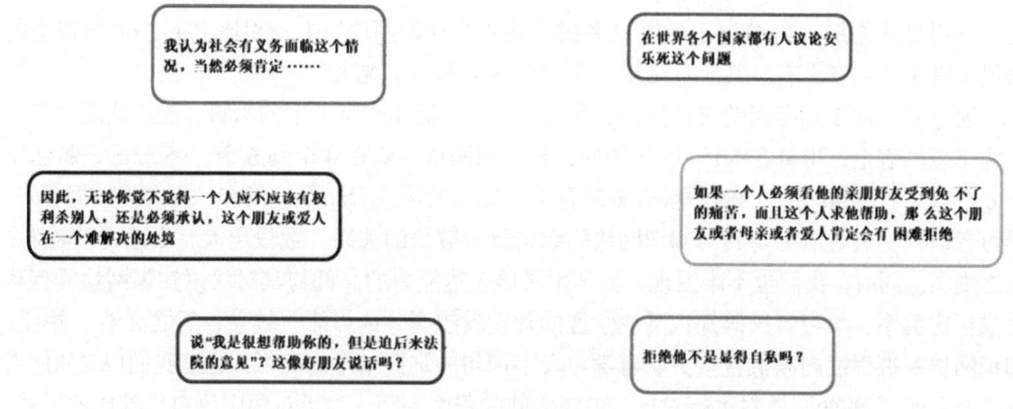

图 4

如图 4 所示，这篇语料试图表达观点，进行论证和作出结论，但遗憾的是，没能就某个知识点搭建相连（link）与并使之生长。所以，整篇语料像个散片，简直不知所云。

然后我们又统计了“由《三个和尚没水喝》想到的”的情况。语料共有 957 份。得分情况如图 5 展示：

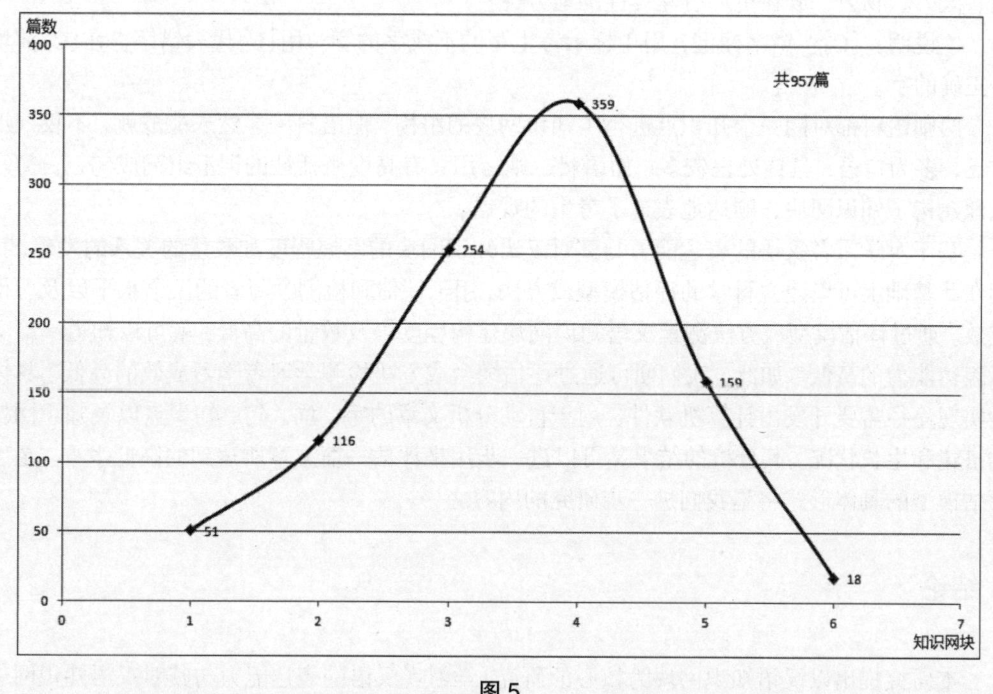

图 5

同样地，我们从各个得分区位的语料中随机抽出 3 份进行了统计分析，结果如下：95 分的语料一般有 6 个或 6 以上的知识网块，85 分的语料一般有 4 个左右，60 分的语料大都只有 1 个，60 分以下的语料一般为 0 个。

随后我们又对考题“我学汉语是为了……”进行了随机抽样统计。此题语料共有 110 份，其中，80 分以上的有 20 份，60 分以下的有 12 份，余下的有 88 份。我们分别对 80 分以上的语料和 60 以下的语料做了随机抽样统计分析，发现这两组语料对于知识网块的组构呈现出十分明显的差距：80 分以上的语料多在 3 到 4 个知识网块以上；相比之下，60 分以下的语料仅有 1 个或者没有。其统计结果与上面两则考题的情况大致一样。

通过对上面 3 则考题的统计分析，我们发现，一篇 400 字上下的语料，能够达意地完成主题思想的表达，得分在 80～95 之间的，其知识网块一般在 4 个到 6 个，95 分的语料通常在 6 个以上；而 60 分以下的语料最多只有 1 个知识网块或者 1 个也没有。从这些数据看来，学习者语言的表达能力与其对知识网块的组构具有数量的关系：数量越大，表达力就越强；反之则弱。同时，我们也不难发现，留学生汉语表达能力的高低与其对汉语知识网块掌握程度成正比关系，学习者汉语知识网块掌握的程度就越高，语篇能力越强，反之亦然。并且，知识网块掌握程度的高低直接关联着学习者字词句的掌握水平的高低。这里我们以“如何看待‘安乐死’”的两则语料进行对比，说明之间的程度差距。为了对两则语料作准确的描述，我们去除语料中作了处理的部分，还原了语料的原貌。

语料一：而且这样[作]就{省得}很多有[线]珍贵的药品以至{省得}很多钱。以后这笔钱能够被[化]在治对生活有希望的对社会有用的病人的身上，这样[作]就对个人也对社会有好处。

语料二：社会的资源有限，与[C]其投[C]在[C]一个完全没有希望的人身上，何不把金钱、人力、物力，放在更加有建设性的地方呢?

（说明：[C]：错字标记，用于标示考生写的不成字的字。用[C]代表错字，在[C]前填写正确的字。

两则语料都对同一个知识点进行了知识网块的组构，但语料一显然未能成就，不仅词汇贫乏，多为口语，且错处也较多；而语料二则运用具有高度概括性的词汇组词成句，言简意赅地建构了知识网块，顺达地表达了考生的观点。

基于对学习者汉语的表达能力与其对汉语知识网块的掌握程度和数量的关系的发现，我们在此基础上可以建立科学的评估模型或方法，用于评估和检测学习者的汉语水平以及习得成效。通过评估模型或方法测量汉语知识网块建构程度以及数量的高低，就可以知道一篇文章表达能力的高低。如此，我们便可通过评估模型或方法检测学习者学习成效的高低。具体的实现途径需要开发出计算机软件，用于自动分析文章的字、词、句、知识点以及知识网块的搭建和生长状况。其分析的结果又可以进一步用来评估一篇文章所达到的高低水平。至于评估模型的具体形式将是我们进一步研究的内容之一。

3. 结论

本研究提出以汉语知识网块为核心的研究。学习者汉语的表达能力与其对汉语知识网块掌握的程度和数量的关系是一个新的研究问题，相对于字、词、句、篇单个语料的研究，具有一个全新整体的框架。本研究运用计算机文本分析方法展开由部分到整体并以层级的、递进的方式完成对语料在字、词、句、篇的结构意义上的统计分析，挖掘与发现来华留学生汉语知识网块的建构与发展的模式。这与以往的点式挖掘相比，是一个创新的挖掘方法，实现了从知识点挖掘到知识网结构的挖掘。本研究是对汉语习得理论的新发展，揭示了留学生汉语的表达程度与其对汉语知识网块的建构有着密切的关系：汉语知识网块的数量与程度的高低直接反映了留学生习得汉语的成效以及汉语的表达能力。另外，我们通过学习者汉语表达能力与其对汉语知识网块掌握程度，可以建立评估汉语习得成效的方法或模型。同时通过字、词、句型的挖掘统计，可以对学习者汉语知识网块建构成程度的进行评估。

参考文献

[1]L.Selinker (1972). Interlanguage, International Review of Applied Linguistics, 10 (3), 209—231.

[2]崔希亮（2008），《汉语作为第二语言的习得与认知研究》。北京：北京大学出版社。

[3]傅政（2001），《二语学习成功者策略研究初探》，《外语教学》，第2期。

[4]高洁（2009），《初级水平越南留学生汉语习得语法偏误的案例分析》，《现代语文（语言研究版）》，第12期。

[5]李雪梅、张素琴（2009），《数据挖掘中聚类分析技术的应用》，《武汉大学学报（工学版）》，第3期。

[6]刘珣（2000），《对外汉语教育学引论》，北京：北京语言文化大学出版社。

[7]鲁健骥（1984），《中介语理论与外国人学习汉语的语言偏误分析》，《语言教学与研究》，第3期。

[8]鲁健骥（1993），《中介语研究中的几个问题》，《语言文字应用》，第1期。

[9]鲁健骥（1994），《外国人学汉语的语法偏误分析》，《语言教学与研究》，第1期。

[10]吕必松（1993），《论汉语中介语的研究》，《语言文字应用》，第2期。

[11]马赟（2009），《“是非问句”在对外汉语教学中的偏误分析》，《现代语文（语言研究版）》，第2期。

[12]施家炜（1998），《外国留学生22类现代汉语句式的习得顺序研究》，《世界汉语教学》，第4期。

[13]孙德坤（1993），《中介语理论与汉语习得研究》，《语言文字应用》，第4期。

[14]王斌会（2006），《数据挖掘技术及其应用现状》，《统计与决策》，第10期。

[15]王建勤（1997），《汉语作为第二语言的习得研究》，北京：北京语言文化大学出版社。

[16]吴全胜、马敏（2009），《数据挖掘技术及其应用现状》，《科技信息》，第33期。

[17]俞燕君（2011），《韩国人学汉语难点及偏误解析》，杭州：浙江大学出版社。

[18]袁博平（1995），《第二语言习得研究的回顾与展望），《世界汉语教学》，第4期。

[19]赵春利（2005），《对外汉语偏误分析二十年研究回顾》，《云南师范大学学报》，第2期。

[20]赵金铭（2008），《基于中介语语料库的汉语句法研究》，北京：北京大学出版社。

华裔学习者汉语学习风格与学习策略相关性研究

刘燕君
北京华文学院

摘　要：本文以 60 名印度尼西亚华裔学习者和 60 名泰国华裔学习者为样本，以感知学习风格倾向调查问卷和汉语学习策略问卷为调查工具，重点探讨两国华裔学习者在学习风格和学习策略以其相关性上存在的异同。结果显示，两国华裔学习者在学习风格和学习策略上均存在差异。学习风格和学习策略之间存在相关性，不同的学习风格对学习策略的选取具有影响。两国华裔学习者在学习风格和学习策略及其相关性的异同能为华文课堂教学活动和教学方法的改进提供有价值的参考。

关键词：华裔；学习风格；学习策略；华文教学

1. 引言

学习风格和学习策略是第二语言习得研究中的重要内容，已有丰富的研究成果。学习风格研究中，Dunn et al.（1979），Gregorc（1979），Reid（1984，1987，1995），Abraham（1985），Oxford & Anderson（1995），Collinson（2000）等从理论到实证都进行了有益的探索。虽然至今对学习风格的定义还未取得一致的看法，但多数研究者将学习风格与学习者的认知相联系，认为学习风格具有稳定性、相对性特征。Oxford & Cohen（1992）将学习策略定义为学习者为提高自身的语言技能所采取的行动或行为。与学习风格相比，学习策略更具有意识性，有着明确的目的，是为了使学习者对语言知识和语言技能的学习更加容易。O'Malley & Chamot（1990），Oxford（1990a，1994，2011），Ehrman & Oxford（1995），Green & Oxford（1995），Cohen（1998），Griffiths（2003）等运用问卷调查、个体访谈等多种研究方法对学习策略进行了细致深入的探讨。

在国内汉语作为第二语言教学研究中，虽然对学习策略的研究起步较晚，但已经有了具体的研究成果，如徐子亮（1999），江新（2000），吴勇毅（2001），李丽娜（2004），钱玉莲（2004，2005）针对汉语的特点对学习者采用学习策略的有效性、认知特点等进行了多维度的思索。而对汉语学习风格的研究目前能检索到的文献却很少。丁安琪、吴思娜（2011）对匈牙利汉语学习者学习风格进行了调查研究。

相对于学习风格和学习策略研究中丰富的成果而言，将两者联系起来，进行相关性研究的文献却不多见。如 Ehrman & Oxford（1990），Oxford（1990b）对两者的相关性进行了初步探讨。Oxford（1996a，1996b，2001）认为学习风格和学习策略存在密切联系，学习者运用的学习策略能反映学习者基本的学习风格特点，学习风格的不同会影响学习策略的选取和使用的有效性。目前国内还缺乏对两者相关性的研究。

在与华文教学相关的研究中，对华裔学习者个体差异因素的相关性研究还缺乏具体研究成果，对华裔学习者的学习风格与学习策略的相关性研究尚未引起重视。在以往的研究中往往把东南亚华裔学生作为一个整体看待。然而，由于东南亚各国社会文化都有自身的特点，不同的社会文化环境对语言习得有着重要的影响（Gardner，1985）。东南亚各国不同社会文化背景的华裔学生在学习风格和学习策略运用上是否存在差异值得我们深入思考[illegible]

本文以学习风格和学习策略相关理论成果作为研究基础，选取印度尼西亚和[illegible]有代表性的国家的华裔学习者开展学习风格和学习策略相关性实证研究，通[illegible]析，深入挖掘两国华裔学习者由于国别、性别、华文学习时间等方面的不同表[illegible]格和学习策略差异，以及不同类型的学习风格与学习策略选取的相关性，为华[illegible]同文化背景的华裔学习者的学习风格和与之相关联的学习策略提供实际的教学参考，并提出相应的教学建议。

2. 研究方法

我们采用问卷调查的方法和分析统计的手段，首先将感知学习风格倾向调查问卷和汉语学习策略问卷发给在校的印度尼西亚学生和泰国学生填写，然后统计不同学习者的问卷各项的相应得分，运用 SPSS18.0 进行统计分析，对调查获得的数据进行描述性统计、t 检验和皮尔逊相关系数等多项分析。

2.1 样本说明

印度尼西亚和泰国虽然同为东南亚的国家，但在社会文化上存在各自的特性。本文调查的两国华裔学习者均来自北京华文学院长期班。我们共发放问卷 196 份，回收有效问卷 167 份。从有效问卷中随机选取印度尼西亚学生和泰国学生的问卷各 60 份进行数据分析。被试最小年龄 16 岁，最大年龄 28 岁，平均年龄 19.6 岁。学习华文时间为一年的有 52 人，学习时间为一年半的有 68 人，男女比例为 1∶2.5。

2.2 测量工具

我们采用的感知学习风格倾向调查问卷和汉语学习策略问卷是以 Reid（1984，1987）的感知风格调查表 PLSPQ（Perceptual Learning-Style Preference Questionnaire）和 Oxford（1990）编制的语言学习策略量表 SILL（Strategy Inventory for Language Learning）为基础。这两份量表都被广泛运用于第二语言教学研究，具有较好的内部信度。我们在保持问卷基本结构不变的基础上，对个别项目的陈述进行了修改，以符合汉语学习的实际。例如，语言学习策略原量表第 21 项，“我会把第二语言中的生词拆解成能识解的各个部分来理解词语的意思”修改为“如果知道形声字的形和声，我能猜测这个汉字的音和意”。考虑到学习者的实际汉语水平差异，我们将问卷中汉语全部翻译成印尼语和泰语，用两种语言进行对照陈述。

感知学习风格倾向调查问卷由 30 个项目组成，由被试根据自己的实际做法，运用李克特五级量表（1 表示强烈不同意，5 表示强烈同意）评价每一项对自己的符合情况。该量表分为 6 个分量表，每个分量表有 5 个项目，用于测量 6 类学习风格。包括视觉型，例如“看到老师写在黑板上的内容我学得更好”；听觉型，例如“当老师口头告诉我内容时，我理解得更好”；动觉型，例如“在课堂上，当参与相关活动时，我学得更好”；触觉型，例如“当我动手做时，对所学知识记得更好”；小组型，例如“在课堂上我与别人一起学习效果更好”；个人型，例如“我独自学习时，学得更好”。

依据 Reid（1984）的感知风格调查表 PLSPQ 计分标准，每个分量表 5 项得分之和乘以 2 得到该项分量表的总分。总分在 38～50 为主要学习风格，25～37 为次要学习风格，0～24 表明不存在明显学习风格。

汉语学习策略问卷由 50 个项目组成，同样由被试根据自己的实际做法，运用李克特五级量表（1 表示从不这样做，5 表示总是这样做）评价每一项对自己的符合情况。该量表也分为 6 个分量表，用于测量 6 类学习策略，总括为两大类，直接策略和间接策略。直接策略包括记忆策略，有 9 个项目，例如“为了记忆生词，我会用生词造句”；认知策略，有 14 个项目，例如“我会看汉语电视节目或电影”；补偿策略，有 6 个项目，例如“如果我想不起来一个生词，我会用与它意义最接近的词或短语来代替”。间接策略包括元认知策略，有 9 个项目，例如“对于如何提高自己的汉语技能，我有明确的目标”；情感策略，有 6 个项目，例如“当在汉语学习中取得进步时，我会奖赏自己”；社交策略，有 6 个项目，例如“我与其他同学一起练习汉语”。

依据 Oxford（1990）对问卷调查的计分标准，均值在 4.5～5.0 之间表明学习者总是使用某一类策略，均值在 3.5～4.4 之间表明学习者通常使用某一类策略，平均值在 2.5～3.4 之间表明学习者有时使用某一类策略，均值在 1.5～2.4 之间表明学习者一般不使用某一类策略，均值在 1.0～1.4 之间表明学习者从不使用某一类策略。

3. 印度尼西亚和泰国华裔学习者学习风格、学习策略及相关性分析

3.1 印度尼西亚和泰国华裔学习者学习风格分析

在对 60 份印度尼西亚华裔学生和 60 份泰国华裔学生的有效问卷进行统计分析后，我们发现，从统计数据上看，两国华裔学习者在学习风格上存在着显著差异，具体如下。

表 1　印度尼西亚和泰国华裔学习者学习风格描述性统计

国籍	类型	最小值	最大值	平均值	标准差
印尼	视觉型	26.00	44.00	33.8667	4.40134
	听觉型	30.00	50.00	39.8333	4.52925
	动觉型	22.00	48.00	36.8667	6.04353
	触觉型	24.00	48.00	35.3000	5.47196

续表

国籍	类型	最小值	最大值	平均值	标准差
	小组型	14.00	50.00	33.5667	8.17679
	个人型	22.00	50.00	36.3000	7.00436
泰国	视觉型	26.00	46.00	35.5862	4.59664
	听觉型	26.00	50.00	37.7471	4.78179
	动觉型	28.00	50.00	38.2069	4.79374
	触觉型	26.00	50.00	38.0460	4.78347
	小组型	16.00	48.00	36.8276	4.76959
	个人型	10.00	50.00	31.8391	7.10204

通过对表 1 的观察我们发现，印度尼西亚华裔学习者的主要学习风格为听觉型，他们喜欢通过口头讲解、课堂讨论等形式进行学习。其余五类学习风格均为次要学习风格，其中动觉型、触觉型和个人型的学习风格均值较高，为 35 分以上。而视觉型（M=33.87）和小组型（M=33.57）均值较低。泰国华裔学习者的主要学习风格为动觉型和触觉型，表明泰国华裔学习者更倾向于通过参与课堂活动、动手做事情等方式进行学习。其余四类学习风格均为次要学习风格，其中听觉型、小组型和视觉型均值较高，为 35 分以上。而个人型（M=31.84）均值较低。对印度尼西亚华裔学习者而言，小组型和个人型学习风格的标准误均达到 7.0 以上，表明这两类学习风格学习者个体之间存在较大差异。同样，泰国华裔学习者的个人型学习风格也达到了 7.0 以上，学习者不同个体之间也存在较大差异。

在对两国华裔学习者进行学习风格差异分析的基础上，我们对性别、学习时间长短等个体因素是否对华裔学习者的学习风格有产生影响进行了独立样本 t 检验分析，检验结果表明性别和学习时间长短在学习风格方面不存在显著差异。

3.2 印度尼西亚和泰国华裔学习者学习策略分析

3.2.1 印度尼西亚华裔学习者学习策略分析

先对印度尼西亚华裔学习者学习策略进行描述，描述性统计结果如下。

表 2　印度尼西亚华裔学习者学习策略描述性统计

策略类型	最小值	最大值	平均值	标准差
记忆策略	2.22	4.33	3.3778	.51761
认知策略	2.21	4.29	3.4976	.47270
补偿策略	2.33	4.50	3.5556	.53912
元认知策略	2.33	4.78	3.7074	.56986
情感策略	2.00	4.17	3.0528	.53281
社交策略	2.17	5.00	3.6333	.59959

由表 2 我们可以观察到，印度尼西亚华裔学习者使用最多的策略为元认知策略，其次是社交策略、补偿策略和认知策略，这四类策略都是学习者通常使用的策略。而记忆策略和情感策略并不常用，其中，情感策略的均值最低，这与江新（2000）的研究结果一致。

3.2.2 泰国华裔学习者学习策略分析

泰国华裔学习者学习策略的描述性统计结果如下。

表 3　泰国华裔学习者学习策略描述性统计

策略类型	最小值	最大值	平均值	标准差
记忆策略	2.44	4.56	3.4534	.48999
认知策略	2.36	4.64	3.5386	.44658
补偿策略	2.17	5.00	3.6111	.60021
元认知策略	2.67	4.89	4.0179	.51919
情感策略	2.00	4.83	3.4808	.57422
社交策略	2.50	5.00	3.7644	.55659

通过表 3 可以观察到，泰国华裔学习者使用最多的策略也为元认知策略，其次是社交策略、补偿策略、认知策略、情感策略和记忆策略，这五类策略都是学习者通常使用的策略，其中记忆策略的均值最低。

3.2.3 印度尼西亚和泰国华裔学习者学习策略差异

我们对表 2 和表 3 的两国华裔学习者整体学习策略的均值和六种具体学习策略均值是否存在差异进行了独立样本 t 检验，检验显示，两国华裔学习者在整体学习策略（$t=-2.26$，$p<.05$）上存在显著差异。其中直接学习策略上不存在差异，而在间接学习策略（$t=-3.77$，$p<.001$）上存在显著差异。在间接策略中，元认知策略（$t=-3.42$，$p<.01$）和情感策略（$t=-4.57$，$p<.001$）差异显著，泰国华裔学习者具有更高的元认知策略和情感策略。在元认知策略的 9 个项目中，“寻找一切机会尽可能多的用汉语阅读”“对如何提高汉语技能有明确目标”和“回想自己在汉语学习中的进步”等三个项目上泰国华裔学习者与印度尼西亚华裔学习者达到了 $p<.001$ 的显著差异。在“会想办法将汉语学得更好”和“制定时间表，以便有足够的时间学习汉语”两个项目上也达到了 $p<.05$ 的显著差异。在情感策略的 6 个项目中，“当感到害怕使用汉语时，会努力放松自己”和“会与他人交流汉语学习的感受”两个项目上两者达到了 $p<.001$ 的显著差异。在“尽管害怕出错，仍然会鼓励自己去讲汉语”和“当汉语学习中取得进步时会奖赏自己”两个项目上两者达到了 $p<.01$ 的显著差异。有意思的是，在“我在日记中写下自己学习汉语的感受”这个项目上，尽管印度尼西亚学习者（$M=1.95$）和泰国学习者（$M=2.37$）的均值都很低，但两者仍然达到了 $p<.05$ 的显著差异，相比较而言，印尼学生更少使用日记来记录自己学习汉语的感受。

其他四种学习策略虽然两国华裔学习者整体上并不存在显著差异，但在一些具体项目上，仍存在显著差异。在记忆策略中，泰国学习者在“借助身体语言记忆生字”一项上均值较高，两者达到了 p<.001 的显著差异。在认知策略中，泰国学习者在“重复读写记忆汉字”、“尝试像汉语为母语的人一样说汉语”、“通过多种方式使用掌握的汉语词汇”、“尝试用汉语交谈”等四个项目上均值较高，两者达到了 p<.05 以上的显著差异；而印度尼西亚学习者在“尝试寻找汉语句式”、“知道形声字的形和声，能猜测汉字的音和意”和“尽量不一个字一个字地直译”三个项目上具有较高的均值，两者达到了 p<.005 以上的显著差异。在补偿策略中，泰国学习者在“汉语交谈中想不起某词时会借助手势表达”和“尽量预测讲话者将要说什么”两个项目上均值较高，两者达到了 p<.001 的显著差异；而印度尼西亚学习者在“当不知道汉语用哪个字或词合适时，会造一个新的字或词”一项上均值较高，两者达到了 p<.05 的显著差异。在社交策略中，泰国学习者在“听不懂时会要求说话者放慢速度或重复”、“讲汉语时会请中国人改正自己的错误”和“用汉语提问题”等三个项目上均值较高，两者达到了 p<.05 以上的显著差异。

同时，我们对性别、学习时间长短等个体因素是否会在华裔学习者的学习策略上存在差异进行了独立样本 t 检验分析，检验结果显示性别因素在学习策略上不存在显著差异，这在一定程度上表明性别与学习策略之间不存在直接的关系。

在学习时间上，汉语学习时间为一年的华裔学习者和学习时间为一年半的华裔学习者有一项存在.05 的差异，即情感策略上，汉语学习为一年的学习者具有较高的情感策略均值（M=3.41），与学习时间为一年半的学习者之间存在显著差异（t=1.99，p<.05）。在其他五种学习策略上两者之间不存在显著差异。

3.3 印度尼西亚和泰国华裔学习者学习风格与学习策略相关性分析

3.3.1 印度尼西亚华裔学习者学习风格与学习策略相关性分析

印度尼西亚华裔学习者在不同的学习风格与学习策略之间存在相关性。视觉型学习风格与四种学习策略相关系数达到显著，按照相关系数的高低依次为认知策略（r=.55，p<.01），社交策略（r=.47，p<.01），记忆策略（r=.46，p<.01），元认知策略（r=.42，p<.01）。听觉型学习风格与六种学习策略相关系数均达到显著，按照相关系数的高低依次为社交策略（r=.53，p<.01），补偿策略（r=.52，p<.01），元认知策略（r=.52，p<.01），记忆策略（r=.38，p<.01），认知策略（r=.31，p<.05），情感策略（r=.26，p<.05）。动觉型学习风格与四种学习策略相关系数达到显著，按照相关系数的高低依次为记忆策略（r=.35，p<.01），认知策略（r=.31，p<.05），情感策略（r=.30，p<.05），社交策略（r=.28，p<.05）。触觉型学习风格与五种学习策略相关系数达到显著，按照相关系数的高低依次为记忆策略（r=.40，p<.01），认知策略（r=.35，p<.01），情感策略（r=.34，p<.01），元认知策略（r=.32，p<.05），社交策略（r=.27，p<.05）。小组型和个人型学习风格与六种学习策略相关系数均未达到显著，表明这两种学习风格与学习策略之间不存在紧密联系。具体统计数据如表 4 所示。

表 4　印度尼西亚华裔学习者皮尔逊相关系数分析

		记忆策略	认知策略	补偿策略	元认知策略	情感策略	社交策略
视觉型	皮尔逊相关系数	.456**	.548**	.225	.418**	.254	.469**
	显著度（双尾）	.000	.000	.084	.001	.051	.000

续表

		记忆策略	认知策略	补偿策略	元认知策略	情感策略	社交策略
听觉型	皮尔逊相关系数	.379**	.306*	.522**	.522**	.257*	.528**
	显著度（双尾）	.003	.017	.000	.000	.048	.000
动觉型	皮尔逊相关系数	.350**	.309*	.188	.205	.300*	.275*
	显著度（双尾）	.006	.016	.151	.116	.020	.034
触觉型	皮尔逊相关系数	.395**	.348**	.184	.315*	.336**	.270*
	显著度（双尾）	.002	.007	.160	.014	.009	.037
小组型	皮尔逊相关系数	.117	.080	.170	.017	.184	.165
	显著度（双尾）	.374	.544	.195	.899	.159	.207
个人型	皮尔逊相关系数	.121	.207	.111	.218	-.012	.137
	显著度（双尾）	.357	.112	.400	.095	.928	.297

**. Correlation is significant at the 0.01 level (2-tailed).

*. Correlation is significant at the 0.05 level (2-tailed).

3.3.2 泰国华裔学习者学习风格与学习策略相关性分析

泰国华裔学习者在不同的学习风格与学习策略之间也存在相关性。视觉型学习风格与三种学习策略相关系数达到显著，按照相关系数的高低依次为补偿策略（r=.55，p<.01），记忆策略（r=.28，p<.01），认知策略（r=.46，p<.01）。听觉型学习风格与五种学习策略相关系数达到显著，按照相关系数的高低依次为记忆策略（r=.41，p<.01），认知策略（r=.32，p<.01），元认知策略（r=.30，p<.01），补偿策略（r=.29，p<.01），社交策略（r=.23，p<.01）。动觉型学习风格与五种学习策略相关系数达到显著，按照相关系数的高低依次为认知策略（r=.39，p<.01），社交策略（r=.36，p<.01），补偿策略（r=.30，p<.01），记忆策略（r=.29，p<.01），元认知策略（r=.24，p<.05）。触觉型学习风格与五种学习策略相关系数均达到显著，按照相关系数的高低依次为认知策略（r=.44，p<.01），记忆策略（r=.37，p<.01），社交策略（r=.35，p<.01），补偿策略（r=.30，p<.01），元认知策略（r=.26，p<.05）。小组型学习风格与六种学习策略相关系数均未达到显著，表明这种学习风格与学习策略之间不存在紧密联系。个人型学习风格与五种学习策略相关系数达到显著，按照相关系数的高低依次为补偿策略（r=.36，p<.01），认知策略（r=.33，p<.05），社交策略（r=.31，p<.01），元认知策略（r=.29，p<.01），记忆策略（r=.25，p<.05）。具体统计数据如表 5 所示。

表 5　泰国华裔学习者皮尔逊相关系数分析

		记忆策略	认知策略	补偿策略	元认知策略	情感策略	社交策略
视觉型	皮尔逊相关系数	.278**	.326**	.288**	.167	.158	.163
	显著度（双尾）	.009	.002	.007	.123	.143	.132

续表

		记忆策略	认知策略	补偿策略	元认知策略	情感策略	社交策略
听觉型	皮尔逊相关系数	.407**	.323**	.292**	.304**	.045	.234*
	显著度（双尾）	.000	.002	.006	.004	.680	.029
动觉型	皮尔逊相关系数	.287**	.391**	.304**	.235*	.035	.363**
	显著度（双尾）	.007	.000	.004	.028	.746	.001
触觉型	皮尔逊相关系数	.372**	.439**	.295**	.259*	.040	.351**
	显著度（双尾）	.000	.000	.006	.016	.714	.001
小组型	皮尔逊相关系数	.070	.131	.060	.129	.095	.204
	显著度（双尾）	.521	.228	.584	.235	.381	.058
个人型	皮尔逊相关系数	.247*	.328**	.364**	.278**	.183	.317**
	显著度（双尾）	.021	.002	.001	.009	.090	.003

**. Correlation is significant at the 0.01 level (2-tailed).

*. Correlation is significant at the 0.05 level (2-tailed).

3.3.3 印度尼西亚和泰国华裔学习者学习风格与学习策略相关性对比分析

通过表 4 和表 5 的相关系数对比，我们可以发现印度尼西亚华裔学习者在听觉型和视觉型学习风格上与一些学习策略之间存在较密切联系。听觉型学习风格可以解释补偿策略、元认知策略和社交策略中 27%以上的变异量。视觉型学习风格可以解释认知策略中 30%的变异量。动觉型和触觉型学习风格虽然与多个学习策略存在相关性，但总体解释力较弱，只能解释相关学习策略中 10%左右的变异量。而小组型和个人型学习风格与学习策略不存在明显的相关性。

泰国的华裔学习者与印度尼西亚的华裔学习者相比，虽然学习风格与学习策略之间多一类相关，但在总体的相关系数上要低很多。对两者总变异量的解释力较弱，很多对比项相关系数不到 10%。

泰国学习者在个人型学习风格与学习策略上有五项达到显著相关，但印度尼西亚学习者两者之间未达到显著相关。印度尼西亚学习者的情感策略与听觉、触觉、动觉等三种学习风格相关，而泰国学习者的情感策略与学习风格没有相关性。

4. 讨论

通过对印度尼西亚和泰国华裔学习者学习风格和学习策略的数据分析，我们得到以下几点认识。

（1）通常研究者会将东南亚的华裔学习者看成一个整体，然而通过本次调查我们发现，东南亚各国的华裔学生在学习风格和学习策略等学习者个体因素上存在显著差异。

在学习风格上，印度尼西亚学习者的主要学习风格是听觉型，而泰国学习者的主要学习风格是动觉型和触觉型。在学习策略上，两国学习者整体学习策略差异显著。虽然在通常使用的学习策略中有四项排序一致，但在元认知策略和情感策略两项上，泰国学习者比印度尼西亚学习者均值更高，并且存在差异显著。

两国学习者在学习风格和学习策略上表现出的显著差异很可能与各国的社会文化环境有着密切的关联。根据 Gardner（1985）的社会教育模型，文化信仰对认知、情感等个体差异都有着直接影响，我们可以从社会心理因素上进行解释。这也提示我们应该关注与个体差异研究相关的社会文化背景和社会心理因素。

（2）在学习风格上，印度尼西亚学习者有一类主要学习风格，五类次要学习风格；泰国学习者有两类主要学习风格，四类次要学习风格。泰国学习者比印度尼西亚学习者具有更多的主要风格，这一方面是由于六类学习风格之间并非相互排斥的关系。Oxford（2001）认为应该将学习风格作为具有多重性的、交互关系的连续体来看待。另一方面可能与学习者年龄等个体因素有密切关系。本次调查的泰国学习者平均年龄比印度尼西亚学习者平均年龄要小。年龄的差异会在一定程度上使得泰国学习者在华文学习中更偏向采用动觉型和触觉型学习风格，而印度尼西亚的学习者由于年龄相对较大，抽象的逻辑思维更强，更偏向于采用听觉型学习风格。

（3）在学习策略上，泰国华裔学习者比印度尼西亚学习者具有更高的元认知策略和情感策略。这两种策略均属于间接策略。虽然间接策略并不直接参与目标语学习，但对学习却有重要的管理作用。两国学习者在元认知策略和情感策略上的显著差异与学习时间、汉语熟练程度等个体因素变量存在一定的联系。泰国学习者中有一半的学习者学习时间为一年，而印度尼西亚的学习者中学习时间为一年的学习者仅占 30%。这意味着在汉语熟练程度上，印度尼西亚的学习者整体上要高于泰国的学习者。在汉语学习中，随着汉语熟练度的提高，学习者对元认知策略和情感策略等间接策略的自控意识会降低，对学习的管理会趋向于自动化。而当汉语熟练程度不高时，学习者往往会通过主动加强自我监控等方式提升学习效果。这从另一个方面解释了为什么泰国学习者年龄均值虽小，却具有较高的元认知策略和情感策略。

（4）在两国华裔学习者学习风格与学习策略相关性分析中有一个很有意思的现象。虽然泰国学习者的情感策略比印度尼西亚学习者要高，但印度尼西亚学习者在情感策略上与三种学习风格相关，而泰国学习者的情感策略与学习风格没有相关性。这就需要我们挖掘学习者个体差异中的其他相关因素来进行合理解释。一种设想是情感策略可能与学习动机存在一定的内在联系，而与学习风格并不存在必然的联系。当然，这种设想需要我们通过相关的实证研究去验证。

5. 华文教学建议及今后工作

基于上述调查分析，我们认为：

（1）华文教师在教学中对教学对象的学习风格要有一定的把握。由于各国的社会文化环境不同，即使同为东南亚国家的华裔学习者，在学习风格上也会呈现不同的特点。华文教师只有把握了学习者的不同学习风格，才能有效组织课堂教学，提升教学质量。

（2）华文教师应该根据学习者学习风格的不同调整学习策略培训内容。学习策略培训日益受到教学者的重视，但学习策略培训内容需要依据学习者的学习风格而定。如果学习策略培训内容能够适应学习者的学习风格，将极大促进学习策略培训的效果。反之，如果学习策略培训内容并不适应学习者的学习风格，将不利于学习者把培训内容转化为自身的学习策略。

（3）重视情感策略在华文教学中的作用。情感策略是华裔学习者很少使用的策略，但是它对语言学习却有着非常重要的作用。在华文教学中教师应该培养学生积极的情感态度，帮助他们降低学习中的焦虑感、进行自我鼓励、控制自己的情感，使华文学习更有效、更愉快。

由于受到客观条件的限制，本次调查对象为北京华文学院长期班印度尼西亚和泰国的学习者，所得结论并不能推而广之，但可为在目的语环境下对两国华裔学习者的华文教学提供参考。我们希望在今后的研究中扩大调查对象，辅之以访谈、日记、课堂观察等研究手段，扩大研究结论的适用范围，希望能为华文课堂教学活动和教学方法的改进提供更多有价值的参考。

参考文献

[1]Abraham R. (1985). Field Independence-dependence and the Teaching of Grammar. *TESOL Quarterly* 20:689—702.

[2]Cohen, A.D. (1998). *Strategies in Learning and Using a Second Language*. New York: Addison Wesley Longman.

[3]Collinson E. (2000). A Survey of Elementary Students' Learning Style Preferences and Academic Success. *Contemporary Education* 7: 42—49.

[4]Dunn R., Dunn K. & Price, G. (1979). Identifying Individual Learning Styles. In *Student Learning Styles: Diagnosing and Prescribing Programs*. Roston, VA: National Association of Secondary School Principles.

[5]Ehrman, M. E., & Oxford, R. L. (1990). Adult Language Learning Styles and Strategies in an Intensive Training Setting. *Modern Language Journal*, 74, 311—327.

[6]Ehrman, M. E., & Oxford, R. L. (1995). Cognition Plus: Correlates of Language Learning Success. *Modern Language Journal*, 79, 67—89.

[7]Gardner, R. C. (1985). *Social Psychology and Second Language Learning: The Role of Attitude and Motivation.* London: Edward Arnold.

[8]Green, J. M., & Oxford, R. L. (1995). A Closer Look at Learning Strategies, L2 Proficiency, and Gender. TESOL Quarterly, 29, 261—297.

[9]Gregorc A. (1979). Learning/Teaching Styles: Their Nature and Effects. In *Student Learning Styles: Diagnosing and Prescribing Programs*. Roston, VA: National Association of Secondary School Principles.

[10]Griffiths, C. (2003). Patterns of Language Learning Strategy Use. *System*, 31, 367—383.

[11]O'Malley, J. M., & Chamot, A. U. (1990). *Learning Strategies in Second Language Acquisition*. Cambridge: Cambridge University Press.

[12]Oxford, R. L. (1990a). *Language Learning Strategies: What Every Teacher Should*

Know. Boston: Heinle & Heinle.

[13]Oxford, R. L. (1990b). Styles, Strategies, and Aptitude: Connections for Language Learning. In T. S. Parry & C. W. Stansfield (Eds.), *Language Aptitude Reconsidered* (pp. 67—125). Englewood Cliffs, NJ: Prentice Hall.

[14]Oxford, R. L. (1994). Language Learning Strategies: An Update (ERIC Digest No. EDO-FL-02-95). Washington, DC, Center for Applied Linguistics: ERIC Clearinghouse on Languages and Linguistics.

[15]Oxford, R.L. (1996a). *Language Learning Strategies Around the World: Cross-cultural Perspectives*. Manoa: University of Hawaii Press.

[16]Oxford, R.L. (1996b). Personality Type in the Foreign or Second Language Classroom: Theoretical and Empirical Perspectives. In A. Horning & R. Sudol (Eds.), *Understanding Literacy: Personality Preferences in Rhetorical and Psycholinguistic Contexts* (pp. 149—175). Creskill, NJ: Hampton Press.

[17]Oxford, R. L. (2001). Language Learning Styles and Strategies. In M. Celce-Murcia (Ed.), *Teaching English as a Second or Foreign Language* (3rd ed., pp. 359—366). Boston: Heinle & Heinle.

[18]Oxford, R. L. (2011). *Teaching and Researching Language Learning Strategies*. Upper Saddle River, NJ: Longman, Pearson ESL.

[19]Oxford, R.L., & Anderson, N. (1995). State of the Art: A Crosscultural View of Language Learning Styles. *Language Teaching,* 28, 201—215.

[20]Oxford, R. L., & Cohen, A. D. (1992). Language Learning Strategies: Crucial Issues of Concept and Classification. *Applied Language Learning*, 3, 1—35.

[21]Reid, J. (1984). Perceptual Learning Style Preferençe Questionnaire. Copyrighted by Reid. Available Through Joy Reid. Translated by Department of English, University of Wyoming, Laramie, WY82070.

[22]Reid, J. (1987). The Learning Style Preferences of ESL Students. *TESOL Quarterly*, 21, 87—111.

[23]Reid, J. (1995). *Learning Styles in the ESL/EFL Classroom*. Boston: Heinle & Heinle.

[24]丁安琪、吴思娜（2011），《汉语作为第二语言学习者实证研究》，北京：世界图书出版公司。

[25]江　新（2000），《汉语作为第二语言学习策略初探》，《语言教学与研究》，第1期。

[26]李丽娜（2004），《关于留学生汉语学习策略的调查报告》，《汉语学习》，第3期。

[27]钱玉莲(2004),《第二语言学习策略研究的现状与前瞻》,《暨南大学华文学院学报》，第3期。

[28]钱玉莲（2005），《第二语言学习策略的分类及相关问题》，《汉语学习》，第6期。

[29]吴勇毅(2001),《汉语“学习策略”的描述性研究与介入性研究》,《世界汉语教学》，第4期。

[30]徐子亮（1999），《外国学生汉语学习策略的认知心理分析》，《世界汉语教学》，第1期。

浅析新加坡新编华文教材语言面貌及选材特点

廖新玲
华侨大学华文学院

摘　要：本文采用描写和统计等方法，从字、词、句以及选材等方面较系统地分析了新加坡教育部新编华文教材[①]，认为该教材重视华语听说读写以及想象力、思维力、表达力和创造力等方面的培养，充分考虑到儿童的语言认知规律；内容贴近生活、生动有趣，能较好地激发学生的学习热情，是一部比较成功的海外华文教材。

关键词：新加坡；华文；教材；语言

近年来，随着中国经济的快速发展与综合国力的不断加强，新加坡日益感受到学习华文的好处。新加坡教育部在对华文教材进行彻底检讨的基础上，决定逐步采用新的教材与教学法，由过去的注重背写考试，转为注重听说读写、增强华文的实用性、培养学生的兴趣，从根本上提高新加坡学生及新加坡人的华文水平。目前，新加坡教育部与中国人民教育出版社合作出版小学一年级和二年级的华文教材，并于 2006 年 1 月 3 日在南洋小学等 25 所小学试教。从 2007 年起，新编教材将正式推广到全国所有小学的一、二年级，2008 年至所有小学的三、四年级，2009 年至小学五年级，2010 年至小学六年级。

新编教材拥有生活化的题材、活泼可爱的插图、浅白轻快的文字、色彩鲜艳的版位设计，重视听说读写四方面能力的培养，合乎儿童的生活环境和语言认知规律，容易引起学生的共鸣。本文主要通过对新加坡《小学华文》（一、二年级，下同）的语言面貌和选材情况进行描写、分析和研究，得出新教材在选材和语言教学方面的特点和亮点。

1. 教材基本情况

教材按照年级分为上下两册共 39 课，一年级上册课程设置与其他分册有所不同的是，除了正式课程外，还特别设计了入学教育和汉语拼音两部分的内容作为语言学习的前提和基础。教材中每一课的编写均围绕一个主题编写，包含导入、核心和深广三个单元：导入单元主要是让学生在学习核心单元之前，先学习听说技能以及理解核心单元的部分内容，从而减轻学习核心单元时的负担；核心单元是所有学生的必修内容，包含“课文”、“我爱阅读”和“语文园地”三项；深广单元是为对华文感兴趣、语言能力较强的学生设计的，目的是让学

①本文所提及的华文教材指已经出版的《小学华文》一、二年级教材。

生透过阅读扩展词汇量，提高语言能力。教材配套包括课本、活动本、教师用书、图片、字卡、字宝宝、数码教学资源等。各类教材必须配合使用，才能收到最好的效果。

2. 教材的语言教学特点

在语言教学中，新加坡新编华文教材充分考虑儿童的年龄特点、接受能力和兴趣爱好，由浅到深、由易到难，分门别类、突出重点，使教学能够取得较好的效果。

2.1 汉字教学

汉字教学是华语教学的基础和重要组成部分。汉字的表意特点，决定了汉字教学对于华文的词汇教学具有十分重要的意义，这也是国内外华文教学特别予以重视的原因之一。我们主要对“课文”和“我爱阅读”（这两个部分为学生必修内容，故以此为计量对象，下同）两个部分进行计量，得出总字数 6501 个，扣除重复的字数，实际使用汉字 783 个。另外，在课后生字表中列出识读字和识写字 988 个，扣除重复的字数，实有生字 665 个；实际生字占实际使用汉字的比例为 84.6%。从教材的汉字教学情况来看，主要有以下几个特点：

2.1.1 复现率较高

教材使用汉字的复现率较高，平均每个字复现率约为 8.3%，前 20 个高频汉字分别是“小、了、一、的、我、妈、来、大、上、说、们、好、个、不、到、在、有、子、你、天”（详见下表），都是最常用的汉字，适应了儿童学习汉字的规律和认知的特点。

表 1

序号	1	2	3	4	5	6	7	8	9	10	11	12	13	14	15	16	17	18	19	20
字条	小	了	一	的	我	妈	来	大	上	说	们	好	个	不	到	在	有	子	你	天
字频	197	168	148	137	131	83	82	78	66	65	64	63	59	58	57	56	55	54	48	44

2.1.2 分类教学

教材介绍的生字分“识读字”与“识写字”两类。“识读字”指的是要求学生读准字音、理解字义和识别字形的字；“识写字”则是在识读的基础上，要求正确书写及应用的字。这两类字的教学目标不同，在教学上应该有所区分。教材生字数（含识读字和识写字）共列 988 个，其中识读字 666 个，识写字 322 个；如果识读字和识写字重复列出者不计，实有生字 665 个，其中识读字和识写字均列出的 265 个，列入识读字而未列入识字的 491 个，列入识写未列入识读的 173 个。

从统计情况来看，识读字与识写字的比例约 2：1，只要求识读与只要求识写的字的比例则达到约 3：1，且基本上是先列入识读后列入识写，这种在学习生字中分门别类和先低要求后高要求的处理方法符合儿童学习汉字由易到难的认知规律，如“包”字在一年级第 11 课列入识读字，在第 15 课列入识写字；“笔”字在一年级第 2 课列入识读字，在第 14 课列入识写字；“菜”字在一年级第 16 课列入识读字，在二年级第 6 课列入识写字；“伯”字在二年级第 19 课列入识读字，在第 22 课列入识写字。

2.1.3 注重字素教学

字素是汉字的组成成分或构成部件。对于单体字而言，字素与汉字是等同的；对于合体字而言，字素是汉字的组成构件，即我们通常所说的部首或偏旁。注重字素教学，不仅可以扩大学生的识字量，而且可以帮助其了解汉字的书写规律和意义，具有潜移默化的作用。如1A 第 1 课[①]由字素“亻”构成“你”、“他”、“们”，由“女”构成“姐”、“妹”、“好”；1A 第 4 课由字素“犭”构成“猫”、“狗”，由字素“目”构成“眼”、“睛”，由字素“鸟”构成“鸡”、“鸭”、“鹅”；2B 第 14 课由字素“心”构成“忽、您、急、想”，由“纟”构成“练、经、结、绿”等，

从字素教学的角度看，本教材的汉字分布状态较为合理。以字素“女”为例，[②]由它构成汉字第一次出现的课次分别是：女（1A.3）、妈（1B.8）、她（1B.9）、奶（1B.14）、妹（2A.1）、婆（2B.16）、始（2B.18），说明能充当字素的汉字先出现，由它构成的汉字后出现，是合乎汉字认知规律的。

2.1.4 注重形近字比较

由于汉字的书写跟音素文字和音节文字不同，同意符字和同声符字占有相当大的比重，对于初学汉字的学生来说比较容易混淆。教材在练习部分对这个问题予以了足够的重视，如1A 第 3 课的“日”与“目”、“木”与“本”、“月”与“目”、“青”与“清”，2B 第 15 课“比比读读”通过“怕”和“拍”、“救”和“球”、“喝”和“渴”的对比，使学生对形近字有更深的印象，掌握起来更加准确。

2.1.5 注重激发学习汉字的兴趣

教材结合小学生形象思维活跃的特点，特别注意汉字的形象教学，如：通过图画和象形字学习“日”、“月”、“山”、“水”、“火”、“人”、“口”、“目”、“女”、“耳”、“羊”、“鸟”和“木”等字；通过《“包”字歌》（2A.12）[③]“有水把茶泡，有饭能吃饱。有足快快跑，有手轻轻抱。有衣穿长袍，有火放鞭炮”，使学生在轻松愉快的环境下，体会到用字素进行汉字教学的好处。

2.2 词语教学

《小学华文》的“课文”和“我爱阅读”出现总词数 4967 个，实际使用词汇 1018 个；单音词 479 个，约占实际使用词数的 47%；双音词 471 个，约占实际使用词数的 46%；三音节词 60 个；四音节词 7 个；六音节词只有 1 个（人名“山尼拉乌他马”）。下面，我们主要从词汇的分布、语素教学、词语比较教学、固定搭配词语教学和特征词使用等情况说明教材的科学性和合理性。

2.2.1 分布情况

（1）词频分布

《小学华文》的“课文”和“我爱阅读”中，平均每个词汇的复现率为 2.1%，出现频率为前 20 名的词全部为单音词，其中“的”、“一”、“我”、“说”、“了”、“上”、“个”、“好”、“在”、“到”、“小”、“不”、“来”“有”、“你”等 15 个词也是字频前 20 名的汉字，只是排

---

①1A 指一年级 A 册教材，下文中 1A 后的数字（如 1A.3）指具体课数。

②字后的标注是该字第一次出现在《课文》或《我爱阅读》的课次。

③本文采取从宽的原则，对于“小白兔”等作为专有名词处理。

名顺序有所不同。具体词条详见下表：

表 2

序号	1	2	3	4	5	6	7	8	9	10	11	12	13	14	15	16	17	18	19	20
词条	的	一	我	说	了	上	个	大	好	在	到	小	不	是	来	有	你	和	着	水
词频	132	118	114	75	65	61	57	56	55	52	51	50	48	48	42	41	39	39	38	37

（2）词类分布

从教材的词汇情况看，已经涉及所有的词类，并且名词、动词和形容词占的比重最多（占词汇总数的 83.5%）。

A.名词（475 个）：如“草”、“茶”、“父亲”、“巴士”、“白菜”、“冲凉房”等。

B.动词（264 个）：如“打”、“飞”、“划”、“放学”、“影响”、“欢迎”等。

C.形容词（110 个）：如“深”、“热闹”、“雪白”、“高大”、“亮堂堂”等。

D.副词（52 个）：如“全”、“就”、“从前”、“刚刚”、“忽然”等。

E.数词（14 个）：如“一”、“九”、“千”等。

F.量词（30 个）：如“只”、“场”、“次”、“包”、“个”等。

G.代词（29 个）：其中人称代词 12 个，如“我”、“你”、“他”；指示代词 12 个，如“那”、“这里”；疑问代词 5 个，如“谁”、“什么”。

H.介词（10 个）：如“当”、“从”、“把”、“被”等。

I.助词（7 个）：如“了”、“的”等。

J.叹词（3 个）：如“哦”、“啊”等。

K.语气词（5 个）：如“呢”、“吗”等。

L.连词（11 个）：如“和”、“只有”、“还”等。

M.象声词（5 个）：如“哗啦”、“啊呜”等。

N.词缀（3 个）：如“第”、“们”、“儿”等。

2.2.2 语素教学

由于汉字是语素文字，所以语素教学对于扩大词汇量具有十分重要的作用，可以起到举一反三的效果。在教材中，可以看到多处设计了这种练习，如通过语素“画”的学习，有助于理解“图画”、“画画”等词（1B.5）；通过语素“事”的学习，有助于学习“做事”、“好事”等词（1B.5）；语素“学”对于“放学”、“小学”（1B.8），语素“牙”对于“牙刷”、“牙齿”（1B.11），语素“声”对于“声音”、“大声”（1B.11）等词汇的学习，也是如此。

2.2.3 词语比较教学

将用法、意义相近或相反的词通过句子的形式反复练习，有利于学生掌握词汇的意义。从教材练习的情况来看，主要有以下几种情况：

（1）反义词的对比学习，如 1B 第 11 课“多”与“少”、“早”与“晚”、“进”与“出”、“上”与“下”、“来”与“去”、“左”与“右”，2B 第 18 课的“长”与“短”、“轻”与“重”、“左”与“右”等。

（2）词类相同的词的对比练习，如量词“朵”、“条”、“块”和“片”（1B.14）的学习，副词“一定”（2A.7）与“应该”（2A.8）的前后对比学习。

2.2.4 固定搭配词语教学

教材采用对比的方式，对“……来……去”（1B.7“飞来飞去”、“游来游去”）、“一边……，一边……”（1B.9“大家围成一个圈，一边跳舞，一边唱歌”）、“又……又……”（2A.9“楼房又高又新”）、“越……越……”（2B.19“妹妹越长越漂亮了”）等固定搭配的词语进行教学，可以收到较好的效果。

2.2.5 特征词的使用

结合学生生活与学习背景进行选词，编入一些反映新加坡的社会事物、历史地貌、社会活动等内容的词，如“公事包”（相当于普通话的“公文包”）、巴刹（马来语借词，相当于普通话的“菜市场”）、“组屋”（相当于普通话的“房屋”）等词，是新加坡华文词汇的一个重要特征。

2.3 语法教学

从教材语法教学的特点看，主要涉及以下几个方面：

2.3.1 重叠情况

主要包括单音词重叠，如“弯弯”（1A.3）、“圆圆”（1A.3）、“高高”（1A.3）；双音词重叠，如“整整齐齐”（1A.10）；嵌入式重叠，如“瞧一瞧”（2B.10）、“看了看”（1B.12）。

2.3.2 形容词和副词最高级

如：A.父亲说：“孔融最小，让他先选吧！”（2A.10）

B.小光跑过去，挤到了最前面，高兴得又叫又跳。（2B.22）

C.红娃娃抢着说：“我的用车最大，我可以画太阳！”（2B.23）

2.3.3 句型和句式

教材对陈述句、疑问句、感叹句和祈使句等句型以及判断句、把字句、被字句等特殊句式都有涉及，下面举例说明情况。

句型举例

（1）陈述句

A.放学后，我和哥哥回到家里。（1B.8）

B.下雨了，奶奶望着窗外，心里很着急。（2B.18）

（2）疑问句

A.谁的书多？小欢的书多。（1A.4）

B.丽丽大声说：“水龙头怎么没关好？我去告诉老师！”（1B.12）

C.你说奇妙不奇妙？（1B.13）

（3）感叹句

A.哗啦哗啦，我的身体变香啦！谢谢你，小雨点！（1B.11）

B.它想：过几个月，一定会收到很多小鱼呢！（1B.16）

（4）祈使句

A.“小心！小心！”“好玩！好玩！”（1B.6）

B.妈妈说：“别怕，别怕！我们很安全。你看，那避雷针在保护我们呢！”（2B.17）

句式举例

（1）判断句

A.他是我的同学。（1A.2）

B.奶奶笑着说："她真是个好孩子！"（2B.20）

（2）"把"字句

A.它很不高兴，把盒子寄了回去。（2B.14）

B.一天，他带着部下出海游玩，发现远处有一个小岛，就命令部下把船开过去。（2B.16）

（3）"被"字句

A.水缸被砸了一个大洞。（2B.15）

B.小壁虎的尾巴被蛇咬断了，它想向朋友借一条尾巴。（2B.19）

2.4 修辞教学

教材充分考虑学生的年龄特点，采用了童话的形式（如《北极熊寄冰》等）和拟人、比喻等修辞手段，提高学生学习的兴趣。下面举一些拟人和比喻的例子：

A.弟弟说："因为它（指铅笔）又写错字了。"（1A.2）（拟人）

B.妈妈为我请来很多小雨点，小雨点又请来很多小泡泡。（1B.11）（拟人）

C.牙膏乐得吐泡泡。（1A.11）（拟人）

D.又是闪电，又是打雷，是雷公公和电婆婆在那里练功夫吗？（2B.17）（比喻、拟人）

E.后来，他们又加上了一道彩虹。那是他们建起的友谊桥！（2B.17）（比喻）

3. 教材的选材特点

从选材情况来看，新加坡新编华文教材不仅注重培养学生历史、地理、风俗和良好生活习惯，而且注重培养学生的观察、思考、想象、表达、交际和意志能力，能够较好地处理知识性和思维性的统一，达到"教"和"育"相互统一的教学目标。下面列表举例说明教材选材的普遍性和合理性。

表 3

序号	主题	篇目举例
1	培养良好生活习惯	《是你们啊》（1B.8）、《做体操》（1B.10）、《自己来》（1B.15）、《好孩子》（2B.20）
2	国情、理想和品德教育	《国旗国旗我爱你》（1B.7）、《长大后》（2A.2）、《美丽的岛国》（2A.9）、《孔融让梨》（2A.10）、《司马光救人》（2B.15）
3	历史习俗	《过新年》（2A.3）、《新加坡拉》（2B.16）、《猫和老鼠》（2B.19）
4	自然地理	《雷公公和电婆婆》（2B.17）、《四季歌》（2B.17）
5	培养科学文化知识	《有趣的汉字》（1A.3）、小青蛙（1B.12）、门牙掉了（2A.1）、《北极熊寄冰》（2B.14）、《小壁虎借尾巴》（2B.19）

续表

序号	主题	篇目举例
6	培养观察、思考、想象、表达和意志能力	《家》（1B.8）、《天上的小白羊》（2A.4）、《小猫钓鱼》（2A.7）、《沙滩上的房子》（2B.20）、《小马过河》（2B.22）
7	培养交际能力	《上学校》（1A.1）、勾勾手（1B.6）、《老师爱我们 我们爱她》（1B.9）、《我的好朋友》（2A.11）、《友谊桥》（2B.23）

4. 结论

综上所述，本文所研究的新编华文教材重视华语听说读写以及想象力、思维力、表达力和创造力等方面的培养，充分考虑了儿童的语言认知规律，能够将中华民族优秀的传统文化和新加坡特有的地理、文化和生活方式等结合起来，采用图文并茂的形式激发学生的学习热情，内容贴近生活、生动有趣，是一部比较成功的海外华文教材，对于开展其他类型的华文教育和我国的语文教育具有一定的借鉴意义。

参考文献

[1]中国社会科学院语言研究所词典编辑室编（2005），《现代汉语词典（第 5 版）》，北京：商务印书馆。

[2]蔡丽（2003），《海外华语教材选词特点分析研究》，《暨南大学华文学院学报》，第3期。

[3]郑玉财（2003），《我国义务教育初中语文实验教材与新加坡中学华文教材比较研究》《辽宁教育研究》，第10期。

[4]肖菲（2002），《论华文教材练习编写的原则》，《零陵学院学报》，第23卷第3期。

[5]李镗（2000），《中小学语文课文字词分布统计及应用价值》，《语言文字应用》，第3期。

来华华裔学生初等汉语教材编写研究

许希阳　陈怡
上海交通大学

摘　要：华裔学习者是来华留学生中的一个特殊群体，其特殊性在于其听说、读写能力差距明显，具体描述为已有基本汉语听说能力，认识的汉字量非常有限，因此，编入普通班级无法满足他们的学习需求。另外，亟待解决的是很难找到合适的教材。本论文正是对这一问题的回应，针对华裔学生的教材编写问题提出我们的一些设计理念。

关键词：华裔学生；教材；读写；听说

1. 问题的提出

随着中国经济的发展，来华留学生的人数日益增多，留学生中有一类群体比较特殊，他们是华裔学习者。根据Agnes Weiyun He（2006）的定义，华裔学习者指学习者长期住在国外，在家中使用普通话或汉语方言，总体来说，他们是双语者。大部分华裔学生汉语水平在听、说、读、写四个方面呈现不平衡状态，具体可以描述为他们具备基本汉语听说能力，认识的汉字量十分有限，大约在200个以下。我们把汉字量定为200个的原因是根据笔者所在学校留学生的分班及使用的教材情况而定。目前，初等一级（零起点）学生学习《博雅汉语 初级起步篇 I》（2004），该教材所学习的汉字量达到600个，学生就可从初等一级升入初等三级。入学时有些学生处于初等一级和三级之间，就被编入初等二级。可见，认识的汉字在200个以下的华裔学生在分班时处于一个十分尴尬的局面，由于汉字的软肋他们不得不在初等一级学习，即使勉强进入初等二级（要求认识300个左右的汉字），他们所学教材也与他们的实际情况仍然不相匹配。

2. 已有教材的问题分析

这种不匹配性大致体现在四个方面：

2.1 已有教材的编写体例

初等教材编写时以情景为纲，比如点菜、购物、问路等，或者以功能为纲，比如打招呼、感谢、邀请、询问、解释等。无论是以情景还是以功能为纲，强调的都是语言的交际性。杨寄洲（1999）提出：对第二语言学习者来说，到了目的语国家首先要解决的是如何用目的语生活下去……如何用汉语去解决衣食住行和吃喝拉撒睡以及上课、学习、请假、看病、复习考试、请求辅导、延期签证之类的问题。与普通的二语学习者相比，华裔学习者由于在家中与父母用普通话或者汉语方言交流，他们已经具备了用汉语进行交际的能力。如果仅仅是为了学习汉字，而让他们学习那些以情景或功能为纲的日常生活的内容显然并不合适。

2.2 已有教材中语法的地位

目前的汉语教材重视语法，语法在成人的二语学习中占有举足轻重的地位。60 年代乔姆斯基（Chomsky）为代表的转换生成语法学认为语言能力是天生的，人生来具有学习语言的机制，有一套关于原则、条件、规则构成的普遍语法。乔姆斯基的理论使语言教学的核心问题转为学习者学习及发现语法规则，在理解语法规则的基础上进行创造性地生成，生成从未听到过、看到过的句子。一言以蔽之，语言教学就是教给学生语法规则。然而，华裔学生在与家人的交流中业已形成基本的语感，用句型操练的教学模式显然与他们的实际水平不相匹配。

2.3 文化问题

华裔学生与一般留学生的最大差异在于族裔身份。相对而言，华裔学生对中国文化的了解多于其他留学生。如果华裔学生仅仅学习目前已有的以情景、功能、语法为大纲的初级语言教材，学习中很难扩展、加深对中国文化的认知。当今，民族学、社会学、心理学和人类学共同关注一个交叉领域——民族认同（Ethnic Identity），关于民族认同的概念，Phinney（1990），Tajfel（1981），Laroche（1998），Helms（2007），秦向荣、佐斌（2007）都做出过论述，张艳红 佐斌（2012）认为对于民族认同这一概念，有些学者强调对本民族的归属感或者共享的价值和态度，另一些学者强调成员对民族文化的接纳。如何增进华裔学生对中国文化的接纳？如何让他们意识到华人共享的价值和态度？如何让他们参与中国文化的实践？这些都是华裔教材编写时可以思考的问题。

2.4 汉字问题

众所周知，汉字一直是华裔学生的软肋，而目前的教材中对汉字的重视程度远远不够，仅仅是在练习的最后列出一些汉字，让学生模仿书写。除了加大关于部首、声旁、笔顺的练习外，我们应该考虑如何针对华裔学习者本身的特点编写教材。华裔学生虽然对汉字本身缺乏了解，但是不同于一般学习者的是他们对于字音、字义已建立联系，缺乏的仅仅是字形这一环节，并且华裔学习者已有的词汇中还存在不少同音字、近音字，如何辨别这些字词成为学习的一大难点。

3. 针对华裔学生教材编写的设想

3.1 语言能力的问题

面对目前没有一套适用于华裔学生的教材的现状，本论文试图对这一问题进行回应，针对华裔学生的教材编写问题提出一些设计理念。在提出设计理念以前，我们有必要首先回答这样的一个问题：学生学习语言的目的是什么？我们认为，任何语言学习都是为了提高学生的语言能力，那么何为语言能力？关于语言能力，韩宝成（2013）提出三种观点：（1）把语言能力视为对语言知识的把握，教学就离不开对语言知识点的教学；（2）把语言能力等同于听、说、读、写四种技能，教学就离不开对这四种技能的微技能教学；（3）语言能力视为通过听、说、读、写四种途径交流信息、表达思想、阐述观点和看法的能力，语言教学的重点就上升到结合内容对思维能力的培养。针对华裔学生，本文赞同第三种观点，我们编写讲义的主旨在于通过听、说、读、写四种途径培养学生交流信息、表达思想、阐述观点的能力。也就是说，学生通过各种途径来学习语言知识，而学到的语言知识是为了实现学习者交流信息、表达思想、阐述观点的目的。

3.2 教材需突出的特点

鉴于此，来华华裔留学生的汉语教材需要突出六个特点：

3.2.1 课型合并

我们认为应该突破传统课型设置，即听、说、读、写四项技能的分立式教学，采取听、说课合并，读、写课合并的模式，最终华裔班的课程为两门——听说课和读写课。由于汉字是学习中的重点，因此读写课 12 课时/周，听说课 8 课时/周，1 课时 45 分钟。目前，大部分院校采用的模式是听、说、读、写四种技能分开授课，对于初级水平的学生来说，由于认知负荷太大，往往事倍功半。我们认为，四种课型所学内容应该得以有效整合。听、说整合在一起，听视作输入的一种形式，说是在多种输入形式的合力下的产出。读、写整合在一起也是同理。

3.2.2 教学进度同步

突破以往各课程在教学进度、教学内容方面无衔接的现象，两门课程在教学进度上同步，即在同样的时间段内学习相同的主题，并且同一主题中有 30 个左右的重要词汇在两门课程中得以复现。由于两门课程的呼应，学习者对同一主题的学习内容的记忆痕迹就会加深，由于学习的信息以各种形式进行编码，在日后的信息激活、提取时变得更为便捷、畅通。

3.2.3以文化主题为纲

既然华裔学生已具备初步的听说能力，那么以往教材所遵循的功能—意念大纲或者语法结构大纲的编写体例显然不再适合，我们编写讲义时以文化主题为纲，实施基于内容的教学模式。正因为基于内容，思维能力的培养成为可能。思维能力本身是分层级的，韩宝成（2013）提到Bloom思维能力模型有六个层级，从低到高分别是remember、understand、apply、analyze、evaluate和create。我们以编写的讲义第三单元中国节日为例，学习的一个重点是中国春节。思维能力的第一层级是记住相关的一些词语，第二个层级是理解中国春节对中国人的意义。为了让学生更深入地理解，读写课上引入中文绘本《团圆》，讲述一位外出打工者春节与家人团圆的情景。第三个层级是应用，学生学了相关的内容后可以用图片向他人介绍春节。第四、五个层级是分析、评估，听说课给出一个关于“春节回家的尴尬”的视频，让学生看完视频进行分析，分析中国人春节回家时会产生尴尬感的原因，然后对该现象进行评价。思维能力的第六个层级是创造，听说课设置了让学生推介、宣传中国春节，假设学生要组织一次活动，活动的主题是在国外的某个城市庆祝中国新年，请学生以小组为单位介绍活动方案。

3.2.4 词汇学习成为重点

改变以往语法结构为学习重点的教学模式，词汇成为华裔学生的学习重点。华裔学生在家中会用普通话或方言与家人交流，可见他们对汉语基本的语法结构业已形成直感。相形之下，他们与汉语为本族语者的最大差别在于词汇的使用。具体来说，华裔学生与家人交流中积累的词汇尚属日常生活层面，语体稍显随意，而基于文化主题的词汇语体正式，不为他们所熟悉，因此成为学习的重点。

3.2.5 课文与练习的融合

传统教材中课文与练习相对割裂，一般词语、课文先于练习出现。我们试图把练习有机地融合到课文和词语的学习中，同时也为教材的使用者安排了具体的教学流程。我们以自编听说课讲义的第二单元为例，教学流程如下：

- 两人口语任务：介绍华人骆家辉（复习上一单元的内容）
- 小组口语任务：谈论有名的华人（名字、年龄、职业等）
- 听录音，回答问题：华人有哪几类及其特点
- 小组口语任务：讨论答案，再听一遍后修改
- 集体任务：学习录音中的词语
- 两人口语任务：关于姚明信息的问答
- 阅读：第一遍不查词典，自己读；第二遍小组学习
- 小组间任务：每组准备阅读材料中一个段落的问题，互相问答
- 集体任务：学习课文，重点学习词语
- 看视频、回答问题：姚明的访谈片段
- 听录音，回答问题：邓丽君的介绍
- 听力作业：转写录音
- 学习录音中的词语
- 学习中文歌：月亮代表我的心
- 创意表达：＿＿＿＿＿＿代表我的心（每组唱出自己的答案）
- 口语作业：介绍传播中华文化的华人（小组介绍）

希望通过这样的练习编写实现学生主动学习的目标。先让学生自己学习课文，以个人或以小组为单位学习，目的是找出共同的未知信息，即学生不了解的是什么，在学生充分注意到自己的未知以后教师再带着学生解决未知。

3.2.6 两门课程的特色

两门课程在编写理念达成统一的同时，又凸显各自的特色。

汉字是华裔学生的软肋，故两门课程在呈现本文的方式上均采用“未学汉字标注拼音，已学汉字不再标注拼音”的形式，既能减少学生初学汉字时的畏难情绪，又对已学汉字的复习有一定要求。读写讲义虽然只教授七百多个汉字，但阅读总量接近四万字。学生虽然识字量有限，但也可以试着阅读具有中华文化内涵的、内容上有一定深度的文本，并通过大量阅读牢固掌握所学汉字。针对以往教材中汉字学习环节未被突出的情况，读写课讲义单独辟出汉字学习的模块，如学习生字环节，在教师示范几次后，学生利用生字卡片自己上台讲解生字的部首、结构、语义等，并进行板书。复习环节还有同部首字、同声旁字归纳练习。同时，字的学习也不仅仅对应课文中相应的生词，在词语扩展环节，学生根据已有的词汇量，用生

字组新词，从大量的新词中凸显字义。华裔学生汉字学习的一大特点是已掌握的词汇只有音、义二维，无法同形相关联，造成的学习难点是同音字、音近字很难区分，常写别字，教学中有两种解决办法：其一，在汉字学习环节引导学生联想词语。例：教了“学历”的“历”，让学生联想已知的 lishi、nuli、lihai，同时指出哪些词中的 li 并不是“历”，而是别的力或厉。其二，在汉字复习环节设计同音字、音近字区分练习。比如，学生用学过的同音字、音近字编写以句为单位的填空练习，给其他同学操练。下面是学生自己编写的创意练习：

- 他在工作上很有能 li______。
- li______边太吵了，我们出去说吧。
- 学完这个学期，我就要 li______开了。
- 他们已经 li______婚了。
- 我们公司看重的不是你的大学学 li______，而是你的工作经 li______。
- 有些外国人汉语说得非常流 li______。
- 这家餐馆的意大 li______面味道很好。

读写课上还有适量的写作，内容与阅读、讨论过的主题有关。学生在自己写作的过程中，在阅读同学作文并改正其中错字、别字时都需要关注汉字。

传统口语教材的编写是平面化的，即只有文本形式。经整合后的听说课，采用多元输入：文本、音频和视频，除了大部分视频是网上搜索，所有的文本、音频和一部分视频是编写者所写所录。以往口语、听力教材练习比较单调，未突出学生学习的主动性，新讲义练习部分的设计力图在这方面有所尝试。首先，要求学生合作完成任务。其次，不同组的任务各不相同，比如在跨国恋爱、婚姻这一单元，我们设置了不同的任务：第一个任务是让学生做小调查，询问 10 个中国人是否愿意和文化背景不同的人结婚，并说明原因；第二个任务是让学生采访混血朋友、跨国恋爱的朋友或步入跨国婚姻的朋友，采访时问五个自己感兴趣的问题并要求录音；第三个任务是询问自己的父母，询问他们对子女未来伴侣有哪些要求。再次，任务形式多种多样，比如收集、整理资料后的演讲报告、对中国人的采访录音、把已听的录音转写成文本、基于信息差的阅读后的口语活动、看一段视频后诉说自己的感想等等。听说课的练习突出学生是学习的主体，他们学习的过程就是意义、形式建构的过程。

4. 结语

随着中国经济的蓬勃发展，越来越多移居海外的第一代华人希望他们的子女或子女的子女能回到中国学习中文，或借此寻找工作，可见，华裔学生将成为来华留学生中不容忽视的一个群体。鉴于他们有别于一般的汉语学习者，我们希望本论文能抛砖引玉，为有针对性地编写华裔学生教材贡献绵薄之力。

参考文献

[1] Agnes Weiyun He (2006). Toward an Identity Theory of the Development of Chinese as a Heritage Language *Heritage Language Journal* 1: 1.

[2]Helms, J. E. (2007). Some Better Practices for Measuring Racial and Ethnic Identity Constructs. Journal of Counseling Psychology, 54:235—246.

[3]Laroche, M., Kim, C., & Tomiuk, M. (1998). A Test of Nonlinear Relationship Between Linguistic Acculturation and Ethnic Identification. Journal of Cross-Cultural Psychology, 29: 418—433.

[4]Phinney, J. S., & Ong, A. D. (2007). Conceptualization and Measurement of Ethnic Identity: Current Status and Future Directions. Journal of Counseling Psychology 54:271—281.

[5]Taijfel, H. (1981). Human Groups and Social Categories. Cambridge, England: Cambridge University. 转引自Umana-Taylor, A. J., Yazedjian, A., & Bamaca-Gomez, M. (2004). Developing the Ethnic Identity Scale Using Eriksonian and Social Identity Perspectives. Identity, 4: 9—38.

[6]韩宝成（2013），《创新英语专业测评体系，引领学生思辨能力发展——“英语测评与思辨能力培养”笔谈》，《中国外语》，第1期，第6页。

[7]李晓琪主编，任雪梅、徐晶凝编著（2004），《博雅汉语 初级起步篇Ⅰ》，北京：北京大学出版社。

[8]秦向荣、佐斌（2007），《民族认同的心理学实证研究：11～20岁青少年民族认同的结构和状况》，《湖北民族学院学报（哲学社会科学版）》，第6期，第37—44页。

[9]杨寄洲（1999），《对外汉语教学初级阶段教学大纲》，北京：北京语言大学出版社，第304页。

[10]张艳红、佐斌（2012），《民族认同的概念、测量及研究述评》，《心理科学》，第2期，第467页。

海外华文教材编写的差异化与趋同性

——以《中文》（修订版）和《美洲华语》为例

罗燕玲
华侨大学

摘　要： 本文以《中文》（修订版）和《美洲华语》为例，分析了两套教材在语音、汉字、生词、句型等方面编排的异同，指出海外华语教材要坚持走既差异化又趋同性的发展路子，以提高教材在海外的适用性。

关键词： 华文教材；教材编写；差异化；趋同性

1. 引言

目前，在国家大力发展汉语国际教育的大背景下，面向海外华人华侨进行的汉语教学，即华文教学或华语教学，尤其是针对华侨华人青少年儿童进行的华语教学，日益受到重视。海外青少年儿童学习汉语的主要场所之一就是各类中文学校。由中国大陆暨南大学出版社出版的《中文》和由全美中文学校联合总会教育研究发展委员会出版的《美洲华语》都是主要针对美洲地区中文学校的中文教学编写的教材。二者使用对象完全相同，都是北美地区中文学校的华人华侨儿童；编写出版时间基本一致，《中文》（修订版）2007 年出版，《美洲华语》2006 年出版。可以说，二者都是典型的华语教材，即华文教育教材。

但从全球华语的背景来说，两套教材编写者的语言背景存在差异，《中文》的编写者主要为中国大陆的学者，受中国侨办委托为海外华侨、华人子弟学习中文而编写的；而《美洲华语》的编写者主要为台湾地区到美国的新移民，这套教材在语言及教学理念上具有台湾地区的背景，“编者的话”中写道：“2003 年春，侨委会决定变更供应海外侨校的课本；同年 6 月，美国大学理事会宣布于 2007 年将推出 AP 中文课程和考试。……因此，针对中文学校的需求，研发一套涵盖 Pre-AP 到 AP 中文教学课程的教材，是一件刻不容缓的事。”由此可以看出，这两套教材都是针对美洲地区华语教学编写的，都是同一时期的最新教材。但二者在编写理念及体例是否完全一致呢？会不会存在差别？各自又有哪些特点？各自有哪些利弊？这些都是我们要讨论的问题。

华文教育的教学内容，总的来说是两个方面：一是语言教学，即华文教学；二是文化教学，即中华传统文化的教学。在语言教学中，语言要素的教学占有核心地位，即语音、汉字、词汇、语法项目等的教学。对以上语言项目要素的编写安排，既决定了教材本身的教学内容和学生学习的主要内容，又体现了教材编写者的编写理念和学术背景及其教学法思想。

本文从教材语言要素的编排出发，对以上两套教材进行综合考察，并在此基础上提出华文教材编写应趋同与差异并存的发展思路。

2. 语音编排异同

《中文》修订版设计了专门的汉语拼音教材《学拼音》及配套练习册，主教材不含汉语拼音教学内容，但从第五册开始增加了部分拼音练习。《中文》采用汉语拼音，生词都标注汉语拼音，主课文、阅读课文均加注拼音到第四册，第五册以后取消课文的汉语拼音，只标注生字。注音时除主课文外的词语和专有名词按词注音外，其余部分均按字拼音，标本调，不标变调，有几类轻声不标声调。但“一”和“不”在课文中按实际读音标注声调。如：“朋友、饺子、他们”等词语标轻声，“很好”标本调“hěn hǎo”，而“一会儿”则标实际读音“yíhuìr”。

《美洲华语》极其注重语音教学。繁体字版并用注音符号和汉语拼音，注音符号在汉字的右边，汉语拼音在汉字的上面。课文第一册至第六册都采用加拼音的形式。简体字版只用汉语拼音。其做法如下：

（1）课本上的字，同时标有注音符号和汉语拼音。对于大陆和台湾发音有异议的词语，例如“垃圾”，注音符号为（ㄚㄐㄧ），汉语拼音标（lājī）,采用哪种读法，由教师决定。

（2）字词标有儿化韵。汉语拼音加 r，注音符号把（儿）的字形缩小，如“真好玩儿”。尾音为轻声的词语，如“里面”的“面”底边加双横线表示轻读，注音符号则维持原音第四声不改轻声。简体字版的汉语拼音都标注原音，如有变调则在汉语拼音后面加上数字表示读音，如“很好”拼音标音为“hěn2 hǎo”。

（3）用汉语节律符号为课文、故事和会话的句子标注音步、轻读和节律。课文、会话和故事均以浅蓝色线条，根据词组和语意，标出每句话语中的停顿（音步）和轻读。从一开始就重视帮助学生注意音步与节律的学习，也有助于其阅读。

《美洲华语》从第三册开始逐步取消课文中常见生词的拼音标注和注音符号，以加强学生认字和读字的能力。

3. 汉字编排异同

《中文》修订版教材第一册第 1~6 课为识字课，主课文后只列生字，不列词语和句子。新出现的笔画或部首均在课文生字栏下列出，但识字课只列笔画，不列部首。凡生字均按笔顺逐一列出笔画，并将笔画书写方向用红色箭头标出，第 5 册开始则不再按笔画顺序列出笔画。笔画规范顺序依据中国国家语委、新闻出版总署颁布的《现代汉语通用字笔顺规范》（1997）。可见，《中文》非常重视汉字的笔顺教学。为适应识繁写简的需要，《中文》在主课本之后附有“简繁对照”的音序生字表，并在生字右下角标出课文序号，从第 2 册开始，各册均收录前面各册教材的音序生字表，以方便查阅。

《美洲华语》有简体版和繁体版，繁体版附有字卡，每个生字的右上方有简体字，对学生的要求是写繁识简。课文后的生字介绍大部分都是以图画来表达，图画中包含了选自象形、指事、会意和形声字造字的原理。前三册的生字大概都在一百二十个左右，以图画形式帮助学生学习生字及其相关的词语。第四册开始则以认识字的部首和笔顺为重点，作业本有生字笔顺的图解，并增加了“字的对话”这一练习形式来点出某些生字的字形和字义，增加生字学习的趣味性。

从字词安排的难易度方面来讲，《中文》等级标准要求严格，从易到难，以《汉语水平词汇与汉字等级大纲》（2001）和《现代汉语常用字表》（1988）等为依据或参考，科学地安排教材的字、词内容；《美洲华语》相对较为宽松，在人文教学的理念指导下设计课文内容，如第一册的生字范围主要从儿童的认知层面和生活体验出发，选取与数字、方位、数量、颜色、人称、天气等相关的常用字。

4. 生词编排异同

《中文》的生词在“词语”表中和“专有名词”表出现，只有汉语拼音标注；而且主课文后列的词语只列双音节或多音节词语，单音节词不列入。以第四册第 5 课为例，词语有：“伯伯、突然、只好、那么、一定、最好、小心、原来、既……也……、那样”。这些词语部分会出现在课堂练习中“读一读”中，大部分没有相应的用法练习。

《美洲华语》的生词在“课文练习中”列出，配有注音符号和汉语拼音，以字词一体化的形式出现，如：谈—谈天、谈话。生字词语其实也含有“短语”，如：张—张先生、一张纸。

《美洲华语》课文中的非生字的新词，在同页底下注有英译以帮助学生了解课文的内容。如第四册第六课《春晓》，非生字的词语较多，在同页面底部的标注词语也较多。

《中文》的词语以《现代汉语词典》（第 5 版）为标准选取，一般不选灵活组合型短语，较为严谨；而《美洲华语》对词和语的界定宽松，根据使用组合来进行翻译，如“贵重的”为一个词，“锁好”为一个词，“查资料”为一个词。就科学性而言，《中文》更好。

另外，外国人的地名与人名，《美洲华语》都以英文形式出现，在课文中也使用了一些简单的英文；在练习中，也有中英文词语对照的连线题。而《中文》绝对避免英文出现，英文名都翻译成中文，没有在课文中使用英文的句子。

5. 句型编排异同

《中文》在主课文后以“句子”项目列出本课句型，在课堂练习中主要采用听说法的扩展与替换部分进行练习，是静态的句型扩展练习。以第三册第 11 课为例，句子是“我怎么钓不到鱼呢？”。在课堂练习“扩展与替换”中以这样的形式出现：

怎么
怎么钓不到
怎么钓不到鱼

我怎么钓不到鱼呢？

我 怎么 钓不到鱼 呢？

他 还没来

你 不回去

我 没看见

《美洲华语》采用“用句子练习来学习句子的用法”。每一册都列出课文中符合学生程度、重要而且常用的句型，以对话及问答的方式让学生在使用中学习句型，从情境中做句子练习。句子练习的设计包括了词语与句法的运用。如第二册第四课的练习：

找（to find, to look for）

A：你在找什么？

B：我在找我的白帽子。

找不到（can’t find）/找找看（try to find）/找到了（have found）

A：我找不到我的红笔了！

B：找找看，书包里有没有？

A：啊！我找到了！谢谢你。

还有第四册第三课的句子练习，如：

着（我有三个不同的发音，念念看！）

拿着（názhe）：请你帮我拿着这本书，好吗？

睡着（shuìzháo）：爸爸累得在沙发上睡着了。

着急（zhāojí）：他很着急，因为他的钱包掉了。

6. 华语教材的差异与趋同分析

在华文教育日益提倡国别化的大背景下，我们认为，海外华语教材即便在一个国家或者地区之内，也要正视差异化的客观存在。差异化产生的原因，在于教学对象的背景不同，语言环境不同。编写差异化的教材，才能进一步满足不同类型的华语学习者的需要。

综上所述，《中文》和《美洲华语》在以下几个方面存在差异：

（1）从教学对象来看，《中文》更适合有华语基础的、有说华语的语言环境的、对华语学习要求较高的孩子学习；而《美洲华语》更适合基本上没有华语基础的，也缺乏华语使用氛围的，对华语学习要求相对较低的孩子学习。

（2）从具体教学内容的处理上看，两套教材之间存在以下差异：

第一，《美洲华语》使用注音符号，《中文》没有使用注音符号。

第二，《中文》的词语没有使用英文翻译。《美洲华语》生词都有英文翻译，而且把很多临时组合的短语当做生词处理。如第一册第 11 课列出词语“好念：good thinking”，在第二册第 1 课还是这个词“好念：easy to read”。这种处理方式有时候容易让学生混淆。

第三，《中文》的字词安排较严格地按照相关大纲来安排，由易到难，科学安排；《美洲华语》字词安排等级相对宽松，字词难度的从易到难考虑较少。

第四，《美洲华语》的句型教学立足于在对话，在具体情境中进行练习，有利于学生掌握句型;《中文》的句型练习为脱离使用的静态结构扩展与替换练习。

而除了存在以上差异以外,《中文》和《美洲华语》在以下一些方面正逐步趋向一致:

(1)教学目的都是既要求学习者掌握中文(华语),同时又要求学习者熟知并传承中华文化。

(2)教学内容上,两套教材对诸多教学内容的处理也日益趋向一致:

首先,语音编排方面,汉语拼音都为大家所接受并受到重视。《中文》是中国大陆学者编写的汉语教材,当然使用汉语拼音标注;《美洲华语》虽是由台湾教育背景的学者组织编写的汉语教材,但考虑到汉语使用的通行状况,采取了既使用注音符号又使用汉语拼音的并用处理方式。

其次,汉字编排方面,两套教材中简体字和繁体字都受到重视,但各有侧重。《中文》的教学要求是写简识繁,当然就对简体字更为重视,书写要求也更高,但也正视繁体字的使用价值,故对繁体字提出了认识的教学要求;《美洲华语》的汉字教学要求与《中文》正好相反,为写繁识简,其主要服务于目前尚使用繁体字为主的社群,但也注意到了简体字的功能价值,提出了认识简体字的教学要求。

再次,在生词的编排方面,二者在基础阶段,《中文》的前四册,《美洲华语》前六册,都标注了汉语拼音。两套教材都高度重视汉语拼音对初级学习者的帮助作用,尤其是对习惯于拼音文字的美国华侨华人子女的拐杖作用。

最后,在语言点的编排方面,两套教材都没有安排语法知识点的专门讲解。考虑到教学对象的认知特点,即华文教材的教学对象是华侨华人子女,其认知能力决定了他们更适合模仿性学习,而不是重在分析与综合的理解性学习,故两套教材都将语法点知识设为暗线,以"句子"(《中文》)或"句子练习"(《美洲华语》)的形式在教材中出现,而没有专门的语法知识讲解内容。有关语法知识的讲解都只在教师参考书中出现,供教师备课参考使用,对学习者则没有语法理论知识的教学要求。

《中文》和《美洲华语》这两套华语教材在教学目的和教学内容编排上的趋同性表明,两套华语教材都充分考虑到了教学对象的需求和社会的实际需要,以符合教学对象的客观需要,达到教学目标为前提。海外的华语教材的编写,既要取长补短,互相借鉴各自有效的方法与理念,吸收有用的教学内容,从而争取最大程度地满足学习者的需要,即在教材编写上表现为趋同;又要准确把握教材所面向的学习者的特点,客观评价学习者的汉语水平和学习目标,实事求是地选择教学内容和安排教学手段,即要敢于编写特色鲜明、针对性强的教材,在教材编写上表现为差异化。

就目前同为美国华文教育界主流教材的《中文》和《美洲华语》来说,在趋同方面,《美洲华语》可以吸收《中文》在科学性方面的长处,如字词的先易后难安排、生词和短语的严格界定,而《中文》可吸收《美洲华语》情景交际化的句型练习方式、对不含生字的词语进行简单英文翻译等,提高教材的适用度。在此基础上,二者之间应该各自在某些方面,保留差异化,以强化各自的针对性,如《中文》可继续坚持写简识繁,坚持在课文中不出现英文句子的处理方式;《美洲华语》则可以继续走汉语拼音和注音符号并用的路子,继续适度地在教材中使用英文注释等做法,以满足不同学习者的需要。

海外华语教材如能坚持走既差异化又趋同性发展的路子,既互相吸收长处又坚持各自特色,那么华文教材作为一个整体的适用度必将不断提高,华文教材的编写质量将在这种互相促进中不断提升。

参考文献

[1]何慧宜（2007），《六套海外华文教材中国知识文化内容项目研究》，暨南大学硕士学位论文。

[2]贾益民主编（2012），《华文教材教法》，广州：暨南大学出版社。

[3]王汉卫（2007），《对外汉语教材中的媒介语问题试说》，《世界汉语教学》，第2期。

[4]王衍军（2009），《二十世纪五十年代以来对外汉语精读教材用字情况调查——以五套精读教材为例》，《暨南大学华文学院学报》，第2期。

[5]赵金铭（2004），《跨越与会通——论对外汉语教材研究与开发》，《语言文字应用》，第2期。

[6]郑玉财（2003），《我国义务教育初中语文实验教材与新加坡中学华文教材比较研究》，《辽宁教育研究》，第10期。

成人华语晚期浸入式教学策略探究与应用局限性

——以泰国蒙库国王科技大学为例

叶明桦
泰国蒙库国王科技大学

摘　要：加拿大浸入式教学法（Immersion）于19世纪60年代提出，它是指以非母语的第二语言作为教学语言，教学者在课堂上提供给学习者大量第二语言的学习环境，让学习者在使用过程中熟习第二语言，并被“浸泡”在第二语言环境中。此教学法除了需要第二语言环境外，也注重课堂教学语言教授中第二语言的使用，使学习者养成说目的语的习惯，减少翻译的依赖性。依照浸入教学模式的时间区分，大学阶段的浸入式教学称作一种晚期浸入式。

对非华语的泰国学习者来说，中文可能是其第三或第四语言。因泰国教育部规定学生自小学一年级，学生必须学习英语，所以，英语为泰国学习者的第二语言。然而，东南亚国家组织（SEAMEO）教育部长组织主席Witthaya先生2012在资深官员会议上指出，泰国虽有极高的教育质量，但英语技能有待加强。

笔者在大学任教之初，考虑自身并不具备泰语能力且学习者的英语听说技巧不足，为了避免产生课堂语言混杂现象，故学期初采用完全浸入式教学模式（80%以上教学时间使用目的语），以期创造有利于学习者的良好学习环境，及提供可理解的语言输入（Input）的课堂情境。本文旨在探究浸入式教学策略在大学华语教学的重要性、应用性，以及对教学实际的局限性作探讨，以期对未来华语晚期浸入式教学模式提供一些建议并为学者与教学者研究提供参考。

关键词：晚期浸入式；教学；华语教学；成人学习者

1. 前言

近十几年来，沉浸式教学模式（Immersion Program）运用在其他外语学习上有明显的成效，许多国家的语言教育家及学者皆肯定浸入式教学在第二语言和外语学习①的作用。在对外华语教学中，沉浸式教学模式也受到许多教学者青睐，成为教学者使用的教学模式之一。此教学法目的是让学习者能够完全沉浸在目标语的环境，让学习者培养目标语的语感和使用目标语的习惯，让学习者充分输入（Input）与自动化输出（Output）所学习到的词汇与句式，减少对母语的依赖感，增强具备实际交际沟通和现实生活接轨的语言对话能力，这也是为何沉浸式教学模式自19世纪60年代后期广受世界各国语言政策专家学者与语言教师积极推动实行的主因。本文笔者首先将探究沉浸式教学的特点，再者结合自身实行晚期式沉浸式教学的历程，讨论成人沉浸式教学模式所遇到的局限性，最后提出教学反思以作为其他实施华语沉浸式教学者的研究参考。

2. 浸入式教学简介

浸入式教育（Immersion Education）起源于19世纪60年中期加拿大魁北克省。法语是魁北克省的官方语言，许多英语母语人士虽已在学校学习法语相关语言知识，但法语口语能力不足应用于工作与交际生活中。一群家长为了解决此现象，尝试采用双语教育的方法。因此，他们提出从幼儿园即进行双语教育的模式，教学者以全法语作为语言媒介进行教学，这就是所谓的“浸入式”教学。到了小学二年级，其他相关学科也以法语教授，接着，当学习者成为6年级学生时，所有课程则以一半法语，一半英语来教授。这样的教学方法在加拿大19世纪60年代晚期兴起了一阵风潮，专家学者了解到浸入式教学对于二语学习的好处。因此，19世纪70至80年代，此教学法广传到其他国家且普遍应用于外语学习，如美国、澳洲和匈牙利等等，许多学校采取浸入式教学法来增强学习者的语言沟通能力。

2.1 浸入式教学特点

典型浸入式教学教育（Core Features of a Prototypical Immersion Program）有下列八项特点。（Johnson, Swain, 1997）

（1）二语为主要教学媒介

目标语在课堂上完全作为教学语言媒介使用，二语在语境教学上被大量运用与输入。

（2）二语教学运用在其他学科

教学者以二语教授其他学科，如数学、科学、地理等等。教学者以期学习者能充分使用二语作为媒介学习其他学科知识。

（3）母语在浸入式教学的角色

母语在课纲上基本上还是扮演一个重要的角色，母语对于学习者来说也是一个重要的学科。

（4）二语学习环境

学习者如果处在一个二语学习环境中，就能够得到充分的语境练习机会，相较于无二语环境的支持，二语环境学习者的成效相对较好。

①本文“二语（Second Language）”是指母语者在目标语学习环境的第二种语言，“外语（Foreign Language）”则是指母语者在本国学习的外国语言。

（5）教学者需具备高度双语能力

沉浸式教学者需具备学习者的母语能力和近似母语者的二语能力。当学习者有言语需求转换时，学习者可转换为母语向教学者寻求协助。

（6）母语教室环境文化

沉浸式教学者需依教学地调整适宜当地文化的教室环境，以顺利在课室进行沉浸式教学。因部分教学者为二语母语者，所以根据当地课室文化调整教学文化。

（7）学习者二语熟习度成熟

沉浸式教学环境应尽可能扩大学习者的学习需求，提供大量二语环境的练习机会。

（8）学习者的二语程度应相似

课室中学习者的二语程度应相似，不宜差距过大，以便教学者进行浸入教学策略。

另外，浸入式教学也因其他因素分为下列不同类型：

A. 浸入时间早晚，可分为早期（Early）、中期（Mid）、晚期（Late）浸入式时间。

a. 早期浸入式（Early Immersion）：学龄前。

b. 中期浸入式（Mid Immersion）：小学。

c. 晚期浸入式（Late Immersion）：中学以上。

B. 浸入教学方式：

a. 完全浸入式（Total Immersion）：将学习者完全浸入在二语学习环境中，避免母语使用。

b. 部分浸入式（Partial Immersion）：课程部分使用二语进行教学。

在本文所探讨的浸入式教学时间为晚期，在课室中所使用的教学方式则为部分“浸入式教学”策略。

2.2 浸入式教学优势

浸入式教学法之所以受到外语专家与教学者的喜爱，包含许多政治、社会及文化等等因素影响。目前，世界上有许多国家采取浸入式教学来协助当地移民融入当地社会或使学习者拥有更多语言精炼机会以及享有和其他国家经济、文化与学术接轨和交流的机会。

许多国家都成功地实施了浸入式教学法，让学习者在双语的环境下学习第二种语言。最成功的案例源自 19 世纪 60 年代加拿大魁北克省的一所学校，接着美国也引进此教学法进行双语教育。另外，香港和新加坡也是浸入式教学成功的两个国家。故笔者归纳下列几项浸入式教学的优势。

（1）充分输入性（Sufficient Input）：

语境在语言教学中的重要性不可言喻，Hadley（2001）特别指出语境（Context）必须提供学习者使用目标语的机会，能让学习者能够实际进行沟通和交流。浸入式教学环境正提供了这样的目标语学习环境。

（2）有效性（Efficiency）：

完全浸入式教学让学习者直接接触目的语，让学习者能够有效练习二语或外语，浸入式教学避免母语对学习者的干扰，借由大量浸入教学模式和时间，有效让学习者产生较佳的语言输出。

（3）真实性（Reality）：

教学者提供了完全目的语的交流机会，许多浸入式语言教学者本身为二语的母语者，故学习者真正和母语人士进行实际沟通交流的机会。此外，浸入式教学使用原版教材，提供学习者实际接触二语或外语的机会。

（4）连续性（Continuity）：

依浸入环境来说，二语学习的环境提供了学习者课室外继续接触和运用目的语来从事各项交流的机会，让学习者能在日常生活中充分运用课堂所学的词汇和句子。

3. 实施晚期浸入式教学

如同上述所提大学阶段的浸入教学称作“晚期浸入式”。对于泰国学习者来说，英语为该国第二外国语言，泰国教育部规定学生自小学一年级就需接受英语教育。然而，限于学生人数过多、教育政策、强大母语环境因素影响等等，东南亚国家组织（SEAEO）教育部长主席在 2012 资深官员会议中提及，泰国英语学习者的英语技能仍有待加强。

华语学习在泰国历史发展已久，华语已成为英语之外的一个热门学习科目。笔者于今年年初在泰国蒙库科技大学任教，负责教授初级华语，学生人数一班约为 21 位，因考虑下列因素，故在学期初实行“晚期浸入教学”（在此指近乎 80%使用华语教学），以期提供大量外语学习的环境，让学习者在适宜的语境下充分得到练习机会。

（1）学习者的英语听说技能不足。

（2）教学者的泰语能力为零程度。

（3）避免课室出现英、中、泰语言混杂现象。

教学者在浸入式教学模式中扮演相当重要的角色，为了增进学习者的语言能力。笔者在此学期实施了“晚期浸入教学”的教学模式，以下简述教学策略特点：

（1）大量使用肢体语言

在课室中，笔者尽量采用大量肢体语言和图片来直接引导学习者熟习该语言。避免过多的英语解释，然而，在设置课程或说明课室规矩时，则是以英语作为简扼说明。

（2）自制教学教材

虽笔者选用台湾联经出版社针对泰国学生所编纂的华语教材——《现代华语——泰国版（1）》作为上课教材，但在进入正式教材之前，笔者采用完全目标语的自制教材当作课堂语言操练的教材。

（3）提供在线语言课程

教学者应提供学生大量接触目标语的机会以及学习合作式（Cooperative Learning）的活动以增进学习者之间的有意义语言交流（Long, 1985; Swain, 1985）。因此，笔者在此学期以 Voicethread（VT）多媒体网络影音平台作为辅助教材，期给予学生课后练习、整理消化课室信息的时间，并增加学生输出（Output）目标语的准确性（叶明桦，2013）。

（4）提供充分语言学习环境

除了在线课程提供完全目的语的练习机会外，笔者也鼓励学习者尽量和该校的母语交换学生进行实际口语交流沟通。笔者也在期中和期末分别进行一对一口试，以提供学习者和母语者的实际交流经验。

4. 晚期浸入式教学局限性

虽然笔者极力营造沉浸式教学环境和提供在线课程供学习者更进一步进行目标语的练习，但笔者在教学过程遭遇到许多困境。以下笔者将分项叙述晚期沉浸式教学的局限性。

（1）专业训练

许多二语语言教师固然受过专业的语言知识训练，但沉浸式教学方法需要接受严谨的专业训练，才能发挥到最大功效。不论是早期、中期抑或晚期沉浸式教学，教学者都应该接受额外的训练，增加教学技巧的熟悉度。笔者在教学过程中认为自身肢体语言上的训练与教学技巧尚有待加强。

（2）语言材料编纂

教学者应提供完全以目标语为主的教学材料给学习者使用，然而，编纂教学材料需要大量的时间与人力。

（3）语言环境氛围

教学者应创造出良好的学习气氛，让学习者“完全沉浸”在适宜的语言学习环境才能引导学习者自然而然地学习外语。但因和其他老师轮流使用同一间语言教室，故难兼顾到教室环境氛围的制造。另外，因学习者并非处于目标语学习环境，浸入教学的优势难以发挥到最大成效。

（4）浸入时间与课程设计

沉浸式教学理应越早浸入成效越显著，但本校的华语选修课程目前只开放给三、四年级的学生选修，如能让学习者在大一时即进入此教学模式，同时增加课时，则更能增强学习者的语言输出能力。此外，华语教学者们因互相配合研拟课程设计活动以达到教学法一致性，让沉浸式教学发挥最大效用。

5. 结语

沉浸式教学虽自 20 世纪 60 年代开始兴起风潮，且语言学习效果显著，因此各国许多学校逐渐采取此教学模式进行外语或二语教学。然而，此教学模式的研究探讨大多专注在英语、法语与西语的应用，华语沉浸式教学的研究参考数据相较之下尚显不足。再者，浸入式教学对于处在非目标语的学习者更加重要，如何让学习者减少对母语或英语的依赖是教学者最大的挑战之一。最后，笔者可以预见“浸入式教学”随着华语学习热潮将会越来越受欢迎，但在此同时，专业“沉浸式”教师训练的培养、教材、课程规划等议题还需要更进一步研究与规划。

参考文献

[1] Alice Omaggio Hadley（2001），《在语境中教语言》，北京：外语教学与研究出版社。

［2］Robert, J.& Merrill, S, B. (1997). Immersion Education: International Perspectives. Cambridge: Cambridge University Press.

［3］Long, M. H. (1985), Input And Second Language Acquisition Theory . In S.Gass & C Madden (Eds.), Input In Second Language Acquisition. Rowley,MA:Newbury House. pp. 377—393.

［4］Swain, M. (1985). Communicative Competence: Some Roles Of Comprehensible Input And Comprehensible Output In Its Development. In S. Gass & C. Madden (Eds.), Input In Second Language Acquisition. Rowley, MA: Newbury House.235—253.

中华基督教内地会传教士在台华语习得规划之目标研究

黄芊
印度台湾华语教育中心 JGU 校区

摘　要：本研究目的为探讨中华基督教内地会的华语课程规划与实施情形。根据此研究目的，研究者针对中华基督教内地会华语习得规划的目标进行个案探讨。研究对象包括三位华语规划者及七位不同年资、国籍及语言背景的华语学习者。研究者使用深度访谈为研究资料收集之主要来源，并辅以官方文件及观察日志。本研究提出以下两点结论：第一，中华基督教内地会华语习得规划为高度实用导向；第二，中华基督教内地会华语习得规划中，规划者与学习者具有相当共识时，学习成效较高。最后，研究者建议华语教师及相关单位投入宗教机构的华语习得规划研究，以裨益台湾华语教学的多元发展。

关键词：语言习得规划；华语教学；宗教华语；中华基督教内地会；沟通导向

1. 绪论

在本章中，研究者将说明本研究缘起、背景思路及目的。第一节介绍研究背景与动机，第二节说明研究目的与问题。

1.1 研究背景与动机

"中国内地会"（China Inland Mission, CIM）是一个基督教差传[①]团体（missionary organization），也是一个不分教派、国籍的非营利组织。中国内地会从 1865 年由英国宣教士戴德生创立，至今已有近一百五十年的历史。1964 年改名为"海外基督使团"（The Overseas Missionary Fellowship/OMF International），1951 年在台湾设立分部，仍称"中华基督教内地会"（OMF，2011）。海外基督使团目前除了最初于中国各省设立，全球服务据点已遍及东亚的十二个国家。1912 年，中华基督教内地会宣教士超过一千人，成为在华（包括大陆、台湾）最大的传教机构。目前的海外基督使团由来自 30 个国家的 1300 位全职服务人员组成。

本研究以中华基督教内地会十位宣教士为个案，借由访谈、官方文件与观察日志深入探

①所谓的"差传"，其宗旨为将基督教信仰传至各地，并服务当地小区及学校。

讨其华语学习过程及该会的华语规划状况。该会在华语语言学习的规划上已有一套行之有年的策略与实施。因此，研究者对于如此高效的华语学习成就感到好奇，欲探究该会语言规划与其实行策略与现况。在下一节中，研究者将对于本研究的研究目的、研究问题、研究重要性做一分述。

1.2 研究目的与问题

目前学术界大多以历史回溯的角度或针对翻译作品来探究基督教或天主教士之成就及影响（徐文堪，2004；袁进，2006；张美兰，2006；Levi, 2009），针对不同宗教人士的专业华语学习所做的研究或文献并不多。本研究目的为探讨中华基督教内地会的华语课程规划与实施情形。首先将从该会华语规划者的角度来思考其语言规划与实施状况，再由学习者的角度来观看华语习得状况。具体的研究问题有以下两点：

（1）中华基督教内地会华语习得规划的语言方针为何？

此问题所要探究的是由中华基督教内地会重视的语言要素与该会所持的语言方针与语言位阶之观点来归纳该会之语言方针。

（2）中华基督教内地会华语习得规划的课程为何？

本研究问题将分别以中华基督教内地会的规划者与学习者两种观点探讨该会华语习得规划下的华语课程理念等。

本节阐述了本研究目的与研究问题，分别以中华基督教内地会华语课程规划者与学习者的角度来梳理该课程脉络。为因应多元的华语学术研究领域，研究者以习得规划的理论来作为本研究的依据。

在本章中，研究者阐述了本研究的背景与动机，针对中华基督教内地会的华语习得规划研究做一简述。在下一章中，研究者将进行文献探讨，分别以语言规划与方针、专业华语习得规划相关研究及基督教宣教士导向的华语学习与其研究为范围。而后，第三章将说明研究方法；第四章则是研究发现，并讨论中华基督教内地会华语习得规划；最后，于第五章提出研究结论与建议。

2. 文献探讨

本章为文献探讨，共分为两节。第一节以语言规划与语言方针研究为探讨核心，第二节为基础教宣教士导向的华语学习与研究。

2.1 语言规划与语言方针研究

“语言规划”（language planning）源起于 20 世纪 60 年代，由 Haugen（1966）提出，为了解决当时二战后独立国家的语言问题，产生了此一因应语言地位、观点与教育、政策之理论。郭熙（1999）指出，语言规划是指国家或社会对于语言管理所执行的各类工作，广义包含语言选择、规范、文字创制或改革等议题。Spolsky（2004）认为语言规划的定义为个人或团体推动或促使操作语言状态之行为，因此以管理称之更佳。在前人针对语言规划的研究中，主要以三大层面来探讨其规划内涵与范畴，一为位阶规划，二为本体规划，三为习得规划（Ager, 2001; Cooper, 1989; Eastman, 1983; Kaplan 和 Baldauf Jr.，1997；张学谦，2005；

钟镇城、王萸芳，2007）。本节将由上述三类面向之角度来进行文献回顾，接着再探讨语言之方针理论。

（1）位阶规划（Status Planning）

语言的位阶规划通常为政府主权来决定某特定语言之社会地位及教学时所持的态度与其功能。郭振羽（1996）与郭熙（1999）提出，有些国家会选择一种或数种语言当做民族共同语，某些国家则是将多种语言列为官方语言。如中西非的喀麦隆如何看待不同区域的官方语言，英语及法语的教学时间长度排序等，而此类语言选择的议题便为位阶规划的典型例子。

（2）本体规划（Corpus Planning）

语言本体规划可分为三大类：针对文字书写系统编列的文字化（Graphization）、侧重文字一致性的标准化（Standardization）与符合现代社会需要的现代化（Modernization）（Ferguson, 1968）。之于位阶规划，语言本体规划则着重于语言本身的语法、语音、词汇、书写系统、词典编汇等内部规范，这些皆是使位阶规划确定语言本身能达到规划预期之成效所进行的操作（张占山，2005）。施正锋（2003）指出，具体的本体规划亦包括借词、术语制定等议题。

（3）习得规划（Acquisition Planning）

习得规划是规划者努力并有计划地推动某语言的过程，其中可分为三种类型，第二语言或外语习得规划、族群语言复兴（Revitalization）与再次习得（Reacquisition）及语言维持（Language Maintenance）（Cooper，1989）。习得规划与语言教育机构息息相关，因此 Cooper 提出两个面向来评估完善的习得规划目标，一为增加语言使用者，二为影响语言位阶或本体规划。

钟镇城（2011）指出，语言习得规划的“习得”一词，并非为第二语言“习得”之义，前者指的是语言教育中的各层面，其中牵涉了人为规划与相关概念；后者意指语言学习过程的意识形态等。Kaplan 与 Baldauf Jr.（1997）认为，语言习得规划之于位阶规划及本体规划是不一样的重点，语言习得规划与语言的教学状况有关，非单一针对学习者，而是着眼于语言教育方法、设置等；因此 Kaplan 与 Baldauf Jr.建议相关研究可由课程、人员编制、语言教材、相关社群与成果评鉴等面向来观看语言习得规划。习得规划注重学习与教学，与语言使用者及学习者有极大的关系，在一般生活中常见的习得规划机构便为各级学校，下至幼儿园，上至大学，因此也称为语言教育规划（Language-in-Education Planning）。

（4）语言方针理论（Language Orientation Theory）

研究者于上文中探讨了语言规划的三大类面向，以下所提的语言方针选择，则是针对整体规划的意识形态与态度（Ager, 2001; Ruiz, 1984）。Ruiz（1984）于前人研究中归纳了影响语言规划的三种方针（orientation）：

①语言是一种问题：制定语言政策的目的为解决语言造成的问题，如一国中多种语语言的状态，造成社会、经济或其他方面的语言问题。

②语言是一种权利：此方针与上述问题方针为两种对立观点，语言对于某些少数民族为人权或公民权，故此需保障其不因语言而遭受歧视。

③语言是一种资源：将某些族群的语言视为社会或国家之资源，此方针重视语言发展，视母语、方言的语言差异为国家发展之资产之一。

不过也有学者提到，由于语言场域中的多样化生态，各单位或个案皆有各自独特的语用价值与文化意义（Gumperz，2003）；钟镇城（2009）亦认为这类的现象是介于全球化与在地化之间，特意发展出的校本位（或机构本位）的语言习得规划。因此在研究结果中将以上述文献作为参考与讨论依据。

2.2 基督教宣教士导向的华语学习与研究

目前学术界对于宣教士相关的华语习得规划研究中，陈淑娟（2005）对于摩门教机构的华语习得研究有所着墨。陈淑娟前往耶稣基督末世圣徒教会（The Church of Jesus Christ of Latter-day Saints）于美国所创办的传教士训练中心（The Missionary Training Center，简称MTC），针对这些摩门教传教士如何在短期密集、非华语区的环境下，训练零起点的美籍学习者。陈淑娟从整体课程观点以及对于 MTC 的语言教学观、教学目标、语言训练课程内容与特色进行研究探讨。该研究并记录了传教士在目标语区继续提升他们的语言能力之方法及其习得过程，最后分析传教士学习语言优势的因素。

在过去研究文献中也略见一些与传教士学习语言的议题，如文化接触、生活研究或历史回溯等（林美玫，2002；田思怡，2005；薛朝广，2006；陈春晓，2011）。刘家峰（2008）则是针对金陵大学为宣教士开办的汉语培训中心做一个案探讨，及探讨培训中心的课程演变及分类。然而，前人研究对于习得规划并无太多叙述。

在本章中，研究者针对语言习得规划理论与方针及基督教宣教士导向的华语学习与研究分别细述了其范畴的理论内涵与相关研究。归纳出目前华语界缺少宣教士的华语学习研究，因此本研究的目的欲呼应此点，在中华基督教内地会的个案研究中找寻答案。在下一章中，研究者将针对本研究的研究方法分述说明。

3. 研究方法

本章研究方法的重点为说明操作本研究的方式，其中包含研究参与者、数据收集及数据分析。

3.1 研究参与者

研究参与者的资料如表 1，本研究的对象为中华基督教内地会宣教士，包括学习者、测试实施者、语言方案规划者。研究者以滚雪球抽样法（snowball sampling），请规划者介绍其他个案，再进行联络与访问。以引荐的方式，参与者的心态较轻松，如此一来，访谈内容通常也因为意愿高而丰富。研究者选择参与者时，也考虑了参与者是否为零起点的华语学习者，故具有华语背景的华裔人士或学习闽南语之宣教士并不适合本研究。另外，在选择参与者数量时也将考虑不同学习阶段，在研究资料呈现时较为完整。研究者在进行访谈前已取得全体参与者的同意书，并知会中华基督教内地会地区主任，亦取得全员同意书。

在研究者背景方面，P1 为英籍 65 岁的男性，与英籍 66 岁的 P2 为夫妻，皆来台 37 年，因来台年资长，从单纯华语学习者到现在的语言规划与施测者，目前于台中地区工作。51 岁的 P3 为澳洲籍男性中华基督教内地会目前的地区主任。S1 则为澳洲籍女性，未婚，33 岁，来台仅一年，正值全职语言学习阶段。S2 为澳洲籍男性，46 岁，已婚，育子，来台四年，于兼职语言学习阶段。S3 是一位德籍女性，年龄 56 岁，来台已 26 年，目前于台中地区工作。38 岁的美籍 S4 与 30 岁德籍 S5 为夫妻，育有两子，皆为兼职语言学习阶段，于台北地区工作。S6 为美籍 39 岁男性，已婚育子，来台一年，目前为全职语言学习阶段，位于台中地区。S7 则为一名澳洲籍 34 岁男性，已婚，来台为兼职语言学习阶段，于桃园地区工作。统整上述参与者背景，本研究总计有三位规划者与七位学习者。

表 1　研究参与者名单

参与者代号①	国籍	出生年（年龄）	抵台年度（年数）
P1	英国	1947（65）	1975（37）
P2	英国	1946（66）	1975（37）
P3	澳洲	1961（51）	1992（20）
S1	澳洲	1979（33）	2011（1）
S2	澳洲	1966（46）	2009（4）
S3	德国	1956（56）	1986（26）
S4	美国	1974（38）	2010（2）
S5	德国	1982（30）	2010（2）
S6	美国	1973（39）	2011（1）
S7	澳洲	1978（34）	2010

3.2 资料收集

本研究的数据收集方式分为：深度访谈、文件收集及观察日志共三种。

（1）深度访谈

本研究采用一般引导方式访谈及半结构式访谈法，因访谈内容需事先安排，在访谈中，并非采集语料，而是收集研究数据，故此选择该方式。

访谈前，研究者已将访谈大纲（参附录）先行提供参与者阅读，使其有机会预先阅读与思考。在访谈中，研究者视情况与访谈内容沿着参与者的思考作些微调整，与本研究相关却不在访谈大纲中的议题，进行逐一添加与修改。而本研究采个别访谈，一来对于每位参与者的说话时间较充裕，也因本研究针对个案进行研究，故个别访谈对于各参与者的想法与内容之重视较为一致。每位参与者进行了约一至两次访谈，每次时间约为 35 分至 60 分，遇到需澄清的访谈内容或补充某些资料，研究者则另外联络参与者进行再次访谈。访谈语言依个人语言程度以华语或英语进行。每段访谈皆录音，过程中研究者以笔记辅助。本研究收集了四份规划者访谈，其中包括 P1 的两份，P2 与 P3 各一份；每位学习者各一份，共七份学习者访谈。

①代号原则如下：P 指规划者（planner）；S 指学习者（student）。

（2）文件收集

本研究另一收集资料方法则为文件收集，据参与者 P1 表示，许多华语教材、测验纲要与标准、中华基督教内地会的华语课程沿革等数据皆为纸本数据，若非许可，外人无法取得。此类资料有助于研究者分析中华基督教内地会对于华语习得规划思维。文件收集分为教材、测验、华语学习规划三大类，在论文书写中皆以“文件”一类呈现。本研究共收集了 15 份电子邮件、15 份课程文件及 3 份人数统计表。

（3）观察日志

研究者为增加研究公正与完整性，除了深度访谈及文件收集外，观察日志也是本研究所采取的研究方法之一。与中华基督教内地会宣教士互动时，研究者将观察焦点集中于其华语使用、理念及与人互动之状况。进行访谈与文件收集同时，本研究采用了随机书面记录（anecdotal writing），重点式记录活动事件与访谈状况与参与者响应。观察日志中亦包含研究者本身的反思观点与归纳细节，于每次观察活动后实时记录与修正。本研究共收集了两份固定聚会记录与三份工作状况之日志。

3.3 资料分析

本研究大多资料为参与者提供，包含深度访谈、官方文件及观察日志。其中官方文件与观察日志为书面数据；深度访谈为语音数据，故以逐字稿方式呈现于本研究结果中。

在本研究收集资料的范畴，承上文所述，包含访谈、文件及观察日志三种类型。编码系统分为六大类，说明如下。访谈语音文件将以参与者代号为首，其中包括规划者（P）及学习者（S），后加编号 1、2、3，如“P1”、“S2”。引用访谈逐字稿则以代号为标题，加上访谈日期（公元年月日）。而文件包括电子邮件、课程文件与人数统计表，皆以“文件”归类，后加提供者与收集日期（公元年月日）。而出现在访谈稿中的“…”表示省略之文字。“[　]”符号表示原来数据中不存在之数据，研究者为补充概念而加入之文字。而观察日志依照访谈编码格式，其后加上访谈日期（公元年月日）。研究者将编码系统整理于表 2：

表 2　研究数据编码系统说明表

类别	编码方式	说明
1	P1，规划者访谈，20120607	个别访谈；“P1”为规划者；“20120607”为 2012 年 06 月 07 日
2	S1，学习者访谈，20120607	个别访谈；“S1”为学习者；“20120607”为 2012 年 06 月 07 日
3	文件，P1，20120607	由个案提供之文件或信件；“P1”为提供者；“20120607”为 2012 年 06 月 07 日
4	…	省略之文字
5	[　]	原为不存在，研究者为补充概念加入之文字
6	观察日志，20120607	为场域或活动参与之观察记录，“20120607”为 2012 年 06 月 07 日

4. 中华基督教内地会华语习得规划目标

研究者从规划者与学习者的角度来看中华基督教内地会的华语习得规划目标，因此梳理研究数据后，可看出华语课程概念、语言方针个案语言习得规划之作用。

4.1 中华基督教内地会华语语言方针

Kaplan 与 Baldauf Jr.（1997）认为，语言习得规划之于位阶规划与本体规划是不一样的重点，语言习得规划与语言的教学状况有关，非仅针对学习者，而是着眼于语言教育方法、设制等面向；因此 Kaplan 与 Baldauf Jr.建议相关研究可由课程、人员编制、语言教材、相关社群与成果评鉴等面向来观看语言习得规划。各个语言机构或教育体制都以不一样的语言观点来看语言，尤其在一个机构中有不同语言（方言）存在时，语言的位阶便需要协调与实行。研究者从中华基督教内地会于方言选择及语言位阶的相关做法中，归纳出其华语语言施行方针的特点：其机构注重华语功能性，因此以语言位阶之观点下来排列则为华语第一，英语为内部工作语言；另外，在地文化亦为课程目标的一环。下列为研究资料分析：

（1）注重语言的功能性

以任何宗教机构来看，一般来说，当地语言之功能性主要以传教之导向为考虑。研究者将中华基督教内地会华语课程中的语言功能分为两点：第一，因应未来的工作考虑规划华语学习；第二，区分不同的场合、对象决定使用的语言。

中华基督教内地会在接受新的宣教士时，会先进行面谈再决定学习的方言为何，此部分几乎是没有选择权的，因为语言规划者会依他们的工作考虑与方向来决定语组。P1 提到宣教士本身没有太多选择，语组决定多半是先评估宣教士日后要服务的对象，因此中华基督教内地会规划者会先问宣教士这个问题后再决定。以下为 P1 的访谈记录：

The choice wasn't necessarily left to them. The choice is OMF and the individual but OMF asks the individual，你的对象是谁？…（P1，规划者访谈，20120531）

以 P3 与 S3 为例，他们来台湾面对的是大学生或年轻人工作，P3 认为华语是台湾普遍的教育语言，因此华语很自然地成为语组选择的结果。研究者由访谈资料中举出以下 P3 与 S3 的访谈记录如下：

I came to Taiwan to work with university students so Mandarin was the natural choice as this is the language of education…（P3，规划者访谈，20120618）

因为我要做年轻人的工作，所以我学了学中文。（S3，学习者访谈，20120601）

而在 S4 的访谈中，他们夫妻将定居于台北，因此，学习华语是更为广泛使用及了解此种语言。此外，若在北台湾工作，华语较闽南语更通用，因此选择学习华语。以下为 S4 的访谈记录：

…Mandarin is more universally spoken or understood at least. That was one thing. We were gonna be at some point living in Taipei, that's another thing. The northerners tend to speak Mandarin more than Taiwanese…（S4，学习者访谈，20120629）

在以上几个例子中，研究者归结，中华基督教内地会宣教士在选择学习语言时，优先考虑的是未来工作取向，宣教士本身并无太多选择权。图 1“选择华语或闽南语”为中华基督教内地会发给新进宣教士的文件，针对华语及闽南语选择议题，规划者清楚说明大部分的台湾人能了解两者，但根据其背景、教育与社会阶层、年纪与性别，语言能力有所不同。未来有可能依据政治走向会改变官方语言，因此语言选择是项复杂的议题，但中华基督教内地会开宗明义的举出第一个语言问题，图 1 亦说明了主要考虑是宣教士未来的工作走向，华语是针对孩童、学生及正式教学的事工为主，华语也能帮助他们接触较多受教育的人口；而之于闽南语而言，用于教会拓展、基层事工与乡村工作较为适合，而其他工作种类便依各别不同再决定语组。

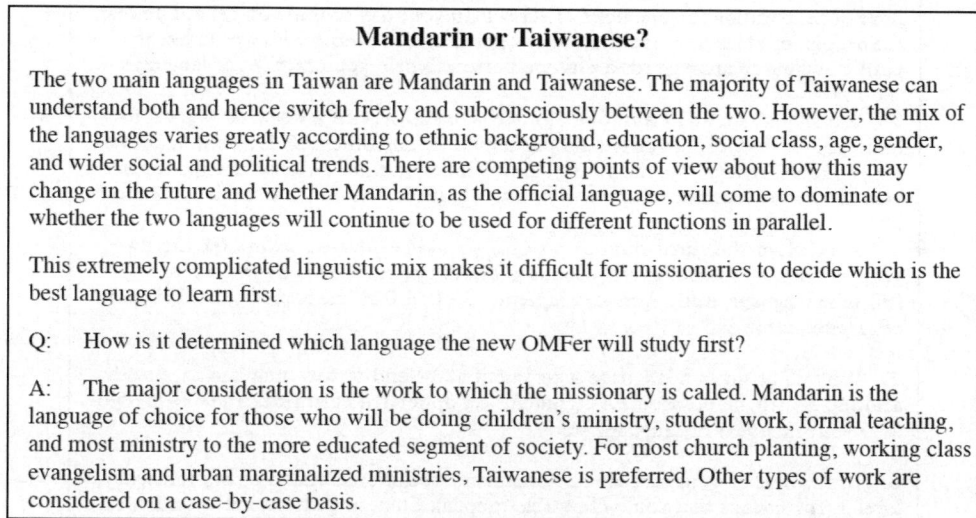

Mandarin or Taiwanese?

The two main languages in Taiwan are Mandarin and Taiwanese. The majority of Taiwanese can understand both and hence switch freely and subconsciously between the two. However, the mix of the languages varies greatly according to ethnic background, education, social class, age, gender, and wider social and political trends. There are competing points of view about how this may change in the future and whether Mandarin, as the official language, will come to dominate or whether the two languages will continue to be used for different functions in parallel.

This extremely complicated linguistic mix makes it difficult for missionaries to decide which is the best language to learn first.

Q: How is it determined which language the new OMFer will study first?

A: The major consideration is the work to which the missionary is called. Mandarin is the language of choice for those who will be doing children's ministry, student work, formal teaching, and most ministry to the more educated segment of society. For most church planting, working class evangelism and urban marginalized ministries, Taiwanese is preferred. Other types of work are considered on a case-by-case basis.

图 1 选择华语或闽南语

（资料来源："Mandarin or Taiwanese?"，P1 提供）

从中华基督教内地会华语课程的方针来看，该会为融入台湾社会，因此考虑日后工作的族群、地区，而后作出学习华语的决定。而在图 2 中为中华基督教内地会为新进宣教士所编写的目标大纲中，每位宣教士在受训时收到介绍中华基督教内地会内部的规定与理念的文件，这些文件皆以英文书写，图内容为说明中华基督教内地会对于宣教士的期待。

图 2 中，第一点提到，宣教士初期两年中，语言学习是最为重要，为了未来能有效服事，良好的中文能力是关键。第二，中华基督教内地会期待全体宣教士在前两年，每周能约有 40 小时语言学习，其中包括课程、课前预习、课后练习等。各人需作好与修习课程一比一时数的课外准备。一天需至少花 30 分钟的时间与他人互动，中华基督教内地会可为有意愿者安排华人来协助练习华语。第三，每周应参与至少一次中文教会崇拜，在逐渐与人建立关系的同时，也应参与另一个固定聚会或活动，如青年团契、社会青年团契或家庭小组等。一周只能教一门英文课，最好是在宣教士的固定教会中教授。第四，尽量能在前两年中完成所有课程，在全职学习结束前完成第四册，若能是第五册更好。将目标设定为语言学习阶段结束前需完成第六册。第五，在全职语言学习阶段结束与第四年要回国述职[①]前，会各有一次语言评估。第一年结束时可能也会有一次。最后第六点，第四年回国述职时，应设定自己具备第三级的语言能力，能以足够正确结构的中文沟通，并拥有词汇广度、能参与正式与非正

①述职：（home assignment）意指回母国与教会及亲友分享宣教工作状况。

式的事工话题，也应能轻松应付基督信仰讨论。只要宣教士能将语言学习设为优先，就不会是不可能的任务。

WHAT OMF EXPECTS OF YOU

1. Full-time language study is top priority for the first two years. Good Chinese language is a major key to future effectiveness.

2. OMF expects you to spend 40 hours a week in language learning activities during the first two years. These activities include class time, preparation for class, and practice outside. Always be thoroughly prepared for class – approximately one hour of preparation for one hour of class. Plan your day so that you get out among the people for at least 30 minutes a day on average. For those who would like it, OMF is willing to arrange for a Chinese person to help you practice the language.

3. You should attend at least one Chinese worship service a week. As you get to know people in church, you should participate in *one* other regular church activity, e.g. the Youth Fellowship, the Young Adult's Fellowship, or a House Group. You are only allowed to teach one English class a week, preferably in the church you attend.

4. As much of the curriculum as possible should be covered during the first two years. Section 4, and better still Section 5, should be completed by the end of full-time language study. Aim at completing Section 6 by the end of your first term of service.

5. You will be given a language assessment at the end of full-time language study, and also shortly before Home Assignment. An optional assessment can be requested after your first year of language study.

6. By the time of your first Home Assignment you should aim to be at proficiency level 3. This means that you will be able to speak Chinese with sufficient structural accuracy and breadth of vocabulary to participate freely in most formal and informal conversations on practical, social and ministry topics. You will be able to handle discussions on Christian belief with relative ease. Mission impossible? Not really, so long as you make language learning your top priority.

图 2　中华基督教内地会的语言目标

（资料来源："OMF Taiwan Language Study Program"，P1 提供）

研究者总结以上各例，中华基督教内地会课程目标设定为实用、沟通式的华语程度，此点并在宣教士入会时即予以说明，并指导他们如何达到目标。研究者认为这样的目标概念是将华语视为一种进入当地社群的资源的一种指标。

研究者认为在语言方针中，与"语言为资源"的概念较相近，因中华基督教内地会强调为进入当地文化，发展当地实用语言，并未削弱学习者的母语。

（2）尊重在地文化

中华基督教内地会不希望宣教士在服事时使用英语，因为英语不是本地人的语言，研究者认为这样的理念是架构于对于本地文化的尊重实际表现。P3 指出中华基督教内地会的最大考虑是具备良好语言能力，对于机构来说，他们愿意投入时间来让宣教士学习并提供资金及监督来协助宣教士达到这项语言目标。P3 的访谈记录如下：

...We strongly discourage our people from serving primarily in English since this is not the language of the people here...Good language ability is a high priority for OMF and this is seen in the agency's willingness to set aside time for missionaries to learn as well as to provide the funds and supervision to help missionaries achieve this goal.（P3，规划者访谈，20120618）

对于学习者来说，中华基督教内地会一般将语言学习及语言本身视为重要课题，也给予许多尊重，规划者期待学习者能拥抱语言，而非仅“过得去”（get by）而已。好的语言学习是一种方式来“拥抱”某文化中的人，这是中华基督教内地会所期望的。研究者发现中华基督教内地会所持的语言态度偏向正面积极，并无将华语视为问题或某种权利，由以下 S4 的访谈记录可看出：

In terms of in general, OMF takes language learning and the language itself very seriously and gives it a lot of respect... he [P1] want me to be able to embrace the language as opposed to “just getting by”. Good language learning is a good way to “give the people in the culture a hug” so to speak.（S4，学习者访谈，20120629）

研究者于上文叙写了中华基督教内地会华语语言方针观点，其中分为注重语言的功能性及尊重在地文化等特点，同时发现，中华基督教内地会将华语视为一种资源，十分努力督促宣教士学习并期待他们能以正面心态来融入台湾社会。下文将叙述中华基督教内地会华语课程内容。

4.2 中华基督教内地会华语课程概念

中华基督教内地会为基督教宣教组织，因此华语习得目标中包括了主要的宗教目的，体现于课程概念为重视华语资源，因此将华语沟通能力及弹性的学习进度融入课程概念，而语言位阶理论可在中华基督内地会的华语课程中印证华语优先，英语辅助之安排，举例如下：

（1）重视华语于生活、工作上的沟通能力

中华基督教内地会在华语课程概念中，强调华语沟通能力。P3 提到，经过两年的华语学习后，宣教士应有足够的华语基础、语法、词汇及好的发音。他们应能进行附有不同情境的普通对话，也该具备一些事工[①]专有词汇的能力，如分享福音、查考圣经、祷告与辅导协谈的语言能力。在服事[②]前可能需要很多准备，但他们已有能力进行自我学习与为事工准备。以下为 P3 的访谈记录：

…After two years missionaries should have a good foundation of Mandarin, … They should be able to carry out a normal conversation in a wide range of situations and have some specialized vocabulary for ministry (sharing the gospel, Bible study, prayer, counseling)... they will have the skills to be able to do this and continue learning…（P3，规划者访谈，20120618）

S7 认为，中华基督教内地会的特殊理念就是能与华人沟通，能进行基督信仰的信息与讨论圣经的教导、圣经本身等。研究者举出以下一些例子来探讨中华基督教内地会在华语课程的沟通概念。如 S7 于下文表示：

…To be able to communicate with Chinese people. One aim specifically from OMF’s perspective is to convey the message of Christ and also to discuss the teaching the Scriptures, the Bible as well…（S7，学习者访谈，20120604）

研究者在访谈中发现，重视华语于生活、工作上的沟通能力是中华基督教内地会的华语课程的特点之一，由以上数个例子中可看出学习者不但需掌握基本华语能力，更需能在宣教

①事工（ministry）为基督教词汇，指基督教或教会相关工作。

②服事（service）为基督教词汇，指基督徒进行为基督教或教会相关工作。

工作上流利使用华语。

（2）弹性的学习进度

中华基督教内地会是宗教机构，该会与其他华语中心的不同，他们强调保持弹性的学习进度，因此在研究者在访谈中感受到中华基督教内地会的人情味很重。S5 说明，语言监督长常问他们学到哪里，或是按照自己的能力与速度应该到达何种程度，并非要求他们在同一时间达到同一程度。以下为 S5 的访谈记录：

…So I felt like, Martin, our language supervisor always ask “where are you right now” and “where should you be just according to your own speed and ability...（S5，学习者访谈，20120629）

中华基督教内地会的华语规划者与学习者在期待参与华语课程两年后所能培养出的能力，趋于实用与沟通层面。规划者与学习者在课程目标的概念上达到十分一致的共识。以上，研究者叙述了中华基督教内地会华语课程的主要两项概念：重视华语于生活与工作中的沟通能力、口语表达为华语课程的重点及保持该课程的弹性进度。

5. 结论与建议

本研究对于中华基督教内地会的华语课程目标有以下三点发现：第一，该习得规划目标着重多元语言的功能性，因此在不同场合中使用英语、个人母语及华语以达到最高工作效率；第二，将华语视为一种“资源”，尊重在地文化，传教士所持积极正面的态度来学习台湾地区主要使用的华语；第三，重视华语于生活、工作上的沟通能力，因此课程目标将重点置于声调及咬字等口语表达项目。

根据上述三点发现，本研究提出以下两点结论：第一，中华基督教内地会华语习得规划为高度实用导向；第二，中华基督教内地会华语习得规划中，规划者与学习者具有相当共识时，学习成效较高。最后，研究者建议华语教师及相关单位投入宗教机构的华语习得规划研究，以裨益台湾华语教学的多元发展。

参考文献

[1]田思怡（2005），《〈纽约时报〉看世界——语言学家和传教士的世界语言指南》，《历史月刊》，第 212 期，第 122—123 页。

[2]林美玫（2002），《施约瑟主教与圣公会在华传教策略的调适——十九世纪中叶美国基督新教与中国文化的再接触与对话》，《东华人文学报》，第 4 期，第 31—80 页。

[3]施正锋（2003），《语言与多元文化政策》，“行政院”客家委员会，高雄：二〇〇三全球客家文化会议，第 10 页。

[4]徐文堪（2004），《谈早期西方传教士与辞书编纂》，《辞书研究》，第 5 期，第 121—126 页。

[5]袁进（2006），《近代西方传教士对白话文的影响》，《二十一世纪双月刊》，第 12 期，第 77—86 页。

[6]张占山（2005），《语言规划、语言政策与社会背景的关系》，《烟台教育学院学报》，

第2期，第23—25页。

[7]张美兰（2006），《美国传教士狄考文对十九世纪末汉语官话研究的贡献：〈官话编类〉专题研究》，LEWI Working Paper Series，第54期，第1—45页。

[8]张学谦（2005），《从“中国化”到“多元化”的台湾语文政策：语言生态的观点》，台北：“中华文化”与“台湾本土化”研讨会，台北市立教育大学。

[9]郭熙（1999），《中国社会语言学》，南京：南京大学出版社。

[10]陈春晓（2011），《明末清初在华传教士世俗生活研究》，南京大学硕士学位论文。

[11]陈淑娟（2005），《以宗教为目的之华语文教学——耶稣基督后期圣徒教会传教士之个案研究》，（未出版），台湾师范大学硕士学位论文。

[12]刘家峰（2008），《近代来华传教士的中文学习——以金陵大学华言科为中心》，《上海大学学报（社会科学版），第6期，第112—117页。

[13]薛朝广（2006），《20世纪前半期来华新教传教士群体探析》，吉林大学硕士学位论文。

[14]钟镇城（2009），《华语教学的转变：全球在地化的观点》，邓慧君编著，台北：2009应用语言学暨语言教学国际研讨会论文集，文鹤出版有限公司，第577—584页。

[15]钟镇城（2011），《从侨民教育到华语文教学——所国际学校之华语双语习得规划个案研究》，2011开创华语文教育与侨民教育之新视野国际学术研讨会，中原大学。

[16]钟镇城、王萸芳（2007），《台湾华语政策与教学规划之前瞻与展望》，《教育研究月刊》，第163期，第27—35页。

[17]Ager, D. (2001). *Motivation in Language Planning and Language Policy*. Tonawanda: Multicultural Matters.

[18]Cooper, R. L. (1989). *Language Planning and Social Change*. New York: Cambridge University Press.

[19]Eastman, C. M. (1983). *Language Planning: An Introduction*. San Francisco: Chandler & Sharp.

[20]Gumperz, J. (2003). Contexualization Conventions. In C. B. Paulston & G. R. Tucker (Eds.), *Sociolinguistics* (pp. 139—155). Malden: Blackwell.

[21]Haugen, E. (1966). *Language Conflict and Language Planning: The Case of Modern Norwegian*. New York: Harvard University Press.

[22]Kaplan, R. B., & Baldauf Jr., R. B. (1997). *Language Planning-From Practice to Theory*. Bristol.

[23]Levi, J. A. (2009). Portuguese and Other European Missionaries in Africa: A Look at Their Linguistic Production and Attitudes (1415—1885). *Historiographia Linguistica*, 36(2/3), 363—392.

[24]OMF, I. (2011). OMF (Overseas Mission Fellowship) International, from http://www.omf.org/.

[25]Ruiz, R. (1984). Orientations in Language Planning. *NABE Journal, 8*, 15—34.

[26]Spolsky, B. (2004). *Language Policy*. New York: Cambridge University Press.

附录一 研究参与同意书

March, 2012

Dear participants,

Many thanks for being willing to help with this mater thesis. My research will focus on OMF missionaries' language learning experience plus learning strategies used for learning Chinese (Mandarin or Taiwanese) in Taiwan. Through interviews and document analysis, we hope to understand more about your learning methods, including the teachers, learners (missionaries) and related staff.

There will be two interviews (45-60 minutes each) by Skype or in person, one additional of the same length if necessary. The interviews will be recorded and analyzed. All recordings will be transcribed. You are then free to make alterations to the transcripts along the discussions. Your real names will not be revealed. Note you have the right to withdraw from this study before May, 2012; then your data cannot be erased.

This study is a master's thesis study and it will be shared with related academic groups. When it is finished, the thesis will be distributed to some academic associations. Thank you for your participation. If you have any concerns or questions, please contact me: +886-911-421-751/ fax: (07) 552-0329 pinghc.huang@gmail.com

I ____________________ hereby sign to indicate my willingness to participate in this study.

Appreciatively,

Ping Huang（黄苹）

Advisor: Professor Chun, Chen-Cheng（钟镇城）, Ph.D

Graduate Institute of Teaching Chinese as a Second/Foreign Language, National Kaohsiung Normal University

附录二 学习者访谈大纲

1.请叙述一下您的学习与专业背景以及选择进入 OMF 的原因。

Please list degrees obtained and any previous work experience and how you joined OMF.

2.您觉得 OMF 期待您在两年后能培养出什么样的华语能力?

What is OMF's expectation for your Mandarin skills in two years?

3.您认为什么是 OMF 华语课程的理念?

What do you think is the overall aim of the OMF Mandarin program?

4.您觉得 OMF 怎么看待华语?

How does OMF regard Mandarin in your aspect?

5.您当初为何选择学习华语而不是其他台湾方言?

Why did you choose to learn Mandarin rather than other dialects?

6.其他补充或建议。Other ideas or suggestions.

附录三 语言规划者访谈大纲

1.请叙述一下您的学习与专业背景以及选择进入 OMF 的原因。

Please list degrees obtained and any previous work experience and how you joined OMF.

2.身为 OMF 华语规划者，需要具备哪些条件？

As an OMF Mandarin planning staff, what are the qualities required?

3.您期待 OMF 的宣教士在两年后能培养出什么样的华语能力？

What is your expectation for Mandarin skills of missionaries in two years?

4.您认为什么是 OMF 华语课程的理念？

What do you think is the overall aim of the OMF Mandarin program?

5.您觉得 OMF 怎么看待华语？

How does OMF regard Mandarin in your aspect?

6.宣教士为什么选择学习华语而不是其他台湾方言？

Why did you choose to learn Mandarin rather than other dialects?

7.其他补充或建议。

Other ideas or suggestions.

CFL学生华人文化认知研究

——以印度尼西亚××大学调查为例

彭妮丝
中原大学应用华语文学系

摘　要：语言的习得可以帮助学生文化的习得，同样，文化习得可以促进他们的语言学习，文化知识的积累，有助于他们更好地理解和使用语言。文化依其内涵可粗分为有形内容与无形内容两种，此二者构成完整意义的文化。前者为文化的表层，可以直接去感受和了解；后者则隐藏于文化活动的背后，需要用心领悟。文化中隐含许多隐性知识（如价值理念），隐性知识显性化是一种语言过程，也是一种符号化的过程，就文化教学层面而言，也是一种深层文化自我反思的过程。再者，什么是CFL（Chinese as a Foreign Language，以华语为外国语的教学）学生既有的华人文化认知？学生又是以何种文化认知为基础来理解异文化？教师如何传授显性文化与隐性文化？基于上述问题，本研究以印度尼西亚××大学中文系学生为对象，进行CFL文化认知问卷调查。首先编拟问卷，内容包括华人文化认知途径、华人文化认知内容、华人文化教学法等面向，进行探析，继而提出华人文化教学之些许建议。

关键词：CFL；文化认知；问卷调查；隐性文化；文化教学

1. 前言

语言的习得可以帮助学生文化的习得，同样，文化习得可以促进他们的语言学习，文化知识的积累，有助于他们更好地理解和使用语言。语言教学必须与文化教学同时进行，只有将语言教学放在文化教学的大背景下，才能更好地培养学生的跨文化交际意识，提高学生的跨文化交际能力。

文化依其内涵可粗分为有形内容与无形内容两种。所谓有形内容，指直接构成传统文化外在形态的祭典、娱乐、饮食等活动。无形的内容即传统所载负的深层历史文化。前者为文化的表层，可以直接去感受和了解；后者则隐藏于文化活动的背后，需要用心领悟，此二者构成完整意义的文化。一般对于文化的认知刻画，多着眼于有形内容，对于传统文化所载负的深层历史文化则鲜少触及。又，传统的文化教学往往是以知识文化的讲述为主，这些文化常识由于时间和空间的两大阻碍，与生活在当代和异国的学生的距离甚远，容易使学生产生隔阂，进而影响教学效果（华霄颖，2007）。交际文化教学，除了语言知识技能的教授，注重日常生活语风俗习惯知识点的介绍，辅助于目的语国家的文化背景知识；这种教学的特点是具体易行，实用性强，对提高交际能力效果显著（延辉，2010）。

文化中隐含许多隐性知识（如价值理念），隐性知识显性化是一种语言过程，也是一种符号化的过程，就文化教学层面而言，也是一种深层文化自我反思的过程；所以文化内容的取向和取舍、文化内涵的概括和阐释、文化特征的理解和应用、文化教学观念的意识等就不应过于单一、过于执着与绝对。

什么是CFL学生既有的华人文化认知？学生又是以何种文化认知为基础来理解异文化？教师如何传授显性文化与隐性文化？基于上述问题，本研究以印度尼西亚××大学中文系学生为对象，进行CFL文化认知问卷调查。首先编拟问卷，内容包括华人文化认知途径、华人文化认知内容、华人文化教学法等面向，就巨观社会时空到微观的个人体验，进行探析，继而提出华人文化教学之些许建议。结言之，本研究之目的如下：

（1）探讨 CFL 学生华人文化认知情况。

（2）探讨 CFL 学生以何种文化认知为基础来理解异文化。

（3）探究 CFL 教学上采何种方法让学生理解所欲传授的文化信息。

2. 文献探讨

2.1 文化教学的内容

Galisson从功能的角度将语言教学中的文化内容分为“知识文化”和“大众共有文化”。“知识文化”是人们描述、表述出来的一种显形抽象文化，属知识范畴；讲授“知识文化”的目的是使学生了解目的语文化中那些能够反映其民族思想、历史、地理、艺术和科技等背景性系统知识；讲授的方式多为独立于语言外专门设计的文化课程。所谓“大众共有文化”（或称交际文化），主要指人们具有实践的日常生活文化，其首要特质是隐含在目的语语言和非语言当中，却常常反映目的语国家的价值观念、道德取向、社会习俗、心理状态和思维方式等。因为是隐含的，所以目的语国家的人常常只需意会，无须言表（傅荣，2010），具有实时与实践性、抽象概念与非系统性等隐性知识的特质。

外语教学在微观层面，是培养语言知识的掌握和语言技能运用的能力；在中观层面，目的是培养交际能力。交际能力是指在具体语境中得体地使用语言的能力，它包括社会语言能力、语篇能力和策略能力（胡文仲、高一虹，1997）。交际能力不仅包括语言方面的能力，还包括非语言的能力。在各层面能力的培养中，文化因素渗透到各个层面，不仅表现在目的语词汇中特殊的文化义涵，独特的句法和语篇结构，并体现在目的语所代表的一整套行为规范、思想模式，以及支配人们行为的世界观和价值观（延辉，2010：40）。

日常性原则是将文化教学内容具体可感化，使文化教学内容贴近学生的日常生活，让他们在日常生活中感受中华文化的精髓（华霄颖，2007：58）。Estaire和Zanon（1994）认为发展任务导向单元教学架构，起始点应该选择主题或是有兴趣的领域，其认为主题内容应依教学目的而不同，基本原则为：话题熟悉性、本身的兴趣、话题关联性。想要让初学者兼顾语言与文化，并不容易，所以初级中文教材的内容背景应以校园文化为主，让学生学习以中文表达自己熟悉的事物，阅读材料取自真实材料改写，先学会掌握句型、发音等语言本身为要。

传统的文化教学往往是以知识文化的讲述为主，这些文化常识由于时间和空间的两大阻碍，与生活在当代和异国的学生的距离甚远，容易使学生产生隔阂，进而影响教学效果（华霄颖，2007）。交际文化教学，除了语言知识技能的教授，注重日常生活语风俗习惯知识点的介绍，辅助于目的语国家的文化背景知识；这种教学的特点是具体易行，实用性强，对提高交际能力效果显著，缺点是比较肤浅，容易形成刻板印象（延辉，2010），这也是在进行华语文文化教学所必须注意的。

华语文教学中的文化教学，所应结合的文化应以当代文化、主流文化、与语言交际密切相关的文化为主；然而在教学实践中，对这样的原则无法固着，许多情况下当代文化跟古代文化往往不容易截然划分，主流和非主流也非泾渭分明。

2.2 华语文教学中的文化导入

张英认为对外汉语教学的比重，其规律是：由少到多、逐步增加；并认为语言教学与文化教学的比重，在初级约为5：1，中级阶段约为4：1，高级阶段则要上升到3：1（程书秋、郑洪宇，2008：119）。赵贤州（1992）提出，文化导入必须遵循阶段性、适度性、规范性和科学性的原则，即文化的导入要适合学生语言水平、适应语言教学需要，以及要传授目的语国家的通用文化。再者，赵金铭（1997）认为应取双向文化的态度，介绍自己，亦应旁及他人。又程棠（2000）强调从文化差异的角度来考虑文化教学内容的可接受性。

李泉（2007）认为文化教学的刚性原则，是基于外语教学的性质、特点、目的及文化内容本身的特点而提出的，要求教师在教学过程中应掌握并予以执行，此类内容如：（1）语言教学的同时要进行文化教学；（2）语言教学必须教授的是与语言交际密切相关的交际文化因素；（3）与语言交际相关的文化因素的教学要与语言教学的阶段性相适应；（4）教师应持有开放的文化心态；（5）教学应增强对文化差异敏感性和包容性；（6）具有不可更改性的文化内容应采用刚性教学原则。

Krashen（1985）认为，一个人的第二语言习得是在自然语言环境下，学习者大量地接触略高于自己现有水平的可理解性语言输入自然而然地习得语言。在不同民族的文化中，存在一些共性的因素，即所谓的“文化偶合现象”。“文化偶合现象”在第二语言和文化习得过程中将起到“正迁移”的积极作用（程书秋、郑洪宇，2008）。

克服不同文化之间的交际障碍语文化冲突的最好办法是进行文化比对；文化对比是指围绕某一篇文章或主题进行本国文化与异国文化之间的差异对比，并围绕这些差异进行相关讨论。进行文化对比有助于学生清楚地了解异国文化，培养跨文化意识，讨论将学生置身于目的语文化氛围中，易于提高学生的积极性，同时还能加强对母语文化的理解（张学进，2010）。对比的重点是差异和冲突，目的是遏止负迁移；对比的原则是只比异同，以共时对比为重点，着眼于解决交际中的实际问题（华继万、张德鑫，1994）。

文化的三个层次：社会规范体系、语言符号及价值观三者，即使显在的文化因素在文化流转中消失，但根植于个体内心深层的核心文化价值观，仍长期保存。华语文中的文化教学，最佳的方式是将显性教学法和隐性教学法相结合，在一堂课中以语文教学技能为主，在语文学习的过程中学习文化，既有文化知识的导入和对比，又有培养跨文化交际能力的实战操练，使学生在有意识学习文化知识的同时，能够运用并内化这些知识。

2.3 隐性知识之内涵与转化

Polanyi（2005）认为我们通常所说的“知识”可以用书面文字或地图、数学公式来表述，这只是知识的一种形式，还有一种知识无法系统表达，这类知识如有关自己行为的、习惯的某种知识。倘若将前一种可以文件化、标准化、系统化的知识，可诉诸文字传授给他人，和客观事实的知识，称为显性知识；与之相对的是默会的、无法言喻的知识，即称之为隐性知识（tacit knowledge）。Polanyi并指出隐性知识是自足的，显性知识必须依赖隐性知识，因此想要掌握任何一门学科，都必须充分重视蕴涵在此学科内的隐性知识。

Nonaka与Takeuchi（1995/1997）进一步将Polanyi所提知识转换观念加以阐释，认为隐性知识是无法用字或句子表达的知识，包括认知技能和透过经验衍生的技术能力；外显知识则是具条理及系统化的知识，因而很容易传播与分享。Nonaka与Takeuchi提出知识转化的SECI模型（Socialization、Externalization、Combination、Internalization），利用转化的概念说明知识的创造是由“共同化”（由隐性知识到隐性知识）、“外化”（将隐性知识转化为外显知识的过程）、“结合”（由外显知识到外显知识），及“内化”（由外显知识到隐性知识的转换过程），四种知识转化模式不断循环的结果，将外显与内隐的知识做进一步的诠释（如图1）。

	隐性知识	外显知识
隐性知识	共同化 （共鸣的知识）	外化 （观念性知识）
外显知识	内化 （操作性知识）	结合 （系统化知识）

图 1　知识转换模式

资料来源：Nonaka, F., & Takeuchi, Hirotaka.（1997）.创新求胜—智价企业论（杨子江、王美音译）。台北：远流出版社。（原著出版于 1995）

隐性知识对创造的作用，往往通过酝酿、直觉、灵感和顿悟等体现，这些创造性认知加工主要表现为内隐性质，而这些加工过程需要利用个体已经获得的大量隐性知识（周治金、杨文娇，2007，78页）。不同的知识分享互动方式所隐含的知识特性不同，由内隐程度较低的文件管理、提案制度、课堂讲授、教育训练、师徒制度，以至于内隐程度高的亲身感受，其间的内隐程度将逐渐增加（刘宗其、谭大纯，1999，196页）。至于能否了解及能够了解多少隐性知识，则取决于个体对自身隐性知识的敏感度。

从隐性知识的表现形式来看，主要有经验、技能、诀窍、直觉、灵感、权威等面向。与显性知识相比，隐性知识具有以下一些特征（李祚、张开荆，2007；彭妮丝，2009；彭莲好，2005；缪小春、杨金鑫，2004；Polanyi, 2005）：内隐学习的过程是自动且稳定的、非正式性、非系统性，内隐学习的结果是无意识的、具有文化及抽象概括性。再者，富含实时与实践性，隐性知识与其载体是无法分离的，所以隐性知识需要实践和亲身体验。

3. 研究方法

本研究设计、研究对象、研究工具、数据处理，分述如下。本研究以印度尼西亚××大学中文系学生为对象，进行CFL文化认知问卷调查。印度尼西亚××大学是一所私立大学，位于印度尼西亚雅加达西区，成立于2002年，目前约有300多位学生。除了学习中文的技能（听说读写），也提供学生学习中国的历史、艺术、文学等课程，以提高学生的中文能力。

问卷施测期间为2013年6月。本次的问卷调查，研究对象，男6人，女44人，共50人。研究对象年龄层分布，集中于22岁，占54%（见表1）。研究首先编拟问卷，内容包括华人文化认知途径、华人文化认知内容、华人文化教学法等面向，由研究生吴旖旎①同学协助翻译，于网页上进行问卷调查。②资料分析主要以描述性统计进行。

表1 研究对象

性别	人数	比例	年龄	人数	比例
男	6	12%	20	1	2%
			21	8	16%
			22	27	54%
女	44	88%	23	8	16%
			24	6	12%
总和	50	100%		50	100%

4. 研究分析与讨论

以下就CFL同学文化认知基础、文化认知情况，以及多实行何种文化教学方式，分述之。

4.1 以何种文化认知为基础来理解异文化

文化学习与华语文学习之关系，认为文化课程可以让其更完整地认识中华文化者，认同以上者占68%。认为文化课程可以提升学习华语文的动机，认同以上者占44%。透过文化学习可以了解华人的沟通方式、基本的沟通礼仪，加强跨文化沟通能力，认同以上者占76%。认识中华文化，并比较自己的文化与中华文化的异同，可以培养其跨文化意识，认同以上者占68%。华文化知识可以增进华语文能力，认同以上者为76%。可知，文化学习与华语文之间的关系，依序为：可以增进华语文能力与文化沟通能力，其次为认识中华文化与培养跨文化意识，提升华语文学习动机者排序最后。

在“了解中华文化会因地区的不同而有不同的做法”这题，认同以上者占56%，30%认为普通，但有14%不认同；对于中华民俗文化的认识，认同以上者亦有52%，惟不认同者比

---

①为印度尼西亚建国大学员工，至台湾研读华语文。

②2013/7/1 问卷调查网址：https://docs.google.com/forms/d/1tSUFK6T_L_FonYn23dS0A7sCmFa_5PVy516m3e_1tp4/viewform.

例略高，达12%。

当问及“中华文化知识可以增进我的华语文能力”时，认同以上者占76%，仅有4%表不认同。在“认识中华文化时，比较自己的文化与中华文化的异同，可以培养我的跨文化意识”这题，认同者占68%，但亦有16%表不认同；显示学生对于文化对比以培养跨文化意识方面认识方较低。然而在“我大概知道中华文化与我国文化的差异或相似的地方”，40%表认同，44%表普通，仅4%表不认同，对于两文化差异的实际认识，又高于跨文化意识培养的认知。

Bennett（1997）认为教师应重视语言教学中的文化内涵，而最有效的方法则是对于母语文化（first culture, C1）和第二文化（second culture, C2）的文化比较法（culture-contrast approach），其并提出了比较的三步骤：（1）使学生了解C1的价值观（values）、信念（beliefs）、思想模式（thought patterns），与社会行为（social actions）；（2）比较C1与C2，特别是C2中那些C1所没有的概念，因为那便是跨文化沟通成功之钥；（3）外语学习的评量项目，不应限于词汇与语法，也应考察得体的语用与决策方式等文化概念。

表 2　以何种文化认知为基础来理解异文化

问卷内容（一）	很正确	正确	普通	不正确	很不正确
A1.文化课程可以让我更完整地认识中华文化。 Mata kuliah budaya dapat membuat saya lebih mengenal budaya China sepenuhnya.	16%	52%	32%	0	0
A2.文化课程可以提升我学习华语文的动机。 （Mata kuliah Budaya dapat membuat saya meningkatkan motivasi untuk mempelajari bahasa Mandarin）	8%	36%	46%	10%	0
A3.透过文化学习，让我了解华人的沟通方式、基本的沟通礼仪，加强跨文化沟通能力。 Dengan mempelajari budaya, membuat saya lebih memahami cara berkomunikasi orang Chinese, etika dasar berkomunikasi dan meningkatkan kemampuan berkomunikasi lintas budaya. (lintas budaya=komunikasi atau pertukaran antara dua orang yang mempunyai budaya yang berbeda)	2%	74%	12%	12%	0
A4.认识中华文化时，比较自己的文化与中华文化的异同，可以培养我的跨文化意识。 Pengenalan terhadap budaya China serta membandingkan budaya sendiri dengan budaya China, dapat memupuk kesadaran saya tentang lintas budaya.	0	68%	16%	16%	0
A5.中华文化知识可以增进我的华语文能力。 Pengetahuan tentang budaya China dapat memajukan kemampuan bahasa mandarin saya.	14%	62%	20%	4%	0
A6.我大概知道中华文化与我国文化的差异或相似的地方。 （Saya kira-kira mengetahui perbedaan dan persamaan budaya China dan budaya negara sendiri）	12%	40%	44%	4%	0

4.2 华人文化认知情况

文化依其内涵可粗分为有形内容与无形内容两种。所谓有形内容，指直接构成传统文化外在形态的祭典、娱乐、饮食等活动。无形的内容即传统所载负的深层历史文化。前者为文化的表层，可以直接去感受和了解；后者则隐藏于文化活动的背后，需要用心领悟，此二者构成完整意义的文化。以下就日常生活中的有形文化与隐性文化，以及知识文化，分述之。

（1）日常生活有形文化

CFL学生对于日常生活中有形的中华文化产物者之认识，非常认同者占16%，认同者占62%，认为普通者占22%。至于中华食衣住行等有形文化产物的文化内涵，了解比例则较低，多数为普通占68%，亦有6%不认同。

（2）日常生活隐性文化

大概知道华人社会互动的模式与习惯，如风俗节庆、生活习惯、社会礼仪与禁忌，认同者占62%，普通者占38%。对于中华的传统节庆、习俗，非常认同者占14%，认同者占66%，普通者占20%，普通以下者则无。吊诡的是，对于当代华人风俗、生活习惯、社会礼仪的了解，非常认同者占8%，认同者占48%，普通者占30%，不认同者占14%。这显示，对于传统节庆风俗等的了解，高于当代华人风俗习惯。

同样是隐性文化认识，对于“孝顺”这类文化的认识，很认同者占14%，认同者占64%，普通者占18%，但有4%不认同；至于对“宗教、信仰”这类隐性文化的认识，非常认同者占6%，认同者占56%，普通者占34%，同样也有4%表示不认同。上述显示，对于华人“孝顺”这类文化的了解，高于对于“宗教、信仰”这类文化的了解。

（3）知识文化

知道中国大陆和台湾的各大城市、景点及地理、历史等。认同以上者占60%，其余40%认为普通。对于传统思想文化认识方面，对于当代华人文学的了解，认同者占14%，普通者占42%，不认同者占36%，非常不认同者占8%；中华古典文学、传统戏曲方面的认识比例，与上述相近，认同者占14%，普通者占46%，不认同者占36%，非常不认同者占4%。对于当代文学与古典文学的认识相当，惟对当代华人文学的认识，表示很不正确者占8%，略高于对于古典传统文学戏曲很不正确的4%。至于中华传统的思想，如孔子思想，了解的同学比例较高，非常认同者占4%，认同者占40%，普通者占48%，普通以下仅占8%。

对于中华节庆文化活动的内容的了解，76%同学表示认同；但对于中华节庆活动背后的文化含义，及与中华节庆相关的传说故事的认识，认同以上者则占48%及66%，于文化意涵方面，有8%不认识，传说故事不认识者则略低，约4%。

表 3　华人文化认知

问卷内容（二）	很正确	正确	普通	不正确	很不正确
B1.我大概知道日常生活中有形的中华文化产物，如饮茶、服装等。（Saya kira-kira mengetahui benda budaya China yang konkret dalam kehidupan sehari-hari, seperti teh, pakaian dll）	16%	62%	22%	0	0

续表

问卷内容（二）	很正确	正确	普通	不正确	很不正确
B2.我大概知道中国大陆和台湾的各大城市、景点及地理、历史等。（Saya kira-kira mengetahui kota-kota besar, tempat wisata, geografis, sejarah, dll China daratan dan Taiwan）	4%	56%	40%	0	0
B3.我大概知道中华文化会因地区的不同而有不同的做法，如广东人、客家人的饮食文化不完全相同。（Saya kira-kira mengetahui budaya China dapat dikarenakan daerah yang berbeda maka adanya perbedaan aturan, seperti perbedaan budaya makanan dari orang Kanton dan orang Hakka）	8%	48%	30%	14%	0
B4.我大概知道华人社会互动的模式与习惯，如风俗节庆、生活习惯、社会礼仪与禁忌。（Saya kira-kira mengetahui cara dan kebiasaan interaksi masyarakat Chinese, seperti adat hari raya, kebiasaan sehari-hari, etika masyarakat dan larangan）	6%	56%	38%	0	0
B5.我大概知道中华文化隐性的知识，如孝顺。（Saya kira-kira mengetahui pengetahuan budaya China yang abstrak, seperti berbakti pada orang tua）	14%	64%	18%	4%	0
B6.我大概知道中华文化隐性的知识，如宗教、信仰。（Saya kira-kira mengetahui pengetahuan budaya China yang abstrak, seperti agama, kepercayaan）	6%	56%	34%	4%	0
B7.我大概知道中华的传统节庆、习俗。（Saya kira-kira mengetahui hari raya dan adat istiadat tradisional China）	14%	66%	20%	0	0
B8.我大概知道当代华人风俗、生活习惯、社会礼仪。（Saya kira-kira mengetahui adat ıstıadat modern, kebiasaan sehari-hari dan etika masyarakat orang China）	8%	48%	30%	14%	0
B9.我大概知道当代华人文学。（Saya kira-kira mengetahui sastra modern karya sastrawan China）	0	14%	42%	36%	8%
B10.我大概知道中华古典文学、传统戏曲。（Saya kira-kira mengetahui sastra kuno dan drama tradisional China）	0	14%	46%	36%	4%
B11.我大概知道中华传统的思想，如孔子思想。Saya sekiranya mengetahui ideologi tradisional China, seperti Konfusius.	4%	40%	48%	6%	2%
B12.我大概了解中华节庆文化活动的内容。Saya kira-kira mengetahui kegiatan budaya China yang dilakukan pada saat hari raya.	12%	64%	4%	0	0
B13.我大概了解中华节庆活动背后的文化涵意。Saya kira-kira mengetahui makna dari kegiatan budaya China yang dilakukan pada saat hari raya.	10%	38%	44%	8%	0

续表

问卷内容（二）	很正确	正确	普通	不正确	很不正确
B14.我大概了解与中华节庆相关的传说故事。（Saya kira-kira mengetahui cerita legenda yang berhubungan dengan hari raya China）	8%	58%	30%	4%	0
B15.我大概了解中国民俗文化。（Saya kira-kira mengetahui adat istiadat China）	6%	46%	36%	12%	0
B16.我大概了解中华食衣住行等有形文化产物的文化内涵。（Saya kira-kira mengetahui makna dari budaya benda konkret seperti makanan, pakaian, tempat tinggal dan transportasi China）	10%	16%	68%	6%	0

4.3 教学上采用何种方法让学生理解

在文化课程教法上，老师最常使用的方法为传统解说方式，经常使用以上者达66%，偶尔使用达30%。其次，借由阅读民间故事，透过文学作品了解中华文化者，经常使用此方法者为16%，偶尔使用者为60%。再者，利用实物、图片，或图画来介绍中华文化（经常使用以上者达26%，偶尔使用者为36%），以及观赏影片（经常使用以上者达16%，偶尔使用者达46）者并列第三。

较不常用的教学法，如利用角色扮演的方式，让学生体验中华文化者，经常使用仅4%，偶尔以上者亦仅18%，很少使用者为36%，不曾使用者达46%。还有就情境布置，经常使用为8%，很少使用者达42%，不曾使用者为34%。以及主题教学，经常使用以上者为16%，很少使用者为24%，很少使用者占24%，不曾使用者则达26%。

以上显示，情境教学、任务导向教学与体验式教学等教学法，较少使用。

表 4　文化课程教学法

问卷内容（三）	总是使用	经常使用	偶尔使用	很少使用	不曾使用
C1.老师会用实物、图片，或图画来介绍中华文化。(Dosen menggunakan benda nyata, gambar atau lukisan untuk memperkenalkan budaya China)	4%	22%	36%	30%	8%
C2.老师会采解说的方式来教授中华文化。(Dosen menggunakan cara menjelaskan dalam mengajar budaya China)	18%	48%	30%	4%	0
C3.老师会利用角色扮演的方式，让我们来体验中华文化。(Dosen memakai cara memainkan peran tokoh agar kami bisa merasakan budaya China) misalkan membuat drama	0	4%	14%	36%	46%
C4.老师会设定一个主题，让我们进行文化报告。(Dosen menetapkan sebuah tema agar kami membuat laporan) (misalkan dosen tugas memberikan tema Hari raya Imlek, maka laporan kalian berisi tentang apa saja kegiatan, makanan dll yang berhubungan dengan Imlek.)	4%	12%	34%	24%	26%

续表

问卷内容（三）	总是使用	经常使用	偶尔使用	很少使用	不曾使用
C5.老师会给我们任务，借由任务的完成理解中华文化。(Dosen memberikan tugas, dengan selesai tugas maka akan kami memahami budaya China tersebut) (misalkan dosen memberikan tugas membuat bacang untuk hari raya bacang setelah dosen tersebut memberikan penjelasan tentang kegiatan hari raya tersebut, setelah selesai membuat bacang, kalian akan lebih memahami makna dibalik pembuatan bacang di hari raya tersebut.)	0	6%	46%	18%	30%
C6.老师会布置情境，让我们参与中华民俗节庆活动。(Dosen menciptakan suasana agar kami dapat berpartisipasi dalam kegiatan perayaan adat istiadat China)	0	8%	16%	42%	34%
C7.老师会让我们观赏并讨论华人生活影片。(Dosen mengajak kami menyaksikan dan mendiskusikan film tentang kehidupan orang China)	4%	12%	46%	22%	16%
C8.老师会让我们阅读民间故事、华人文学等素材，透过文学作品了解中华文化。(Dosen mengajak kami membaca cerita rakyat, karya sastrawan China serta materi lain. Melalui karya sastra untuk memahami budaya China)	2%	14%	60%	14%	8%

5. 结语

一般对于文化的认知刻画，多着眼于有形内容，对于传统文化所载负的深层历史文化则鲜少触及，这类“无形的内容”即属于隐性知识的范畴。CFL学生在华人文化认知方面，显性文化知识的认识大于隐性文化知识，如对于中华节庆文化活动的内容的了解，高于节庆活动背后的文化含义；再者，同样是隐性文化也会有不同的认知，如学生对于华人“孝顺”这类文化的了解，高于对于“宗教、信仰”这类文化的了解。再者，学生对于传统节庆风俗等的了解，高于当代华人风俗习惯。文化中隐含许多隐性知识（如价值理念），此类文化知识的学习，大抵可透过行动中学习、学习社群的营造、内省、过程回忆与情境模拟、文化对比等途径习得（彭妮丝，2012）。

印度尼西亚××大学，除了学习中文的技能（听说读写），也提供学生学习中国的历史、艺术、文学等课程，文学课程方面主要教授现代华文为主。吊诡的是，同学对于当代文学与古典文学，两者的认识相当，惟对当代华人文学很不认识的比例略高于古典传统文学戏曲；再者，同学对于传统节庆风俗等的了解，亦高于对当代华人风俗习惯的了解，均是值得进一步探讨的课题。

参考文献

[1]李泉（2007），《文化教学的刚性原则和柔性原则》，《海外华文教育》，总第 45 期，

第 11—32 页。

[2]李祚、张开荆（2007），《隐性知识的认知结构》，《湖南师大学社会科学学报》，第 4 期，第 38—41 页。

[3]延辉（2010），《论中国外语教学中的文化教学》，*US-China Foreign Language*，第 8 卷第 2 期，第 40—45 页。

[4]胡文仲、高一虹（1997），《外语教学与文化》，湖南：湖南教育出版社。

[5]张学进（2010），《大学英语中的文化教学——以〈大学英语〉（全新版）第四册为例》，《沙洋师范高等专科学校学报》，第 11 卷第 3 期，第 18—21 页。

[6]傅荣（2010），《外语教学中文化教学法的演变与分类》，《法国研究》，第 3 期，第 90—93 页。

[7]程棠（2000），《对外汉语教学目的原则方法》，北京：华语教学出版社。

[8]程书秋、郑洪宇（2008），《对外汉语文化教学研究述评》，《继续教育研究》，第 3 期，第 118—120 页。

[9]赵贤州（1992），《关于文化导入的再思考》，《语言教学与研究》，第 3 期。

[10]彭妮丝（2009），《生命关怀视域中之语文教学研究——以隐性知识显性化为基础之探究》，《高雄师大学报》，第 27 期，第 45—66 页。

[11]彭妮丝（2012），《短期游学课程设计与实施—沉浸课程/任务教学设计为基础》，《中原大学华语学报》，第 10 期，第 75—99 页。

[12]彭莲好（2005），《隐性知识的定义、特征及分类》，《咸宁学院学报》，第 25 卷第 5 期，第 97—99 页。

[13]华霄颖（2007），《海外华校文化教学现状与思考》，《海外华文教育》，总第 44 期，第 54—58 页。

[14]华继万、张德鑫（1994），《对外汉语教学中语言文化研究的问题》，《语言文学应用》，第 2 期。

[15]龙又珍（2009），《中级汉语口语中的文化教学法探析——以〈中级汉语口语〉为例》，《云南师范大学学报》（对外汉语教学与研究版），第 7 卷第 2 期，第 68—72 页。

[16]刘宗其、谭大纯（1999），《台湾惠普公司之知识创造与扩散》，《会计研究月刊》，第 169 期，第 34—42 页。

[17]缪小春、杨金鑫（2004），《语文教学中的内隐学习》，《心理科学》，第 27 卷第 3 期，第 524—527 页。

[18]Bennett, M. J. (1997). How Not to be a Fluent Fool: Understanding the Cultural Dimensions of Language. In A. E. Fantini, (Vol. Ed.) & J. C. Richards (Series Ed.). (1997). *New Ways in Teaching Culture*. New Ways in TESOL Series Ⅱ: Innovative Classroom Techniques (pp.16—21). Alexandria, VA: TESOL.

[19]DeFillippi, R., & Ornstein, S. (2003). Psychological Perspectives Underlying Theories of Organizational Learning. In M. Easterby-Smith & M. A. Lyles (Eds.), *Handbook of Organization Learning and Knowledge Management*. Malden, MA: Blackwell Publishing Ltd.

[20]Estaire, S. and Zanon, J. (1994). *Planning Classwork: A Task-base Approach*. Oxford: Macmillan Heinemann.

[21]Krashen, S. D. (1985). *The Input Hypothesis: Issues and Implication* (M). London: Longman.

[22]Nonaka, F., & Takeuchi, Hirotaka. (1997). 野中郁次郎、竹内弘高，创新求胜——智价企业论（杨子江、王美音译），台北：远流出版社。（原著出版于 1995）。

[23]Polanyi, M. (2005). *Personal Knowledge-Towards a Post-Critical Philosophy.* London: Taylor & Francis E-Library.

[24]Sallis, E. , & Jones, G. (2002). *Knowledge Management in Education*. London: Kogan Page.

台北教育大学“华语文教学硕士班”之设计理念与学生需求研究

林于弘
台北教育大学

摘　要：本论文之写作，旨在论述台北教育大学“华语文教学硕士班”之设计理念与学生需求。首先，将介绍台北教育大学“华语文教学硕士班”之源起、招生、设计理念及其课程架构，其次，则为修课学生之基本数据与需求，以及专业教学能力认知的问卷分析。借由文献探讨与问卷分析的比对，一方面可以了解学校课程设计的初衷与施行现况，另一方面也可以针对学生的背景、需求及相关认知，进行必要的课程改革与因应策略，以充分达成本硕士班设立之积极目标。

关键词：华语文；华语文教学硕士班；设计理念；学生需求；台北教育大学

1. 前言

随着21世纪的到来，华语文的学习风潮已经席卷全世界，全世界有85个国家，超过三千万人正在热学中文（张富美，2005）。光以美国来看，1930年只有6所大学开设中文课程，但是到1995年已增加到439所大学，华语已是美国的第三大语言（信世昌，1995；宋如珊，2004）。加上近年来中国大陆的经济蓬勃发展，更带动华语文的学习热潮。估计在2010年时，会有超过一亿的非华裔人士学习华语文（苏鹏元，2008）。在韩国、日本，最热门的外文系是中文系，可见华语文的教学、教材与师资培训，将会是未来最值得期待的显学。

以往的华语文教学市场本来是以台湾为主，包含教材、教法、教师与研究。但是近年来，大陆以华语文推展国际文化交流的作为愈来愈见积极，而台湾则日渐萎缩。自1987年中国国务院成立“汉办”（中国国家汉语国际推广领导小组办公室）后，已与许多国家机构签约开办华语文教学，进行华语文教育与文化输出。至于从2004年开始在海外设立的“孔子学院”，至2012年为止，经过不到十年的时间，在全球已有106国、超过350所的孔子学院设立，这也形成大陆在海外推动汉语教育的重镇。

相对于大陆在对外汉语方面的蓬勃发展，以往由台湾主导的华语文教学优势却快速消失。面对此一现象，除了尽速寻求因应之道，也应积极争取发声的机会。所以近年来，台湾在华语文教育的建设方面也积极急起直追，除了从2006年开始举办“对外华语文教学能力认证考试”之外，目前全台已有超过 30 所大专院校，正式设立华语文教学的相关单位，如此也证明相关单位对海外华语文教学的重视。

依据“教育部统计处”（2013）的统计，在台湾正式修读大专以上学历的外国留学生人数，在 2006 学年度只有 3935 人，但是到了 2012 学年度，已上升至 11554 人，其中以越南（2379 人）、马来西亚（2280 人）、印度尼西亚（1055 人）的人数较多。是以在招收外籍学生与推动对外华语文教育的努力，也已显现出具体的成绩。

台北教育大学在 2006 年 2 月成立“华语文中心”，并在 2007 年 2 月纳入正式编制，积极从事相关的师资培育工作。至于语文与创作学系也将华语文教学的相关能力，列为发展重点，并从 2007 学年第 2 学期开办“华语文教学学分学程”，而对于未来相关计划的精进与推动，将持续针对课程设计与学生需求，进行系列检讨及提出有效的因应对策。

2. 台北教育大学“华语文教学/硕士班”之设计与结构

台北教育大学在研议设立“华语文教学学分学程”之前，曾针对设置“华语文硕士学位学程”、“华语文学士学分学程”、“华语文教学研究所”及转型“华语文教学与应用学系”等四个方向进行评估。在考虑学生需求、人力配置、经费运用及区隔华语文中心的属性之后，决议先以设置“华语文学士学分学程”为先期目标，设立“华语文教学硕士班”为中期目标，尔后再逐步考虑现实状况及需求，适度修正未来的发展方向。

台北教育大学语文与创作学系的“华语文教学学分学程”，在 2007 学年度第 2 学期正式启动，“华语文教学硕士班”虽几经波折，但也在 2011 年 6 月 3 日，奉准设立，并自 2012 学年度起，正式对外招生。首年的招生分为推荐甄试与招生考试，其中推荐甄试有 22 人报名，录取 7 人；招生考试有 72 人报名，录取 7 人，第一年合计录取新生 14 人，其课程设计规划如下：

本硕士班的毕业学分为 36 学分，核心必修科目共 5 科 15 学分，选修课程分为“汉语语言学领域”、“华语文教学领域”与“华人社会与文化领域”三领域，“汉语语言学领域”至少需选修 2 科 6 学分，“华语文教学领域”至少需选修 3 科 9 学分，“华人社会与文化领域”至少需选修 2 科 6 学分。本硕士班核心必修及选修课程规划详如下列：

2.1 毕业学分结构

表 1 毕业学分结构表

性质	学分数	
1.必修	等于	15
2.选修	最低	21
毕业学分数（论文 0 学分）	36	

备注：1.须从事华语文教学实习 100 小时。

2.外语能力须符合教育部认定中高级合格通过。

3.大学部未修过“语言学概论（4 学分）”“中国文学史（4 学分）”者，须补修此二科目。

2.2 核心必修科目

表 2　核心必修科目表

课程名称	学分数	必/选修
汉语语言学研究	3	必修
汉语语法学研究	3	必修
研究方法	3	必修
华语文教材教法研究	3	必修
华语文教学实习	3	必修

2.3 华语文教学领域（需选修至少 3 门）

表 3　华语文教学领域课程表

课程名称	学分数	必/选修
汉字教学	3	选修
华语语音教学研究	3	选修
华语听力与会话教学研究	3	选修
华语阅读与写作教学研究	3	选修
华语文信息处理研究	3	选修
媒体与华语文教学研究	3	选修
华语文计算机辅助教学研究	3	选修
华语文教学与课程设计研究	3	选修
华语文教材编写与分析研究	3	选修
儿童华语文教材与教法研究	3	选修
华语文测验与评量研究	3	选修
华语文现代文学研究	3	选修
华语文古典文学研究	3	选修
华语文古代汉语教学研究	3	选修
华语文教学专题研究	3	选修

2.4 汉语语言学与应用语言学领域(需选修至少 2 门)

表 4　汉语语言学与应用语言学领域课程表

课程名称	学分数	必/选修
汉语语用学研究	3	选修
汉语语义学研究	3	选修
当代语言学理论研究	3	选修
汉语词汇学研究	3	选修
汉语与外语之对比分析与错误分析研究	3	选修
第二语言习得研究	3	选修
中介语分析研究	3	选修
儿童语言发展心理学研究	3	选修
社会语言学研究	3	选修
华语文阅读心理认知研究	3	选修
汉语教学语法研究	3	选修
汉语修辞学研究	3	选修
汉语方言学研究	3	选修
汉语篇章分析研究	3	选修
汉语语体学研究	3	选修

2.5 第二语言教育领域(需选修至少 2 门)

表 5　第二语言教育领域课程表

课程名称	学分数	必/选修
双语教育研究	3	选修
多元智能融入华语文教学专题研究	3	选修
华人文学研究	3	选修
华人哲学研究	3	选修
海外儿童文学研究	3	选修
跨文化比较研究	3	选修
语言与文化研究	3	选修
语言与文学研究	3	选修

续表

课程名称	学分数	必/选修
华人社会与文化	3	选修
华语文教育发展与国际推广	3	选修
海外华侨语文教育专题研究	3	选修
华语文数字典藏与数字学习专题研究	3	选修

2.6 研究领域

表 6 研究领域课程表

课程名称	学分数	必/选修
硕士论文	0	必修

修业规定：

（1）应修学分规定：核心必修课程 15 学分，选修课程 21 学分（汉语语言学与应用语言学领域至少需修习 6 学分以上、华语文教学领域至少需修习 9 学分以上、第二语言教育领域至少修习 6 学分以上），毕业学分合计 36 学分。

（2）欲修习教育学程学分者，另依相关规定办理，不计入本所硕士班毕业学分。

（3）学生毕业前，须取得全民英检英语中高级以上初试检定通过，或修习任何二种外语累计至少十学分。

（4）学生毕业前，须于国内外教育主管机关或专业评鉴团体立案或认可之各级学校（含大学附设之语言中心），以母语非华语者为对象，从事华语课堂教学实习至少 100 小时（含）以上。

（5）学生毕业前，须于国内外与华语文相关研讨会发表文章 2 篇（含）以上或有审查制度之期刊发表论文 1 篇（含）以上。

华语文的学科性质有四，即工具性、人文性、思想性、艺术性，故以华语文为教学之核心而言，需结合学科性质与教学理论。本硕士班整合华语文学科性质与教育理论，期能落实联结“华语文”与“教学”二者，聘请具中文与少、儿教育专长及国际化教师，根基于本校培育儿童与青少年师资的传统，结合华语文学科与现代语言学领域，因应面对母语非华语者之教学对象之需要，规划以少、儿华语教学理论与实务为主的课程。

3. 台北教育大学“华语文教学硕士班”之基本数据与问卷分析

台北教育大学“华语文教学硕士班”为首届开办，因此希望借由问卷调查，了解学生的基本条件及修课需求。问卷于 2013 年 5 月 28 日施测，共发放问卷 12 份[①]，回收 12 份，其

①2011 年度华语文教学硕士班共录取学生 14 人，其中男生 2 人，女生 12 人，但目前男女各有 1 人休学，故仅有 12 人受测。

中有效问卷 12 份，无效 0 份。

首先，就修课学生的性别分析，其中男性 1 人，女性 11 人，男女比率悬殊，而这方面也与学校、系所的性质有关，另一方面也与工作本身的性别趋向有关（参见表 7）。

表 7　台北教育大学 2012 学年度学生人数及性别统计比率表

项目	男	女	比率
大学部学生人数	1034	2078	1：2
语文与创作学系学生人数	44	283	1：6
华语文教学硕士班学生人数	1	11	1：11

其次，就“是否具有他籍（台湾以外）或居留权”进行调查，结果全部 12 个受访学生中，有三个分别具有印度尼西亚、日本、中国香港永久居留权，比率为 25%，而这对未来在推动海外的华语教学时，也可算是利多的因素。

接着，是有关是否修习其他教育学程（含中等、小教、特教、幼教）的调查，其中国小和国中各 1 人，比率为 17%，其余的 10 人（83%）则未修习其他教育学程，这部分的比率相对偏低。事实上，若将华语文学程当成一种“教育学程”的延伸，则修习其他教育学程的相关知能，对于华语文教学应该会有所裨益。否则单以华语文学程的有限课程，在教育理论与实务建构上，恐怕将有所不足。

最后，是有关待遇的问题。本题是以新台币计算，并特别强调“初任”的条件，而学生的回答则如下列（参见表 8）：

表 8　台北教育大学华语文教学硕士班初任华语文教师每月待遇预期表

每月待遇（新台币）	25000 元以下	25001 元～50000 元	50001 元～75000 元	75001 元以上
人数	0	10（83.3%）	1（8.3%）	1（8.3%）

依据问卷资料，绝大部分的学生，希望初任华语文教师时，每个月的待遇（新台币）为 25001～50000 元，而有 1 人希望能有 50001～75000 元的待遇，另 1 人甚至希望能领到 75001 元以上的高薪；但是将薪水设定在 25000 元以下的则没有。事实上，依据“行政院”劳工委员会（2013）调查 2012 年“各教育程度别初任人员每人月平均经常性薪资”的数据显示，从事“教育服务业”的大学学历者的平均薪资为新台币 22424 元，研究所及以上则为 25310 元。修毕华语文教学硕士班的学历为研究所及以上，理论上应该可以达到每个月新台币 25000 元，但若是要更上一层楼，则有待主客观条件的配合。如《商业周刊》曾提出“德国大学教中文，月薪在新台币十三万到十九万”，以及“到美国中小学教中文，平均月薪约为八万三千元”的说法（苏鹏元，2008），但这恐怕不是一般修完华语文学程学生就能获得的理想待遇。不管在台湾或海外，若缺乏充足的学历、经历加持，而且也没有具备其他必要的辅助条件，则过高的期待，也将面临对未来可能失望的巨大落差。

接下来，在问卷的部分，则是华语文相关教学能力的探讨。题目共有 8 题，分别针对注音符号、汉语拼音、聆听、说话、正（繁）体字、简体（化）字、阅读、写作这八个向度的内容，采四点量表进行统计，所得结果详如下列（参见表 9 及图 1）：

表 9　台北教育大学华语文教学硕士班华语文专业教学能力重要程度统计表

题目	平均数	标准差
1.能具备以**注音符号**，进行拼读及书写等要求之教学能力。	3.23	0.73
2.能具备以**汉语拼音**，进行拼读及书写等要求之教学能力。	3.92	0.28
3.能培养良好**聆听**态度、把握**聆听**方法与技巧之教学能力。	3.92	0.28
4.能以流利的国语**说话**，进行各种沟通与表达之教学能力。	3.85	0.38
5.能以**正（繁）体字**，进行形音义等各项认写之教学能力。	3.69	0.48
6.能以**简体（化）字**，进行形音义等各项认写之教学能力。	3.62	0.51
7.能掌握文章特色，运用策略以达成**阅读**目的之教学能力。	3.85	0.38
8.能具备遣辞造句、组织成篇等各项基本**写作**之教学能力。	3.77	0.44

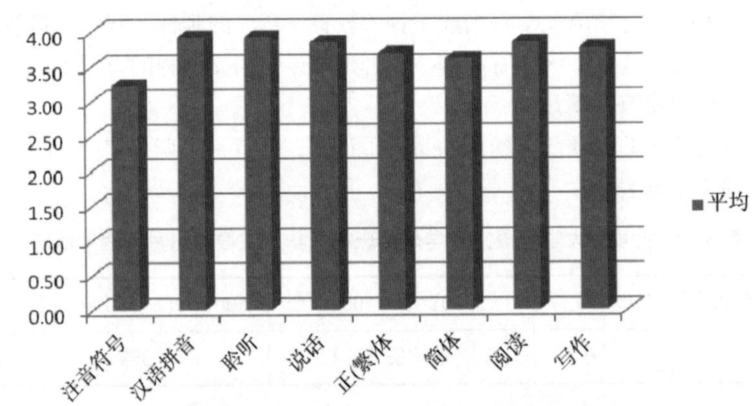

图 1　台北教育大学华语文教学硕士班华语文专业教学能力重要程度长条图

首先，在标音系统的部分，汉语拼音的重要度（3.92）明显高于注音符号（3.23），这和华语文教学的实际情形应该相当符合。接着，聆听（3.92）的平均略高于说话（3.85），也可见其重要性。不过，正（繁）体字（3.69）高于简体（化）字（3.62），则显现台湾在华语文方便的使用特性。另外阅读（3.85）和写作（3.77）的重要性，也都毋庸置疑。

总的来看，在所有的题目之中，以第二题“能具备以汉语拼音，进行拼读及书写等要求之教学能力”和第三题“能培养良好聆听态度、把握聆听方法与技巧之教学能力”所得到的分数最高（3.92），第一题“能具备以注音符号，进行拼读及书写等要求之教学能力”的得分最低（3.23），其余题目的分数，则介于此两者，且都在 3.62 以上，可见由这些项目所得到的肯定结果，也可一窥学生对华语文教学能力的认知趋向。

4. 结论与建议

为因应学习华语文的热潮，台北教育大学陆续成立"华语文中心"，开设"华语文教学学程"、"华语文教学硕士班"，目前已有部分毕业生选择继续深造或投入就业市场，教学绩效的成果也正逐步展现。

台北教育大学目前已与多所国内外大学签订协议，进行学术交流及交换学生等计划，因此对于海外华语文的教学与推广，已奠定稳健的基础。此外，也积极与其他学校、机构或华语文中心建立交流机制，一方面可以增加学生实习、就业的机会，同时也能增进教师与国际合作的经验。

至于在硬件建设的部分，近年来本校也获得"教育部"项目补助，添购视听影音及计算机等设备，并陆续推动华语文教学工作坊及系列专题演讲活动。在校方的既定目标之下，不论是外籍生来台学习华语文，或是台北教育大学的学生前往外国协助推展华语文教育，如今都已初具规模。包括与台北美国学校、欧洲学校、美国旧金山中美国际学校、Towson University、阿帕拉契州立大学、Utah State University、日本群马大学、韩国首尔教育大学、东国大学、泰国 Thia Chinese International School（TCIS）国际中文学校、约旦远东文化语言中心等单位，均已有具体的合作协议。

另本校招收外籍生的脚步也愈见开放，历来外籍学生的来源广及：缅甸、泰国、越南、马来西亚、日本、韩国、法国、贝里斯、美国、捷克、俄罗斯……通过彼此互访与实地的学习考察，不但有助于学校对华语文教育的扎根及扩展，也能协助本系规划更为理想的对外华语文课程，并促成华语文教学的国际合作，强化华语文教育的专业研究及学习推广。

陆俭明（2006）曾明言：汉语教学质量的提升，有赖三方面：⑴高素质的教学团队。⑵高质量的教材。⑶有效的、好的教学模式和教学法。崔永华（2005）也指出：学科建设在不断的解决问题的过程中，认识对外汉语教学现象，揭示其中的规律以指导教学实践发展，完善学科的理论和方法，提高对外汉语教学实践的水平。江惜美（2010）也指出：良好的教材、优良的师资，才能使学习活泼生动而达到预设的目的。是以不论就教学者，还是就教材与教法而言，都是当前华语文教育所必须努力深耕的区块。

台北教育大学华语文教学硕士班仍在肇建之始，是以如何检视并反思课程设计，一方面需要考虑学生的基本需求，另一方面也需针对市场变化而主动因应。以目前的状况来看，华语文教学硕士班仍有为数可观的学生主动报考，而在就业国家（地区）与语言的需求上，同样都是以英美语系的国家及日韩为主，但是渐趋多元的态势也可窥见。另外对待遇的期待也还算合理，不过在华语文专业教学能力重要程度的认知上，似乎也还有需要修正调整的必要。

海峡两岸在对外华（汉）语的推广与教学上，也许可以跳脱零和（zero-sum）的竞争，逐步透过良性的交流合作，运用竞合（Co-opetition）理论的策略，达成互利互惠的双赢（win-win）局面。毕竟台湾与大陆在第一语言的使用上，有高度的重叠与互补，是以在推动华语文教学的课程理论与实务运作上，如何联络互通、扩展视野，相信也是当前所有从事华（汉）语教学者，所必须时刻警醒的重要课题。

参考文献

[1]江惜美（2010），《华语文教学研究》，台北：新学林出版股份有限公司。

[2]“行政院劳工委员会”（2013），《101 年职类别薪资调查》，http://statdb.cla.gov.tw/html/svy01/0139menu.htm，检索日期：2013 年 6 月 9 日。

[3]宋如珊（2004），《新视角：老外学中文，全球发烧》，http://www.twsu.org.tw/modules/ipboard/index.php?showtopic=6443，检索日期：2013 年 6 月 9 日。

[4]信世昌（1995），《华语文教学的科“技”整合》，《华文世界》，第 78 期，第 1—8 页。

[5]崔永华（2005），《对外汉语教学的教学研究》，北京：外语教学与研究出版社。

[6]张富美（2005），《第四届全球华文网络教育研讨会开幕致词》，http://edu.ocac.gov.tw/icice2005/ICICE2005/about.htm，检索日期：2013 年 6 月 9 日。

[7]“教育部国际及两岸教育司”（2013），《各年度台湾学生赴主要留学国家留学签证人数统计表》，http://www.edu.tw/USERFILES/%E5%90%84%E5%B9%B4%E5%BA%A6%E6%88%91%E5%9C%8B%E5%AD%B8%E7%94%9F%E8%B5%B4%E4%B8%BB%E8%A6%81%E7%95%99%E5%AD%B8%E5%9C%8B%E5%AE%B6%E7%95%99%E5%AD%B8%E7%B0%BD%E8%AD%89%E4%BA%BA%E6%95%B8%E7%B5%B1%E8%A8%88%E8%A1%A8(2012).PDF，检索日期：2013 年 6 月 9 日。

[8]“教育部统计处”（2013），《大专校院国际学生人数》，http://www.edu.tw/pages/detail.aspx?Node=3973&Page=17395&Index=0&WID=31d75a44-efff-4c44-a075-15a9eb7aecdf，检索日期：2013 年 6 月 9 日。

[10]陆俭明（2006），《关于汉语教学的学科建设和教材建设问题》，“第八届世界华语文教学研讨会”陆俭明专题演讲。

[11]苏鹏元（2008），《全球中文教师荒职缺达 90 万个》，《商业周刊》，第 1057 期，第 118—122 页。

对外汉语识字教材造字分析及教学运用*

高秀玲
中华语文研习所

摘　要： 随着全世界对汉语的重视日益加深，世界上学习汉语的人口在不断增加，汉语在国际交流中渐渐占有举足轻重的地位，而学习汉语就会接触汉字，要提升汉语能力就必须掌握一定数量的汉字，汉字基础直接影响的便是阅读和写作能力，而学习汉语就要学习汉字。汉字不是拼音文字，在外国学生中仍然普遍存在“汉字难学”的观念，所以在对外汉字教学上一直是个难题，也是亟待解决的问题。本文透过对于许慎《说文解字》“六书”的理解，阐述了“象形”、“指事”、“会意”、“形声”、“转注”和“假借”造字原理在对外汉语识字教学中的重要性。“六书”中的造字法即是前四书（“象形”“指事”“会意”“形声”），笔者试以此四种造字原理作为对外汉语汉字教学的理论基础，借以分析文字结构作为汉字学习的基础轮廓，以目前大学华语中心所使用最频繁的对外汉语教材《实用试听华语第一册》为例，分析其教材中汉字之造字原理以及其造字原理教学法于识字教学中的运用，从而提供一种教学方式，以期能减轻华语老师在教授汉字时的负担，且帮助汉字学习者加深对汉字结构的掌握，进而增进汉字学习的兴趣。

关键词： 汉字教学；造字原理；六书；图解识字教学

1. 绪论

汉字是当今世界上使用人数最多、历史最悠久、文献最丰富的文字，随着中国经济的发展，国际地位的提升，世界上学习汉语的人口在不断增加，汉语在国际交流中渐渐占有举足轻重的地位，而学习汉语就会接触汉字，要提升汉语能力就需要掌握一定数量的汉字，汉字基础直接影响阅读和写作能力。但学习汉字对于外籍生并非是一件轻松容易的事情，尤其对多数母语为拼音文字的欧美学生而言是最头痛的课程，熟悉拼音文字的外籍生往往把汉字看成一幅幅美丽的图案，而每个图案都很类似，他们没有一个逻辑的学习系统去归纳、整理，故对于汉字学习总带着恐惧且排斥的心理。在对外汉语教学过程中，汉字学习是必要的过程，故如何用有效率、有规则、有逻辑性的方式引导学生进入学习汉字领域，了解汉字的来源和

* 本文为“汉字识字教学研究”课堂中部分研究成果，特此感谢周健及周碧香老师对于本文之指导，文中有任何疏漏，责在作者。

汉字的用法，了解汉字文化与中国历史文化知识的关系，进而引发学习的兴趣与动机，便是目前重要的课题。

本文对传统许慎《说文解字》“六书”理论中对前四书“象形”、“指事”、“会意”、“形声”四种造字方法进行阐述。在对外华语汉字教学之运用方面。以四书理论作为归纳、整合的基础，使用适宜的教学法带领外籍生学习汉字，建立学生对于汉字形、音、义的概念。以目前各大学华语中心所使用率最高之《实用视听华语第一册》为例，将四书理论结合现代汉字教学教法，分析该汉字学习教材。

1.1 研究背景

汉字教学是对外汉语教学中非常重要的一环。而对外汉字教学的学习对象是外籍人士，也就是第二语言学习者，并不像本国学习者对于母语已经有一定的语感，且在生活中长期有接触汉字的机会，对汉字较熟悉，故在学习汉字时，并没有特别的困难，学习速度也快，所以本国老师在教授汉字时，无须特别强调“六书”中的造字方法，学生也能从学习过程中自然领悟。而第二语言学习者，通常都有着汉字难学、难懂的既定印象以及根深蒂固的想法，所以在教学中也必须特别花心思去设计和归纳，必将事半功倍。汉字是引导表意文字，包含着形、音、义的概念，在教学时若能以“六书”中造字法来引导学生入门，外籍生对于汉字的归纳，进而提高学习汉字的兴趣、培养对中国字的逻辑概念。因此，用正确的教学法来教授汉字就显得相对重要。

目前在台湾的对外汉字教学中，各大学所共同使用的华语教材为《实用视听华语》，该书共分为五册，每册皆附有课本以及学生作业簿，以随文识字方法来编排学生的课本，学生作业簿内包含课本作业以及汉字练习，并没有特别分别出语言课教材和写字课教材，而是必须同时在课堂上教授语言以及汉字学习，在作业簿部分对于汉字学习也无特别着墨，以致于一方面，老师在授课时间压缩的情况下只能先以语言课为主，所以汉字教学总是不受重视或是被忽略。此情况对于第二语言学习者而言是不利的，在刚接触汉字阶段，若对汉字没有建立好逻辑轮廓，少数初级汉字还可以凭感觉或是硬记起来，但到了中级甚至高级汉语学习阶段，阅读文章内汉字越来越多，写作用字逐渐增加时，就会感觉困难重重，甚至害怕学习汉语。笔者认为，若能在初级阶段，就以造字方法分析字源，让学生明了中国字初略的分门别类，建立学生对于汉字的概念，那么，进入中级阶段时，学生就能依循分类来见字猜音或见字猜义，遵循造字原则增加识字量。

1.2 研究动机与对象

笔者自身从事华语教学七年，以个人教学经验为例，深感外籍生对于汉字学习之恐惧甚至排斥心理，不管是欧美学生抑或是亚洲学生，大部分选择以汉语拼音系统作为学习华语的方式，笔者所教学之机构（TLI）[①]以欧美学生为主，华语教材分为语言学习教材和写字教材，语言学习教材内容着重以强化口语表达建构语言结构，而汉字学习则不在其规划重点范畴内，将语言课程与写字课程分开，学生可以另外选择汉字学习课程，该校教材不在此文讨论

①TLI 为（Taipei Language Institute）中华语文研习所之简称，成立于 1956 年，建校于台湾，开拓发展于中国大陆，是中国对外汉语教学之先驱。有自己独创的，全套完整的教学方法体系下属有 TLI 网络学院、中华语文出版社及全球十几所 TLI 连锁分校。目前在台湾有四所分校。

范围内。而在大学华语中心所共同使用之教材《实用视听华语》，普及使用率为最高，每册皆附有学生作业簿，其作业簿即为学生汉字学习的教材，对象多以亚洲学生为主，该教材并未特别分析汉字来源，以随文识字为主，选择注音或汉语拼音之拼音法为各半，每课汉字量大约有 30 个新字不等，共 12 课。

笔者深觉无论是欧美学习者 TLI 的或是在大学华语中心的亚洲外籍学生，他们共同的特色就是都不喜欢学习汉字。汉字教学课程在整体课程安排中仅属于次要地位，总是不受重视，甚至被忽略，因为教学时间的限制，授课老师无法特别着墨于汉字教学，以致学生学习中高级课程时，当不再有拼音系统辅助发音，必须识别的字越来越多，就会无法顺利阅读文章。因此，研究者认为，对于第一次接触华语的外籍生而言，在初级学习阶段就建立起对于汉字的形、音、义概念，以及汉字来源的规律逻辑是相当重要的。只有在初级阶段就建立好汉字分析规则，在以后的中高级阶段时便可依靠自身对汉字之判断能力来学习，而不因阅读文章而感到困难。

笔者所设定之研究对象为目前各大学华语中心所最广泛使用之华语教材《实用视听华语》，该书共分为五册，笔者以初学者学习之第一册为例，以六书的造字原理分析其各汉字并探讨其教学方法，适当地在华语初学阶段从汉字观念及逻辑学习上帮助学生，以期在初学时即能建立稳固的汉字基础。

1.3 研究目的

根据研究动机，本文期解决华语教师使用《实用视听华语》第一册的汉字问题，在从事初级汉字教学时，加强对汉字的造字原理理论基础逻辑研究，使用适当的教学方法。在初级课程教学时，组织化地建立外籍生对于汉字轮廓概念，并且适宜地运用在教学上，提升教学质量；在学生方面，希望能帮助外籍生建立汉字的形、音、义的概念，让学生因此了解文字结构，不再害怕学习汉字，在初级阶段建立好学习汉字的要点，尔后能靠自学而增进汉字识字量。

2. 六书定义及前人相关研究

2.1 “六书” 定义

“六书”名称，最初见于《周礼·地官·保氏》：“六书”的细目，始见于西汉刘歆的《七略》。用“六书”分析汉字的结构，是从汉代古文经学家始发端。我国历史上关于“六书”的说法很多，但就其名目和名目的次序而言，主要有三家。

第一家是东汉的班固。《汉书·艺文志》：“古时八岁入小学，故周官保氏掌教国子。教之以六书。谓象形、象事、象意、象声、转注、假借，造字之本也。”

第二家是东汉的郑众。《周礼·地官·保氏》注中说：“六书，象形、会意、转注、处事、假借、谐声也。”

第三家是东汉的许慎。《说文解字·叙》：“一曰指事，二曰象形，三曰形声，四曰会意，五曰转注，六曰假借。”

过去的学者通过这三家说法的比较，大都采用了许慎的名称，不仅因为他总结前人的结果，对“六书”名称有具体阐述与分析，《说文解字》分析研究汉字可说是中国古代研究汉字形、音、义的第一本著作。

2.2 “六书”理论发展研究

郑振峰认为，“六书”作为最早阐释汉字结构原理的理论，在汉字研究史上具有划时代的意义和不可磨灭的功绩，但“六书”本身又存在着严重的局限。现代以来，唐兰、陈梦家、裘锡圭等相继提出“三书说”，也就是：第一，象形文字，第二，象意文字，第三，形声文字。开始动摇了“六书”的绝对权威地位，王宁先生则进一步建构了汉字构形理论，使汉字学理论研究向前推进了一大步。

桂春芳认为，由于传统构字理论是以小篆为分析对象，随着字体演变，人们发现传统“六书”理论已不能更好地解释目前的所有汉字材料，于是对三书说、新六书说做出了阐述和分析。李杰群和李树俨也都相继对“六书”提出新的看法，认为传统的“六书”理论不适用于现代汉字字形分析，各自以部首与部件为核心角度来分析汉字的构造结构，以其作为新的阐述与说明。

2.3 “六书”简介

在《说文解字·叙》中，许慎对“六书”有概括性解释：“一曰指事，指事者，视而可识，察而见意，上下是也。二曰象形，象形者，画成其物，随体结诎，日月是也。三曰形声，形声者，以事为名，取譬相成，江河是也。四曰会意，会意者，比类合谊，以见指撝。武信是也。五曰转注，转注者，见类一首，同意相受，考老是也。六曰假借，假借者，本无其字，依声托事，令长是也。”

象形：象形字很容易理解，就是依着事物的模样和特征而构成的字。象形字在我们今天使用的常用汉字中都是一些独体字的基本用字，如“山、水、木、目、人、女、母、手、口”等，象形字的数量不是很大。

指事：有些概念和想法无法用象形的方法表达，就在象形字上加一个简单的符号来表达，如“刀”为象形字，但“刃”无法象形，就在刀口上加一点，表该处为刃所在。如“本、末、寸、尤”等。由于大部分字都不需要用此方式来表达，故在“六书”中指事字的数量非常少。

会意：以两个或是两个以上的独体字组合起来构成一个新的字，表达一个新的字意，又分为“以形会意”和“以意会意”。会意字的例子不少，如“休、出、各、尖、多、益、取”等。

形声：就是合体字，由形符和声符组合而成的字，形符主要来源是象形字，声符来源比较广泛，这些字转化成声符后就成了表音的成分。如“清”是形符，表示这个字的字义跟水有关，“青”是声符，表示这个字的读音。形声造字法是最能产生新字的造字法，据统计，汉字中有 80%以上都是形声字。从形声字外部结构来看，形符和声符分布位置并不固定，分为以下几种：

左形右声：依、材、记、沐、样

右形左声：动、视、郡、故、歌

上形下声：霖、草、菜、筐、鬓

下形上声：想、念、忠、忘、烈

内形外声：闷、闻、辩、问

外形内声：圆、阁、匪、衷

转注：这个定义并不好理解，所以后人各有各的解释。“建类一首”，就是指同一个部首；“同意相受”，就是指几个部首相同的同义字可以互相解释。“老”、“考”就是一对转注字，或“溢、慕、袭”等，转注字很少。

假借：本来没有这个字，借另一个字发音相同或发音相近来表示这个字音和字义。如“其、它、我、东”等，假借字很少。

象形、指事、会意、形声为造字方法，而转注和假借是用字方法，转注和假借在当今汉字的用字法中已不普遍，且实际转注和假借字已不多见，故在本文不予讨论与研究。

3. 六书理论与现代汉字教学

汉字是表意文字，是一种抽象的符号，但其不单单只是一个单纯的概念符号。如许慎在《说文解字》中定义象形字概念为“画成其物，随体诘诎”，而指事字概念为“视而可识，察而见意”，许慎用六书理论分析了九千多个汉字，形成了特有的汉字学理根据。

而汉字由音、形、义构成，虽然现代汉字经过几千年的演变，已经有某些变化，但是许多汉字的结构并没有发生根本的改变，仍然保留其古代汉字的基本结构，虽然我们不能用“六书”理论来分析每一个汉字，但依然可以把“六书”理论系统化地分析汉字，对“六书”理论的分析有助于学生对于汉字结构的了解，对文字的认读及字义理解上的帮助，将其逻辑化地让学生了解其形、义间的相关联性，建构其规律性，了解汉字的构造，减少错读或是错别字的出现，增进写作与朗读的能力。

对外籍生而言，汉字就像一幅画，每个汉字就像一幅幅很类似的图画。一直以来学习汉字都是外籍生的难题，甚至排斥书写汉字，尤其在第一次接触汉字时，对于汉字的学习印象将深深影响尔后学习态度与兴趣，因而若能在学习初期帮助其理解汉字之造字理论与构字逻辑，将能大大地提高学习效率，并且对汉字的来源也能有一定了解，了解汉字的结构与中华文化有着密不可分的连结，外籍生在学习汉字的同时也能学习到博大精深的中国文化，以及中国人的特有精神。

汉字的象形特点，不管是过去或现代都具有其辨识字义的特点，就现代汉字造字法所占比重来说，形声字占最大比例，其次才是会意和象形字，依据象形字的形符概念和形声字声旁的辨音逻辑，将中国字的造字原理清楚而简易地分类而规律化，以此运用于现代汉字教学，是最适合的教学方式，它不因时代变迁而显得老旧，反而因历时而显得更有意义更经得起考验，在对外汉字教学中对第二语言学习者而言，是最好的分析和学习方式。

4. 对外汉字教材教学分析

4.1 教材特色

本文所分析《实用视听华语》第一册，该书共分为十二课，每课皆附有课文对话、生字、文法句型、课后活动以及另附有一本学生作业簿，该作业簿内包括课程的家庭作业以及 30

个左右的新国字，国字部分附有笔顺、部首和注音拼音读音标注，但并未对新国字部分有另加六书批注说明。所有汉字教学完全依附在课本教学内容中，采用分散识字法，汉字识字部分并未独立于该教材之外，而是运用同一本教材和学生作业簿，不但要学习语言课程还要学会写汉字，以致华语老师常因上课时间无法兼顾加上授课时间压缩缘故而牺牲汉字识字教学，造成外籍生总恐惧学习汉字。

4.2 以造字理论分析教材

笔者以许慎《说文解字》“六书”理论中对前四书“象形”、“指事”、“会意”、“形声”四种造字方法之阐述，对《实用视听华语》第一册共十二课分析其造字原理，得到结果如（表1）

表1 L1～L12 造字原理分析

	形声	数量	象形	数量	会意	数量	指事	数量	总计
L1	贵、叫、吗、英、你、么、哪、呢、他、她、谁、湾、李	13	人、不	2	您、姓、先、生、王、我、好、是、美、国、什、名、字、台、华、台（臺）	16	中	1	32
L2	赵、姐、张、啊、很、谢、这、热、课、们、忙、冷	12	小、气、也	3	早、见、天、去、再、久	6	太、上	2	23
L3	欢、电、影、都、汽、书、德、懂、	8	车、要、日、文、西	5	喜、看、视、有、没、买、可、笔、报、法、东	11	本	1	25
L4	枝、钱、种、块、零、给、请、个、杯、那	10	八、毛	2	二、五、六、多、少、分、几、两、找、共、半、位	12	一、三、四、七、九、十	6	30
L5	爸、妈、的、像、还、孩、伯、猫、狗、学、妹	11	儿、弟、女、子、朋	5	家、老、师、对、哥、友、些、男、相	9	片	1	26
L6	想、新、照、机、问、旧、货、觉、万、道、千、校、亿、购	14	了、大	2	得、百、便、宜、卖、知、真、表	8	只	1	25
L7	念、听、在、慢、点、难、画、现、说、唱、歌、吃、饭、菜、喝、写、事、块	18	以、能	2	意、思、教、会、酒、画、做	7			27
L8	常、爱、跳、舞、错、所、亲、噢、茶	9	衣、为、母、水、易	5	最、穿、服、外、定、就、因、件、容	9	父	1	24

续表

	形声	数量	象形	数量	会意	数量	指事	数量	总计
L9	路、馆、楼、附、近、店、房、客、厅、边、旁、离、远、地、桌、椅、底	17	面、方	2	里、图、后、间、屋、商、前	7	下	1	27
L10	到、玩、跟、怎、船、样、时、候、昨、	12	飞、回、来、午、火、已	6	坐、票、累、走、开、从、公、明、今	9			27
L11	钟、头、起、刻、吧、过、床、站、题、每、夜	11	马、门、口	3	等、差、班、休、息、别、睡	7	司	1	22
L12	欧、洲、年、应、该、期、刚、考、试、办、着、急、节、风、景、辆、住	17	月、雨、星、秋	4	旅、行、冬、春、夏、季、号	7			28
总计		152		41		108		15	316
百分比		48%		13%		34%		5%	100%

由以上造字原理分析教材结果可发现，每课有国字 20 到 32 个不等，其分布情况与大多数统计六书分布情况相同，形声占最大多数，其次为会意、象形，而指事字最少，十二课共有 316 个国字,形声字有 152 个占 48%,会意字 108 个占 34%,其次是象形字 41 个字占 13%,指事字仅有 15 个占 5%

4.3 造字原理教学法实务运用

4.3.1 象形字教学

“六书”中的象形，是通过描摹事物的形貌和特征所构成的字，汉字发展至此，虽已失去其象形性，但很多字是由古代的象形字传承下来的。每一个象形字最初都是一幅画，以图画的方式给学生讲解这部分汉字，可以激发学生学习的兴趣，现代多媒体的立体图像也可以使孤立呆板的图画变得有趣，或是将字的古字形的演变展示给学生看，使学生很自然地形成推测汉字发展演变的能力。如：

L1“人”字，这是一个人的侧立形，用一个概括的人形表示一切的人。

L3“车”字，像古时候车子的形状，有轮子。

L3“日”字，就画出太阳的形状，说明该字就是根据太阳形状造出来的。

L6“大”字，是一个人正面站立伸开双臂形，人们认为双手平伸尽力张开是很大的，所以用这个形状代表“大”的意义。

L5“女”字，像一个女子敛手跪着的人形。

L11“口”字，像人的嘴形，而“门”就可以给学生看古时候门的图片。

L12“月”字，像月半角。

在象形字教学中，老师应注意慎选汉字，从字形入手，向学生解释汉字与其所表示的意义之间的关系，避免给学生留下疑惑的空间，也要让学生知道过去的象形因演变已经与现代形体有所改变，免得学生产生更多疑问。

4.3.2 指事字教学

“六书”中的指事字，是在汉字初创时，人们把现实的事物用象形的方法表现出来，但随着社会发展与人们交流的增加，只是摹拟出物体的样貌不足以沟通与理解，于是便产生了“指事”字，所谓的指事字就是利用抽象符号或是在象形字上加添抽象符号构成的字。

象形字是用静态图标表达意义，而指事字表达的是组合意义，如：

L2“上”下面的一表示位置的界限，线上一短横表示在上面的意思。可以和L9的“下”一起教，告诉学生上面部分表示位置的界限，下面部分就代表下，与上相对的意思。

L2“太”就是在“大”字下面添加符号，有过于的意思。

L5“片”像劈开的木片，一分为二。

老师教导指事字时，可以先写出甲骨文，比方说“刀”字，就可以说明“刃”字是在“刀”字上加一点，而学生学会“上”字时，让学生猜“下”字的字形是如何，启发学生的学习兴趣和成就感，但要提醒学生目前指事字是少数。

4.3.3 会意字教学

“六书”中的会意字，一般是由两个或两个以上的独体字组合在一起而形成一个具有新的意义的字，简单地说是形符加上形符形成另一个字，有新的含意，这种字我们称为会意字。如“日”、“月”两个发光之物合一变成“光明”之“明”字等等，根据所归纳之会意教学法，有以下几种方法：

1.讲解法：只要对组成部分的两个或几个单独成意的汉字分开解释，再告诉学生组合的含意，学生就容易掌握其意，如“忐”“忑”等。

2.图示法：将个别独体字以图片展示，将其组合产生新的意思解释给学生明了，有助于学生体会字意并掌握其造字来源。如“日”+“月”变成明天的“明”等。

3.演示法：可以让学生来表演，如“拿”就可以让学生表演手上拿铅笔盒等，此等做法可以增加学习乐趣。

4.实物法：例如汉字的“丝”字，就可以把带丝质的线展示给学生看。

5.图解识字教学法[①]：将一群字相似的部分（声符、部首、部件）置于中间，类似太阳的形状。

会意字在汉字比例上数量众多，仅次于形声字。在教导会意字时，可以让学生了解汉字其实是有规则可循的，并不是凭空出现的字，当学生知道造字原理之象形方法后，教导会意字时，学生就能掌握会意是由两个独体象形或指事字结合而成新的字，此时学生便能融会贯通，能透过理解而猜其含意。以下为会意字举例：

L1“先”上面是“止”脚的意思，下面是“人”，意思是脚已经走在人的前面，为“先”。

L1“好”“女”+“子”也就是女人加上男人是美好的意思。

---

①周碧香（2008）图解识字教学原理探讨，以图像的方式呈现造字本义、介绍字形演变、解释相同成分的字、分析形似字。用类似太阳图，将相似部分置中，然后扩展出其他字。

L2“天”下面是正面的人形（大），上面指出的是人头，小篆是一横，本意是人的头顶。

L2“见（見）”上面是“目”，下面是“人”，在人的头上加个眼睛，就是突出眼睛的作用。

L3“看”上面是“手”字的变形，下面是“目”代表眼睛，意思是用手遮住眼睛远望。

L4“分”上面是“八”，下面是“刀”，意思是用刀剖物，使之分开的意思，一分为二。

L4“位”人站在朝廷上，意思为在朝廷上站立的位置。

L5“家”上面“宀”表示与室、房子有关，而下面是猪的意思，表示古代生产力低下，人们多在屋子里养猪，所以房子里有猪就成了家的标志。

L6“卖”从出从买，将收进的财务卖出，本意为以货物换钱，与“买”相对。

L6“得”金文字形，右边为“贝”（财物）加“手”，左边是“彳”，表示行有所得。手里拿着财货，自然是有所得。

由于篇幅，在此只举该教材中少数字做代表，以期所有教授汉字的老师都能依循此造字理论来引领学生了解会意字的逻辑与规律。在认识新字的同时，也复习了组成会意字构件的独体字的意义，当老师使用正确的方式以及选择有效的教学策略来进行会意字教学时，会有事半功倍的效果。

4.3.4 形声字教学

“六书”中的形声字，是汉字的主体。它的数量庞大，就是以事物的字为形符，取音同或音近的字为声符，合形与声为新体。许慎编的《说文解字》里，形声字已占了70%以上，因为形声造字法是最能产生新字的造字法。到了现代，数量已达到80%以上，而形声字有着严密的构形系统，都是由形符和声符构成，只要学生能掌握其中的关系以及其构字时所起的作用，那么形声字的教学就会变得简单易学。形声字的数量是最多的，这点也符合本研究之研究对象《实用试听华语》第一册所统计出的形声字数量152个字占总数量48%，所以形声字教学法就显得格外重要。形声字中意符相同的字往往有着意思上密切的联系，那么我们在教学上，可以以意符为中心，集中识记同意符的一批字，像是：“水”作为意符，从水的字，表示江河或表示水的流动，或与水的性质状态有关的状态，像“江、河、流、湖、潺”等等。当然在形声字教学中，我们也可以将同批声旁的字一起教：

“马”有L1“吗”“玛”“蚂”“骂”“码”“妈”等。

“门”有L2“们”“闷”“扪”等。

“雚”有L3“欢（歡）”“观（觀）”“灌”“罐”“鹳”等。

“青”有L4“请”“清”“情”“晴”“精”“睛”等。

“白”有L5“百”“伯”“柏”“泊”“箔”等。

“交”有L6“校”“狡”“皎”“饺”“绞”“跤”等。

“昌”有L7“唱”“倡”“淐”“誯”等。

“巴”有L5“爸”“把”“吧”

“兆”有L8“跳”“挑”“窕”“姚”等。

“娄”有L9“楼”“搂”等。

“乍”有L10“昨”“诈”“作”“炸”等。

在此仅介绍几个同声符的形声字做形声字教学示范，老师若能将同声符字一整批地教给学生，不仅在学习上让学生有连贯的字族概念，且可以在短时间内增加识字量，对学生而言是提升成就感的好教学法。惟在教导形声字时，有一些事实是不可忽略的。由于现代汉字经由时代变迁，很多已经随之产生变化，有的声旁不能提示所有字的读音，比如“猜”，若把“青”当成声旁就会造成错误，与其称之为不表字音的声符，不如称之为部件，构成合体字的部件，所以要提醒学生不是所有形声字都是同声符，不可以胡乱猜测，身为老师应该提升自己的教学知能，提供学生更好的教学质量，选择正确的字来做示范，目的是建构中国字造字逻辑，让学生对汉字产生兴趣，那才是真正的教学目标。

5. 结论及建议

5.1 结论

在对外汉语识字教学中，以“六书”的“象形、指事、会意、形声”造字原理来分析汉字的字源，正确的教学方式教导外籍生学习汉字，回归于字的结构逻辑及其造字原则做归纳，不仅能让学生从中理解中国字的来源以及文化背景，而且能够从中建构学习汉字的模式，整合造字概念，提升学生学习的兴趣以及加深对汉字的记忆。透过老师把“六书”的教学方式融入于对外汉语汉字教学中，不但能化繁为简加速学习成效，也能得到事半功倍的效果。

传统的“六书”理论已经有两千多年历史了，虽然历经长时间的变化，但仍是我们全面系统的认识和研究汉字的很好的工具，数量庞大的中国字对于学习汉语的外籍生而言，始终是个难题，但是相信使用“六书”中的造字原理来分析并提供正确的教学方式，将会让学习汉字变得轻松很多。

期许华语教师加强自己对汉字的基本知识与相关理论的融会贯通，运用适当的教学方法，强化教学，提升外籍生学习汉字的兴趣与成效。

5.2 建议

笔者身为华语教学者数年，深感国内对外识字教材之不足。以本文所分析之《实用视听华语》第一册为例，虽为各大学华语中心所共同使用之书籍，却并未区隔语言课程和识字课程，而是以词为本位用分散识字的方式编排教材，不管是教授者或是学习者，这都是大大的难题，站在老师的立场，必须花费更大的心力去准备识字课程，不管是“六书”的标记或是生字簿的设置，抑或部首的解释，都未做注记或整理，由此徒增老师的工作量以及学生学习上的无所适从，以至于对于华语老师而言，一本好的识字教材就是需求的当务之急。

笔者将《实用视听华语》第一册第一课到第四课，重新查询整理并归纳其字音、笔画、部首以及六书含意，这只是初步整理。笔者碍于篇幅无法做教材全面性编写的工作，期待未来该教材能将语文课本、语文课本练习本和识字课本、识字课本练习本全部区隔出来，这样不管是教学上或是学习上都能得到最佳的效果与提升。

另外，虽然笔者提出以“六书”中的造字原理分析汉字并运用于教学上，但实际上汉字经过时代的变迁，现代汉字有些与当时研究已有所不同，比方说象形字有很多已经不再象形，形声字也有其限制，有些同声母同韵母、同声母不同韵母、同韵母不同声母或音调不同等，作为一位华语老师必须要考虑此点，选择正确的字来做说明，以免增加学生的疑惑或学习负担，真正地提高学生的学习兴趣而非带来新的问题。

碍于篇幅，笔者还有很多未深入探讨的部分，留待尔后继续努力与研究，谨附上对于《实用视听华语》第一册第一课至第四课国字所整理之六书数据提供参考如附录①。

参考文献

[1]许慎（1963），《说文解字》，北京：中华书局。

[2]段玉裁（2004），《说文解字注》，台湾：高雄复文图书出版社。

[3]唐兰（1992），《中国文字学》，上海：书店出版社。

[4]郑振峰（2002），《六书理论在当代的发展——兼评现代汉字识字教学》，《湖北师范学院学报》，第3期。

[5]桂春芳（2005），《汉字新旧构形理论辨析》，天津师范大学硕士学位论文。

[6]王娟（2010），《〈六书类篹〉研究》，陕西师范大学硕士学位论文。

[7]周健（2007），《汉字教学理论与方法》，北京：北京大学出版社。

[8]段红玉（2012），《汉字的形旁与对外汉语教学》，黑龙江大学硕士学位论文。

[9]孙立稳（2010），《传统的六书理论与现代汉字教学研究》，辽宁师范大学硕士学位论文。

[10]张进（2011），《对外汉语形声字教学方案设计》，山东大学硕士学位论文。

[11]张丽敏（2012），《对外汉语教学中的汉字教学》，河南大学硕士学位论文。

[12]黄沛荣（2006），《汉字教学的理论与实践》，台北：乐学书局印行。

[13]杨静（2011），《汉字教学与汉字专门教材的研究》，天津师范大学硕士学位论文。

[14]赵云连（2012），《对外汉字教学主要教学法研究》，吉林大学硕士学位论文。

[15]刘霖（2011），《六书”理论在对外汉字教学中的应用研究》，吉林大学硕士学位论文。

[16]迟安然（2012），《六书”理论在对外汉字教学中的应用》，吉林大学硕士学位论文。

[17]周碧香（2009），《图解识字教学原理探讨》，《台中教育大学学报》（人文艺术类），第23卷第1期，第55—68页。

[18]周碧香（2009），《从学习理论谈汉字形似字教学》，《联大学报》，第6卷第1期，第79—98页。

[19]《说文解字注》http://www.gg-art.com/imgbook/index.php

[20]汉典 http://www.zdic.net/zd/zi/ZdicE7Zdic9FZdicB3.htm

[21]“教育部”异体字字典 http://140.111.1.40/main.htm

[22]国语小辞典 http://140.111.1.43/cgi-bin/gdic/gsweb.cgi?o=ddictionary

①附录所分析之六书解释，采清代陈昌治刻本《说文解字》及清代段玉裁《说文解字注》为参考，字未收录部分，则采后人解释为准。其目的为使华语教师易于明了与教授，故未全文收录其较艰难词句。

附录一

实用视听华语 L1 国字列表

汉字	字音	部首（繁体）	笔画（繁体）	六书含意
您	nín	心	11	会意。从你，从心。表示尊重。本义："你"的尊称。
贵(貴)	guì	贝	12	形声。从贝，臾（guì）声。从"贝"，表示与钱物有关。本义：物价高，与"贱"相对，臾、古文蕢。
姓	xìng	女	8	会意兼形声。姓，人所生也。从女，从生，生亦声。古之神圣人。母感天而生子，故偁天子。本义：标志家族系统的字。
李	lǐ	木	7	形声。从木，子声。本义：李树。
先	xiān	儿	6	会意。前进也。从儿从之。凡先之属皆从先。据甲骨文，上面是"止"(脚)，下面是"人"。意思是脚已走在人的前面。本义：前进，走在前面。
生	shēng	生	5	会意。进也。象艹木生出土上。凡生之属皆丛生。甲骨文字形，上面是初生的草木，下面是地面或土壤。"生"是汉字部首之一。本义：草木从土里生长出来滋长。
王	wáng	玉	4	会意。本作"士"，是能独立任事的人，后加一横，表示在"士"之上，即人间的最高统治者，而帝是天上的最高统治者。后"帝"、"王"同步降职，帝成了人间的皇帝，而"王"成了对臣子的最高封爵。本义：天子、君主。
我	wǒ	戈	7	会意。施身自谓也。或说我，顷顿也。从戈从禾，禾或说古垂字。"我"表示兵器。甲骨文字形象兵器形。徐锴曰："从戈者，取戈自持也。"
叫	jiào	口	5	形声。**从口。丩声。**本义：呼，喊。
好	hǎo	女	6	会意。美也。从女从子。子者，本意：貌美。男子之美偁。
是	shì	日	9	会意。**直也**。小篆字形，从日正。本义：正，不偏斜。直部曰。正见也。十目烛隐则曰直。以日为正则曰是。
美	měi	羊	9	会意。美，甘也。金文字形，从羊，从大，古人以羊为主要副食品，肥壮的羊吃起来味很美。本义：味美。
国(國)	guó	囗	11	会意。从"囗"（wéi），表示疆域。从或（即"国"）。"或"亦兼表字音。本义：邦国。
人	rén	人	2	象形。甲骨文字形，象侧面站立的人形。
吗(嗎)	ma	口	13	形声，从马音。
不	bù	一	4	象形。甲骨文字形，上面象花蒂的子房，下面象花蕊下垂形。

续表

汉字	字音	部首（繁体）	笔画（繁体）	六书含意
英	yīng	艹	8	形声。从艹，央声。本义：花。
你	nǐ	人	7	形声。从人，尔声。本义：称说话的对方。
什	shén	人	4	会意。从人十。十亦声。本义："什"是集体的十。
么(麼)	me	麻	14	形声。细也。从幺麻声。
名	míng	口	6	会意。甲骨文字形。从口夕。本义：自己报出姓名起名字。
字	zì	子	6	会意兼形声。从宀（mián）从子，子亦声。在屋内生孩子。本义：生孩子。
哪	nǎ	口	9	形声。从口，那声。本义：表疑问的词。
呢	ne	口	8	形声。从口尼声。《玉篇》呢喃，小声多言也。
中	zhōng	丨	4	指事。甲骨文字形，中象旗杆，上下有旌旗和飘带，旗杆正中竖立。本义：中心当中，指一定范围内部适中的位置。
他	tā	人	5	形声。本作"佗"。从人，"它"省声。本义：负担。
她	tā	女	6	形声。从女，"它"省声。本义：女性第三人称。
谁(誰)	shéi	言	15	形声。何也，从言，隹（zhuī）声。金文字形，象鸟在叫。
台	tái	口	5	会意。从至，从之，从高省，与室屋同意。按积土四方高丈曰台，不方者曰观曰阙。本义：用土筑成的方形的高而平的建筑物。
湾(灣)	wān	水	25	形声。从水，弯声。本义：河水弯曲处。
华(華)	huá	艹	10	会意。从艹。"华"的本字，上面是"垂"字，象花叶下垂形。本义：花。
台(臺)	tái	至	14	会意。从至，从之，从高省，与室屋同意。按积土四方高丈曰台，不方者曰观曰阙。本义：用土筑成的方形的高而平的建筑物。

附录 2

实用视听华语 L2 国字列表

汉字	字音	部首（繁体）	笔画（繁体）	六书含意
早	zǎo	日	6	会意。小篆字形，上面是"日"，下面是"甲"。"甲"的最早写法象"十"，指皮开裂，或东西破裂。"早"即天将破晓，太阳冲破黑暗而裂开涌出之意。本义：早晨。
赵(趙)	zhào	走	14	形声。从走，肖声。本义：快走。

续表

汉字	字音	部首（繁体）	笔画（繁体）	六书含意
小	xiǎo	小	3	象形。据甲骨文，象沙粒形。小篆析为会意。从八，从丨。本义：细微。与“大”相对。
姐	jiě	女	8	形声。从女，且声。本义：母亲的别称。
张(張)	zhāng	弓	11	形声。施弓弦也。从弓，长声。本义：把弦安在弓上。
久	jiǔ	丿	3	灸灼。“灸”的古字，以后灸之，象人两胫后有距也。《周礼》曰：“久诸墙以观其桡。”凡久之属皆从久。灸犹柱也。
见(見)	jiàn	见	7	会意。甲骨文字形，上面是“目”，下面是“人”。在人的头上加只眼睛，就是为了突出眼睛的作用。本义：看见，看到。
啊	a	口	10	形声。从口，阿声。本义：叹词。
很	hěn	彳	9	形声。不听从也。一曰行难也。从彳（chì），艮（gèn）声。本义：违逆，不听从。
谢(謝)	xiè	言	17	形声。辞去也。辞，不受也。从言，射声。引申为凡去之称。又为衰退之称。俗谓拜赐曰谢。本义：向人认错道歉。
也	yě	乙	3	象形。女阴也，秦刻石也字。本义：羹魁柄。
这(這)	zhè	辵	10	形声。从辵（chuò），言声。本义：迎。
太	tài	大	4	指事。古作“大”，后语音分化，在“大”字下添加符号，成指事字。本义：过于。
天	tiān	大	4	会意。甲骨文字形。下面是个正面的人形（大），上面指出是人头，小篆变成一横。本义：人的头顶。
热(熱)	rè	火	15	形声。温也。从火埶声。本义：温度高。
气(氣)	qì	气	10	象形。馈客刍米也。从米气声.甲骨文、小篆字形。象云气蒸腾上升的样子。今字假气为云气字。
去	qù	厶	5	会意兼形声。甲骨文字形。人相违也。违，离也。人离故从大，大者，人也。从大凵声。本义：离开。
上	shàng	一	3	指事。小篆字形。下面的“一”表示位置的界线，在线一短横表示在上面的意思。本义：高处上面。
课(課)	kè	言	15	形声。试也。第也，税也。皆课试引申之义。从言，果声。本义：考核。
们(們)	men	人	10	形声。从人门声，音闷。肥满貌。
忙	máng	心	6	形声。从心，亡声。本义：急迫，慌忙。

续表

汉字	字音	部首（繁体）	笔画（繁体）	六书含意
再	zài	冂	6	会意。一举而二也。凡言二者，对偶之词。凡言再者，重复之词。一而又有加也。从一，冓省。冓者，架也。架，古只作加。“冓”是“构”的初文，象两部分材木架起的样子。本义：第二次。
冷	lěng	冰	7	形声。从仌（冫）(bīng)，冰，令声。本义：凉。

附录 3

实用视听华语 L3 国字列表

汉字	字音	部首（繁体）	笔画（繁体）	六书含意
喜	xǐ	口	12	会意。乐也。乐者，五声八音緫名。甲骨文上面是“鼓”本字，下面是“口”。从壴，从口。壴象陈乐立而上见。从口者，笑下曰喜也，闻乐则笑。“鼓”表示欢乐，“口”是发出欢声。本义：快乐，高兴。
欢(歡)	huān	欠	21	形声。喜乐也。从欠，雚（guàn）声。本义：喜悦，高兴。
看	kàn	目	9	会意。睎也。从手下目。上面是“手”字的变形，下面是“目”，意思是用手遮住眼睛远望。
电(電)	diàn	雨	13	形声。阴阳激耀也。阴阳相薄为雷。阴激阳为电。电是雷光。从雨，申声。本义：闪电。
影	yǐng	彡	15	形声。从彡，景声。彡（shān），毛饰花边形。本义：影子因挡住光线而投射的暗影。
视(視)	shì	见	11	会意兼形声。瞻也。从见示，示亦声。见，看见。示，表现。本义：看。
都	dōu	邑	10	形声。有先君之旧宗庙曰都。周礼：距国五百里为都。从邑，者声。从“邑”，表示与城市有关。本义：建有宗庙的城邑。
有	yǒu	月	6	会意。不宜有也。春秋传曰：日月有食之，从月又声。金文字形，从又（手）持肉，意思是手中有物。本义：具有，与“无”相对。
没	méi	水	7	会意。湛也。湛各本作沈。表示入水有所取。本义：沉没水中。
汽	qì	水	7	形声。从水。气声。水涸也。今作汔。汔，危也。或曰泣下。诗曰：汽可小康。前说引申之义。
车(車)	chē	车	7	象形。舆轮之总名。甲骨文有多种写法。象车形。本义：车子，陆地上有轮子的运输工具。

续表

汉字	字音	部首（繁体）	笔画（繁体）	六书含意
要	yāo	襾	9	象形。上象人首，下象人足，中象人腰。小篆字形。“腰”的古字。中间象人形，两旁为两手形。表示两手叉腰。本义：人腰。
买(買)	mǎi	贝	12	会意。市也。市者，买物之所。因之买物亦言市。从网贝。“网”是收进，“贝”是财货，合起来表示把财货购进来。本义：买进，购进。
可	kě	口	5	会意。从口，从丂（供神之架），表示在神前歌唱。“可”似为“歌”字的古文。①本义：唱②引申义：许可。
书	shū	曰	10	形声。从聿，者声。聿（yù），即笔。隶书省“者”成“曰”。“书，箸也。”箸（着）即显明。合起来表示用笔使文字显明，书者，如也。箸于竹帛。非笔末由矣。“者、箸”音近，故“者”有表意作用。本义：书写，记录，记载。
日	rì	日	4	象形。实也。大昜之精不亏故曰实。○象其轮郭。一象其中不亏。甲骨文和小篆字形。象太阳形。轮廓象太阳的圆形，一横或一点表示太阳的光。本义：太阳。
本	běn	木	5	指事。木下曰本。从木。从丅。小篆字形，下面的一横是加上的符号，指明树根之所在。本义：草木的根或靠根的茎干。
笔(筆)	bǐ	竹	12	会意。秦谓之笔。从竹，从聿。“聿”（yù），是“笔”的本字，小篆象以手执笔。古时毛笔笔杆都是以竹制成，故从竹。简化字“笔”。此字最早见于北齐隽修罗碑，是六朝时的俗字。本义：毛笔。
德	dé	彳	15	形声。升也。当作登。从彳（chì），悳声。从“彳”，表示与行走有关。本义：登高，攀登。
报(報)	bào	土	12	会意。当罪人也。从幸从𠬝。服罪也。𠬝见又部。音服。治也。左边象刑具形，即“朿（niè）”。右象手按人使之跪意。组合在一起表示治人罪之意。本义：判决罪人。
法(灋)	fǎ	水	8	会意。许书本无，或增之也。从“水”，表示法律、法度公平如水，从“廌”（zhì），即解廌，神话传说中的一种神兽，据说，它能辨别曲直，在审理案件时，它能用角去触理曲的人。
文	wén	文	4	象形。错画也。依类象形，故谓之文。象交文。像两纹交互也。纹者，文之俗字。甲骨文此字象纹理纵横交错形。本义：花纹纹理。
东(東)	dōng	木	8	会意。动也。从木，官溥说。从日在木中。木，榑木也。日在木中曰东，在木上曰杲，在木下曰杳。本义：东方，日出的方向。
西	xī	西	6	象形。鸟在巢上也。下象巢，上象鸟。上，下皆非字也，故不曰会意而曰象形。鸟在巢上者，此篆之本义。日在西方而鸟栖，故因以为东西之西。
懂	dǒng	心	15	形声。从心，董声。本义：明白，了解。

附录 4

实用视听华语 L4 国字列表

汉字	字音	部首（繁体）	笔画（繁体）	六书含意
一	yī	一	1	指事。惟初大极。道立于一。造分天地。化成万物。汉书曰：元元本本。数始于一。凡一之属皆从一。本义：数词。大写作“壹”。最小的正整数。常用以表示人或事、物的最少数量。
二	èr	二	2	会意。地之数也。易曰：天一地二。惟初大始。道立于一。有一而后有二。古文字二用两横画表示，是原始记数符号。
三	sān	一	3	指事。数名。天地人之道也。陈焕曰。数者，易数也。三兼阴阳之数言。一下曰道立于一。二下曰地之数。王下曰三者，天地人也。老子曰。一生二。二生三。三生万物。本义：数目。二加一的和。
四	sì	口	5	指事。阴树也。象四分之形。谓口像四方。八像分也。甲骨文字形，象鼻子喘息呼气之形。本义：数目。三加一所得。
五	wǔ	二	4	会意。五行也。古之圣人知有水火木金土五者。而后造此字也。从二。像天地。阴阳在天地闲交午也。此谓也。从二，从乂。“二”代表天地，“乂”表示互相交错。本义：交午，纵横交错。
六	liù	八	4	会意。易之数。阴变于六。正于八。此谓六为阴之变。八为阴之正也。六为阴之变。凡阴不变者为八也。
七	qī	一	2	指事。阳之正也。易用九不用七。亦用变不用正也。从一，微阴从中衺出也。
八	bā	八	2	象形。别也。甲骨文象分开相背的样子。象分别相背之形。从“八”的字多与分解、分散、相背有关。本义：相背分开。
九	jiǔ	丿	2	指事。阳之变也。象其屈曲究尽之形。本义：数词。比八大一的基数。
十	shí	十	2	指事。数之具也。一为东西。丨为南北。则四方中央备矣。甲骨文象用一根树枝代表十，金文像是结绳记数，用一个结表示十。后来一点变成了一横。本义：九加一的和。
枝	zhī	木	8	形声。木别生条也。茎，枝主也。与茎为草木之主。而别生条谓之枝。枝必岐出也。故古枝岐通用。从木。支声。本义：主干上分出的茎条。
多	duō	夕	6	会意。重也。从重从夕。夕者，相绎也，故为多。重夕为多，重日为叠。甲骨文字形。表示数量大。本义：多，数量大，与“少”、“寡”相对。

续表

汉字	字音	部首（繁体）	笔画（繁体）	六书含意
少	shǎo	小	4	会意。不多也。不多则小。故古少小互训通用。从小。丿声，右戾也。本义：不多。
钱(錢)	qián	金	16	形声。铫也。古者田器。从金，戋（jiān）声。本义：农具名，即铁铲。上古时期曾以农具作为交易媒介，其后铸造货币又仿其形为之，因此引申为货币、钱财。
种(種)	zhǒng	禾	14	形声。先种后熟也。从禾，中（重）声。本义：播种散布。
分	fēn	刀	4	会意。别也。从八从刀，刀以分别物也。“八”就是分，是以刀剖物，使之分开的意思。本义：一分为二。
毛	máo	毛	4	象形。眉发之属及兽毛也。从“毛”的字多与皮毛有关。本义：眉毛、头发、兽毛。
几(幾)	jǐ	幺	14	会意。微也。几者，动之微。神妙也。吉凶之先见也。从幺从戍。戍，兵守也。而兵守者危也。说从戍之意。本义：微，隐微。
两(兩)	liǎng	一	8	会意。二十四铢为一两。从一，两平分。两亦声。
块(塊)	kuài	土	12	形声。从土，鬼声。字本作“凷”，是个会意字，表示土块装在筐器之中。后来写作“块”，变成了形声字，现在简化为“块”。本义：土块。
零	líng	雨	13	形声。余雨也。从雨，令声。本义：下雨。指落细雨。
给(給)	gěi	纟	12	形声。相足也。足居人下。人必有足而后体全。故引申为完足。从纟，合声。本义：衣食丰足充裕。
请(請)	qǐng	言	15	形声。谒也。周礼。春朝秋覲。汉改为春朝秋请。从言，青声。本义：拜访。
找	zhǎo	手	7	会意。从手，从戈。像用手拾戈。本义：觅取，寻求。
个(個)	gè	人	10	形声。与个同。《郑康成·仪礼注》俗呼个为个。◎按个为后人增加。从个、个为正。字亦作“个”，个数，又枚也。俗又作“个”固声。
杯	bēi	木	8	形声。从木，不声。本义：盛酒、茶或其他饮料的器皿。
共	gòng	八	6	会意。从廿。二十人皆竦手是为同也。本义：同。
半	bàn	十	5	会意。物中分也。从八，从牛。牛为物大。“八”是分解的意思牛大，易于分割，所以取“牛”会意。本义：一半，二分之一。
位	wèi	人	7	会意。列中庭之左右谓之位。从人立。人站在朝廷上。本义：官吏在朝廷上站立的位置。
那	nà	阜	6	形声。西夷国。其地当在今四川之西。从邑，冄（rǎn）声。邑与地名或行政区域有关。后省作“那”。①本义：国名。②指示代词。特指某个人、某个时间、某个地方或某个事物。

剪纸艺术中的教材教法

——以华语文为例

魏佩玲
台湾师范大学语文中心

摘　要：全球掀起华语热，中文目前已成为世界的主要语言之一，因此各国极力推行学华语，由此可知华语已成为各国学生放眼国际的重要能力之一。学习文字最终的目的是文化，早期在外语教学上大都强调语言能力上的教学技巧，而没有太注重“文化”层面教学。直到2007年时，美国中学AP中文教育全面开展，当时，相对于华人传统教授中文学校的单向式学习是一大冲击，因此，在华语文教学的策略上，不论是文字或文化的教学，两者皆要并重提升，才能满足以华语为第二外国语学习大环境的需求。

本文重在剪纸文化在华语教材上的应用，学生不仅可学习华语文、还可融入文化领域；不但可以让海外华语学习者认识本国传统纸艺文化，亦可同时符合美国5C外语教学方向。

关键词：华语文教学；剪纸；吉祥文化

1. 前言

全球掀起华语热，中文目前已成为世界的主要语言之一，因此各国极力推行学华语，由此可知华语已成为各国学生放眼国际的重要能力之一。

美国在1999年颁布的“21世纪外语学习标准”，但当时因为中文教学多数在体制外的侨校进行，与升学无关，因此并未对华语文教学带来冲击或变革；直到2003年，美国国家安全局与高等教育司合作的《国家安全教育计划》，宣布由国会编列预算，建立“K-16”完整的中文教育体系。一直到这一波AP①中文课程带动全美AP中文教育开展，各高中纷纷开

①AP（Advanced Placement）为在高中开设的大学先修课程的简称，由College Board于1955年设立，让属进阶程度的高中学生能在高中时就修习进阶课程，以利其大学入学之申请，部份大学可能依其AP测验成绩在入学后折抵该学科学分，跳过基本课程。

始广招 AP 中文合格师资、筹设 AP 中文[①]课程，而侨校学生也因有机会经由参与 AP 测验而获得大学先修学分，因此笔者期望侨校华语文教学能配合 5C[②]沟通取向的教学新趋势，故而侨校教师在教导华裔子弟时势必要开始以 AP 考试为指标进行教学（江惜美，2009）[③]

在 2007 年时，美国中学 AP 中文教育的全面开展，相对于华人传统中文学校的单向式学习是一种冲击，在华语文教学上的策略，不论是文字或文化的教学上，皆要再提升才能满足此以华语为第二外国语学习大环境的需求。

文字最终的目的是文化，语言的解读本质上是对传统的理解和阐释，最早的外语教学是只强调教授语言能力而不太注重“文化”，直到文化问题逐渐得到关注后，研究者和教师们才开始以新的眼光重新审视文化和语言的关系，这就是 AP 精神以文化作为贯穿教学主轴的基本理念。笔者希望随着在语言学习过程中扩展文化知识，学生能不断发现与自己本国文化相同或不同的观念、习俗和产物（朱瑞平，2008）。[④]

2. 剪纸的历史与内涵

2.1 剪纸的历史

在目前发现的数据中，依照发现顺序简介如下，北朝（公元 386—534 年）在新疆吐鲁番火焰山附近，出土的五幅团花剪纸，其中有南北朝对马团花、对猴团花、金银花团花、菊花团花和八用形团花；唐代（公元 618—907 年）则是已将剪纸图案应用于其他工艺方面；宋代（公元 960—1279 年）关于剪纸的记载就相当多了。有的将剪纸作为礼品的点缀，有的贴在窗上，有的装饰灯彩。其中宋代剪纸用于工艺装饰的一个重要创造，就是吉州窑的瓷器，图案题材很多，有凤凰、梅花、枇杷和吉祥文字等，造型生动、活泼，它是作者在施釉过程中，贴上剪纸，入窑烧制而成的。到了明代（公元 1368—1644 年）夹纱灯很有名，它是将剪纸夹在纱中，用烛光映出花纹，这是剪纸在日常生活中的又一应用，是现在人们所称的“走马灯”。清代（公元 1644—1911 年）剪纸已经生活化，婚丧喜庆皆可看到，但流传下来的多在古建筑中，例如北京故宫博物院坤宁宫，室内顶棚和宫室两旁过道壁均用白纸衬托出黑色龙凤双喜的剪纸图样。

剪纸艺术对欧亚大陆的影响，可追溯到 7 世纪，经由当时的丝路，在中东与欧洲播种，

---

①AP 语言课程自 2006 年增设 AP 中文。AP 中文教学是以“21 世纪外语学习标准”（ACTFL，1999）所订立的“沟通、比较、小区、文化、贯连”五大目标，以及“人际互动、理解诠释、表达演示”三种沟通模式能力为教学规准，首要特色是在重视沟通表达能力，要使学生能在三种沟通模式中均具备中文沟通能力，体认中国多元文化，贯通其它科目，比较语言文化之特性，并能应用于国内及国际多元化社会，且经由不断地演练三种沟通活动模式而养成完整沟通能力。

②5C 指“Communication, Comparisons, Communities, Cultures 和 Connections”，是由“美国外语学会”（ACTFL）在“21 世纪外语学习标准”（ACTFL，1999）中所提出的外语学习“沟通、比较、小区、文化、贯连”五个目标。

③江惜美（2009），《华语文教学的原理——如何教侨校子弟学华语文》，《中原华语文学报》，第 3 期，第 43—53 页。

④引用朱瑞平（2008），《美国“AP 汉语与文化”课程及考试设计的“文化”考虑》，《中原华语文学报》，第 2 期，第 29—30 页。

并发展出不同的风格。到今天，在他们的博物馆里仍藏有中国剪纸的珍品。

2.2 剪纸的题材

剪纸并不是中国才有，但中国的剪纸历史悠久，因此风格样式之多是世界上少有的。一般来说，剪纸分为剪纸和刻纸两大系统，其中剪纸的技法又分为阴刻和阳刻，其阴阳刻的手法和皮影戏的起源亦有渊源。

剪纸在题材上是很广泛的，它不仅表现的是人所看到的事物，也反映当时的人对美好生活的向往和丰富的想象力。剪纸在题材上大体分为下面几个方向：（1）生活与农事；（2）家禽和家畜；（3）喜闻乐见的动植物；（4）吉庆寓意的题材；（5）传说故事[①]。这些题材不仅是剪纸，也是我们了解过去民俗文化的重要媒介之一。

2.3 剪纸的民俗文化

中国传统吉祥图案就是一个大的符号系统，脱离了这个符号系统，这些传统的吉祥图案就只是一般的事物，没有任何吉祥意义。在吉祥象征中，“约定俗成”就是编码，其中的“俗”即是民俗。

剪纸艺术一般都有象征意义，早期剪纸在祭祀祖先和神仙所用供品的装饰物上出现。后来，春节、做寿、结婚、窗花都各有其约定俗成的花样，现在，剪纸更多的是用于装饰，而且更多是具有吉祥意义的。

庄伯和（2001）[②]认为，反映在吉祥图文的观念意识里，有“福”、“禄”、“寿”、“喜”、“富”、“贵”、“子”、“德”等八种现象，此八种乃具有鲜明的祝颂主题者。

而传统剪纸中亦有呼应，基本型为“福”、“禄”、“寿”、“春”、“双喜”的字形，复杂一点的有“梅开五福”、“福寿双全”、“花开富贵”等形象，不胜枚举，这些正呼应了民俗艺术的吉祥象征。

2.4 剪纸的智慧传承

在早期农业社会，许多人都会剪纸，如果村中有哪户要做寿或办喜事，亲友邻居都会来帮忙剪需要的花样。在海外教学中，最常被拿来教学的，不外是“春”、“喜”、“福”（蝙蝠）、“寿”，却很少人知道这些是依照折纸原理演变出来的。“春”、“福”（蝙蝠）属于一对折，“喜”、“寿”属于二对折，如果华语老师们知道这样的原理，依此类推到生活上，让学生举一反三，那教学上和学生的互动会更精彩。

此外，值得一提的是，在从前没有圆规、量角器的时代，当时的人可以运用技巧让许多折法的角度的每一部分都一模一样（例如：三对折，每分角度都 60 度）。在没有复印机的时代，所有的纸型花样都在脑中，剪纸花样伸缩自如。

所以剪纸不仅是生活的传承，也是智慧的传承。

---

①陈宝玉（1987），《中国民间剪纸》，台北：武陵出版社，第 26—30 页。

②庄伯和（2001），《台湾民间吉祥图案》，台北市：传艺中心筹备处。

3. 剪纸应用于华语教学的执行层面

语言和文化是在时空中互相交互影响的。文化与文字密不可分，以结艺的发展史和文字学的演变的角度而言，“民俗艺术”文化与中国文字之间更是有着紧密不可分割的关系。

笔者十几年来每年都会应海外中文教育的需求赴海外巡回交流，目的在于让海外之华文老师及学生能接触更多元丰富的华语教学内容。其中最受到期待的一部分是民俗文化课程，如民族舞蹈、功夫、扯铃、中国结、剪纸等。

经过这 10 多年在国内、国外教授华裔子弟文化课程的教学经验，并与当地老师交换意见后，笔者观察到一个问题：在华文教学课程中，中文学校老师教剪纸、中国结等民俗艺术的时间点，都是在学生学习意愿较低的时候，老师借助文化课程之趣味性，一方面让孩子接触一些中国文化，一方面也可借此提升上中文课的气氛与学习动机。以剪纸为例，老师在上文化课时，通常会简单地介绍剪纸艺术与“春”或“囍”的字面意思及用法，但此类课程很少能成为正式之文化课，教师也很难有系统地介绍剪纸艺术其中所蕴含的及思考逻辑等等，同时也没有真正探索到中国剪纸文化的奥妙之处。因此笔者整理出一个模式，并且实验了 10 多年，将以前单纯是民俗艺术手工艺课重新升级，把它变成专题的文化课程，希望在这里能够提供给大家另一种思维的文化教学。

3.1 华语教学

3.1.1 文字

因为纸是丝棉做的，所以是“纟”的部首，在教学上，可依“纟”为主轴之部首教学，介绍与“纟”有关之不同编织、捆绑之动词使用方式，与“纟”有关之布料材质及与“纟”有关之名词、颜色，来了解中文之造字原则及相关文化。

在史料记载中，布料的颜色有绿（青黄色）、缥（白青色）、绛（大赤）、缇（丹黄）、紫（青赤）、红（赤白）、缁（黑色）……在这些字中每一个字都有相同的部首“纟”，当然，在华语教学中，我们会举的相关字一定是现在生活中使用的字，图示如下：

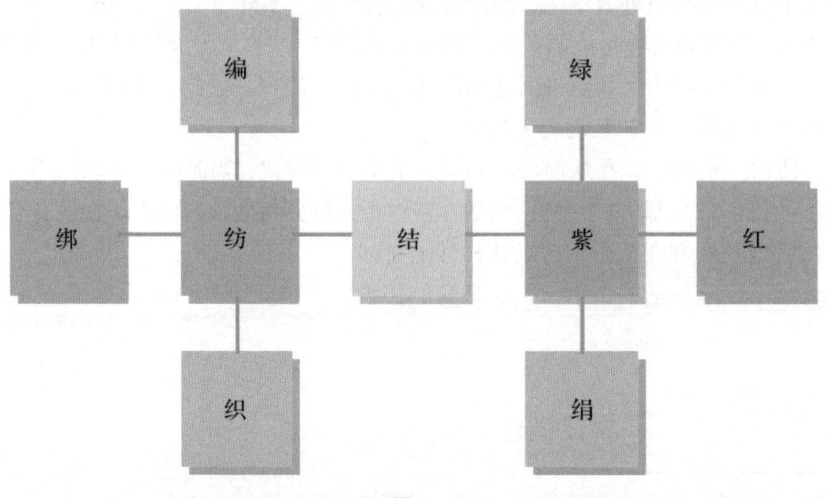

图 1

3.1.2 剪纸课程中字的延伸

（1）“剪”为动词

如：剪纸 剪刀 剪裁

（2）“纸”为词末的名词

如：纸张 纸币 报纸 信纸 棉纸 图画纸 影印纸 卫生纸

3.1.3 补语的加强

补语的学习对于初学习第二外国语的人是一个很难理解的过程，一旦学习者理解后，就会觉得中文太方便了。在剪纸教学过程中，会有很多的机会用到各种不同的补语，而且，许多补语都是日常生活中时常被使用的，在此举几个在剪纸课程中常用到的动词补语，例如：折过去、剪下来、拿起来、拿过来、看过来、贴上去……

3.1.4 量词

量词对于许多国家的学习者来说，是一件非常不容易的事，如果可以在现实的生活中不断地重复练习，学习者将会更容易进入中文的情境。量词的用法有下列几种情形。①

（1）数字加量词

例：一张纸、一支笔、一瓶胶、一颗糖、一双鞋子……

（2）指示代词

例：这张纸、那本书、这份礼物……

（3）疑问代词

例：哪个人、几条鱼、几斤肉……

在华语教学课堂上，学习不能是单向的，让华语学习者不断地在过程中练习听老师说，并且自己练习说出来，有助于学生将课本的华文知识真正应用到日常生活中。

3.2 文化运用

每一个民族都有自己独特的价格观，都反映着此民族文化的某种角度特点，支撑着民族文化的内在价值。吉祥观念也是人们在长期的生活经验中和特定的民俗基础上渐渐累积形成的，人们内心总是向往和追求吉祥，而将某些自然事物和文化视作吉祥的观念信仰，相信自然界事物和文化事物能趋吉避凶、带来吉祥，从而将它们给予多种方式的表现，指引人们趋于福气好运。

在文化教学上，最常被应用到的就是吉祥象征。吉祥象征对华人来说和生活紧密结合，无论生老病死、婚丧喜庆皆有其应对符号，吉祥符号是文化中的一个重要组成部分，它有着源远流长的历史与深厚的人文艺术价值，中国传统吉祥物具有悠久的历史、祝福的心意、民族性等特征，从传统纸艺所呈现的吉祥象征来看，与符号学、民俗学有其密不可分的关系。

将文化运用在华语教学方面，洪美婵（2010）提到将吉祥图案与文字呈现的视觉教材，应用在汉字、词汇、成语、文化知识等综合教学上，创新华语文学习的教材教法，增进学习兴趣。借由吉祥元素的凸显，指导学习者理解吉祥图文的内涵与整体概念，透过课程设计与教学活动，提升学习效果，落实语言与文化的一体化教学。吉祥图文，是生活化、贴近人心、

①王锦慧、何淑贞（2010），《华语教学语法》，台北：文鹤出版有限公司，第97—102页。

深入民间的民俗艺术，在日常生活中，俯拾即是，不足为奇。但是，对其他民族来说，特别是在景仰中华文化的外籍人士眼中，是专属华人社会的文化景观，特殊而有趣。认识华人社会的吉祥文化，是外籍人士进入华人社会的重要知识枢纽；正确解读华人社会的吉祥图文，有助于外籍人士了解华人社会的吉祥文化。[①]

4. 教学原则

4.1 设定学生完全不知道

在美国的中国餐厅里，桌上常会有一个套子，上面印个“囍”。如果你拿“囍”字去问外籍学生，特别是完全没有中文背景的外国人，常常在问过之后发现，不少人以为“囍”与吃这件事有关系。为什么会产生这样的误解呢？学生们说因为是在中国餐厅看到“囍”这个字，因此认为既然这个字常在餐厅出现，所以应该跟吃有关。

对我们来说会觉得这非常不可思议，但是因为他们并不是中国人，不了解华人背后的文化，所以产生这样的误解。因此教文化课程时，无论你教授的对象，是成人或小朋友，是华裔子弟或外籍人士，都要将学生设定为小孩子求知的阶段，因为他们对于文化的背景知识完全不知道、完全没概念。有了这样的基本概念之后，再来设计课程，这样才有办法让学生一点一点有系统地吸收。

4.2 引发动机

针对学生的需求来设计课程，对学生的学习才是有帮助的。中国的文化课程非常多样，每一样都有特定的族群需求，因此建议华语老师们可以针对某一项文化做深入的设计跟研究，当然要自己有兴趣的优先，如此一来，老师更可以用心、热情地设计课程，来丰富华语课程。

4.3 感觉和感动

老师教学如果只是为了教课而教这些内容，学生也是能感觉你在应付课程的，也会应付你。但只要有感动，有些部分就会保留下来。文化课程不能只有复制，复制的方式可以在开头的时候带领学生入门，只有复制对学生来说没有意义。利用课程的元素要求学生自行设计，促发学生的思考，并将作品说成一个故事，学生便会产生感触及感动。

4.4 以作文作为验收方式

由于中文字形不同于拼音文字，多了一点或一划，就变成了另一个字，在过去多年的外派与海外老师的访谈中得知，大多数的海外华语老师认为作文式教学法是检查学生所学的最好方式之一。美国的外语教学协会（ACTFL）所颁布的语用能力标准指南（Proficiency Guidelines），其界定从初级（Novice）、中级（Intermediate）、高级（Advanced）到优级（Superior）学习者在听、说、读、写四项语言技能方面的能力十分明确，而且每一级（除了优级外）还

①洪美婵（2010），《华人社会吉祥图文在华语文教学上之应用》，《铭传大学第三届华语文教学国际研讨会暨工作坊论文集》，铭传大学出版，第225页。

再细分三级，因此有的大学外语系会以此为测验、学习评鉴或是拟定学程之依归。而指南中所制订的准则大致如下表所示：

表 1 美国外语教学协会（ACTFL）所颁布的美国外语能力标准一览表

级数	口语能力特点	写作能力特点
优级	1.完全、有效地参与正式与非正式场合的谈话，谈话内容或是实用性的，或是有关自己的专业领域或个人兴趣。 2.进行有条理地论证来解释，并为自己的观点辩证，使用多段落扩展篇章来推导有效的假设。 3.从具体和抽象的角度探讨不同的话题。 4.处理不熟悉的语言环境。 5.保持高度的语言准确性。 6.满足专业或学术兴趣方面的语言表达需要。	1.在正式和非正式的写作上，无论是抽象或具体的有关实用的、社交的与专业性的主题，都能有效地表达。 2.能以篇章形式表达概念、意见、论点和假设。 3.对一般和专业性的词汇、产品、标点符号、辨别符号、连接形式的拼写或标志，以及其他书写格式和组织形态，均能正确地掌握其结构，而不会误导读者。
高级	1.在大多数的非正式场合与一些正式场合，能积极参与谈话，谈的话题或是关于自己，或是公众都感兴趣的具体性话题。 2.能叙述和描述过去、现在、将来发生的事。 3.能运用各种各样的交际手段来有效地处理事先无法预知的复杂化日常事件。 4.使用段落长度的语言说话，具有适当的准确性和自信心。 5.满足工作场合或学校生活的语言表达需要。	1.能写出一般非正式和一些正式书信，叙述、描写，以及摘述真实的生活事件。 2.清楚地叙述和描写各时间点的事件，并用修辞，使段落篇章连接顺畅。 3.主要透过一般词汇，及掌握常用句构，而能使不善于阅读非本族人书写形式者理解其所表达的意思。
中级	1.参与简单直接的对话，一般为与日常生活和个人环境相关的、可预见的话题。 2.通过提问和回答获得和传递信息。 3.使用自己的语言，用的是互相较无关连的句子或一连串的句子，但其意思能让具有同情心的对话者理解其母语者所说的话。 4.能够在目标语环境中生活，能满足简单的个人生活需要和社交需求。 5.能发起、维持并结束一系列日常生活的简单基本交际。	1.满足实际写作需求，如：简单的书信，询问信息和回答问题。 2.对个人目前主要的兴趣和社交需求，能以松散的连接形式使用该语言写出简单的事实和概念。 3.透过基本词汇及句构，而能使习惯于阅读非本族人书写形式者理解其所表达的意思。
初级	1.回答一般与日常生活有关的简单问题。 2.靠不连贯的词、词组、背好的短语和一些自己臆造出来的词或短语的组合与人交流，能表达最基本的意义，使习惯和非本族人打交道的对话者理解。 3.满足些许最基本的生活需要。	1.写单子和便条，用有限且有文化的信息写简单的表格和文字。 2.重组熟知的素材，提供孤立的词或短语来传达信息，模拟熟悉的词或短语，抄写字母的音节，或是稍能正确地重写基本生字。 3.写出基本数据。

资料来源：写作能力部分是孟庆明在 2006 年 9 月 25 日取自美国外语教学网站；口语能力部分引

自柯传仁（2006），再由孟庆明综合整理制表。

由上表可知，文化语言教案不能赶进度，但主张让每位学生将过去所学忘记的，不熟悉的，疑惑的华语相关字词应用得更得心应手。因此，实做课程中所听到之生字、短词、句子、动词补语、感叹词、文法等口语表达和人际沟通的文字以录音活动进行，以利口语发音和用字的矫正。

文化上，由剪纸的文化层面切入，课文可应用剪纸所发展出之方向依学生程度铺陈故事语课文。一方面，图片资源丰富可让学生引起动机；再则，对中级、中高级教材字汇的选择和编辑，可较有弹性。

5. 结语

语言对文化拥有包容一切的涵盖力，是因为语言既是文化产生和发展的关键，又是文化传承和获得的必由之路。事实上，字词的应用是和人类一切动作相关联而为一切身体上的行为所不能缺少的配合物。

华语文老师缺乏文化学意识，就可能在教学中忽略汉语的人文特征与价值，使学生在学习华语文的过程中不能真正理解华语文中的文化内涵。[①]

课程有温度和节奏比什么都重要。对学生最重要的三件事是动机引发、语言沟通、文化传递。但直接切入历史文化学生会觉得有压力，因此笔者建议由学生熟悉的事物开始让学生分享自己的经验，是最容易进入课程情境的教学法，所以用此方法对应到5C教学的步骤如下：

表 2

1.Communication	借着讨论让学生用中文表达对剪纸的概念，也听其他学生的想法。
2.Culture	（1）学习剪纸艺术的文化发展与历史演变。 （2）学习传统剪纸艺术的象征意义与用途。
3.Connections	纸本课程及实作课程相关用语之运用练习。
4.Comparisons	从民俗学角度切入，依剪纸为主题，观察不同国家在日常生活中“剪纸”的使用情形。
5.Communities	将所学的“剪纸”知识应用于生活中。 透过“传统剪纸”做中学的上课方式，让学生在情境中进入文字与文化，让学生在自然的氛围中学习文化与语言。

文化议题教学课，以剪纸为例，并不仅是单纯讲述式的演讲讲座，也非单纯的实作工艺课程，而是“‘做中学’纸艺文化专题式教学”。因此，华语文老师除了要具备华语文的教学技巧外，剪纸专业技术，剪纸文化知识的涵养都是需要同时培养学习的专业能力。

剪纸不仅可学习华语文，还可融入民俗学的文化领域；不但可以让学习者认识本国传统

①申小龙（2000），《语言与文化的现代思考》，郑州：河南人民出版社，第3页。

剪纸文化，也可同时符合 5C 外语教学方向，是一种活化的华语教学。

参考文献

[1]王锦慧、何淑贞（2010），《华语教学语法》，台北：文鹤出版有限公司。

[2]申小龙（2000），《语言与文化的现代思考》，郑州：河南人民出版社。

[3]牟作武（2000），《中国古文字的起源》，上海：上海人民出版社。

[4]朱瑞平（2008），《美国“AP 汉语与文化”课程及考试设计的“文化”考虑》，《中原华语文学报》，第 2 期。

[5]辛平（2000），《充分利用大环境开设文化实践课——文化教学模式新探索》，《对外汉语文化教学研究》，北京：商务印书馆。

[6]林纪诚（1990），《语言与文化综论》，《汉语与中国文化语言与文化》，上海：上海外语教育出版社。

[7]林寿华（1997），《外语教学概论》，台湾：书林出版社。

[8]季镇东（1994），《美国中文学校文化班的介绍》，《第四届世界华语文教学研讨会论文集（教学报告组）》，台北：世界华文教育协进会。

[9]孟庆明（2006），《在美国非华语环境下中文教学策略之行动研究》，台湾师范大学华语文教学研究所。

[10]洪美婵（2010），《华人社会吉祥图文在华语文教学上之应用》，《铭传大学第三届华语文教学国际研讨会暨工作坊论文集》，台湾：铭传大学出版。

[11]庄伯和（2001），《台湾民间吉祥图案》，台北：传艺中心筹备处。

[12]陈宝玉（1987），《中国民间剪纸》，台北：武陵出版社。

[13]程棠（1992），《关于当前对外汉语教学中的几个问题》，《语言教学与研究》，第 2 期。

[14]程棠（2000），《对外汉语教学目的原则方法》，《对外汉语文化教学研究》，北京：商务印书馆。

[15]蔡雅熏（2009），《华语文教材分级研制原理之建构》，台北：正中书局股份有限公司。

[16]蔡镜浩（1990），《汉语与中国文化语言与文化》，上海：上海外语教育出版社。

[17]赖明德（2004），《中国文字教学研究》，台北：文史哲出版社。

[18]顾嘉祖（1990），《汉语与中国文化语言与文化》，上海：上海外语教育出版社。

对外汉语识字教学之部首应用与分析*

温政文**
中兴大学

摘　要：语言类学习课程皆概略分为听、说、读、写这四大领域，学习方法和华语文教材类别及设计即是影响华语文学习者学习成效的重大因素。

在听、说、读、写四大领域中，“识字”课程活动总让华语学习者止步不前，原因在于中华文字同时兼具形、音、义之特点，而一字多音多义、相似字等，却让学生望之却步。然而其构字形体之美富含文化意涵是其他拼音文字国家所缺乏的，若能让学生从部首学习进而了解中文字，识字教学必能事半功倍。

综观当今台湾华语文学习教材，使用《新版实用视听华语》系列教材最为普及，以词本位编撰之教材，美中不足的是汉字识字读写之部分。因此，本文由部首概念切入，配合最常使用之部首加以做延伸活动设计，以利调整此教材之识字教学活动设计，期望能有助教学成效。

关键词：识字教学；部首教学；识字教材；新版实用视听华语

1. 前言

人类用语言传达情意、描述事情；然而，语言存在无可避免之局限性，故而有了文字。语言本身因时间和空间而受局限，如：语言从人类的口中说出，瞬间消失，无法久传，此即为受时间限制；而人因为生理结构关系，声量大小也有限，难以传达和穿透障碍物，这就是语言受空间局限之例证。在上述种种情况下，文字进而产生，用文字记录语言，以达传得更远、更久之功效。简言之，文字是用手写的语言，语言是用口说的文字。

汉字是目前世界上唯一仍在使用的意音文字，具有形、音、义三位一体的特质，此为汉字的优点，也是汉字学习的难处。除此之外，汉字形体相似、部件拼组、同音字等，都是华语文学习者认为之汉字学习困难点，故此部分也是教学的重点。

在台湾，一般华语学习者之课堂识字目标可能设在“了解汉字起源、构造、特性及演进

---

* 本文为“汉字识字教学研究”课堂中部分研究成果，特此感谢周健老师及周碧香老师对于本文之指道，文中若有任何疏漏，责在作者。

** 中兴大学兼任华语教师，现为台中教育大学华语文教学硕士班学生。

情形”、“对汉字之形、音、义之认识，进而产生学习、研究之兴趣”及“增进汉字实际应用之能力”；但是，设定目标后之实际执行情况及执行困难点，值得深做调查及探讨。

对于台湾本土语文学习，部首是很重要的部分，借由部首，学生大多能有效掌握、快速联想、了解新生字之字义。部首可以说是汉字研究史上的一大发明，就许慎所创《说文解字》部首的功用而言，除了检字之外，更重要的是能识字。

华语文教学，亦可从部首教学引领学生识字，但是华语学习教材之识字教学设计及练习编写尚属不足。本文将以台湾各大学华语中心所使用率最高之《新版实用视听华语》系列教材为例，以第一册涵盖之部首，提出部分汉字部首教学及活动设计建议。

1.1 研究动机

综观现今市面上之华语识字教材相关著述多注重于介绍汉字之起源，对于有系统之应用编撰部分较少。笔者目前从事第四年华语文教学，在课堂中发现，只要是非汉字文化圈之学习者，确实存在汉字识字读、写之问题；一般来说，听、说能力训练因配合词本位之强化口语情境式教材，除了少许发音困难以外，并无太大之学习难点；反观读、写能力培养，华语文学习者本就较难入手，若加上学习之教材缺乏汉字学习编写及练习设计，学习者在汉字读、写学习过程中更难以获得成就，进而无法引起其学习动机。

以台湾使用频率最高之华语教学教材——《新版实用视听华语》系列书籍为例，该套教材一共按难易等级分为五册，未加细分学习对象的背景、年龄，以词本位方式编写教材，对于汉字识字读写部分少以着墨，可是在学生课后练习之作业本中附上汉字笔顺练习、编写了部首偏旁，却未批注任何学习重点或学习方式，对于初级华语文学习者，未达其设计功效，更可能带给学习者一头迷惑，因而笔者建议将此部分能加以规划、编撰。

1.2 研究目的

《新版实用视听华语》因未针对汉字读写部分做细部规划，华语文学习之汉字读写课程大多搭配课本以分散识字教学法把汉字教授给学生，单就此本教材之编排，学生只能知道单字部首和笔顺，因此，本文除有系统地整理《新版实用视听华语》第一册之学生作业簿，也将与高频部首比较，进而提出部首学习及应用方法之建议，希望增进教材实用度，期许学生了解中文部首偏旁之意涵，以达识字教学之目标。

2. 部首识字相关研究及现况

2.1 汉字部首

汉字为方块字，从独体字发展到合体字，因而有了偏旁一词。合体字包括左右结构、上下结构等二十余种，当中以左右结构使用最多，合体字也就是由最少两个偏旁组成的。

部首是汉字里共通可见的相同偏旁，拿来作为分类汉字的基准，始创于东汉许慎的《说文解字》，他将汉字之部首归类为 540 部；明代之后，部首被归类为 214 部，进而沿用至今。

周健（2007）表示部首是汉字字典编纂中使用的概念，把有相同成分（包括成字部件、不成字部件和笔画）的字归为一类，就是部首。偏旁和部首稍有差别，偏旁大多使用于直接拆分合体字时，涉及左偏右旁的概念；部首就是辞典中对汉字做归类的概念。

蔡信发（1985）指出如今辞典214个部首多在猜测字义上发挥作用，理解多易于汉字辨识；王志成和叶纮宙（2000）则提到一些同部字皆具相同字义，故部首对学习中国文字深具指导意义；赖庆雄（2003）也认为学习部首不止是“需要”而是非常“重要”的，因为部首可用于检索字典、理解字义、快速识字，更能提供探查字源的方向。

黄沛荣[①]（2006）认为“部首字”是教学中极重要的学习重点，传统的214个部首，学习价值并不等同，所以在学习时，应该有先后之分。黄沛荣教授从汉字的辨识和书写等多种角度及不断评估分析后，选出78个较重要的部首如下：

成字的部首（整字部首）67个：

一　人（亻）　八　刀（刂）　力　十　又　口
土　大　女　子　寸　小　山　工
巾　弓　心（忄）　戈　户　手（扌）　斤　日
月　木　欠　止　水（氵）　火（灬）　牛　犬
玉　田　白　皿　目　石　示（礻）　禾
穴　立　竹　米　羊　耳　肉　舟
行　衣（衤）　见　言　贝　走　足　车
酉　金　门　隹　雨　页　食　马
鱼　鸟　风

不成字的部首（非整字部首）11个：

囗　宀　广　彳　疒　纟　艹　虫　辵（辶）　邑（阝）　阜（阝）

周健[②]（2007）也提出汉字教学的基本方法与技巧，共十点如下：

（1）先认读、后书写；结合形、音、义。

（2）先教笔画少的字，后教笔画多的字。

（3）教学带有新部件的汉字。

（4）适当地书写说明六书造字原理，即：象形字、指事字、会意字、形声字，及后起字：转注字和假借字。

（5）帮助学生区分同音字的不同字义。

（6）归类对比以加深理解、减少错误，如：形近字、同音字、同义字、反义字。

（7）随时纠正错别字，避免写错字、别字。

（8）介绍汉字构形理据，帮助学生正确认识和理解汉字。

（9）设计多元化课程，如：多媒体之运用或各类汉字竞赛，除提升课堂趣味也能培养学习者对汉字的兴趣，更能引起其学习动机。

（10）先教可以作为部件的独体字，后教包含学过独体字的合体字，其中有三十二个部首字建议先学，分别是：

口　日　又　土　人　月　女　贝
大　八　心　十　力　火　禾　田

---

①黄沛荣（2012），《汉字部首及其教学问题》，《中国文化大学学报》，第24期，第19—44页。

②周健（2007），《汉字教学理论与方法》，北京：北京大学出版社，第144—146页。

广　尸　曰　立　寸　儿　目　车

虫　白　山　米　石　隹　巾　戈

综合上述文献研究，虽然部分汉字部首经简化后和原本的正体字（繁体字）不尽相同，甚至已改为其他字义，但是，清楚了解部首教学的实质效益，并能发现黄沛荣教授和周健教授建议之先教及价值较高之部首重叠率非常高。

2.2 外籍生汉字教学及汉字部首教学现状

现今坊间书籍多侧重于汉字之六书介绍、字源解说及字体演变，对于汉字介绍之书籍实属不少，但是着重于教学之专书却难以寻得。

再者，教材编写安排上，部首学习一直都非为重点，识字教学缺乏系统，教材设计之部首相关延伸练习更是少之又少；教师在介绍汉字或分析部件时，可能时而穿插部首介绍，但真正识写之教学目标，可能寥寥无几。

此外，关于华语学习者之部首教学的相关研究数量也较贫乏，除了汉字部首应用提及之文献外，所剩诸如：吴佳桦（2007）、温雅欣（2009）、邵慧绮和沈映佳（2010）等人对汉字部首教学之探讨；而针对台湾高频使用之华语学习教材——《新版实用视听华语》之汉字识字教学的相关研究，更是难以搜寻。

既然汉字部首被公认为十分重要，对华语学习者进行教学时，笔者建议将部首教学列为重点教学项目。此外，待相关研究发展成熟，也建议将部首识字学习教材按不同学习者背景加以编列，如：汉字文化圈及非汉字文化圈、学生或成年人等皆列入设计之指标。

综合上述种种，无论是部首教学的重要性，或是教材缺乏，抑或是教学本身之难度，都值得我们深思，因此，笔者将于此文章针对现今在台湾使用率最高之华语文学习教材《新版实用视听华语》第一册学生作业簿加以做部首方面的整理、讨论及编写建议。

3. 教材分析

检视《新版实用视听华语》第一册教材，以词本位为出发点所设计之教材，优点在于编写内容生活化，学生易以学习之句式与人对谈、沟通；然而，教材中的生词只给词义，未给字义，亦未对汉字和结构词法进行解释，教材的生词翻译更常因不同语言之词义结构不同，造成学生莫大误解及疑惑。

课堂中，如果教师不能加以详述教学，学生无法了解、知道每个汉字都有自己独特的涵义，更无法从汉字的结合中推衍出新词，想当然尔，也无法做到识字教学重点：辨识、书写、使用。

笔者取《新版实用视听华语》第一册之学生作业簿加以统整，发现该册共编写十二课，一共编有三百一十六个新生字，其中包含一百零八个部首；而在一百零八个部首中，高达六十七个是黄沛荣教授所提到之较重要、学习价值较高之部首，此六十七个部首分别为：一、人（亻）、八、刀（刂）、十、又、女、口、囗、子、土、小、弓、彳、大、夕、宀、巾、寸、广、工、心（忄）、木、戈、水（氵）、日、火（灬）、欠、月、手（扌）、犬、斤、户、玉、目、禾、白、田、穴、示（礻）、立、羊、艹（艹）、竹、纟、耳、肉、衣（衤）、舟、行、贝、言、走、见、辵（辶）、邑（阝）、车、足、雨、金、隹、阜（阝）、门、食、页、风、马。

全册共十二课，同一部首累计出现频率达五次以上之部首，包括“人”字部首共出现二十次，“口”字部首达十九次，“心（忄）”部十四次，“日”部十二次，“木”部十一次，“言”部八次，“女”部七次，“水”部七次，“辵（辶）”部七次，“一”部六次，“刀（刂）”部六次，“土”部六次，“宀”部六次，“艹”部六次，“子”部五次，“囗”部五次，“彳”部五次，“夕”部五次，“月”部五次。

经上述统整分析后，《新版实用视听华语》第一册之学生作业簿虽未进一步做部首之应用及练习，但以词本位编排之教材也确实符合重要部首先学之要领，意即先学习高频使用字之部首，如“人”部的“人、你、他”，并配合笔画少的部首先教，在符合此条件下，笔者将在下段提出简略教学设计及应用。

4. 教学设计及应用

经分析统整后，发现《新版实用视听华语》第一册在设计编排上也参考汉字教学编排教学策略趋向，只是课本及学生作业簿上对汉字之设计及应用贫乏，因此，笔者建议如下：

4.1 在学生作业本编入汉字造字源理介绍

此部分建议放入造字源理分析，在识写课文生词最初，先向学生介绍中文字中的六书造字结构理论。所选用之六书例字可从《新版实用视听华语》原先已编订之十二课课文用字中选出，让学生更熟悉不断出现的生字，包括：

（1）象形字：第一课的“日、人”、第三课的“月”。

（2）指事字：第二课的“上”、第九课的“下”、第一课的“中”。

（3）会意字：第一课的“好”＝女＋子，第十课的“明”＝日＋月，第三课的“看”＝手＋目。

（4）形声字：第五课的“妈”＝女＋马，第二课的“们”＝亻＋门，第六课的“百”＝一＋白。

（5）转注字：第十二课的“考”、第五课的“老”。

（6）假借字：第六课的“万”、第十课的“来”。

4.2 在学生作业本编入最具有优先学习价值之部首字体流变图标

以图示或影片，让学生学习、了解部首原本之涵义，翻阅新生字或新生词之时，不会因为未曾学习而一无所知，反而是能从学过之部首加以推测、归类新生字之涵义，以达生字教学的“识字”目标。如，在《新版实用视听华语》编入以下图表：

甲骨文		金文	篆文	隶书	楷书	行书	草书	标准宋体
甲3510	後上13·8	伯格卣	说文解字	桐柏庙碑	张猛龙碑	文征明	孙过庭	印刷字库

图 1

（图片取自：在线汉语字典）

学生在《新版实用视听华语》第一册第一课即学到“李”先生此称谓，“李”字从木部，若能在课前系统性地介绍木部之本意为树，之后包括在第四课学到的量词“枝”及第九课学到的名词“桌”、“椅”等，都将不难推测其意涵，此建议希望让学生在正式读写识字前，养成借由部首辨识或推测字意之能力。

4.3 在学生作业本编入汉字基本结构法

汉字基本结构如：

（1）上、下切分：第三课的“要、电”，第十课的“票”。

（2）左、右切分：第一课的“好”，第四课的“找”，第十二课的“期”。

（3）上、中、下切分：第八课的“茶、菜”，第六课的“卖”。

这类切分法可概略分为二十余种，此设计是先从认字角度来说（黄沛荣，2006），部首的位置虽然并非一成不变，但是无可否认的是其存在位置仍是有规则可循的，例如：第一课的“艹”字部首、第三课的“竹、雨”部首皆用在字的上方；第一课的“人（亻）、水（氵）”、第四课的“手（扌）、纟”等部首大多用在字的左方；第二课“火”字部首的变形“灬”则多用在字的下方。

课堂应用部分，笔者建议在识字教学初期，给学生方块文字观念，从已统整之三百一十六个生字中，选数个汉字让学生们做将其切割为部首、部件之练习，除此之外，也请学生在进行切割时，配合第二点的教学活动设计，试着找出每个字之应属部首，再次养成部首之概念。

4.4 在学生作业本编入汉字基本书写之笔画

以“永”字八法为例，带入，让学生在正式书写之前，先学习中文字基本笔画，如：

（1）点（The point）

（2）横（The horizontal stroke from left to right）

（3）竖（The vertical stroke from top to down）

（4）钩（The hook stroke at the bottom to the left）

（5）提（The upcutting stroke）

（6）弯（The left descending stroke）

（7）撇（The stroke down to the right）

（8）捺（The right descending stroke）

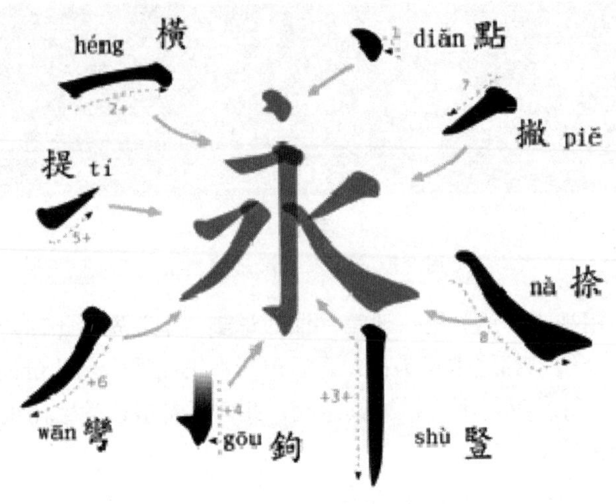

图 2
永字图片取自：维基百科

4.5 在学生作业本编入汉字基本书写之笔画顺序

对华语文学习者而言，汉语之方块文字就像是一幅图画，即使《新版实用视听华语》在单课生字练习中已提供逐字之笔画顺序，但是，若学生未养成基本观念，很难确保学习者在书本之外也能以此观念继续书写。

因此，笔者建议在《新版实用视听华语》第一册学生作业簿中编写基本笔画顺序之要点如下：

（1）书写由上至下，例如“三”↓。

（2）书写由左至右，例如“谢”→。

（3）书写先完成左上部，再写右半部，最后写下部，例如“您”。

（4）书写先写外侧，再写内部，例如“月”。

（5）书写若有笔画交叉、相交，先写“横画”，再写“直竖”，例如“十”。

（6）书写先写左撇再写右撇，例如“人”。

4.6 在学生作业本之单课练习部分编入课后书写汉字与句子阅读之练习

《新版实用视听华语》第一册之学生作业簿十二课一共编入一百零八个部首、三百一十六个新生字，其中，部分部首重复率高。笔者试想将此书重复率高之部首搭配黄沛荣教授及周健教授归类之高学习价值和优先学习价值之部首加以排列、增设单课练习活动；整理过后，以人类短期记忆广度是七加减两个组块理念设计，故将全册一百零八个部首平均分为十二课学习，并选择了九个部首排在第一课做优先识读，按照全册统计之部首出现频率由高至低分别为：人、口、心、日、木、女、水、艹、子，其中“女”和“水”出现次数相同，按照笔画少的先学习之论点（周健，2007），“女”字部首较“水”字部首先学；统整过后如图 3：

亻=人(rén)	釋義	側面站立的人形。
	第一冊生字	人你什他們個位像伯便億以做件候來停金休住
口(kǒu)	釋義	人的口型。本：口腔器官，嘴。
	第一冊生字	叫嗎名哪呢台啊喜可哥問只唱吃喝噢口司吧
忄=心(xīn)	釋義	中間像心；外面像心的包絡。本義：心臟。
	第一冊生字	您忙懂想念漫意思快愛怎息應急
日(rì)	釋義	輪廓像太陽的圓形，一橫或一點表示太陽的光。本義：太陽。
	第一冊生字	是早日會易時昨晚明春星景
木(mù)	釋義	上為枝葉 ，下為樹根。"木"是漢字的一個部首。 從"木"的字表示樹木或木器的名稱。本義：樹木。
	第一冊生字	李本東枝杯績校樓桌樣椅
女(nǚ)	釋義	一個呈現跪姿雙手交疊於腹前的人形。本義：女性， 女人。
	第一冊生字	姓好她姐媽女妹
氵=水(shuǐ)	釋義	中間像水脈，兩旁似流水。從水的字，或表示江河或水利名稱，或表示水的流動，或水的性質狀態。本義：以雨的形式從雲端降下的液體，無色無味且透明,形成河流、湖泊和海洋。
	第一冊生字	灣沒氣法酒洲水
艹=艸(cǎo)	釋義	兩棵草形，是草的本字。
	第一冊生字	英華萬茶菜著
子(zǐ)	釋義	小兒在繈褓中，有頭、身、臂膀，兩足為並起來的樣子。本義:嬰兒。
	第一冊生字	字孩子學季

图 3

图 3 介绍九个部首原形及其变形并释义，在表格中列出与第一册全册相同部首之字，加粗之生字为第一课出现之生字。

此外，课后练习不只排列笔顺，也希望能加入笔画顺序书写练习之编排如下：

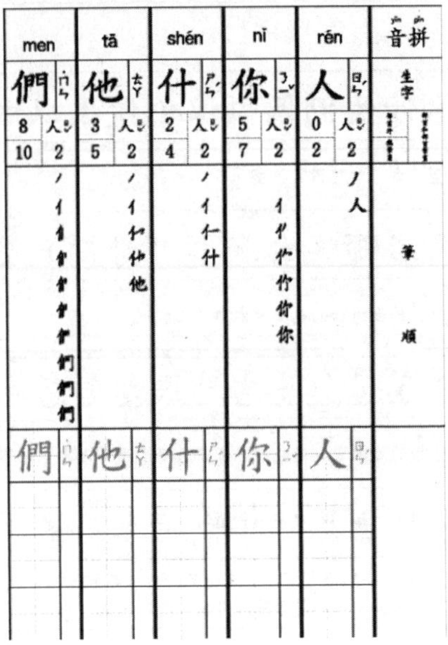

men	tā	shén	nǐ	rén	音拼
們 ㄇㄣ˙	他 ㄊㄚ	什 ㄕㄣˊ	你 ㄋㄧˇ	人 ㄖㄣˊ	生字
8 人	3 人	2 人	5 人	0 人	
10 2	5 2	4 2	7 2	2 2	
ノ 亻 [illegible] 們	ノ 亻 [illegible] 他	ノ 亻 仁 什	亻 [illegible] 你	ノ 人	筆順
們 ㄇㄣ˙	他 ㄊㄚ	什 ㄕㄣˊ	你 ㄋㄧˇ	人 ㄖㄣˊ	

图 4

4.7 阅读练习教材编写

单就“字”本位编写教材确实有难以实现之处，因此，现今华语教材多以“词”本位编撰。但是，就笔者设定之随课学习九个部首目标，除了上述做部首释义即按照笔画顺序加以练习书写汉字之外，也建议在课后练习编写可供“阅读识字”之部分，此部分应用似字族文教学方式，把汉字中大量为形声字之特色带入阅读，笔者已设定之九个优先学习部首做阅读练习编写如图 5。借由阅读练习，学生加深印象及记忆，也可从句子中再次学习句法。

你們好：

Kě Xǐ Huān
我不是台灣人，可是我很喜歡台灣，我也

Xǐ Huān Xué Yǔ
很喜歡學華語。

Yǔ Kě
華語不好學，可是台灣人很好，台灣女生、

Xiǎo Jiě Dōu Hěn Suǒ Yǐ Xǐ Huān
台灣小姐都很美，所以我喜歡台灣。

Zài Zǎo Cān Jiǔ Dōu Bú Guì Zài Rì
在台灣，早餐跟酒都不貴；在日

Běn Hěn Guì
本，很貴！

Cài Hěn Chī Kě Shì Wǒ Xiàn Zài Hěn Xiǎng
台灣菜很好吃，可是我現在很想

Chī Rì Běn Cài Yě Hěn Xiǎng Hē Rì Běn Jiǔ
吃日本菜也很想喝日本酒！

Ōu Wǒ Wàng Le Shuō Wǒ De
噢！我忘了說我的名字，

Zhī Dào
我叫李英華，你知道我是哪國人嗎？

图 5

Read it, and Mark those Characters which has the radical as followed.

Radicals：人、口、心、日、木、女、水、艹、子

4.8 复习活动

全册学毕后，学生作业及测验中不难发现形似字、错字、别字等错误发生，有鉴于此，笔者整理单张汉字练习如图 6，希望学生能再次练习《新版实用视听华语》第一册学过之生字，除此之外，还要写上其发音并练习造词，活动过程需写以汉字，以求达成华语文汉字识读学习之目标：辨识→书写→使用。

《新版實用視聽華語》第一冊　生詞總復習： Please write down PINYIN first, and make a VOCABULARY					
1	我、找	wǒ	我們	zhaǒ	找錢
2	季、李				
3	機、幾				
4	像、象				
5	少、小				
6	大、太				
7	書、畫				
8	親、新				
9	年、午				
10	粟、溧				
11	買、賣				
12	兩、輛				
13	覺、學				
14	夠、狗				
15	渴、喝				
16	景、影				
17	該、孩				
18	了、子、字				
19	說、話、語				
20	門、們、問 間、開、關				

图 6

5. 结论

5.1 结论

利用部首学习汉语，在对外汉语教学中，实能帮助学生从中了解中国字组字概念、建构

学习汉字及文化知识背景，更能推敲中国字蕴含之义，对汉字识读不再陌生与害怕。

提升外籍学生的学习动机与兴趣及加深对汉字的记忆一直是华语老师们致力努力之处，部首教学实应纳入部分课堂规划，除了能让学生加速学习，还能使其获取学习成就，对于华语老师而言，也能有事半功倍的效果。

笔者本身也为华语教学老师，冀望自己加强对汉字的基本知识，包括各类教学法及部首、部件、偏旁之拆解运用，若能将这些在课堂中适时教给学生，也会在课室教学中擦出新火花，相对于华语学习者而言，或许学习华语不再受限于汉字之难点，也会对华语有更强烈的学习动机与兴趣。

5.2 尚待改进

此篇文章针对《新版实用视听华语》第一册之汉字教学部分提出建议并就部首部分做分析及学习编写，笔者教学资历尚浅，未曾有编写教材之经验，所以此文仅供参考。文章若要成为有效贡献，希望将来能实际运用于教学上，方知此建议教学编写方法是否真的能让学生增进汉字识读能力。

此外，此文章也仅先选出《新版实用视听华语》第一册中出现频率最高之九个部首并安排放置于第一课学习，全册实有一百零八个部首。至于其他部首，除了希望能按照“较高学习价值之部首”及“笔画少之部首”编列于各课学习中，笔者也应当再与其他具编写教材经验之老师们讨论过后，再加以决定。

以上两点为本研究不足之处，希望未来能加以做深入探究。

5.3 建议事项

台湾现今各大华语中心在进行华语文教学时，多以听、说、读、写相并进行教学，华语教师们当然希望四大教学目标皆能达成，华语文学习者也希望自己的四种能力皆能提升，无奈汉字教学及学习确实有其困难点。有鉴于此，笔者希望华语中心能与授课之华语老师深入讨论，如何安排独立之汉字学习课程，加强外籍学生在汉字方面的识读，增强学生识读能力。

当然，也希望各大华语中心若已有相关系统性之汉字识读课程安排，能不吝与其他华语中心分享，更希望有志者能多从事汉字部首识读教学方面之研究，为此领域之老师及华语文学习者带来更大的福音。

参考文献

[1]王珩等（2008），《国语文教学理论与应用》，台北市：洪叶文化。

[2]王志成、叶纮宙（2000），《部首字型演变浅说》，台北：文史哲出版社。

[3]何淑贞等（2008），《华语文教学导论》，台北市：三民书局股份有限公司。

[4]周碧香（2011），《从学习迁移谈汉字教学的改进策略》，《台北市立教育大学学报》（人文社会类），第 42 卷第 2 期，第 1—22 页。

[5]周健（2007），《汉字教学理论与方法》，北京：北京大学出版社。

[6]吴佳桦（2007），《部首的语义群组分类及在华语教学上的应用》，台湾师范大学华语

文教学研究所硕士学位论文。

[7]邵慧绮、沈映佳（2010），《外籍交换学生在一般高中的华语教学与辅导——以台北市明伦高中为例》，华语教与学 2010 国际学术研讨会论文集（分册一），第 10—35 页。

[8]许淑华（2011），《对外汉字教学方法探析》，《海外华文教育》，第 3 期，第 33—47 页。

[9]黄沛荣（2006），《汉字教学的理论与实践》，台北：乐学书局有限公司。

[10]黄沛荣（2012），《汉字部首及其教学问题》，《中国文化大学学报》，第 24 期，第 19—44 页。

[11]温雅欣（2009），《现代汉语词类部首之关联分析与教学应用》，台湾师范大学华语文教学研究所硕士学位论文。

[12]蔡信发（1985），《辞典部首浅说》，台北：汉光文化事业公司。

[13]赖庆雄（2003），《轻松学部首》，板桥：萤火虫出版社。

[14]台湾师范大学（2008），《新版实用视听华语学生作业簿》，台北：正中书局。

[15]永字八法图片：维基百科 http://zh.wikipedia.org/wiki/File:8_Strokes_of_Han_Characters.svg

[16]木字演变图：在线汉语字典 http://dict.shufaji.com/word-2550.html

附录：

《新版实用视听华语》第一册学生作业簿生字部首统计表

重要		1	2	3	4	5	6	7	8	9	10	11	12	13	14	15	16	17	18	19	20	总数
一画																						
☆	一	不	上	一	七	下	二															6
	丨(gǔn)	中																				1
	丿(piě)	久																				1
	乙	也	九	了																		3
	亅(jué)	事																				1
二画																						
	儿(ér)	先	兒																			2
☆	亻=人	人	你	什	他	們	個	位	像	伯	便	億	以	做	件	候	來	停	今	休	住	20
	厶(sī)	去																				1
	冂(jiōng)	再	最																			2
	冫(bīng)	冷																				1
	二	二	五	些																		3
☆	八	六	八	丑	公																	4
☆	十	十	半	千	午																	4
	入	兩																				1

续表

重要		1	2	3	4	5	6	7	8	9	10	11	12	13	14	15	16	17	18	19	20	总数
☆	刀（刂）	分	前	到	刻	別	剛															6
☆	又	友																				1
	亠(tóu)	商																				1
									三画													
☆	女	姓	好	她	姐	媽	女	妹														7
☆	口(kǒu)	叫	嗎	名	哪	呢	台	啊		可	哥	問	只	唱	吃	喝	噢	口	司	吧		19
☆	囗(wéi)	國	因	圖	回	四																5
☆	子	字	孩	子	學	季																5
☆	土	臺	報	塊	在	地	坐															6
☆	小	小	少																			2
☆	弓	張	弟																			2
☆	彳(chì)	很	德	得	後	從																5
☆	大	天	太	大																		3
	彡(shān)	影																				1
☆	夕	多	夠	外	夜	夏																5
	幺（yāo)	幾																				1
☆	宀(mián)	家	宜	寫	定	容	客															6
☆	巾	師	常																			2
☆	寸	對																				1
	尤(wāng, yóu)	就																				1
☆	广	店	廳	底	床																	4
	尸(shī)	屋																				1
	己	已																				1
☆	工	差																				1
	干	年																				1
									四画													
☆	忄=心	您	忙	懂	想	念	慢	意	思	快	愛	怎	息	應	急							14
☆	木	李	本	東	枝	杯	機	校	樓	桌	樣	椅										11
☆	戈	我																				1
☆	氵=水	灣	沒	汽	法	酒	洲	水														7
☆	曰	是	早	曰	會	易	時	昨	晚	明	春	星	景									12
	气(qì)	氣																				1
☆	灬=火	熱	昭	火																		3
☆	欠	歡	歌	歐																		3

续表

重要		1	2	3	4	5	6	7	8	9	10	11	12	13	14	15	16	17	18	19	20	总数
☆	月	有	朋	服	月	期																5
	曰(yuē)	蚩																				1
	文	文																				1
	毛	毛																				1
☆	扌=手	找																				1
	父	爸	父																			
	片	片																				1
☆	犭=犬(quǎn)	狗																				1
☆	斤	新																				1
	攵=攴(pū)	教																				1
	爪	爲																				1
☆	戶	所	房																			2
	毋(wú)	母	每																			2
	方	方	旁	旅																		3
	五劃																					
	生	生																				1
☆	玉	王	現	玩	班																	4
☆	目	看	相	直	睡																	4
☆	禾	種	秋																			2
☆	白	的	百																			2
☆	田	男	畫																			2
	矢	知																				1
☆	穴	穿																				1
☆	示	票																				1
☆	立	站																				1
	冬	冬																				1
								六画														
☆	羊	主																				1
☆	艹=艸(cǎo)	英	華	萬	菜	茶	著															6
	覀=襾(yà)	要	西																			2
☆	竹	筆	等	節																		3
☆	糸=纟(mì)	給	累	經																		3
	耂=老	老	考																			2
	臼	舊																				1

续表

重要		1	2	3	4	5	6	7	8	9	10	11	12	13	14	15	16	17	18	19	20	总数
☆	耳	聽																				1
☆	月=肉	能																				1
	舛	舞																				1
☆	衤=衣	衣	裡																			2
☆	舟	船																				1
☆	行	行																				1
	虍(hū)	號																				1
										七画												
☆	貝	由.	冒	貨	育																	4
☆	言	誰	謝	課	請	話	說	該	試													8
☆	走	趙	走	起																		3
☆	見	見	視	覺	親																	4
☆	辶=辵	這	還	道	近	邊	遠	過														7
☆	阝=邑(yì)	都	那																			2
☆	車	車	輛																			2
	豸(zhì)	貓																				1
☆	足	跳	路	跟																		3
	辛	辦																				1
										八画												
☆	雨	電	零	雨																		3
☆	金	錢	錶	錯	鐘																	4
☆	隹	難	離																			2
☆	阝=阜(fù)	附																				1
☆	門	間	開	門																		3
										九画												
☆	食	飯	館																			2
	面	面																				1
☆	頁	頭	題																			2
☆	風	風																				1
										十画												
☆	馬	馬																				1
										十一画												
	麻	麼																				1

续表

重要		1	2	3	4	5	6	7	8	9	10	11	12	13	14	15	16	17	18	19	20	总数
											十二画											
	里	點																				1
	飛	飛																				1
67	108																					316

新移民成人基本教育班华语文教材设计与教学之行动研究

吴宗立　温智华
屏东教育大学　屏东县至正国民中学

摘　要：本论文以《幸福屏东：屏东县新移民学习教材》为蓝本，针对屏东县屏北小区大学“新移民成人基本教育班”的新移民来进行教材设计和教学方法的分析探讨。研究者通过行动研究法，规划合适的语言教材和教学方法，以求最大的教学成效。本研究主要结果与发现如下：(1) 新移民语言学习教材有教材内容与配套不完善的问题。(2) 新移民华语教学面临课堂秩序不易掌控与新移民华语程度分歧的问题。(3) 集中式的注音符号学习单元和包含听说读写的主题单元有利于华语教学。(4) 新移民在语言教材的学习上，面临声调与记忆保留不能持久的问题。(5) 直接教学法、任务式教学法、沟通式教学法等多元教学法的设计和运用，能获得显著的教学成效。(6) 行动研究历程能针对学习需求、学习特性，适时因应与调整教学策略，也提升了教学专业能力。根据上述研究结果与发现，本文针对政府及教学机构、新移民教师及未来研究提出建议。

关键词：行动研究；新移民；华语教学；教材设计

1. 绪论

本论文旨在探讨屏东县“新移民成人基本教育班”的华语文教材设计和教学，兹就研究动机、目的与问题说明如下。

1.1 研究动机

近年来，新移民的数量不断增加，俨然成为台湾一大新兴的族群。因其生活背景、语言隔阂、文化差异等因素，新移民在台湾的人际范围十分孤立狭窄。基于社会永续的发展，除协助新移民的社会适应之外，推动华语教育更是重要。研究者期望透过教育与学习能够消弭不同国籍之间的认知差异，即便无法完全解决问题，却也不失为引导新移民走入台湾社会的一种途径（王仁昭，2011；王春菊，2012）。

随着新移民女性的增加，有关新移民女性的研究，自 2000 年起，即成为学术界关注的焦点（何青蓉，2007）。但是，研究者于 2012 年 2 月从博硕士论文知识加值系统（2012）中搜寻相关研究主题，其中研究的重心仍着重在新移民的学习动机、生活适应，或子女教育问题上，只有少数为新移民教材设计的相关研究，似乎忽略了教材是传递知识的工具，拥有良好的教材是提振学习效果的良方。一些新移民学习教育的相关研究也指出，语言学习教材的内容跟不上新移民的需求，邱琡雯（2003）更归纳出现阶段华语文学习教材在编纂上的问题，列出了以下五点：（1）教材编纂者未必参与教学现场，而教师也不全然参与教材的编纂工作。（2）教材多以教师为本位，学习者较少参与编纂工作。（3）教材甚少提及跨文化的活动设计。（4）台湾各地的时空特色并非充分反映在教材里面。（5）教材设计和内容不符合新移民学习者的实际生活。

研究者在华语文教育界实习，实际参与了屏东县屏北区新移民成人基本教育班的课程，对于教材设计和教法上所面临的问题，有了深刻的体悟：华语教材在华语教学上更是问题重重，因此，研究者试着结合学理、教师和学生的意见回馈，以提升教材的质量，增进教学成效，这成为研究者想要探究的动机。

1.2 研究目的

基于研究动机的陈述，本研究主要目的在于探讨：屏东县屏北小区大学“新移民成人基本教育班”（1）教师对于新移民语言学习教材的看法。（2）教师对于新移民语言学习教学的看法。（3）修改和设计有利于“新移民成人基本教育班”的华语文教学的教材。（4）学习者对于语言学习教材的看法。（5）新移民语言学习教材的教学成效。（6）了解此行动研究历程中，教师专业成长与自我反思。

1.3 研究问题

本研究主要问题包括：（1）屏东县屏北小区大学“新移民成人基本教育班”教师对于新移民语言学习教材所面临的问题为何？（2）教师对于新移民语言学习教学所面临的问题为何？（3）从行动教学中，有利于“新移民成人基本教育班”的华语教学的教材为何？（4）学习者对于语言学习教材的遭遇问题为何？（5）新移民语言学习教材在屏东县屏北小区大学“新移民成人基本教育班”行动解决问题后的教学成效为何？（6）教师在行动研究教学之后，此新移民语言学习教材于华语教学领域上有何成长与自我省思？

2. 文献探讨

本研究相关的文献将探讨新移民的华语学习情形、第二语言教学方法、华语文教材的编写原则与趋势、新移民华语文教材与教学的相关研究。

2.1 新移民的华语学习情形

王春菊（2012）指出新移民在近年来已成为社会各界关注的焦点，其原因不外乎是新移民人口在短时间内急速增加，根据2011年“内政部户政司”的统计，新移民约有44万9千多人，已俨然成为台湾社会的另类族群；再者，新移民衍生出来的语言不通、文化和生活习惯不同、教养子女的方式、家庭生活适应的模式、工作谋生的技能培训等问题，唯有通过“教育与学习”才能协助新移民提升知识水平，并学习谋生技能，借此改善生活，提高自我意识，进而早日融入台湾本地社会来解决生活上接踵而至的挑战（彭玉慧，2009）。

（1）屏东县新移民华语文教育施行情况

2011 学年度的成教班的初级班共开了 20 班，中级班开了 21 班，高级班开了 9 班。首先，从开班数量来分析，初、中级班的需求远远大于高级班的需求，也反映出政府正努力积极地辅导新移民提升生活适应的能力；接着，从开办单位来分析，国小补校占了多数，显示国小补校是提升新移民华语文能力的主力；再者，屏东县相关单位配合政策和时代潮流所趋，为提升新移民的教育和学习，做出积极的努力。虽然新移民学习班的类别无法多元化，但屏东县政府仍力求能在各城乡中开班授课，让屏东县的新移民不因距离遥远、交通不便而错失学习成长的机会，在尊重、包容、接纳的氛围中，寻求多元文化能够并行发展，彼此交流，共同替台湾文化注入新的活力和生命力。本研究聚焦于屏北小区大学新移民成人基本教育班的华语文学习情形。

（2）屏东县新移民华语文教材的现况分析

屏东县新移民的华语文学习教材包含现行国民小学的课本、补校的课本、教师自编教材、屏东县外籍配偶教材及其他等类（王春菊，2012）。屏东县新移民华语文学习教材的种类不一，屏东县成人教育教材和补校教材专为本国成人设计，不适合本国文化背景不足的新移民学习者，教学进行的过程仍不顺畅；国小课本经过各自出版公司的教材编辑团队的精心设计，并通过教育部的审核，其教材内容严谨，但是专为国小儿童设计，并不完全符合成人学习者的需求；教师自编教材和其他教材两项，则是教学者针对教学上的实际需求，由教学者凭借自己的学识，或是参考坊间符合教学目的的书本，或是取材于现成的报章杂志、网络上的教学数据等资源，编纂合适的教学材料，作为新移民华语文学习的上课教材，虽然教材富有弹性，但是连贯性、系统性不足；《幸福屏东：屏东县新移民学习教材》专为新移民设计，跟其他教材相较起来，自然贴近新移民的学习需求，又是屏东县政府委请学有专精的学者专家、校长和教师群共同研商而成，其教材的严谨度自是提升不少。

2.2 第二语言教学方法

第二语言教学可分为四大流派，包括强调自觉掌握的认知学派，如文法翻译法；强调习惯养成的经验学派，如直接教学法、听说教学法、情境教学法；强调感情因素的人本学派，如团体语言学习法、肢体反应教学法、暗示感应教学法、默示教学法、自然教学法；强调沟通运用的功能学派，如沟通式教学法（张金兰，2009）。

叶德明（2002）指出文法翻译法是以第一语言为主。教学者以系统化的方式讲解生字、词性、词组、语法，让学习者逐句或逐段阅读课文和翻译课文。学习者需要背诵，完成大量词汇、语法和翻译的课堂练习和课后作业；在直接教学法的语言课程中，教学者以第二语言教学，辅以实务、图片、影像和动作等方式，来帮助学习者了解课文内容，让学习者逐渐习惯用目标语来思考目标语（王仁昭，2011）；听说教学法建立在行为主义的理论架构上，重视制约学习（conditioning）和习惯养成（habit-formation），专门训练学习者听与说的能力。教学者以目标语进行教学。学习者反复练习句型，达到像讲母语般熟练，自然而然地脱口而出（automatically）。教学过程中，教学者带领学生通过角色扮演（role play）、传递、替换（substitution）、转变和问答等练习，加强学习者的记忆能力（王仁昭，2011；Richards & Rodgers, 2001）；情境教学法遵守着 3-P 的原则，依序为演示（presentation）、练习（practice）和产出（production）。首先，教学者融合情境（contexts）介绍教学内容；接着，教学者通过大量制式的练习（controlled practice of the items）帮助学习者培养语言能力，最后，等到学习者有一定的语言基础之后，便能自由地表达己意（a freer practice phase），无需受到额外的限制（王仁昭，2011；Richards & Rodgers, 2001）；以情意考虑出发，团体语言学习法认为教室里头的学习者应该卸除自己的防卫心，降低无谓的忧虑感，大家好比生命共同体，一起克服学习的障碍；肢体反应教学法，英文缩写为 TPR，是一种结合言语（speech）和动作（action）的教学法（Richards & Rodgers, 2001）。此教学法的方式是教学者以第二语言下达口令，学习者得注意聆听并且立即用动作反应出来（叶德明，2002）；暗示感应教学法为了安抚学习者在学习上的紧张心情，凡与教学相关的课室环境、教材设计、教师语气和活动设计，都要让学习者感觉舒适愉悦，以发挥最大的学习成效（Larsen-Freeman, 2000；王仁昭，2011）；沟通式教学法含有沟通落差（communication gap）的教学活动，促使学习者利用沟通来交换各自的已知信息（information exchange），完成有意义的（meaningful）沟通。教学模式多用小组或两两一组的方式进行语言练习活动；任务式教学法的英文简称为 TBLT，教学活动的设计以"任务"为中心，强调学习者的主动性和人际互动关系，使其进入学习情境，并借由解决问题的过程，学习语言的相关知识和沟通交际的策略。

2.3 华语文教材的编写原则与趋势

吕必松（1995）提出实用性、交际性、知识性、趣味性、科学性和针对性六项教材编写原则，为教材的内容和语法提供了正确的指导原则，强调学习者认知的心理过程和重视应用。吕指出语法的教材设计也应考虑到实用性、交际性。其次是知识性与趣味性，在教材编写时，学生的知识程度需纳入考虑，在学生已有的知识经验上，提供新知识，且所提供的学习内容，应该满足学习者的需求、贴近生活，并且能启发学习者，吸引学习者的目光，才能激发其学习兴趣。最后是科学性和针对性，吕为教材的编写与语法教学方面提出具体的方向。

刘珣（2000）把教材的编写原则概括为五性：针对性、实用性、科学性、趣味性和系统性。李泉（2006）也提出了教材编写的十项基本原则，具体呈现教材编写的特性，分别是：定向原则、目标原则、特色原则、认知原则、时代原则、语体原则、文化原则、趣味原则、实用原则和立体原则。

五项的教材编写特性和十项原则可以确定教材的基本走向，并根据学习者的需求去分析，以新观念来支持教材的特色与创意，且应尽量考虑学习者在语言习得中的认知因素，此外，教材亦要能反映时代，与时俱进，选择使用清楚明确的语体，并适时融入目的语的文化，最后教材配套理应齐全，包括教师用书、练习册、教育、影音，甚至是在线的网络教材等等外围资源，有效帮助学习者学习华语文（赵金铭，2004；蔡雅熏，2009）。

2.4 新移民华语文教材与教学的相关研究

陈燕秋（2001）归纳出理想的华语教材需要清楚明确的目标，其教材内容应包括发音系统的说明和练习、国字和词汇介绍、语法说明、课文内容的教学、练习活动的设计和编排和评量方式。刘宁珠（2009）提出教材规划应遵照螺旋式组织，帮助学习者循序渐进、由简入深来加深、加广华语文的语言知识。刘淑樱（2009）更具体指出教学者在设计或编制课文时，教材应包含拼音读写、绕口令、注音符号卡、符号辨声、声调注记、看图写短文等元素，以提升新移民华语学习成效。李朝鋆（2011）更具体指出歌唱教学融入初级华语教学对外籍配偶之学习态度、动机和“听”、“说”、“读”、“写”四种技能上的学习成效均具有正面的影响。至于针对零起点的华语学习者，教学者应先说明发音系统的规则，带领学生练习，接着加强声调四声的变化，再加入上声变调和连音变化的训练（陈燕秋，2001）；新移民的学习需求和个别差异也需考虑，教学者可以试着引导成人学习者运用策略学习的能力，从中获得成就感和学习兴趣（欧馨蔚，2011）。

3. 研究方法与实施

3.1 研究方法与架构

本研究采用行动研究法，期望借由研究者在教育现场的实际教学，通过不断的行动、反省、修正，再行动的过程，建构一套有系统的教材，并进而解决教学上面临的问题，研究架构如图 1。

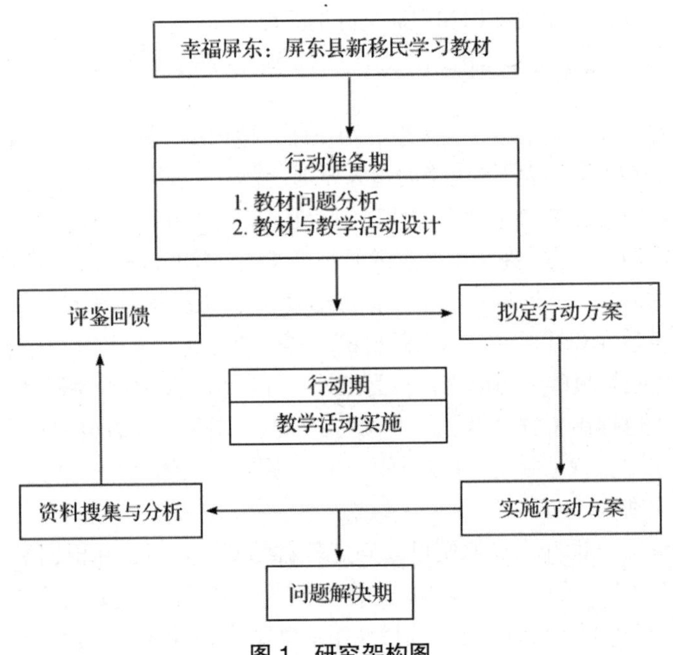

图 1　研究架构图

3.2 行动历程

本研究自 2011 年 6 月开始，至 2012 年 11 月止。教学活动自 2012 年 7 月中开始，至 2012 年 9 月底结束。整个实施过程共分为：行动准备期、行动期和问题解决期。依序说明如下：

（1）行动准备期（2010 年 6 月中至 2012 年 6 月底）

此阶段包括确定研究主题、搜集相关文献、拟定研究计划、申请华语文学习专班讲师。此阶段的研究焦点在于探究教材教法的相关理论、确定学生基本资料调查表和访谈大纲。

（2）行动期（2012 年 7 月中至 9 月底）

自 2012 年 7 月至 2012 年 9 月，研究者依照教学大纲进行教学行动。此阶段研究者观察学生的学习反应和检视学习效果，通过不断地搜集资料，以验证事先规划的教材教法设计是否能够达到研究者的教学目标，如遇缺失，则需改变原来的规划；此外，研究者可随时依学生需求做出适当的调整，反复实施“行动→搜集资料→评鉴→反省与修正→再行动”的步骤，直到最终达成既定的教学目标为止。本行动研究是以新移民初学华语 12 周的课程为研究范围。

（3）问题解决期（2012 年 7 月初至 11 月中）

问题解决期分为资料的分析和研究报告的撰写。数据分析包括整理数据、分析数据和归纳出结论，以建构一个有系统的知识。研究者于资料整理分析完成后，撰写报告并提出结论与建议。

3.3 研究场域与研究对象

本研究以屏北小区大学 2012 学年度期间的“新移民成人基本教育班”为主要的研究场域，以便进行教材设计与其教学之行动研究。

本研究分析的对象为“新移民成人基本教育班”的华语文教材《幸福屏东：屏东县新移民学习教材》；访谈的对象分为教学者和学习者两部分。

（1）受访者为教学者

受访的教师是四位现行或曾任教于“新移民成人基本教育班”，且其教学经验至少一期以上的教师，借此了解教材与教学法在设计运用的问题和建议。为尊重当事人的隐私权，受访教师一律以代号称之，学校名称也以匿名方式表示。

（2）受访者为新移民学生

学习者是参加 2012 学年度的“新移民成人基本教育班”的新移民学员。为尊重当事人的隐私权，本研究所提及的学员均以代号表示。受访的学生是研究者所任教之新移民语言初级班的学生，女生 10 名，男生 1 名，共 11 名，国籍有泰国、越南、印度尼西亚以及美国。

3.4 资料搜集与分析

本研究采用行动研究法，在文献探讨与教学的过程中，将持续地进行资料搜集与分析的工作。

（1）资料搜集

①文件数据

本研究的文件数据包括教学者文件数据、学习者文件数据、研究日志与省思，及协同教师的讨论资料。教学者文件数据包括教学准备数据、教学教材、教学设计、华语文教学课程纲要、评量设计、图表和网络资源等，以作为数据解释和佐证的工具，提供三角验证的依据；学生文件数据包括学习者的回家作业、学习单、单元回馈单、课堂表现记录等，作为了解学习者的学习表现以及研究者澄清、反省和修正的依据；研究者也通过省思日志来记录教学过程中所遇到的问题和困难、处理方式、处理结果、疑惑和反思，可供研究者反复审视自己在研究历程中的优劣得失，进而修正与调整；协同教师的讨论资料帮助研究者发现问题、厘清观念，以及共同筹划解决问题的策略和方法。

②参与观察

研究者除了在教学的同时进行参与观察外，教学历程皆全程录像和录音，并依教学先后顺序转录成文字文件，一方面有助于研究分析，另一方面可完整呈现教学现场师生互动和学习者的学习情况。

③访谈与座谈

为了能够深入地了解 4 名新移民华语文教师对“新移民成人基本教育班”的华语文教材《幸福屏东：屏东县新移民学习教材》的看法，研究者同时采取正式与非正式访谈的方式以搜集资料：分别与每位教师进行一次半结构式的正式访谈，以及数次的非正式访谈。同样，为了了解新移民学生对于教材教法的看法，研究者在上课期间会针对个人或群体不定期询问他/她们对于目前上课内容的感受，以能真正符合学生需求，发挥最大的学习成效。

（2）资料分析

①数据编码

由于本研究的参与观察有大量的观察记录，因此需要编码建文件，以利后续的分析。所有数据编码的说明如下：《志》为研究者的教学日志，指在教学过程中所观察到的现象，包含学习者的反应、对话、行为态度和当时研究者所看到的事件片段，以及研究者的回顾资料；《观》为协同教师观察学习者的表现记录；《访》为研究者访问参与者的记录摘要；《录》为研究者在教学现场的录像数据；《思》为研究者的教学省思；《讨》为研究者与协同教师的讨论记录；《T》为研究者；《S》为学习者。

参与人员的代号如下：T 代表行动研究者，也是教学现场教师；T1、T2、T3 与 T4 代表华语文学习专班的四位协同教师；另外针对数据的编码也注记人员和日期，以“对象—数据来源—日期”的方式加以分类，以利数据的分析与归纳，例如“志 20120702”表示资料搜集的方式为研究者的教学日志，后八码则表示（公元）、月、日。

②结果呈现

研究者将资料建文件后，通过不断审视和批判，撷取有意义的资料，判定研究者修改过后的教学范例是否改善或解决教材教法的问题。最后，研究者诠释和分析资料，并辅以研究者的反思，撰写成报告。

4. 研究结果与讨论

4.1 正式课程规划

本研究将《幸福屏东：屏东县新移民学习教材》加以规划及修正，进行为期 12 周的教学活动。研究者在实际的授课中，探究教学行动所面临的教材教法的问题，并持续反省教学策略，以提升学生在华语听说读写的能力。12 周的教学活动共分成八大单元，依序为“基础能力的培养”、“自我介绍”、“打电话”、“歌曲教学”、“工具书的运用”、“买衣服”、“文化节庆教学”和“吃饭啰”。

4.2 教学行动研究的教学成效分析

（1）图像化与具体化的教学有助于学生的记忆力

研究者利用图卡、字卡和口诀等教具进行教学，而学生记忆注音符号或国字的学习效果显著，学生也持正面评价，认为联结生活真实例子，加上图像化，并且反复演练，能帮助他们更容易上手。除了 S10 因为缺课太多，导致学习成效不佳外，其余 10 名学生已能认读和拼读注音符号，也能认读和自行书写国字，字体工整，而且书写速度也提升不少。

S4 跟研究者反应，像研究者教“国”这个字时，先说一块大土地，里面有很多街道等，运用这样的方式让她不容易忘记，她觉得这样很好。她很喜欢。（志 20120730）

（2）正向的教学态度提升学习成效

研究者在上课前，都会明确说明教学流程，并营造非正式的学习气氛，降低学习者的防卫心态。再者，教学者始终展现诚恳的教学态度，根据学生的学习状况，适时放慢学习步调，设定难易适中的作业，并给予学生许多自我检视学习状况的机会，达到自我评量和同侪评量的效果。更重要的是，研究者时时注意学生的情绪反应，时时地赞美与鼓励，帮助学生培养自信心，增加学习成功的机会，但也不忘给予学习者适当的压力，像是突如其来的抽问，借此提高教学效率。

除了课程进度，研究者也会适时关心学生日常生活状况。（观/T4/20120810）让学生去发现错误，可增进识字能力。（观/T4/20120829）

（3）多元的教材设计提升学习成效

在教学行动研究当中，研究者采取多元的教学法：注音符号教学以及生字教学多用“直接教学法”，研究者运用实物、图卡、动作以及表情，帮助学生记忆和理解；注音符号、词语和对话教学多用“听说教学法”中反复练习的特色，并在进行对话教学时，带领学生练习角色扮演、替换、转变和问答等练习；研究者更严格遵守“情境教学法”中的 3-P 教学原则。此外，研究者也运用暗示感应教学法的概念，为了减除学生的紧张心情，在教材设计、教师语气和活动设计上，都尽可能让学生感到舒适；最后，研究者利用沟通落差（communication gap）的问卷教学活动，更是“沟通式教学法”和“任务式教学法”的运用。除了教学法的运用之外，研究者更确定了各教学单元的课程大纲及教学目标，以领航后续的教学。教学技巧更是扮演着举足轻重的角色，研究者采用建构活动、讨论、直接地对话、练习文法的对话、语法教学等教学技巧，且设计的活动练习包括复诵、填空、选择题、代换练习、会话、配对、句型练习、复述等，巩固学生的能力，显著的学习成效证明了良好的教学成效。

4.3 教学行动研究的学习成效与分析

在注音符号层面上，新移民学生已经能念出注音符号、拼读注音符号、正确分辨声调、能用注音符号辅助读出国字、能正确写出注音符号，及能用注音查字典。此外，虽然 S6 在课程进行期间请假两个礼拜，导致声调方面的学习效果稍稍落后，但是经过后来课程的训练和熏陶，也渐渐摸索出拼音和声调的诀窍，不再每一个拼音内多加上ㄧ或ㄩ；在聆听层面上，除了 S11 因为来台才两个月，华语聆听能力较差之外，其余新移民学生都能听懂家人的对话、能听懂上课内容，以及能部分听懂电视、收音机节目的内容；在说话层面上，S11 从全然不会说华语，进步到能用简单的字词回答问题，而其余的新移民学生都能用国语说出生活经验、能简单说明一件事情，能针对问题提出自己的意见或看法；在阅读层面上，研究者认为阅读理解能力测验对新移民较为困难，制作起来也较为耗时费力，所以采用学生能否读出国字和词语的方式检测华语阅读能力。从总结性评量得知，新移民学生在阅读方面有显著的进步，也能使用部首查字典，能看懂文章，并了解大意；在书写层面上，新移民学生能填写自己的姓名、性别、年龄等基本数据，能依笔顺写出国字且字迹工整，能使用国字或注音写出词语和短句。

5. 研究结论与省思

5.1 结论

（1）华语教师在新移民语言学习教材的运用上，面临教材内容与配套不完善的问题。

（2）华语教师在新移民华语教学上，面临课堂秩序不易掌控与新移民华语程度分歧的问题。

（3）集中式的注音符号学习单元和包含听说读写的主题单元有利于华语教学。

（4）新移民在语言教材的学习上，面临声调与记忆保留不能持久的问题。

（5）直接教学法、任务式教学法、沟通式教学法等多元教学法的设计和运用，能获得显著的教学成效。

（6）行动研究历程针对学习需求、学习特性，适时因应与调整教学策略，也提升了教学专业能力。

5.2 省思

（1）行动研究历程能自我成长，提升了教学专业能力。

（2）行动研究历程能提升规划教材与整合资源的能力。

（3）行动研究历程必须不断寻求更多渠道解决困境。

（4）从行动研究历程教学反思中了解教学能力。

参考文献

[1]“内政部统计处”（2012），《“内政部”统计通报》，取自 http://sowf.moi.gov.tw/stat/week/week10050.doc.

[2]王仁昭（2011），《新移民华语初级教材设计及其教学研究》，屏东教育大学硕士学位论文。

[3]王春菊（2012），《新住民华语学习班教师选用教材考量因素研究》，屏东教育大学硕士学位论文。

[4]全国博硕士论文知识加值系统（2012），“国家图书馆”全国博硕士论文信息网，2012 年 2 月 28 日，取自 http://ndltd.ncl.edu.tw/cgi-bin/gs32/gsweb.cgi/ccd=kcbbhn/webmge?mode=basic.

[5]何青蓉（2007），《成人识字教育的可能性》，高雄：高雄复文图书出版社。

[6]吕必松（1995），《对外汉语教学概论讲义》（续二），《世界汉语教学》，第 1 期，第 63—78 页。

[7]李泉（2006），《对外汉语教材研究》，北京：商务印书馆。

[8]李朝鋆（2011），《歌唱教学融入初级华语教学之行动研究——以外籍配偶成人教育班学生为例》，屏东教育大学硕士学位论文。

[9]邱琡雯（2003），《从多元文化主义观点谈嘉义县外籍配偶的识字教育》，《成人教育》，第 75 期，第 11—19 页。

[10]张金兰（2009）,《实用华语文教材教法》，台北：文光图书有限公司。

[11]陈燕秋（2001）,《台湾现今华语文教材的评估与展望》，台湾师范大学硕士学位论文。

[12]彭玉慧（2009）,《台北县国小补校新住民学生学习适应与就读国中补校学习需求之调查研究》，台湾师范大学硕士学位论文。

[13]叶德明（2002）,《华语文教学规范与理论基础——华语文为第二语言教学理论刍议》，台北：师大书苑有限公司。

[14]赵金铭（2004）,《跨越与会通——论对外汉语教材研究与开发》,《语言文字应用》，第 2 期，第 109—118 页。

[15]刘珣（2000）,《对外汉语教育学引论》，北京：北京语言大学出版社。

[16]刘淑樱（2009）,《全语文教学法应用于外籍配偶注音符号教学之行动研究》，玄奘大学硕士学位论文。

[17]刘宁珠（2009）,《对外华语识字教材的规划与设计》，铭传大学硕士学位论文。

[18]欧馨蔚（2010）,《应用沟通式教学于新移民初级华语班之行动研究》，屏东教育大学硕士学位论文。

[19]蔡雅熏（2009）,《华语文教材分级研制原理之建构》，新北：正中书局股份有限公司。

[20]Larsen-Freeman, D. (2000). *Techniques and Principles in Language Teaching* (2nd ed.). UK: Oxford University Press.

[21]Richards, J. C., & Rodgers, T. S. (2001). *Approaches and Methods in Language Teaching* (2nd ed.). UK: Cambridge University Press.

华语学习者之成段表达技巧分析

——以初中级华语学习者之重述为例

林丽菊　黄柏祯　陈欣徽
中正大学

摘　要：成段表达在华语教学中是十分重要的口语表达能力训练，在课室教学中教师经常利用对话进行“重述（retell）”的训练，让华语学习者在有所对照的叙述内容上，逐步建立组句成段的口语表达能力。然而，从单句、复句提升到段落表达阶段时，教师需要考虑“话题关联性”、“语意逻辑关系”和“核心意旨的层次性”等特性，而这些特性对于初中级华语学习者而言是较不容易克服的学习难点。本研究将以交换生与国际学生为研究对象，采用 Fillmore（1977，1985）的框架语意学和 Halliday & Hasan（1976，1985）的衔接理论为理论基础，观察初中级华语学习者进行对话重述时所使用技巧，并汇整重述时出现的偏误现象，进而研拟出适合华语学习者培养口语表达能力的学习策略，同时提供华语教师在成段表达教学上的参考依据。

关键词：成段表达；重述；语意框架；篇章衔接；偏误分析

1. 绪论

在华语教学中，华语教师多以“重述（retell）”训练华语学习者的口语表达能力。这项训练除了能够检测华语学习者的听说能力，同时也让学习者逐步建立组句成段的口语表达能力。然而，在从单句、复句提升到段落表达阶段时，教师需要考虑话题关联性、语意逻辑关系和篇章衔接技巧，而这些对于初中级华语学习者而言是较难掌握的学习难点。

目前关于如何培养华语学习者成段表达策略的相关研究中，大多着墨在华语教师的教学策略上，较少以华语学习者的难点为思考方向的研究。因此，本研究将以初级与中级华语学习者重述对话的成段表达为语料来源，采用 Fillmore（1977，1985）的框架语意学和 Halliday & Hasan（1976，1985）的衔接理论为理论基础，观察初中级华语学习者进行对话重述时所使用技巧，并汇整重述时出现的偏误现象，进而研拟出适合华语学习者培养口语表达能力的学习策略，同时提供华语教师在成段表达教学上的参考依据。

2. 文献回顾与理论背景

本节将简述华语成段表达相关研究成果，以此作为本研究之发展基础与延伸方向，并摘取 Fillmore（1977，1985）的框架语意学和 Halliday & Hasan（1976，1985）的衔接理论，以此为本研究语料之分析架构。

2.1 文献回顾

近年来随着对外华语教学实务经验的增加，越来越多的教师与学者认为语言学习的基本要求应为“沟通能力的培养”（元华、杜朝晖 2009；杜朝晖、元华 2007；徐静薇 2009），“成段表达”则为口语沟通的重要能力之一。张永昱（2003）发现到中高级阶段的华语学习者虽具有组句能力，但是通篇陈述却显得生硬、呆板。因此身为华语教师应教导学习者掌握华语句群“靠意合直接组合”和“靠关联词语连接”的组合方式，提高学习者的成段表达能力。翟汛（2003）的研究则指出，在中高级阶段口语成段表达的训练模式中，以任务模式、视听说模式与辩论模式等训练最为有效，有利于培养学习者的华语思维与成段表达能力。

另有学者专家逐渐注意到华语语言能力的培养应该要在初期学习时开展。杨春（2006）认为初级华语学习者应该在学习华语的过程中，就必须要慢慢培养成段表达能力，引导学习者重视语意连贯的语篇表述，因此在华语教学的教材中，在初级阶段就要体现出语篇教学的理论与原则；王光全（2012）也认为在华语教学中，语段能力的培养是相当关键的一环，此能力的培养可通过“对话—转述”的方式进行，对于零起点的学生而言，在一年级第二学期就可以开始训练。韩蓉、李宁、吕海燕（2010）以 Halliday & Hasan（1976）的衔接理论为基础，分析中级汉语教材《桥梁》，认为成段表达的教学必须要立足于语段或语篇的结构，练习的话题最好是学生感兴趣的，并且多多朗读“范文”，增强语篇衔接意识。

这些丰硕的研究提供给华语教师相当丰富的参考依据，然而在华语教学领域中，长期关注“教甚么”与“如何教”的议题，鲜少以学习者的学习困难作为出法点，思考教学意涵之面向。因此本研究将以台湾某国立大学初中等华语课程之口语测验为研究语料，采用 Fillmore（1977，1985）的框架语意学和 Halliday & Hasan（1976，1985）的衔接理论为理论基础，观察初中级华语学习者进行对话重述时所使用的技巧，并汇整重述时出现的偏误现象，进而研拟出适合华语学习者累积口语表达能力的学习策略。

2.2 理论背景

对话重述内容的完整与否，取决于重述内容是否紧密扣住原对话内容的核心语意，并且留意语句之间的衔接，让语篇内容能够语气连贯，有效达成语言沟通目的。为能适当分析初中级华语学习者重述内容与对话原文的一致性，本研究采用 Fillmore（1977，1985）的框架语意学以及 Halliday & Hasan（1976，1985）的衔接理论作为研究观点。以下分别就框架语意学与衔接理论做简要的说明。

2.2.1 框架语意学（Frame Semantics）

框架语意学是Fillmore结合认知心理学、人工智能等科学理论概念所发展的语意学理论。Fillmore（1982）认为框架是一种认知系统，接着又将框架视为一种具体与统一的知识结构，或是一种完成系统的基模化的经验（Fillmore 1985）。简言之，框架是人们用来陈述客观世界的概念模式，提供了语意理解所需的概念背景，而框架内的任一概念都会因“角度摄取”（perspective）的不同，经由选择或是凸显该框架内的相关概念，理解语言中词语的意义。因此，框架内的语意是一种有机的互动关系，当说话者掌握了语言框架与场景（scene）之间的联系，便会立即激活（evoke）框架内的信息，此时说话者所陈述的语意内涵便会在被激活的场景中获得理解。

框架语意学认为语言理解能力与个人经验背景的认知架构之间的关系是密不可分的。要充分理解词语或语篇的意义，必须先理解这些词语或语篇所在的框架意涵。一旦能够理解框架中的概念结构，便可顺势推衍出各项词语在特定语境中的语意和功能，从而理解该词语所扮演的语意角色。

在对话重述测验中，每一则对话都可视为一个事件，每一个事件都可能由多种框架组合而成，而重述的重要评量指标，就是观察华语学习者是否能够运用适当的词语搭配，整合出原对话内容。当华语学习者的认知框架符合原对话意涵时，表示学习者已掌握到对话框架。在掌握对话框架的基础上，此时所出现的偏误现象，便可限缩在词汇或语法的层面上进行目标式导正。因此本研究将以框架语言学为理论基础，分析对话内容的框架结构，并且观察华语学习者的重述内容是否与原对话内容一致，并进一步探讨华语学习者的衔接技巧，进而供华语教师作教学参考。

2.2.2 衔接理论（Cohesion Theory）

Halliday & Hasan（1976）将“衔接”定义为存在于语篇内部、能使全文成为语篇的各种意义联系关系，并且将语篇衔接表现方式分为五大范畴，说明如下：

（1）照应（Reference）

照应是指上下文中两个语言单位所表示的人或事同指的一种语言现象。例如“麦克的姐姐要结婚了，她马上就要辞掉工作了”中的“她”便与“麦克的姊姊”形成照应关系。

（2）替代（Substitution）

替代是一种在语言表达过程中避免重复而采用的方法，通常在语言呈现上会用一个替代词去取代语篇中的某一个部分。例如：英文可用 one 或 ones 去替代名词的单数或复数形式，或是用 do/does 替代动词；而在华语中，我们也常用做来替代动词描述，像是“甲：你打完报告了吗？乙：我做好了”。

（3）省略（Ellipsis）

省略是指语篇中未出现的词语可以从其他句子中找回，其作用也是为了避免重复，突出主要信息，衔接上下文。例如：英文中的 Mike ate some apples, and Mary some peaches. 省略了第二子句的 ate；而在华语中，也可以通过省略同一个话题链中的相同主语，达到语言精简的修辞方式，像是“我今天七点起床，七点半吃早餐，八点上课”。

（4）连接（Conjunction）

连接是运用语言连接成分来表现句子和句子间的逻辑关系，如并列关系、假设关系、条件关系、因果关系、解释关系、目的关系等。在英文中可用 but、and、though、yet 等词汇来表达句子间的语意关系，而华语也有许多关联词可以充分运用在句子间的语意关系上，例如虽然……但是……，因为……所以……，可是，一……就……等。

（5）词语衔接（Lexical Cohesion）

词语衔接包含了复现（repetition）和同现（collocation）两种方式。复现指的是同一个词在同一个语篇中重复出现，其形式可以完全一致，或是概念上基本一致，例如“上下位词”或“部分代全体”的方式。同现指的是词语与句子互相搭配的表现方式，其合理性与接受度和该语境的主题互相依存，着重的面向不仅在词语的搭配程度上，更需要推展到跨句或跨段落的共现模式和语意关系。

衔接理论提供了完整的语篇分析架构和方法，因此本研究采用 Halliday & Hasan（1976，1985）的衔接理论作为分析华语学习者在重述内容时对于语篇衔接掌握度的理论基础。

3. 研究方法

本研究的语料来自华语课堂规律地进行重述练习后的期中考、期末考测验，故以下将分别就教学设计、测验设计、语料来源等小节说明本研究进行方式。

3.1 教学设计

初中级华语口语表达课的培训方式通常以“对话演练”为主，而“重述对话”则是从单句响应的使用提升到成段表达的阶段，依据对话的脉络，完整且条理清晰地叙述一个事件。因此，在华语课堂进行重述对话的成段表达练习时，教师可引导学习者架构对话脉络，例如对话的场合、对话者的关系、对话发生的缘由或目的，以及与对话目的相关的重要细节，等等。完成引导练习后，教师酌量给予学生准备时间（视对话长度略作调整）进行讯息的整理，随后进行重述。以重述对话进行成段表达训练的课堂教学过程如下表：

表 1　初中级华语学习者成段表达能力之教学设计内容

教学设计	教学目的
根据对话内容设计回答问题或是非题	确认听读理解
设计问题以问答方式引导整合	引导整合讯息脉络
给予准备时间	整理表达讯息
两人一组，一人重述对话，一人聆听	成段表达
聆听者协助确认对方成段表达的内容或重要细节	同侪回馈
点选一两个表现优秀或有重要错误的学生当众重述后，由教师讲评，指出具体问题与解决方法	教师回馈

3.2 测验设计

口说测验的设计乃以课堂教学设计环节为基本理念进行，基本上有输入、整合讯息脉络、输出三个主要过程，对应测验，即为阅读或聆听对话、准备时间、重述对话三个环节。测验设计如下图所示：

	输入 input 对话		整合讯息脉络		输出 output 成段表达
测验环节	阅读或聆听对话	➡	准备时间	➡	重述对话
无问题引导	显示**对话**		显示**对话**		显示**对话**
有问题引导	同时显示**对话**和**问题引导**		不显示对话 显示**问题引导**		不显示对话 显示**问题引导**

图 1 成段表达课堂教学设计图示

测验环节分为“无问题引导”与“有问题引导”两种施测方式。在进行“无问题引导”测验时，为避免重述能力受到记忆能力的限制，使得重述的偏误出现记忆漏失或错误，因此在讯息输入、整合讯息与输出阶段都在屏幕上显示对话。而“有问题引导”的测验设计，则在测验时提供对话与问题引导，让学生可以在阅读或聆听对话的同时，由阅读理解与听力理解得到问题的答案。测验设计呼应课堂练习的设计理念，降低学生因题型陌生、考试紧张等可能导致产生干扰的因素，确保学生能展现其具备的成段表达能力。

3.3 语料来源

本研究的语料收集，来自台湾某“国立”大学华语课程听说课的期中考或期末考计算机化口说测验录音。为保护学习者之个人资料与基本权益，所有档案皆以匿名方式处理。

3.4 研究方法

本研究完成初中级学习者重述测验之录音档逐字稿，并以 Fillmore（1977，1985）框架语意学为理论基础，针对对话原文与重述语料相互比对，观察初中级学习者是否能够掌握对话语意架构；最后再依据语料所示，参照衔接理论（Halliday & Hasan，1976，1985），归纳学习者在进行对话重述时运用的成段表达衔接技巧。

4. 语料分析

本节将根据所收集的成段表达语料，分析其语意框架与原对话内容的一致性及重述内容的衔接偏误类型。

4.1 学习者重述内容与对话语意框架的一致性分析

所谓“重述”的评准度应是建立在“是否能在对话概念的语意架构上传递正确的信息”，而非仅止于语法结构的正确度。因此本研究先将重述测验中的对话内容以框架语意学理论为基础进行简易编码，将对话中的框架元素（frame elements）予以解构，在两相对照下归纳出华语学习者在进行重述时，其重述内容是否符合角色、对话意涵与对话情境等要项。下列将以“珍妮请玛莉帮忙喂鱼”的对话为例：

珍妮：玛莉，我明天去台北。	[提示]
玛莉：你去台北玩吗？	1.珍妮什么时候要去台北？

珍妮：不，明天一个学者参访团去台北参观，我去给他们当翻译。

玛莉：你坐高铁去还是坐火车去？

珍妮：坐高铁去。

玛莉：你什么时候回来？

珍妮：9 号回来。请你帮我一个忙，好吗？

玛莉：什么事？你说吧。

珍妮：我去台北的时候，帮我喂鱼。

玛莉：好，没问题。

什么时候回来？

2.她打算怎么去台北？

3.她去台北做什么？

4.珍妮请玛莉帮什么忙？

“珍妮请玛莉帮忙喂鱼”的对话主要以“问答”的方式进行，由“珍妮要去台北当翻译，所以请玛莉帮忙喂鱼”为主题开展，我们可以再进一步归纳与连结，便能得到如下列图表的语意关系：

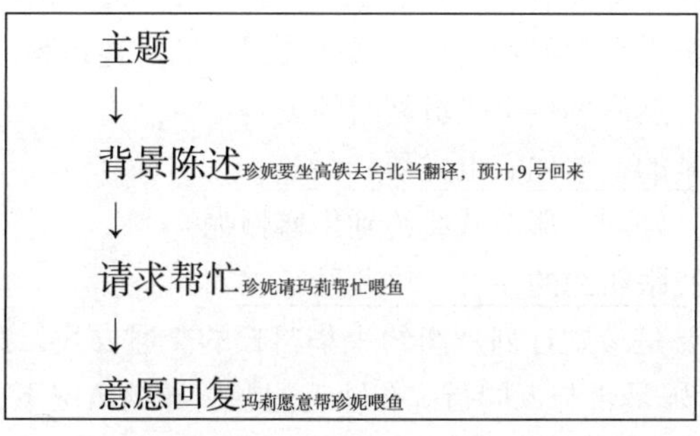

主题
↓
背景陈述珍妮要坐高铁去台北当翻译，预计 9 号回来
↓
请求帮忙珍妮请玛莉帮忙喂鱼
↓
意愿回复玛莉愿意帮珍妮喂鱼

图 2　“珍妮请玛莉帮忙喂鱼”对话语意关系图示

此对话内容为请托框架，而框架中包含请托者、受托者、请托原因、请托事项和时间等元素。根据重述语料，学习者大多都能掌握到请托框架内的各个元素。在重述时，教师依据问题引导有系统地组织内容。学习者重述分析结果与对话框架的对照结果如下表：

表 2　“珍妮请玛莉帮忙喂鱼”请托框架

	“请托”框架								
框架元素	请托者	受托者	请托原因				请托事项	时间	
			原因	对象	地点	交通方式		去程	回程
对话原文	珍妮	玛莉	（珍妮）当翻译	学者参访团	台北	高铁	喂鱼	明天	9 号
学习者 0904	V	V	V	**参访团**	V	**火车**	V	V	**9 点**
学习者 5053	V	V	V	*	V	**火车**	*	V	**后天**
学习者 5064	**麦克**	*	V	**学者**	V	V	V	*	*
学习者 0007	他/她	V	V	*	V	V	V	V	V

V：与原对话一致

*：未表达出来

在重述时，学习者出现了部分偏误现象，如学习者 0904 将“参访团”作为请托原因中的对象，正确的交通方式是搭乘高铁，但是这位学生将“高铁”说成“火车”，回程时间也从原本的“9 号”变成“9 点”。而学习者 5053 也把“坐高铁”说成“坐火车”，回程时间则说成“后天”。学习者 5064 将“麦克”置于请托者的位置，请托原因的对象则用“学者”代替。学习者 0007 除了未将请托原因中的对象表达出来之外，其他陈述内容都符合请托框架，因此陈述内容的完整度很高。从上述对照结果可以看出，虽然学习者在重述中发生了用词错误或是突然出现原本不存在的角色，但却是在已建构成形的框架里进行事件描述，意即学习者在进行重述时，对于对话内容已具备基本认知。

4.1.1 理解错误的语意框架

上述分析的学习者语料是来自有问题提示的重述测验，因此学习者可以依据提示架构出适当的认知框架，但是当测验没有问题引导时，便须全然依赖学习者的听力或阅读理解，自行建构语意框架。一旦理解发生错误，学习者便会架构出不属于原对话的语意框架，导致重述内容错误。以下的分析来自学习者进行不具问题提示的重述语料。

对话原文　旅行社：然后你再坐飞机到纽约去吗？
　　　　　珍妮：是的，请你们也先帮我买票。
　　　　　旅行社：好的。那您从纽约到华盛顿呢？
　　　　　珍妮：我跟纽约的朋友一块儿开车去。

上述对话内容，主要是珍妮计划从纽约去华盛顿的交通方式，这部分牵涉到（1）珍妮如何去华盛顿与（2）珍妮是否与人同行。在缺乏问题引导的情况下，学习者 0907 的重述显然超出了原对话的语意框架：

学习者 0907　她的朋友**帮**她/所以她**开车**去/所以她不用买机票

在原始对话中，确实有“珍妮的朋友”、“开车”、“不用买机票”的语意框架元素，但是学习者因理解错误而将对话角色与事件顺序混淆，自行发展出与原对话不一致的认知框架，导致了重述时的偏误。

4.1.2 鹦鹉式重述

由于初中级的对话内容不多，因此对于华语学习者而言，倘若未能立即消化对话内容，建构对话语意框架，而采用实时背诵的方式，暂时熟记对话内容，便可能产生类似“鹦鹉式重述”之偏误类型。例如下面的对话与重述：

对话原文　　老师：莉莉，学校想请国际学生表演相声节目。

学习者 0908　莉莉 / 学校想请国际学生表演相声节目

学习者 0908 直接将原对话内容复述，表示他并未意识到重述对话内容时需要重新定义自己为第三人称的转述者，再以转述者的表达观点重整对话的语意框架，如此才能使重述内容与对话原文相符。直接复述原对话内容，可能使得前后句的语意不一致，造成语意不连贯。

4.2 学习者重述内容的衔接偏误

在现有语料的资料中，我们可以发现初中级华语学习者在进行对话重述时，已能尝试运用关联词、代名词回指等技巧进行成段表达。然而多数初中级华语学习者在进行重述时，仍会出现不恰当或偏误的语言表达现象，例如省略、过度使用关联词、尚未完全掌握代名词的回指功能等。

4.2.1 关联词使用不当

关联词是用来衔接子句的功能词，用于表示子句与子句之间的语意逻辑关系。在初中级华语教材中，通常会以词频较高的关联词与容易推论的语意关系为主，让学习者在容易理解的语境下有效学习。然而，在学习者对于上下文语意关系缺乏意识时，容易发生误用或使用失当的现象。

（1）过度使用转折词

“可是”是华语中使用频率非常高的转折词，其引出的内容与前面的意思相反，或是对前提做进一步的限制和补充（余婷婷 2007）。意即，当事件或动作在发展的过程中时，前句与后句呈现对比或是逻辑关系上有所矛盾，在句意上呈现相反的意思时，便会使用“可是”。在下面的对话中，事件的发展呈现了两处对比：（1）姊姊本来有工作，结了婚就不工作了；（2）麦克跟未来姊夫的想法不同。

对话原文　玛莉：那么，你姊姊结了婚，还继续工作吗？
麦克：她未婚夫不愿意让她工作。
玛莉：这么说，你姊姊结婚以后就不工作了？
麦克：大概吧。
玛莉：将来你也会这样吗？不让你太太工作？
麦克：不，我会尊重她的决定。

在对话有两处对比的情况下，理论上确实可以使用两个“可是”来进行衔接。如下列学习者 0910 的重述：

学习者 0910　麦克的姊姊现在有工作 / 可是结了婚不工作了 / 因为她的未婚夫让她不工作 / 可是麦克以后不会让他太太不工作 / 因为他尊重他太太的决定

在语意逻辑关系上，这两个“可是”的用法都是正确的，但是在小片段陈述中连续使用两次相同的转折词，会影响内容陈述的顺畅度，反而造成了表达上的不恰当。

（2）“因为”和“所以”的误用

在华语表达中，因果关系通常会使用“因为……所以……”的结构作为表达方式，若是需要强调原因，便只用“因为……”结构表达；反之，若是强调结果，则使用“所以……”结构。下面的对话呈现了三个因果关系：（1）莉莉不愿意表演的原因；（2）莉莉推荐玛莉的原因；（3）玛莉中文学得很好的原因。

对话原文　老师：莉莉，学校想请国际学生表演相声节目，你愿意去吗？
莉莉：老师，我不想去。
老师：为什么？
莉莉：我中文说得不好，也不会表演相声。
老师：你学得不错，有很大的进步，中文能力进步得很快。
莉莉：哪里，我发音发得不准，说得也不流利。让玛莉去吧。她中文学得很好，说得很流利。玛莉还会唱京剧。
老师：是吗？她京剧唱得怎么样？
莉莉：王老师说她唱得不错。
老师：她怎么学得这么好？

莉莉：她非常努力，也很认真。

“因为……所以……”是连接词中极为常用且容易理解语意关系的连接词之一，是学习者最容易学会，同时也较容易滥用或误用的连接词。以下为学习者的重述语料：

学习者 0901　因为[她的发音发得不准／说得也不流利]因／所以[她推荐玛莉去]果

所以老师问她中文学得怎么样／莉莉说／（因为）[她中文学得很好／中文说得很流利／玛莉还会唱京剧]因／所以[她可以表演相声节目]果

老师问她怎么学得这么好／莉莉说／（因为）[她非常努力／也很认真]因／所以[她可以表演相声节目]果

学习者 0908　学校想请国际学生表演相声节目／**所以**老师觉得莉莉的中文还不错／**所以**老师问莉莉表演相声怎么样

学习者 0901 用“**所以**老师问她中文学得怎么样”承接前文，然而根据对话的语意框架，该句的语意与先前的对话内容并非因果关系，而是转折发展。或如学习者 0908 连续使用了两个“所以”，却都与前句没有因果关系。学习者 0901 的例子显示了学习者易将因果连接词过度扩大其适用情境，使用在连结事件发展的关系上，却忽略了语意逻辑关系。学习者 0908 的例子则是明显误用连接词的情况，反映出学生在成段表达上试图运用连接词衔接语句串连讯息，然而却缺乏对于上下文语意逻辑关系的语言意识，以致偏误。

4.2.2 连贯度不足

衔接是通过直接的语法关系来呈现语句的逻辑关系（Halliday & Hasan 1976），在前述分析中已经观察到初中级华语学习者尝试用关联词来衔接前后句的语意逻辑关系。但在成段表达的时候，欲达到口语沟通能力的标准，除了利用关联词串联语句之外，学习者还需要考虑到语句的顺畅度，意即语气的连贯程度。语气的连贯度越高，就越容易帮助学习者理解语意，也越能达到沟通的目的。在进行成段表达时，适时使用省略或代名词回指功能可使言谈内容更为简洁顺畅，亦避免因过多的信息层叠而干扰了内容的理解。然而重述对话不仅是单纯的通篇组句，还需要考虑到该语篇的认知框架，有意识地选择词汇搭配和句子衔接。如果对于该语言的掌握度不足，在表达的过程中，容易出现语意前后不一致、指代关系不明，造成语意关系紊乱或是语意不连贯的现象（吕文华 2012）。以下即从回指功能的掌握度不佳及省略两方面来探讨初中级华语学习者重述内容连贯度不足的现象。

（1）代名词回指掌握度不足

在华语表达中，对话者为了避免过度重复对话中的主语或主词，对于重复出现的名词，通常会以代名词取代。这些代名词不仅具有回指功能，便于听话者理解对话的语意内容，同时降低了信息层叠冗长造成的理解干扰。下面的对话是麦克在谈他姐姐的近况：

对话原文　麦克：我母亲来信了。她在信上高兴地说，我姊姊下个月就要结婚了。

玛莉：上次你说你姊姊刚找到男朋友，怎么这么快就要结婚了？

麦克：姊姊觉得这个男的个性很好，工作也很稳定，而且姊姊年纪也差不多了，所以很快就决定结婚了。

从下面的重述语料中可见，学习者 0901 能够用“她男朋友”来指称“麦克姊姊的男朋友”，可见其已经学会并能够运用代名词回指功能，但是重述时仍大量使用“麦克姊姊”来表达，而非使用“他姊姊”或“她”。

学习者 0901　麦克的母亲给麦克电子邮件／电子邮件上说／麦克的姊姊下个月就要结

婚了 / **麦克**姊姊跟她男朋友认识不久 / 可是麦克姊姊觉得她的男朋友工作安静，个性也好

初中级华语学习者已经能运用代名词的回指功能，但在运用上仍未成熟，表达上存在许多信息层叠的现象，虽然确保了语意连贯正确，却影响了表达上的通顺。

（2）省略

除了代名词回指功能掌握不足外，我们也从语料中观察到学习者尝试运用省略（ellipse）的方式来重述原对话内容。下面是学校请国际学生表演相声节目的对话片段：

对话原文　莉莉：哪里，我发音发得不准，说得也不流利。让玛莉去吧。她中文学得很好，说得很流利。玛莉还会唱京剧。

老师：是吗？她京剧唱得怎么样？

莉莉：王老师说她唱得不错。

老师：她怎么学得这么好？

莉莉：她非常努力，也很认真。

这段对话主要是莉莉提出自己不适合表演以及推荐玛莉的原因，其中转折在于通过京剧与相声同为文艺表演性质而从询问表演相声意愿一事转向玛莉会唱京剧一事。在重述时，为了降低讯息层叠造成理解的干扰，借助脉络进行省略是提高语意流畅度的技巧之一，如下列重述：

学习者 0909　玛莉的中文说得很好 / 说得很有力 / 还有会唱<u>京剧</u> / 王老师说 / 玛莉（京剧）唱得不错

学习者 0910　还有玛莉会唱<u>京剧</u> / 王老师说她（京剧）唱得很不错

学习者 0909 和 0910 已在陈述玛莉的中文表达能力时，提及她会唱京剧一事，因此在接下来补充说明玛莉唱得不错时，便省略了京剧。

然而在其他重述语料中，我们也可以发现省略现象发生的讯息空隙，导致了语意不连贯的情形：

学习者 0901　她中文学得很好 / 中文说得很流利 / 玛莉还会唱京剧 /（讯息空隙）/ 所以 / 所以她可以表演相声节目

学习者 0908　玛莉还会唱京剧 / 老师问玛莉她的京剧唱得怎么样 / 莉莉说 / 王老师说 / 她会唱 / 她唱得不错 /（讯息空隙）/ 莉莉觉得 / 玛莉非常努力 / 也很认真 / 所以莉莉推荐玛莉

学习者 0901 在提出玛莉会唱京剧之后，省略了京剧和相声同为表演性质的语意转折关键，直接跳至“所以她可以表演相声节目”的结论。在学习者 0908 的重述中，莉莉转述了王老师对玛莉的高度评价之后，立刻跳至莉莉评价玛莉非常认真努力，所以莉莉推荐玛莉的陈述。然而根据原对话的语意框架，莉莉说“玛莉非常努力，也很认真”是出于回答王老师的提问，并非为了提出莉莉推荐玛莉的原因。

从上述例子可以看出初中级学习者对于发生转折的语意框架掌握度较为不足，在重述时无法准确表达转折点时，极易在表达被省略的情况下出现许多讯息空隙，因而导致语意不连贯的现象。

省略的原因有很多种，积极面是为了精简内容，提高表达的流畅度，消极面可能是忘记内容或词汇的使用方式，经由省略以回避错误。本研究限于分析语料的限制，无法从语料分

析中直接得知学习者的省略是出于何种考虑，然而上述语料分析确认了 Halliday & Hasan（1976）提出的省略手段已是初中级学习者能够运用的成段表达技巧之一，同时也观察到可能发生的偏误情形。

5. 初中级华语学习者成段表达偏误分析之教学意涵

本研究关于学习者成段表达偏误分析的教学意涵可从两方面说明。

首先，在通过对话文本及对话重述的语意框架的比对，可以看出学习者若能掌握对话语意框架，则普遍能够把握关键讯息，完成讯息完整的成段表达。初中级华语学习者的对话进行，尚在句子往来沟通的阶段，然其背后实具备明确的会话功能，如请求、询问意愿、拒绝等不同的语意框架。由此可知，对话重述的成段表达的关键，首重引导学习者跳脱单句间的理解，建立对话整体性框架及会话功能的认知，在重述时，才能摆脱鹦鹉式的重复原对话语句，在语意框架的基础上真正运用自己所有的词汇句型语法进行表达，转述自己的理解。

其次，在掌握对话语意框架的前提下，仍须注意语句衔接的顺畅度，避免发生连接词的误用与滥用，或者未能掌握代名词或替代词的回指功能，使篇章显得冗长累赘。因此，在课堂练习中教师若能帮助学习者建立使用各种连接词时的语言意识，正确表达上下文语意关系，将能使其成段表达内容更加通顺。另外，教师还可适度引导学生运用代名词回指功能、使用同义词、上下位词和适度的省略，一方面能够完成表达上的照应关系，同时亦可避免过度重复导致表达上的僵硬和不通顺。

6. 结论

本研究从课堂教学设计到语料收集分析，初步验证重述对话对于成段表达能力的训练成效，同时也从中观察到学习者在进行成段表达能力时的局限。而此一局限，则首要来自于学习者对语意框架的掌握不足与篇章衔接技巧的缺乏。通过衔接理论分析，我们可以看到初中级华语学习者在重述对话的成段表达时，尝试运用衔接技巧来串连句子，形成语篇，同时可观察到学习者成段表达时易犯的偏误类型。另外，通过语意框架的分析比对，我们可以看到学习者对于对话的理解若能掌握其语意框架，则进行对话重述时亦普遍能够把握住关键讯息，完成讯息完整的成段表达。未来若能针对此二方向进行教学或教材设计，且进行更有系统的语料搜集与分析，长期地实施于课堂练习当中，相信可帮助学习者有效地提升成段表达能力，亦可为成段表达的研究提供不同的研究视野与方法。

参考文献

[1] Fillmore, Charles. 1977. Scenes-and-frames semantics. In Antonio Zampolli (ed.), *Linguistics Structure Processing*, 55—81. Amsterdam/New York: North Holland Publishing Company.

[2] Fillmore, Charles. 1982. Frame Semantics. In The Linguistic Society of Korea (ed.),

Linguistics in the Morning Calm, 111—137. Seoul: Hanshin.

[3]Fillmore, Charles. 1985. Frames and the Semantics of Understanding. *Quaderni di Semantica* 6(2): 222—254. Roger Cole (ed.), Current Issues

[4]Halliday, M. A. K. and Ruqaiya Hasan. 1976. *Cohesion in English*. Longman.Halliday, M. A. K. and Ruqaiya Hasan. 1985. *Language, Context, and Text: Aspects of Language in a Social-semiotic Perspective*. Victoria: Deakin University Press.

[5]元华、杜朝晖（2009），《中级汉语会话课提问策略研究》，《汉语学习》，第5期，第86—92页。

[6]王光全（2012），《"对话—转述"方法在汉语教学中的应用》，《华文教学与研究》，第1期，第1—7页。

[7]余婷婷（2007），《转折连词"可是"和"可"的修辞作用》，《现代语文》，第10期，第57—58页。

[8]吕文华（2012），《语段教学内容的选择与分布》，《语言教学与研究》，第1期，第15—22页。

[9]杜朝晖、元华（2007），《中级汉语会话课堂教师反馈研究》，《语言文字应用》，第1期，第43—48页。

[10]金妮娅（2012），《中高级汉语口语成段表达能力训练——以越南、韩国留学生为例》《台州学院学报》，第5期，第34卷，第89—93页。

[11]洪雪娇（2008），《衔接理论在语篇分析中的应用分析》，《沈阳农业大学学报（社会科学版）》，第6期，第722—725页。

[12]洪诗椢（2009），《以框架理论为本之汉语情绪动词词汇语意分类研究》，"国立"交通大学外国文学与语言所硕士班论文。

[13]徐静薇（2009），《对外汉语口语教学中的纠错技巧》，《科技信息》，第23期：第148—151页。

[14]康光明（2002），《语篇语言学及语篇例析》，《外语与外语教学》第7期，第39—41页。

[15]张永昱（2003），《汉语句群的组合形式与成段表达能力的培训》，《汉语学习》，第2期，第67—69页。

[16]郭颖雯（2003），《篇章语言学与语段、语篇口语教学》，《语言教学与研究》，第5期，第64—69页。

[17]景萍（2005），《汉语教学中的成段表达训练》，《新疆警官高等专科学校学报》，第1期，第58—60页。

[18]黑焜（2006），《对外汉语口语教学中的纠错问题》，《中国大学教学》，第8期，第34—36页。

[19]杨文革、王新华（2009），《谈篇章语言学与预科生汉语成段表达能力的培养》，《语言教学研究》，第6期，第118—119页。

[20]杨春（2006），《初级汉语教学中的"语篇意识"与"语篇教学意识"》，《教育与教学研究》，第22卷，第10期，第65—68页。

[21]翟汛（2003），《关于汉语口语成段表达能力训练的几点想法》，《海外华文教育》，

第 4 期：第 31—37 页。

[22]韩蓉、李宁、吕海燕（2010），《以〈桥梁〉为例谈成段表达中衔接方式的教学策略》，《语文学刊》，第 20 期，第 48 页、第 96 页。

[23]罗青松（1999），《外国人汉语学习过程中的回避策略分析》，《北京大学学报》（哲学社会科学版），第 36 卷，第 6 期，第 130—134 页。

母语对越南籍大学生学习华语子音的影响

刘慧娟
开南大学

摘　要：本文分析越南籍华语学习者在学习华语子音时的发音表现和产生的错误形式，讨论母语对越南籍学习者在学习华语语音系统所产生的影响。研究结果显示，母语对越籍的华语学习者在学习华语子音方面清楚地呈现正迁移作用和负迁移作用。如果学习的目标音是越语和华语所共有的子音，由于母语的正迁移作用，学习者通常可以很快地掌握目标语音，但是也有例外的情形。负迁移作用主要表现在两方面：第一，两个语言系统当中相似却不完全相同的语音学习上；第二，两个语言共有的语音，但是在两个语言系统当中却有不同的音韵限制（phonotactics）。这些负迁移作用造成的学习者在目标音方面所呈现的错误形式，也有别于其他语言背景的华语学习者。

关键词：母语；越籍学习者；华语子音；正迁移作用；负迁移作用

1. 引言

近年来，由于政治及经济的因素，华语已经名列五大最热门的第二外语，同时也是联合国使用的官方语言之一。随着这一股华语学习热潮而在全球快速增加的华语学习者为相关研究领域，如华语教学、第二语言学习与教学以及母语对外语学习的影响等，提供了大量的研究对象和丰富的研究语料（孟子敏，1999；关键，2000；江佳璐，2009）。母语对学习者学习第二外语时的影响，包括提高学习成效的正迁移作用（positive transfer）以及造成干扰的负迁移作用（negative transfer），文献上已有许多跨语言的研究（Ellis, 1994），不过，大部分的研究仍主要集中于学习英语时的表现。

研究不同语言背景的学习者在学习华语的过程当中所呈现的语言现象，可以了解不同语言的音韵系统之间的差异性，也可以为相关的教学设计提供改进的宝贵参考意见。而要让华语教学更有效率，除了了解华语的语音特性之外，也必须了解不同语言背景的华语学习者可能遇到的学习难点，才能依学习者设计因应的教学内容、教学重点以及教学策略。根据台湾“教育部”的统计资料，来台学习华语的外籍生人数逐年增加，其中，以越南籍人数排名第一，因此，在针对不同母语背景的学习者进行国别化的华语学习研究上，了解越南籍学生在学习华语时的表现，有其语料收集上的便利性以及教学应用上的优先性。本文以越南籍华语学习者为对象，通过比较越语和华语的语音系统，分析越籍学习者在学习华语子音时的发音表现，特别是学习越、华语都有的子音时所产生的错误形式，讨论母语对学习者学习华语语音系统可能产生哪些影响。

2. 文献探讨

针对越南的华语学习者所做的华语学习或偏误研究数量并不多，相关的语音研究显示越南的华语学习者学习华语子音时呈现一些发音上的错误，包括将塞擦音（affricate）发成塞音（fricative）或擦音（stop）、将清音/子音发成同发音部位的浊音/有声子音、将送气音发成同部位的不送气音、'ㄋ/n[n]'跟'ㄌ/l[l]'两个子音的互相取代，以及将舌根送气音'ㄎ/k[k^h]'发成舌根擦音'ㄏ/h[x]'（傅氏梅、张维佳，2004；林玲英，2005；杨娜，2005；陈心怡，2007；廖南雁，2008；江佳璐，2009）。[①]另外，由于越南文的书写系统跟汉语拼音一样都是采用拉丁字母为基础的拼音系统，因此以汉语拼音教导越籍学习者学习华语语音时，也会产生一些因为符号相同而造成的语音迁移作用，误将该符号在越语当中的发音取代华语当中的发音（傅氏梅、张维佳，2004）。

前人的文献研究除了呈现发音的错误形式外，很多将重点放在强调塞擦音、卷舌音以及送气音的难点上。然而，塞擦音和卷舌音这两类语音在发音上的困难度并非越籍学习者特有的现象，也是很多其他语言背景的华语学习者共有的学习难点。塞擦音和卷舌音从发音方法上来说，本来就比其他的语音例如塞音跟擦音来得困难，华语当中塞擦音的数量又为数不少，而且发音部位接近，因此华语的塞擦音和卷舌音的发音可以算是学习华语语音的基本困难点之一，而非越籍学习者特有的错误现象。由于本文的主要目的是观察母语的语音系统对越籍学习者学习华语时产生的影响，因此，不同于前人的研究，在本文中，我们将分析的重点着重在越籍学习者在学习越语和华语共同的子音时的表现以及错误形式。

3. 研究方法

3.1 研究对象

本文研究的对象为台湾开南大学就读华语系的越南籍大学生，研究分析所采用的语料来自这些学生在大一第二学期的发音课练习华语子音的录音。他们大部分是大一的学生，每周上大约 16 堂的华语课，收集录音的语料时，大概已经在学校学习了一年的华语。这门发音课总共有 15 位外籍学生，其中有 3 位是非越南籍的学生，包括 1 位日本学生和 2 位印度尼西亚学生。为了保持学习者母语背景的一致性，本文没有将这 3 位非越南籍学生的语料列入分析，因此文中所分析的语料来自 12 位越南籍的华语学习者。

3.2 语料

这些语料的内容是授课教师，即本文的研究者，编写用来作为华语发音课练习发音的教

①为正确表示华语的语音并且避免语音符号和书写符号的混淆，本文会在汉语拼音的符号后加上国际音标，并以[ ]表示国际音标。

材。在录音之前，学生已经在课堂上练习过两三次这些内容，然后在计算机教室利用微软Office系统内建的录音程序录音。语料内容由作者重复听过两次以上，发音错误的语料以国际音标标注。由于华语对于音节尾的子音（coda consonant）有相当大的限制，只有舌尖鼻塞音‘ㄋ/n[n]’和舌根鼻塞音‘ng[ŋ]’这两个子音可以作为音节尾的子音。再者，传统音韵学当中，将音节尾的子音归为韵母的一部分，称为声随韵母。为了简化本文所要讨论的议题，因此本研究只将音节首的子音，也就是传统音韵学所称的“声母”，列入分析。

3.3 越语和华语的子音系统

表 1 越语的子音系统

	唇音	唇齿音	舌尖音	硬颚音	舌根音	喉音	不送气/送气
塞音	无声	p		t/tʰ	c	k	
	有声	b		d			
擦音	无声		f	s		x	h
	有声		v	z		ɣ	
边音				l			
鼻音		m		n	ɲ		ŋ

越语总共有19个子音，如表1所示，包括塞音、擦音、边音以及鼻音。[①]在越语当中，有声/无声（voiced/voicing）是用来区别子音的重要发音方式，这个特色和英语一样。擦音中除了喉擦音[h]以外，其他发音部位的擦音都包含有声和无声两组子音。塞音当中，唇音[b, p]和舌尖音[d, t]也有有声/无声的对比。但比较特殊的是，有声唇塞音[b]和无声唇塞音[p]这两个音不是各自独立的音素（phoneme），而是同位音（allophones）的关系，两者在音韵上呈互补分布，有声唇塞音[b]只出现在音节首的位置，而无声唇塞音[p]只出现在音节尾。另外，送气与否也是越语用来区别子音的发音方式，但是只用在区别无声的舌尖塞音[t]和[tʰ]这一组音，而[tʰ]也是越语唯一的送气音。

华语有22个子音，如表2所示，包括塞音、塞擦音、擦音、边音以及鼻音。在华语当中，送气与否是用来区别子音的重要发音方式，不同发音部位的塞音和塞擦音都包含一组送气和不送气的子音。相对于送气的语音特质，有声/无声的区别在华语当中就相对没那么重要了，这个语音特性只用来区别舌尖后擦音[ʂ]和[ʐ]这组子音。舌根塞音[ŋ]只出现在音节尾的位置，汉语拼音以‘ng’来表示这个子音，注音符号则没有符号单独表示这个子音。

①越语确切的子音数量因地区方言而有差别，文献上也有不同的说法，大概介于19到21个之间。

表 2 华语的子音系统

	唇音	唇齿音	舌尖音	硬颚音	舌根音	喉音	不送气/送气
塞音	无声	p		t/t^h	c	k	
	有声	b		d			
擦音	无声		f	s		x	h
	有声		v	z		ɣ	
边音				l			
鼻音		m		n	ɲ		ŋ

越语和华语两种语言系统共同的子音包括不送气的无声子音[p, t, k]以及送气的无声子音[t^h]、无声擦音[f, s, x]、鼻音[m, n, ŋ]以及边音[l]。在语音的特性上，两者最大的差异性在于华语有塞擦音而越语没有，因此塞擦音的学习会是越南学习者的难点之一；另外，越语当中以“有声/无声”作为区别子音重要的语音特性，而华语则是着重于利用“送气与否”的特性区别子音。

4. 研究结果

本研究的录音内容总共包含 182 个华语音节，其中 161 个音节带有音节首子音。语料内容包含 12 位学习者，理论上每个子音的语音数量应该是 12 的倍数，但是有些学生在录音过程中漏读或误读了某些字，这些错误的语料并不列入分析；再者，录音的内容当初是为了发音练习而设计，并非以研究为考虑，因此只着重于比较和区别华语的子音，没有将每个语音出现的频率做严格的控制。上述两个原因造成每个子音所收集到的语音数量（tokens）差异性很大，从 12 个到 174 个都有。为了降低各子音语音数量的不等可能在分析上造成的影响，分析上主要以语音的错误率为依据，并参考错误语音的数量、错误人数和错误类型的相关数据。分析结果显示虽然某些子音的语音数量不足可能多少会影响结果的解读或诠释上的客观性，但应该不至于影响整体的分析方向。

语料分析结果如表 3 所示，表格内容以各子音的错误率为依据，由高到低排序。

表 3 华语子音的发音结果

目标音	语音数量	错误语音的数量	错误率（%）	错误人数
ㄖ/r[ʐ]	69	55	79.7	11
ㄔ/ch[$tʂ^h$]	118	87	73.7	9
ㄎ/k[k^h]	58	34	58.6	11
ㄘ/c[ts^h]	24	14	58.3	3
ㄗ/z[ts]	72	39	54.2	5

续表

目标音	语音数量	错误语音的数量	错误率（%）	错误人数
ㄕ/sh[ʂ]	130	61	46.9	9
ㄓ/zh[tʂ]	94	44	46.8	6
ㄆ/p[pʰ]	24	11	45.8	7
ㄑ/q[tɕʰ]	101	34	33.7	7
ㄅ/b[p]	116	35	30.2	6
ㄋ/n[n]	150	44	29.3	12
ㄙ/s[s]	57	16	28.1	8
ㄒ/x[ɕ]	127	32	25.2	9
ㄐ/j[tɕ]	36	6	16.7	3
ㄌ/l[l]	174	15	8.6	4
ㄈ/f[f]	48	4	8.3	1
ㄊ/t[tʰ]	12	1	8.3	1
ㄇ/m[m]	105	2	1.9	1
ㄏ/h[x]	148	1	0.7	1
ㄍ/g[k]	71	0	0.0	0
ㄉ/d[t]	140	0	0.0	0

我们可以从几个方向来分析表 3 的结果，呈现母语对越籍学习者在学习华语语音时所产生的影响。

首先，整个表格可以根据子音和错误率的高低概分成三部分：第一部分包括从有声舌尖后擦音“ㄖ/r[ʐ]”到送气硬颚音“ㄑ/c[tɕʰ]”九个音，这部分的语音是错误率最高的，每个目标音的发音，至少有 1/3 以上是错误的发音，最高到 80%的错误率；第二部分的语音包括从不送气唇塞音“ㄅ/b[p]”到边音“ㄌ/l[l]”共六个音，错误率居中，除了“ㄌ/l[l]”的错误率在 10%以下，其他各语音的错误率在 17%到 30%之间；第三部分包括从唇齿擦音“ㄈ/f[f]”到最后的不送气舌尖塞音“ㄉ/d[t]”共六个音，错误率最低，都在 10%以下。

第一部分子音的高错误率可以从两方面来解释。一方面这些子音都是越语没有的语音，对学习者来说也是较不熟悉的语音，学习者必须学习跟记忆目标音的发音；另一方面，从发音的特性来看，这部分的语音除了“ㄎ/k[kʰ]”和“ㄆ/p[pʰ]”这两个送气塞音以外，其他不是塞擦音就是翘舌[①]的擦音，这些音在发音上都是属于相对较难的语音，也就是语言学上所谓的标记音（marked sounds），通常也是发音学习上的难点。这两方面原因都会造成学习

①翘舌音在台湾习惯称作卷舌音。

者在学习这些语音时出现较高的错误率。

在第二部分和第三部分当中，大部分的语音是越语跟华语都有使用到的语音，但是学习者对两个语言都有的语音却呈现不同的发音表现，这两组的结果清楚地呈现了母语对越籍学习者在不同方面的影响。

我们从合乎预期的错误率应该很低的第三部分子音先谈起。第三部分的子音全是越语和华语都有的子音，学习者对这些语音已经相当熟悉，可以利用越语的发音知识帮助他们很快地掌握华语当中这些子音的发音，因此错误率都相当低，甚至是 0%。这样的发音表现，并不令人意外。这部分的子音当中，“ㄈ/f[f]”和“ㄊ/t[tʰ]”这两个子音的错误率（8.3%）明显地比同组中其他子音的错误率（0%～1.9%）高出许多，但再仔细从错误语音的数量和发生错误的发音人数量来看，可以了解这么高的错误率应该是由于所收集的语音数量太少造成的统计结果。这两个语音发音错误的学习者都只有一位，和同组其他有发音错误的语音“ㄇ/m[m]”和“ㄏ/h[x]”一样，但是这两个子音所收集到的语音数量却是比其他的子音少了许多，“ㄈ/f[f]”的数量只有 48 个，“ㄊ/t[tʰ]”的数量更少，只有 12 个，而“ㄇ/m[m]”和“ㄏ/h[x]”的语音数量都有一百多个。因此，总语音数量的偏少是造成“ㄈ/f[f]”和“ㄊ/t[tʰ]”这两个子音在统计上错误率被扭曲放大的主要原因，这也是本研究当初在语料收集上不完善之处。

参考错误率、错误语音的数量和错误人数的数据，整体来说，第三部分的语音虽然也有发音错误的情形，但是错误的数量都很少，发音错误的人数也只有 1 位，这样的错误比较可能归因于偶发的口误或学习者个人特质的错误，而非越籍学习者因为无法掌握正确发音造成的错误。因此，学习者在这部分语音的发音表现清楚地显示出母语对学习者在学习第二外语时的正面影响，也就是第二语言学习当中所谓的母语的正迁移作用。

第二部分的子音包含了越语和华语都有的子音“ㄅ/b[p]”、“ㄋ/n[n]”、“ㄙ/s[s]”和“ㄌ/l[l]”以及越语没有的舌尖后音“ㄒ/x[ɕ]”和“ㄐ/j[tɕ]”。虽然第二部分的子音大部分是越、华语都有的子音，但是学习者在这些子音的发音表现却比在第三部分的子音差。学习者在学习这些子音时成效不佳也是因为母语的影响，母语对越籍学习者在第三部分的华语语音学习中产生有益的正迁移作用，但是对越籍学习者在第二部分的华语语音学习却产生干扰作用，也就是所谓的负迁移作用。根据母语不同的影响因素，可以分成“ㄅ/b[p]”以及“ㄋ/n[n]”和“ㄌ/l[l]”两种情形作说明，前者是受到母语当中的音韵限制影响，而后者则是受到学习者使用的方言影响。

首先来看“ㄅ/b[p]”的发音，学习者最常见的错误形式是将无声唇塞音[p]发成有声唇塞音[b]，在华语的子音当中并没有这样的语音。前面介绍越语的子音系统时曾提到越语的无声唇塞音[p]和有声唇塞音[b]属于同一个音素的两个同位音，在音韵限制上两者成互补分布：有声唇塞音[b]出现在音节首的位置而无声唇塞音出现在音节尾的位置。华语当中的无声唇塞音“ㄅ/b[p]”出现的位置刚好跟越语的无声唇塞音相反，只出现在音节首的位置，也就是越语的有声唇塞音[b]出现的位置，因此虽然越语跟华语都有无声唇塞音[p]，但是两种语言对这个语音的音韵限制却不同。越籍学习者在学习华语子音时，可能观察到华语的“ㄅ/b[p]”和母语当中的无声唇塞音发音相同，却没有发现两者有不同的音韵限制，所以在学习华语的无声唇塞音时，会直接将母语当中这个语音的发音方式连同音韵限制移转过来，造成大部分的语音错误都是将无声唇塞音错误地发成有声唇塞音。再者，由于华语当中并没有有声唇塞音可以作为对比，学习者在沟通或表达上不会因为这样的发音而造成词汇的误解，因此通常也很难意识到这个错误的发音。

再来看“ㄋ/n[n]”和“ㄌ/l[l]”这两个子音的发音表现。学习者在这两个子音的发音上呈现互相取代的情形，将“ㄋ/n[n]”误发成“ㄌ/l[l]”或者反方向地取代，更特别的是，这样的互换情形并不是对等的，鼻音误发成边音的比例远高于相反的情形，12 名学习者都有将“ㄋ/n[n]”发成“ㄌ/l[l]”的情形，只有 4 名学习者也会反过来将“ㄌ/l[l]”发成鼻音的“ㄋ/n[n]”，造成“ㄋ/n[n]”和“ㄌ/l[l]”互相取代。在越语当中，双唇鼻音和边音是两个独立的子音，并不像唇塞音的[b]/[p]是属于同位音，因此这种不成对比的互换情形一度在笔者的分析带来很大的困扰，找不出适当合理的解释，后来笔者才发现这样的情形是方言的因素所造成。本研究当中的越籍学生大多来自北越的海阳跟海防两省，而这两个地区所讲的越语方言有个特色，就是在发音上[n]/[l]不分，且大部分发成非鼻音的[l]。在学习华语时，学习者也将这样的母语特质移转到华语的发音上，造成“ㄋ/n[n]”和“ㄌ/l[l]”两个子音不成对比的错误互换的情形。

最后来讨论另一个越语和华语都有的子音“舌尖前擦音‘ㄙ/s[s]’”的发音情形。这个语音常见的错误形式包括发成其他两个发音部位相近的擦音“ㄕ/sh[ʂ]”和“ㄒ/x[ɕ]”以及同发音部位的塞擦音“ㄗ/z[ts]”和“ㄘ/c[tsʰ]”。造成无声舌尖前擦音“ㄙ/s[s]”错误率也偏高的原因可能是因为虽然越语当中也有无声舌尖擦音[s]，但是从舌尖到硬颚这个范围的无声擦音只有这一个，没有其他相近部位的擦音，然而在华语当中，从舌尖到硬颚这小小的范围就包含了三组共九个无声的擦音及塞擦音，学习华语发音时，学习者需要将原本不区分的口腔范围分成三个具有对比性的发音部位，并且控制塞擦音和擦音以及送气与否的发音方式。学习者在发音时可能因为切分的位置不正确而造成发音部位的错误，变成相近部位的擦音“ㄕ/sh[ʂ]”或“ㄒ/x[ɕ]”，或者发音部位对了，但是发音方式错误，变成同部位的塞擦音“ㄗ/z[ts]”和“ㄘ/c[tsʰ]”。因此，虽然学习者的母语当中也有同样的语音，但是在学习华语的摸索过程中，学习者从区分母语当中的一个语音变成要区分九个不同的音，母语的语音知识无法提供有效的讯息协助学习者了解原有的母语当中的子音对应到华语当中的哪个目标音，造成舌尖擦音ㄙ/s[s]的错误率也偏高。

5. 结论

在本文中，分析学习者在学习华语子音时的发音表现，并且针对越语和华语共有的子音讨论母语对越籍学生学习华语发音时可能产生的影响。研究结果显示，越语对华语子音的学习不只呈现正迁移作用，也呈现负迁移作用。如果学习的目标音是越语与华语所共有的子音，通常母语对学习者会产生正迁移作用，帮助学习者很快地掌握目标语音，例如华语的“ㄉ/d[t]”、“ㄊ/t[tʰ]”、“ㄍ/g[k]”等，但是母语对学习者也有产生负迁移作用的情形。

越语对学习者产生的负迁移作用表现在两方面：第一，有些语音虽然在越语、华语当中都有，但是这两种语言对目标音有不同的音韵限制，学习者受到母语语法中对该目标音的音韵限制影响，无法正确掌握华语的语音而产生错误，华语“ㄅ/b[p]”的发音情形就是一例。第二，本文呈现的另一个负迁移作用起因于学习者使用的母语方言中对于鼻音[n]跟边音[l]

这两个音在发音上并不做区分，并且较习惯地将鼻音[n]发成边音[l]，这样的母语现象也影响到学习者在学习华语子音时，常有“ㄋ/n[n]”和“ㄌ/l[l]”两个子音不成对比的互换情形。

另外，有些语音虽然在两种语言中都存在，但如果第二外语中与目标音相似但具对比性的语音数量比母语中与目标音相似的音多出许多时，学习者需要将原有母语的语音知识做更细部的区分，这时候，母语的语音知识便无法有效地协助学习者掌握第二外语中原本已存在于母语当中的目标音，华语“ㄙ/s[s]”的发音情形就是一例。

本研究有两个重要的意义：第一，呈现母语对越籍学习者在学习华语发音上的正迁移作用以及受到母语不同层次的负迁移作用所造成的错误形式。研究结果可以让华语教师更了解越籍学生在学习上的难点和造成这些难点的成因，作为调整教学设计以及教学策略的参考，以提高教学成效。第二，本研究清楚地显示母语背景对华语学习者会造成不同的影响以及不同的困难点，因此，在华语教学的研究方面，有必要以学习者的母语背景为原则进行更深入的单一语言别的华语学习研究，让在地化教学设计的应用上有更扎实的理论和研究的参考依据。

参考文献

[1]Ellis, R. (1994). *The Study of Second Language Acquisition*. Oxford: Oxford University Press.

[2]江佳璐（2009），《越南人说国语所表现的音韵系统》，《声韵论丛》，第 16 期，第 255—277 页。

[3]孟子敏（1999），《日语学生的华语语音偏误成因及教学对策》，《世界华语文教学研讨会论文集》，第 6 期，第 4 页、第 63—77 页。

[4]林玲英（2005），《越籍配偶汉语语音偏误现象初探》，第六届“全国”语言学论文研讨会。

[5]陈心怡（2007），《越南籍新住民华语语音偏误及教学策略研究》，台东大学硕士学位论文。

[6]傅氏梅、张维佳（2004），《越南学生的汉语声母偏误分析》，《世界汉语教学》，第 68 期，第 69—80 页。

[7]杨娜（2005），《越南人学汉语常见语音偏误分析》，《云南师范大学学报》，第 3 卷，第 1 期，第 35—38 页。

[8]廖南雁（2008），《越南学生的华语发音问题——以文藻外语学院华语中心高阶班越南学生为例》，“96 年度”教师专题研究发表暨研讨会。

[9]关键（2000），《声调教学改革初探》，《语言教学与研究》，第 4 期，第 52—54 页。

对日生活华语教材研发：以来台日本学习者的观点为例

谢敏华　张群　吴致秀*
台中科技大学

摘　要：日本与欧美人士学习中文的方式、学习策略、学习困难不尽相同，所以不应将所有学习者单一化，以同样教材来授课。语言教学研究报告指出：不同语言学习区需要有不同的华语文教材来满足各种学习者的需求（财团法人信息工业策进会 2008；蔡雅熏 2009；徐昌火 2012）。目前来台湾学习华语的日本人数每年都有明显的增加（台北市日本工商协会 2012），但是，很可惜的是台湾以日本人为对象所开发的客制化华语教材寥寥可数。因此，为了提供有效的对日华语教材开发建议，本研究访谈使用《これで大丈夫！中国語》教材的日籍学习者，探讨日籍学习者对华语教材的实际需求，并提出相关建议。

关键词：华语教学；生活华语；教材研发；华语评量；任务型教学法

1. 前言

近年来由于华人经济实力的增长，学习华语文的热潮在世界各地兴起，以亚洲地区最积极，尤其是日本。根据日本矢野经济研究所 2007 年的调查结果显示，华语学习在日本已成为仅次于英语的第二大外语，日本的汉语教育进入了前所未有的繁盛时期。“华语文产业推动联盟”将华语市场初步分割为北美、日本、韩国、台湾四大块，可见日本在华语市场的重要性。因此，迈向华语文教育产业输出大国绝不可忽视日本市场的重要性。学习华语的日本人大增，但台湾以日本人为对象所研发的华语教材却不多见。日本的华语文市场多是宣传中国文化的简体字教材，以致日籍华语学习者来台后无法立即将在日本所学的有效应用在生活上。目前来台湾学习华语的日本人数每年都有明显的增加。因此，研发以日本人为对象的华语教材已成为台湾华语文教育产业发展的重要思考课题。

---

* 谢敏华，台中科技大学应用日语系副教授兼对日华语中心执行长；张群，台中科技大学应用中文系助理教授兼对日华语中心副执行长（世界华语文教育学会副秘书长）；吴致秀，台中科技大学应用日语系副教授兼对日华语中心主任。

下文架构涵盖五个部分：文献回顾、研究方法、访谈与分析、结语和对日初级教材研发建议，以下依序讨论。

2. 文献回顾

台湾研发或市售的华语教材多广泛笼统的设定以“外国人”为学习对象，使用的媒介语多是英文（如台湾师范大学所出版的“新版实用视听华语”），生词解释或文法注释多以英语为主，教师与学习者沟通时亦以英文为媒介，容易影响英语程度不好的外籍学习者的理解成效。这样的教材对于同样使用汉字汉语却普遍英文程度不甚理想的日本人而言，增加了学习上的复杂性与困难度。虽也有少数教材将部分的内容在解释方面译成日文，但这些教材并不是针对日本人客制化的教材，往往使日籍学习者挫折感加倍。此外，日籍学习者与欧美学习者的思考模式与关心话题不尽相同，不应以同样教材一以概之。许多研究指出日籍生学习华语的优势、使用的学习策略，及学习困难处与其他国家学习者不尽相同，所以不应将所有学习者单一化，教材要有针对性，否则学习效果事倍功半（邵宝谊 2006；林立涓 2007；马樱文 2008；陈庆华 2008；吴佩华 2009；加纳刚 2009；蔡美智 2010；徐淑萍 2010；大崎由纪子 2010；陈静雯 2010；平野健二 2011；渡边俊彦 2011；范雅婷 2011；陈淑玲 2012；平野健二 2012；蔡孟君 2013）。

语言教学研究报告指出：不同语言学习区需要有不同的华语文教材来满足各种学习者的需求（财团法人信息工业策进会 2008；蔡雅熏 2009；徐昌火 2012）。目前台湾各大学也以各校之专长来区分市场编辑华语文教材，例如台湾师范大学专攻美国和欧洲市场、中原大学经营印度尼西亚市场、台中科技大学针对日本市场等，唯有这种分工联盟才能增强台湾集体竞争力。以下从四个面向来讨论华语教材的编辑与开发：台湾全套华语教材的开发概况、台湾以日本人为对象的华语教材研发概况、关于对日初级华语教材《これで大丈夫！中国語》、华语教材融入文化的重要性。

2.1 台湾全套华语教材的研发概况

数字华语文先导计划“数字华语文产业国际策略布局与营运”的台湾发展华语文学习的产业 SWOT（2008—2012）分析提到，台湾的华语教材缺乏市场需求导向之全套教材。该计划指出：台湾华语教材方面缺乏繁简并行、注音与汉语拼音并行之良好教材。目前台湾研发的常用华语教材中有附学生作业、教师手册或其中一种如下表[①]。表 1 显示：专门针对日籍学习者客制化的全套教材只有一套，即《これで大丈夫！中国語》。由此可知，台湾目前似乎缺乏专门针对日本人所研发的客制化教材。

①表 1 的部分书籍讯息，参考网站“全球华文网”的数据（http://media.huayuworld.org/discuss/catalog/index.htm）。

表 1　台湾常用华语教材

书名	套书讯息	作者	出版社
新版实用视听华语 1—5	课本、学生作业、教师手册、单片 MP3	台湾师范大学语言中心	正中书局股份有限公司
远东生活华语 1	远东生活华语 1 课本、课本 CD、学生作业作业 CD、教师手册习字本	叶德明	远东图书股份有限公司
远东生活华语 2—3	远东生活华语 2 课本、课本 CD、学生作业作业 CD、教师手册	叶德明	远东图书股份有限公司
远东少年中文 1—3	课本、课本 CD、学生作业、作业 CD、教师手册	吴威玲、蔡海澜	远东图书股份有限公司
远东少年中文 4	远东少年中文 4 课本、课本 CD、学生作业、作业 CD	吴威玲、蔡海澜	远东图书股份有限公司
これで大丈夫！中国語	课本、课本 CD、练习册、练习册 CD、教师手册	谢敏华、堂坂顺子	致良出版社
实用中文读写（一）	实用中文读写（一）课本、实用中文读写（一）作业、实用中文读写（一）教师手册	台湾师范大学语言中心	师大书苑出版
实用中文读写（二）	实用中文读写（二）课本、实用中文读写（二）教师手册	台湾师范大学语言中心	师大书苑出版
轻松学汉语（一）—（五）	轻松学汉语（一）、学生作业、教师手册	马亚敏、李欣颖	三联书店（香港）有限公司
轻松学汉语少儿版（一）—（四）	轻松学汉语（一）少儿版、学生作业	马亚敏	三联书店（香港）有限公司
A Plus Chinese 1—2	课本、模拟测验本、教师手册	台湾师范大学国语教学中心	联经出版事业股份有限公司
迷你广播剧	迷你广播剧—课本、迷你广播剧—作业、迷你广播剧—教师手册	王文娟、杨瑟恩	正中书局股份有限公司
嘻哈说唱学中文 1	课本、练习本 A、B	卢毓文	资优教育有限公司
新编华语注音符号	课本、习作簿、教学指引	林国梁	“侨务委员会”

续表

书名	套书讯息	作者	出版社
学华语开步走（注音符号）	课本、习作、教师手册	罗秋昭、李春霞、胡晓英、赵予彤、蔡婉君、刘彩荷	“侨务委员会”
学华语开步走（汉语拼音）	课本、习作、教师手册	罗秋昭、李春霞、胡晓英、赵予彤、蔡婉君、刘彩荷	“侨务委员会”
儿童华语课本 1—12 册	儿童华语课本、作业本 1—12、教师手册上、下册	王孙元平、何景贤，宋静如、马昭华、叶德明	“侨务委员会”
初中华文课本 1—6 册	课本 1—6 册、教学指引 1—6 册	金荣华，编审委员，伍奎煜，何景贤，应裕康	“侨务委员会”
中文读本 1—6 册	中文读本 1—6 册、教学指引 1—6 册	金荣华	“侨务委员会”
高中华文课本 1—6 册	高中华文课本 1—6 册、教学指引 1—6 册	“侨务委员会”	五南图书出版公司
菲律宾版新编华语课本	课本 1—12 册、作业练习簿 1—12 册、教师手册 1—12 册	“侨务委员会”	“侨务委员会”
菲律宾版新编华语课本（简化字对照版）	课本 1—12 册、作业练习簿 1—12 册	“侨务委员会”	“侨务委员会”
泰国版新编华语课本	课本 1—12 册、作业簿 1—12 册、教师手册 1—12 册	柯逊添、巴苹、陈兰英，戚利美、叶德明、吕桂兰、黄瑞枝、曾金金、潘丽珠	“侨务委员会”
华文（泰北版）	课本 1—12 册、习作 1—12 册、教师手册 1—12 册	罗秋昭、李春霞、胡晓英、赵予彤、蔡婉君、刘彩荷	“侨务委员会”

2.2 台湾以日本人为对象的华语教材研发概况

近年来，来台湾的日籍人士逐年增加，例如到台湾进行投资、研修或学习华语。日籍人士来台湾学习华语的人数增加，突显了华语教材的需求，以及台湾对日华语市场的重要性。然而，台湾出版的华语教材多以英文批注，针对日籍人士编制的教材寥寥可数。林秀惠、信世昌（2009）针对来台短期游学的日籍学生编制《青春游学：日本人学华语》的学生为主。此教材利用日籍生在阅读上的优势，在篇幅较长的中级程度会话中交织与台湾文化相关的主题，旨在提高日籍生的华语学习效率及兴趣。邓守信、孙珞（2007）编制的《今日台湾——中级汉语课程》有中文版和日文版。日文版书名为《現代の臺湾（中級漢語読本）》，有日文注解并附有繁体与简体字。全册 12 课包含台湾的习俗、娱乐、夜市、饮食文化、拜拜风俗等。上述两教材皆属针对日本人所编制的中级华语教材。台湾师范大学国语教学中心（2009）针对初级或短期华语学习者编制了《华语简易通》两册，分为“入门篇”及“基础篇”，此教材有中英及中日两种版本，是华语实用的基础简易教材。“侨务委员会”出版的华语教材《五百字说华语》有多种语文版，包含日文版。

2.3 关于对日初级华语教材《これで大丈夫！中国語》

台湾台中科技大学对日华语中心团队于 2010 年开发了一套以日本人为对象的初级生活华语教材[①]，共三册含《これで大丈夫！中国語》（主教材附 CD 内含会话、生词、句型的录音）、“練習帳”（习作册附听力练习 CD）、“教え方の手引き”（教师手册）[②]。为符合日本人对繁体及简体字的学习需求，并使其所学华语能在繁体字及简体字华语圈均能发挥所学效益，教材以繁体字为主，在各课的主要单元（会话、生词、句型）也附上简体字，并提供繁简字对照表，使学习者能轻松学习两种字体。由于日籍华语学习者多以汉语拼音为发音学习依据，发音方面以注音符号为主，并在各课的主要单元辅以汉语拼音对照。另外教材也介绍台湾文化习俗，练习单元里也加入台湾文化理解单元。教材共 12 课，各课内容包含以下单元：会话、生词（生词表后附有繁简体字对照表）、句型、句型练习、问答练习、发音练习（针对日本人较难发的单音做加强练习）、综合练习（以角色扮演方式做练习）、台湾文化（介绍台湾文化习俗）。习作册每课均包含六个单元：A.文型練習、B.書く練習、C.読む練習、D.話す練習、E.聞く練習、F.臺湾の文化のクイズ。单元 A 是文型练习的检测，单元 B-E 包含语言学习四大要项：听、说、读、写，让学习者可以就这四种语言技能做自我检视，最后的单元 F 是有关台湾文化的问题，此单元目的是让学习者检视对于每一课课文主题的台湾文化的了解程度。主教材的目录如下：

注音符号与拼音对照表、词性中日对照表、日常用语和教室用语、学习要点、主要人物介绍、生词索引、课文内容（共 12 课）包含：

第一课：你好，我叫山田美惠（こんにちは。私は山田美恵と言います）

第二课：我有两个兄弟姊妹　（私は兄弟が二人います）

第三课：我要吃台湾菜　（私は臺湾料理が食べたいです）

第四课：台湾的小吃很好吃，而且很便宜　（臺湾の軽食はおいしくて安いです）

第五课：苹果一个多少钱？　（リンゴは一ついくらですか）

第六课：我去邮局寄信　（私は郵便局へ手紙を出しに行きます）

第七课：火车比巴士快　（列車はバスより速いです）

第八课：我吃饭了　（私はご飯を食べました）

第九课：一起去玩，好不好？　（いっしょに遊びに行きませんか）

第十课：我来过台湾　（私は臺湾へ来たことがあります）

第十一课：我每星期唱一次卡拉 OK（私は毎週カラオケを一回歌います）

第十二课：我好像感冒了（私は風邪をひいたようです）

---

①本教材获“教育部”补助编制。

②教师手册详列针对“对日华语文教材”的教学步骤、顺序及课室活动，让使用者能明确地掌握有效能的教学要诀。摆脱传统制式僵化的教学法，取而代之的是活泼的交互式教法。

2.4 华语教材融入文化的重要性

华语教材融入文化要素，可提高学习者对该文化的了解，进而帮助学习者更适切地表达该语言。任利、蔡乔育（2009）指出，为了提高学习者兴趣或满足学习者的需求，华语教学内容应积极纳入当今华语圈社会发展变化的情况，相关人员有必要积极开发相关的教材。林秀惠、信世昌（2009）主编的以日本学生为对象的中级汉语会话教材中也强调语言与文化兼顾的特点，语言融入文化的重要性由此可见。光井佑介（2010）明确提出文化要素在华语教材中的重要性，指出目前华语教材中缺少文化差异的说明，虽然有较多的中华文化介绍，但是与日本间的文化差异却着墨不多。日本受中华文化影响很深，在生活习惯上虽有某些共通点，但也有许多差异。若不了解文化差异，会造成沟通交流障碍，学习成效自然无法提升。例如：日本人表达方式委婉，不直接，而华语较有自信，直接，没有礼貌。光井佑介因此建议在华语教材中要加入日本与中华文化异同的探讨，以达学习跨文化交际的目标，减少沟通应用上的摩擦。相原茂（2007）亦指出日语和华语之间有许多因文化差异造成的表达方式差异，这些差异容易造成沟通上的误解。这些差异在教学上如果没有提醒初学者，往往会产生学习者在沟通上的疲累与不安。例如日本人常因日语和华语在敬语使用、礼貌、邀约、道歉、肢体语言等许多方面有不同的表达习惯，惯以日语方式来表达华语，造成华语表达上的错误。教师如果也了解学习者的文化背景，就能帮助学习者减少日语表达对华语应用的影响。鲁宝元（2005）也指出，如能将华语与日语的表达习惯与方式进行对比，发现其中异同，并探讨对学习者的影响，使学习者能正确地理解及运用华语的作用，将有利于日籍学习者掌握及运用华语的表达方式，进而提升沟通能力。

3. 研究方法

Creswell 指出："如果某个概念或现象只有少数学者研究过，并需要更深入去了解时，那么这种情况最适合采用质的研究"（2003 页 22），由于对日华语教材研发的实际经验研究缺乏，因此，本研究采取质的研究来调查日籍学习者的华语学习经验。因为叙事是叙说者认知的一部分，叙说者不需要被教导如何说故事。因此，以开放式访谈来了解日籍学习者的背景，并鼓励他说出学习华语的经验。

日本人是台湾很大的中文学习外籍人士，鉴于台湾缺乏针对日籍学习者研发的初级华语教材，国立台中科技大学对日华语中心团队于 2010 年开发了一套以日本人为对象的初级生活华语教材，共三册，含《これで大丈夫！中国語》（主教材）、"練習帳"（习作册）、"教え方の手引き"（教师手册）。为了解该教材是否能实际符合日籍学习者对华语教材的使用需求，并作为日后修订的参考，本研究深度访谈了一位在台 8 年的日籍华语学习者，希望研究结果能提供研发对日华语教材之参考与建议。

4. 访谈与分析：秋子的背景与华语学习经验

日籍华语学习者（本文称为“秋子”）[①]，秋子的背景详述如下：

秋子，女性，今年 45 岁。8 年前随先生从美国搬到台湾后，一直住在台湾，从事日语教学工作（担任兼任教师）。在日本短大服装科就学期间，她因羡慕同学流利的英语口语能力，就和同学毕业旅行去美国游学一个月。回日本就业一年后，她又赴美国留学一年，之后回到日本工作。28 岁时她再赴美国研修英语一年，期间认识了正在攻读博士学位的台湾籍丈夫，因此留在美国攻读学士学位。她起初是服装专攻后来转视觉设计，并完成硕士学位。在美国时曾选修中文课程，由于无法跟上密集的上课进度，所以上过几次课后，她就中断学习课程。秋子的先生曾在台湾学过日语两个月，到美国后也跟日本留学生学习日语，对日语很有兴趣。虽然秋子先生的日语是初级程度，但秋子自称由于英语能力不是很好[②]，而且不会中文，所以和先生交谈都是以英语为主并夹杂日语的方式来沟通。秋子很少加入先生与他朋友的交谈，对他们用中文交谈的内容不感兴趣，也很少用中文与他们互动。秋子觉得如果表示兴趣，先生就会用英语解释说明，但自己的英文程度无法了解复杂的内容，以至于常常导致沟通不良，因此后来对先生与他人的交谈内容就不感兴趣。秋子表示自己较内向，原本就对别人交谈的内容不感兴趣，再加上想避免听不太懂先生英文或中文说明的窘境，所以中文一直无法进步。

刚来台湾时，秋子曾跟懂日语的台湾人学过半年中文，一周一至两次，一次一个半小时，采取一对二的教学。秋子回忆当时在几乎不会中文的情况下，中文老师懂日文让她感到很安心，因为她能随时确认所学是否正确。她说当时中文老师如不懂日文，一定会使她很不安。当秋子上课不懂时，或日常生活遇到不懂的中文问题或生活习俗时，她都会在上课时直接用日文发问，例如在台湾买东西称重的单位是什么、“哪一个比较便宜？”的中文说法等。对于自己不懂的中文或文化问题，可直接用日语发问并得到建议或解答，秋子觉得很安心。她认为如果老师不懂日语，应该有一位懂日语的小老师搭配上课，提供解惑的管道，这样当日籍学习者有疑问时才能用日文发问并得到解惑的回馈。秋子也提到当时所使用的教材是专为台湾某家日商公司客制化的教材资料，教材搭配日文解说让她能确认所学，觉得安心。秋子学习半年中文后，由于缺乏强烈的学习动机及兴趣，觉得很麻烦，就没继续学习。教日语的工作让秋子的生活圈都是懂日语的人，加上特意避开需要用到中文的情况，所以在台湾住了8 年，她除了会一些单字，中文并没多大进步。现在由于先生工作忙碌，无法随时在秋子需要中文协助时伸出援手，迫于先生的要求及认清可能需在台湾度过余生的事实，秋子终于萌生要把中文学好的意念。在接受访谈的前一周，她受到先生的激励去参加公园里的晨舞。这是秋子第一次主动与不懂日语的人有社交接触：她终于跨出日语生活圈，进入华语生活圈。

参考了一些常见的初级华语教材及自己的华语学习经验，秋子提出自己对华语教材的需求。对秋子而言，日语汉字和繁体字多较相似，所以繁体字比简体字易读。但是，由于也有

---

①基于尊重受访者的个人隐私，我们无法提供日文真实姓名，所以用“秋子”来代表受访者的姓名。

②秋子认为自己英文能力不好是因为在日本中学就读时没好好地学习文法，而去美国研修英语时也没从基础文法开始学习，所以导致英文能力一直无法提升。

些日语汉字和简体字同形，所以常会造成她对繁体和简体字的混用（邵宝谊 2006；加纳刚 2009；徐淑萍 2010；陈静雯 2010；渡边俊彦 2011）。秋子认为，虽然她住在台湾需用到繁体字，但如日后与中国来往需用到简体字，所以希望学会两种字体。秋子认为中文最容易学习的部分在于它多与日文汉字同形同义，所以阅读和写比说跟听简单，但是与日语汉字同形异义的中文却让她感到困惑，增加了学习上的困扰。例如“大丈夫”、“勉強”、“先生”、“顏色”和“娘”等字的日语和中文同形异义，容易产生误用[①]。发音表记方面，秋子表示：学会台湾的注音及中国的汉语拼音表记已够用，增列通用拼音只会徒增不习惯阅读罗马字的日籍学习者的困惑。此外，秋子也强调自己是视觉学习者，一定要看到中文字或图片（图像），脑中浮现字形才能记忆，因此将中文字和发音标示分开学习会造成不仅不能确定中文字的念法，而且会养成只有发音的表记方式，也会造成学习和记忆上的困难。秋子对发音标示单独出现的内文有很强的排斥感。她虽然在美国求学 9 年，阅读只用罗马字表记的拼音文对她仍是一大挑战[②]，她也表示只有注音符号表记的文字让她无法分辨哪一个注音符号是对照哪一个中文字的发音[③]。

秋子觉得教材里的单字及会话附上日语解释说明，能帮助她确认自己理解的正确性，尤其是当中文老师不懂日语时。秋子提到她常会忘记学过的单字，但大概记得哪一课出现过该单字。当她忘记单字，如“出租车”时，她会翻到该课的单字表很快复习一下读法及批注等。秋子谈到自己去买东西时，例如买饮料，常因听不懂店员的问题以致无法回答。即使后来经对方解释听懂了，她也会马上忘记，因为她觉得没经由视觉上确认该单字的书写形式，只凭耳朵记忆是困难的。秋子回忆：很多不懂的单字，即使经由先生解释后听懂了意思，但由于当时先生没有写出该中文字，在不知该单字的中文书写形式为何的情况下，硬记后不久就忘记了。秋子提到自己不是用耳朵学习的人，所以中文听力很不好。除了听力很难，秋子认为发音更难，例如“下午”和“下雨”的发音如何区别，如何发ㄢ、ㄤ、ㄣ、ㄥ的音也是很难。秋子觉得如果老师在黑板上写出字的发音，自己就能确定老师发的是哪个音。只是用耳朵听老师的发音，而没有经视觉上再确认发音，她不仅不知道老师在说哪个字，也会不知道自己该如何发该字音。秋子认为说的能力很重要，她觉得会一种句型（公式），然后把其他字代换进去的练习，让她无需硬背很多东西，就可以将所学应用在很多场面。例如：学会“我想○○”的句型，把其他字代换进去后就能说“我想吃饭”、“我想喝水”，所以这种练习对秋子说的能力提升有帮助。秋子觉得说是很难的，所以最好是小班上课，因为在大班中如被要求进行说的练习，大家都会听到，会很不好意思。由于觉得听和说都是很难的，所以秋子也排斥一对一的上课方式，因为要一直说和听会让她感到压力。对秋子而言，二至六人的小班人数是最理想的。

①中文的对应意思分别是“没关系”、“用功”、“老师”、“脸色”、“女儿”。

②例如：秋子指着课本的例句 Wǒ shì rì běn rén. Chén xiǎo jiě bú shì rì běn rén，告诉我们无法马上了解这句话的意思。

③例如：秋子指着课本的例句ㄨㄛˇㄅㄨˊㄕˋㄒㄩㄝˊㄕㄥ，告诉我们无法马上了解这句话的意思。

5. 结语

本研究探讨一位长期居住在台湾的日本人的华语学习经验及其对华语教材需求的观点，借以提供台湾对日华语教学及研发教材之参考与建议，并了解“国立”台中科技大学对日华语中心研发的《これで大丈夫！中国語》教材是否符合日籍学习者的实际需求，以此作为日后改版修正参考。就笔者私下调查，像秋子一样住在台湾的日籍人士为数众多（例如台湾台中市就有许多日商人员和其家属），台湾应该提供哪些客制化的华语教材才能符合日籍人士的需求以适应台湾的生活，是台湾华语教育界的一大课题。本研究从访谈内容，得到以下五点结论：

第一点，日籍学习者很在意自己所学华语的正确性，所以希望教材里的单字及会话能附上日语解释说明（华语为主，附日文批注），以便能确认理解的正确性。在访谈中，秋子提到好几次“確認”①、“安心できる”②。这两个关键词说明了确定所学的正确性对她而言是产生安心感的来源。秋子提到，如果中文老师不懂日语会让她焦躁不安，因为无法确认自己所学是否正确，也无法用日语提问。因此，虽然现今外语教育强调沉浸式教学的好处，但是中文全程授课（沉浸式教学）对于日籍初级华语学习者并不一定适合。在台湾，大部分的华语教师不具备日语能力或不熟悉日语，上课时多以英文授课，因此日籍学习者往往会因有听不懂而产生不安与不确定感，这些感觉可能会导致学习不彰。日本人实事求是，力求正确的做事态度也反映在其华语学习态度上，再加上成人学习者通常在厘清疑惑后才能学习，所以教师如能听得懂以日语发问的问题并以日语说明，一定会有助于学生厘清观念，使其能确定所学并进而对所学感到安心。所以，如果教师不懂中文，应安排懂日文的小老师（辅导员）从旁协助解决日籍学习者在中文及文化方面的疑惑与问题。此外，教材里的单字及会话附上日语解释说明也能帮助日籍学习者确认所学的正确性。在华语老师不懂中文的情况下，教材更需扮演解说及厘清文法概念的角色，所以宜由熟悉日语及日本文化者参与教材的研发，方能以日籍学习者易懂的方式来编制及批注说明。

第二点，日籍学习者在华语学习上相当倚赖汉字，由于不习惯阅读罗马字及注音符号表记，所以一长串的注音或汉语拼音对他们而言很难读懂，因而会造成学习上的不安。发音表记与中文字同时列出有助于日籍生一边看着发音标示，一边确认自己的发音，并能通过视觉将中文字映入脑中加强记忆。相对于欧美学习者倚重发音表记学华语，日籍学习者则倚赖中文字体来学华语，这两者的差异说明了日籍学习者对教材的需求与英语圈的华语学习者不同，所以两者不应使用同样的教材。再者，日籍学习者在华语学习上倚赖中文字，也造成他们在中文的学习上倚靠视觉学习甚于听觉，因此教师在教学上应常用板书辅以教学，而不是只用解说的方式（也要书写下来）。例如当访谈者在访谈中偶尔夹杂一个中文时，秋子不懂，就会要求访谈者写出该字体，这点与非汉字语圈的人学习中文的模式应是不同的。因此日籍学习者与非日籍学习者应该分开上课，而教师在教授日籍人士时也要注意其学习特点，并常以板书书写的方式教学，以提高日籍生的学习成效。

第三点，日籍学习者对于上课或教材提到的台湾特有文化或事物，由于文化差异及缺乏

①中文也是“确认”的意思。

②中文的意思是“能安心”。

照片或图片对照，常无法具体了解所言为何。对住在台湾的日籍学习者而言，学习中文以应用在日常生活是当务之急，所以在教学或教材内应辅以照片或图片说明，并放入台湾生活习俗点滴，以助其适应台湾生活①。

第四点，由于日文汉字与中文汉字有不少同形异义语，所以可能导致日籍学习者在中文使用上有时沿用同形异义的日文汉字，因而产生意思混淆的偏误使用。

第五点，《これで大丈夫！中国語》教材的编制方向大致符合日籍学习者的需求。教材内的单字及会话附有日语解释说明，学习者可确认所学，因而产生安心感。会话、生词及句型除繁体字和注音标记外，也辅以简体字与汉语拼音对照。教材附有繁简体字对照表，有助于学习者同时应用所学在繁体和简体字的华语圈。情境式的任务导向设计，可引导学习者做实地演练，应用所学（陈丽宇 2010，2011）。另外，台湾文化单元则可增进学习者对台湾文化的认识，提高其学习华语之兴趣（方丽娜 2009）。

6. 对日初级华语教材研发建议

根据访谈日籍学习者对华语教材的实际需求，本研究提出以下九点建议，作为华语教育者日后开发对日华语教材的参考：

第一点，教材里的单字除需附详细的日文解释说明，会话及句型也需附日语解释说明，以便日籍学习者能自己确认理解的正确性。日语解释说明部分应由熟悉日语的华语教师以日本人易懂的方式来注解说明②。

第二点，教材可采用繁体字标示注音，对照简体字标示汉语拼音的表记方式。注音可直接标示在繁体字右侧，而汉语拼音可直接标示在简体字上方。例如会话文可以采用左页和右页对照的方式：左页以繁体字表记并在其右侧标示注音，右页则是同样的会话文，但采用简体字表记在其上侧标示汉语拼音。

第三点，在每课单字表后，提供日文和中文的同形异义对照表③，及繁简字体对照表④，能提高学习成效。

第四点，教材提到的台湾特有的东西或文化可附照片或图片帮助理解及记忆。例如水果单元可附介绍的水果的真实照片，并标示发音。

---

①对初级学习者，比起了解艰深的台湾历史文化，更迫切的应是了解台湾的生活习俗。

②例如在注解说明中文“很”这个程度副词时（相当于日文的“とっても”），如注解者不熟悉日文可能会无法从日本人的观点来对“很”做日本人易懂的说明，而导致日本学习者对“很”的用法不确定。

③日文和中文的同形异义对照表，如下表：

日文	大丈夫	先生	勉強	顔色	娘
中文	没关系	老师	用功	脸色	女儿

④

繁体字	課	們	師	嗎	學	誰	換	麼	灣	問
简体字	课	们	师	吗	学	谁	换	么	湾	问

第五点，教材可加入与日常生活习俗有关的文化单元，并在该单元介绍常用的句子。例如，在饮料文化单元可在一些常用字上标示发音，并介绍“冰要正常吗？”、“糖要正常吗？”等常会被问到的句子及如何回答，以供练习用，帮助学习者日后遇到类似情境能推测出对方问题的汉语。文化点滴可放入相关的单字在注解部分①，与该课所学单字与句型融合。

第六点，教材可放入听力练习单元，加强听力训练。

第七点，教材可将句型整理出后在各句型下方写出中文意思，并以日文对该句型加以解释说明，列出单字让学习者做代换练习②。

第八点，教材可加入情境式的任务导向设计单元，使学习者跳脱制式呆板的会话内容，体验真实的语言，提高应用能力。

第九点，教材可加入发音练习单元，对于日籍学习者难发的音做进一步练习，如：“ㄢ”、“ㄤ”、“ㄣ”、“ㄥ”、“ㄩ”，及声调（二声和四声）。

参考文献

[1]Creswell, J.W. (2003). *Research Design: Qualitative, Quantitative and Mixed Methods*. Sage Publications, Thousand Oaks, CA.

[2]方丽娜（2010），《对外华语文化教材的设计与编写研究——全球教育的视角》，《中原华语文学报》，第6期，第101—123页。

[3]林秀惠、信世昌（2009），《青春游学：日本人学华语》，台北：远流出版事业股份有限公司。

[4]徐昌火（2012），《基于CEFR的国别化中文教材编写刍议》，《华语文教学研究》，第9卷，第4期，第1—16页。

[5]彭妮丝（2012），《短期游学华语文课程设计与实施——以沉浸式课程/任务教学设计为基础》，《中原华语文学报》，第10期，第75—99页。

[6]蔡美智（2010），《华语篇章衔接偏误类型——以日本学习者为例》，《华语文教学研

①例如在“饮料”这个单字的批注部分可放入台湾的饮料文化点滴，说明台湾的客制化饮料文化，并介绍相关的常用单字与句子。

②

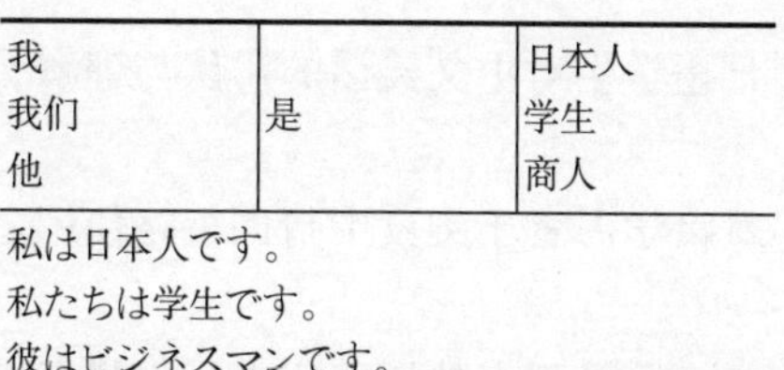

我 我们 他	是	日本人 学生 商人

私は日本人です。
私たちは学生です。
彼はビジネスマンです。

日文说明：“A は B です”の文型です。主語のすぐ後に動詞がきます。これは日本語の語順と大きく異なるところですね。この場合の“是”は日本語の“です”に相当します。それでは、練習してみましょう。

（中文说明：此句型相当于日文的“AはBです”的文型。主词的后面立刻要跟动词，这和日文的语序有很大不同。在此句型中“是”相当于日文的“です”。那么，来练习看看吧。）

代换练习，如：我．老师→我是老师。

究》，第 7 卷，第 3 期，第 31—53 页。

[7]任利、蔡乔育（2009），《日本大学生参与华语学习动机之探究》，《中原华语文学报》，第 4 期，第 185—201 页。

[8]陈丽宇（2010），《任务型旅游华语教材编写设计分析——以台师大应华系学生台北县、市旅游景点教材编写为例》，《中原华语文学报》，第 6 期，第 161—179 页。

[9]陈丽宇（2011），《情境分布对于华语文教材编写的重要性探讨——以 CEFR 之 B1 级商用华语教材为例》，《中原华语文学报》，第 7 期，第 135—159 页。

[10]陈纯音（2011），《第二语言课室研究》，台北：正中书局。

[11]方丽娜（2009），《华人社会与文化》，台北：正中书局。

[12]蔡雅熏（2009），《华语文教材分级研制原理之建构》，台北：正中书局。

[13]何德华（2009），《华语教学研究方法与论文写作》，台北：正中书局。

[14]刘纪华（2007），《五百字说华语（中日文版）》，"侨务委员会"。

[15]邓守信、孙珞（2007），《今日台湾——中级汉语课程》，台中：东海大学华语中心。

[16]谢敏华（2010），《これで大丈夫！中国語》，台北：致良出版社。

[17]卢翠英、孟庆明（2009），《华语简易通：入门篇》，台北：正中书局。

[18]卢翠英、孟庆明（2009），《华语简易通：基础篇》，台北：正中书局。

[19]蔡美智（2010），《华语篇章衔接偏误类型——以日本学习者为例》，《华语文教学研究》，第 7 卷，第 3 期，第 31—53 页。

[20]蔡孟君（2013），《对日华语词汇教学研究——以〈实用视听华语三〉的"中日同形词"为》，高雄师范大学硕士学位论文。

[21]陈淑玲（2012），《短期华语游学团课程设计与实践成效》，高雄：高雄师范大学硕士学位论文。

[22]平野健二（2011），《日籍学习者使用华语电子教科书满意度调查之研究》，高雄：高雄师范大学硕士学位论文。

[23]渡边俊彦（2011），《日本大学生书面中介语之分析——以日本汉字的语言迁移为探讨范围》，高雄：高雄师范大学硕士学位论文。

[24]徐淑萍（2010），《汉日同素异序词比较》，高雄师范大学硕士学位论文。

[25]陈静雯（2010），《华语日籍学习者异议语策略及语言特征研究》，高雄：高雄师范大学硕士学位论文。

[26]林立涓（2007），《日籍学生对中文笑话的辨认与理解》，高雄：高雄师范大学硕士学位论文。

[27]邵宝谊（2006），《日籍学习者于阅读中猜词策略使用之研究》，高雄：高雄师范大学硕士学位论文。

[28]平野健二（2012），《日籍学习者使用华语电子教科书满意度调查之研究》，高雄：高雄师范大学硕士学位论文。

[29]马樱文（2008），《在台日籍学生的语言及文化教育研究——以高雄日本人学校的华语教育为主》，高雄：高雄第一科技大学硕士学位论文。

[30]吴佩华（2009），《"会"的中介语分析——以日籍学习者为例》，台北：台湾师范大学硕士学位论文。

[31]大崎由纪子（2010),《现代汉语拒绝言语行为之中介语分析——以日籍学习者为例》，台北：台湾师范大学硕士学位论文。

[32]范雅婷（2011),《美籍学习者作文偏误的篇章分析与教学应用》，台北：台湾师范大学硕士学位论文。

[33]加纳刚（2009),《日籍学习者学习汉语词汇之难点—中日同形词使用偏误研究》，台北：台湾师范大学硕士学位论文。

[34]陈庆华（2008),《日籍学习者华语发音之偏误分析矫正与教学研究》，台北：台湾师范大学硕士学位论文。

[35]台湾师范大学（2011),《新版实用视听华语第1册》，台北：正中书局。

[36]台湾师范大学（2008),《新版实用视听华语第2册》，台北：正中书局。

[37]台湾师范大学（2008),《新版实用视听华语第3册》，台北：正中书局。

[38]台湾师范大学（2008),《新版实用视听华语第4册》，台北：正中书局。

[39]台湾师范大学（2008),《新版实用视听华语第5册》，台北：正中书局。

[40]台北市日本工商协会（2012),《台北市日本工商会对台湾政府政策建言》，台北市日本工商协会。

[41]财团法人信息工业策进会（2008),《华语文数字产业推动分项计划：美日韩华语文市场分析报告》，财团法人信息工业策进会。

日本人来台短期游学的需求探讨：以暑期华语文研习营为例

吴致秀　张　群　谢敏华*
台中科技大学

摘　要：本研究以质性访谈法及日籍学生研习心得来探讨日籍学习者赴台湾短期游学的需求，目的是了解对日短期游学华语教育训练的方向，例如：教材、行程规划、课程内容安排、教学活动、文化体验及生活照料辅导等，借以提供短期游学课程设计之建议，拟定对日短期游学华语推广策略。

关键词：短期游学；华语教学；华语教材；需求分析；华语中心

1. 前言：研究背景与目的

近年来，来台湾学习华语的日籍人士逐年增加，主要是来台湾进行投资、研修或者学习华语（财团法人信息工业策进会 2008；台北市日本工商协会 2012）。越来越多的日籍大学生于寒暑假期间，远赴台湾游学。学生出国游学不仅可以增加人生历练，学习独立成长，游学体验更能加强学生的华语能力，更好地了解台湾文化。这些现象都突显现了今台湾对日华语市场的重要性与发展性（谢敏华 2010；谢敏华、David Favre 2011）。

根据“中央社”的报道（2012/07/25）①，“台湾教育部”规划“外国学生组团来台短期研习华语文计划”，鼓励境外青年到台湾，一边学习一边游玩。每年暑假是最热门的时段，来台人数持续增长，2008 年至 2011 年 4 年间约有 1500 人次来台，2012 年则有 508 名来自日本、加拿大等 10 国的青年参与。

语言教学研究报告指出：不同语言学习区需要有不同的华语文教材来满足各种学习者的需求（财团法人信息工业策进会 2008；蔡雅熏 2009；徐昌火 2012）。目前市面上的华语教

---

* 吴致秀，台中科技大学应用日语系副教授兼对日华语中心主任；张群，台中科技大学应用中文系助理教授兼对日华语中心副执行长（世界华语文教育学会副秘书长）；谢敏华，台中科技大学应用日语系副教授兼对日华语中心执行长。

①“中央社”的报导资料取自“华视新闻网 2012”，http://news.cts.com.tw/cna/life/201207/201207251056056.html。

材多以在各校语言中心长期学习的学生为对象，课文的解释多半为英文，英文程度普遍不甚理想的日本人很需要一套较具有针对性的教材，也需要不同的教学方法。这样的教材对于同样使用汉字而英文程度普遍不甚理想的日本人而言，反而增加了学习上的复杂性与难度。尤其在发音方面，如[l]、[r]等发音上的困难点，因此这些往往造成了日本人对英文的抗拒。许多研究指出日籍学生学习华语的优势，与其他国家学习者学习策略使用、学习困难处不同。因此，教材、教法都应该要有针对性，否则教学效果仍是事倍功半（邵宝谊 2006；林立涓 2007；马樱文 2008；陈庆华 2008；吴佩华 2009；任利、蔡乔育 2009；加纳刚 2009；蔡美智 2010；徐淑萍 2010；大崎由纪子 2010；陈静雯 2010；平野健二 2011；渡边俊彦 2011；范雅婷 2011；陈淑玲 2012；平野健二 2012；蔡孟君 2013）。

短期华语文游学的课程设计与长期的课程规划不同，课程、教材、学习内容有其特殊性，为了在最短时间内引发学生兴趣而达到最高效率的学习，其内容要更精简，更具鲜明的主题及拥有更强的实用性（彭妮丝 2012）。学习者除了短期语言能力的提升外，对于标的语（target language）的文化认同也同样加深，能够让学习者在短期游学课程结束后保持对标的语文化的兴趣，并持续学习（方丽娜 2010；蔡雅熏、陈鹏妃、赵日彰 2012；彭妮丝 2012）。

本研究针对“日本人来台短期游学的需求”主题进行探讨，负责进行日本大学、专门学校等短期游学课程需求评估。我们经多方搜集资料，以了解教育训练的方向，确认合作单位的特性与问题，决定训练的目标与训练的方法，再拟定推广策略发展。目前有关短期游学的相关研究相当少见，大都以短期研修团的课程设计及沉浸式教学模式研究为主，对于日籍学习者的需求探讨，尚未深入。因此，本研究将以研究者亲身经验与现象分析为基础，观察短期华语研修团学习者的学习诉求，提出具体建议。本计划的目的包含四点：探讨日本大学等短期华语研习的课程需求、教学策略需求、教材需求和生活照料需求。

本文架构涵盖六个部分：摘要、前言、文献探讨、研究方法、研究结果、结论与建议，以下依序讨论。

2. 文献探讨

2.1 日本华语市场需求

“数字华语文产业国际策略布局与营运研究计划”（2008）指出，日本华语文教育市场算是成熟市场，正规教育在高中与大学将近有 18 万人，补习教育与企业内训亦是成熟市场。根据日本“矢野经济研究所”2007 年的调查分析显示，日本外语学习市场除英语以外的语言教育市场，则以华语为首，约为 37 亿 5 千万元日币。因此，在语言学习中，华语在日本已成为仅次于英语的第二大外语。根据财团法人信息工业策进会（2008）的调查，日本华语市场学习者以成人居多，原因分别是以兴趣、商务、旅游和认证为主（任利、蔡乔育 2009）。在日本，教科书市场是第三大市场，占约 9 亿 6 千万日元。在途径上，语言补习班以实体经营为主，而书籍及教科书以出版社出版及发行为主。在企业部分的语言训练课程又以补习班师资派遣到企业包班上课为主。日本厚生劳动省也有教育训练补助金制度，以提供民众进修补助。“数字华语文产业国际策略布局与营运研究计划”（2008）建议，由于日本的高中、大学已将华语学习列入第二外国语选修科目，因此有一稳定的使用市场，加上大学生未来是成人职场的潜在市场，就营销而言市场可以向下延伸，与当地出版社合作，创造稳定的收入，有助于未来市场经营。因此主攻市场增加了正规教育，初步以大学市场为主，并寻求出版社合作。

根据“资策会”、“数字华语文产业国际策略布局与营运研究计划”（2008）的调查，日本华语学习者的情形如下（图 1）：

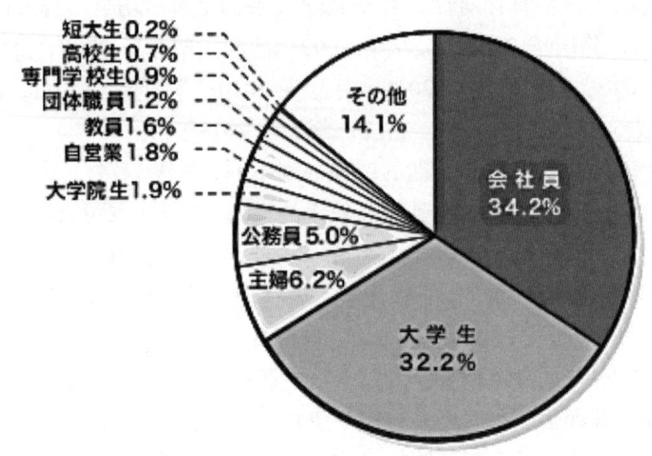

图 1　日本华语学习者的情形

（资料来源：“资策会”、“数字华语文产业国际策略布局与营运研究计划”2008）

2.2 需求评估

需求评估（Needs Assessment）是指执行计划的事前规划，利用搜集的数据来了解计划执行的方向，通过资料的收集，找出需求与问题，也找出有效、可行、可接受的解决方法（林振春1995）。精确的需求评估可以确认组织的特性与问题，决定计划的目标与实施的方法，确定实施成效的评估指针，落实实施的目标、分析效益，以及确定实施的时机等。执行计划时，研究者一定要确认训练目标及内容，以系统的方法搜集和分析训练需求的数据（Suarez 1994）。

需求评估方式的类型是由学者布拉德肖（Bradshaw）提出，分为四种类型（林振春1995）：

类型一（规范性需求）：主要是来自专家的经验和知识，由学者专家、专业人员对特定情境所定义的需求。

类型二（感觉性需求）：指成员自己觉得重要的问题，即成员明确表示出来的主观需求，可通过需求调查统计资料和焦点团体讨论的形式广纳意见。

类型三（表达性需求）：搜集现行推动或计划的执行概况、服务利用情形，与未来相关计划的服务量能，以及推动的优先级。

类型四（比较性需求）：比较不同区域的现况，以了解特定区域的需求。

Glick（2004）也指出，需求评估方式包括资料收集与需求评估的区分，在资料收集上可分为两大类：

类型一（质性资料）：使用事例辩证作为证据，例如：面对面访谈、个案分析、网路分析。

类型二（量性资料）：使用统计数据来论证，例如：问卷调查、统计资料、结构性访谈等。

Glick（2004）的研究也指出常见的需求评估方法有下列几种：

调查法，如问卷（Questionnaire）、访谈（Interview）以及电话调查、集会讨论法、教育专家方法、现况推估法、专业文献分析法、研究报告或研讨会记录、观察法（Observation）。

Suarez（1994）研究认为：需求评估成果可诊断或是识别问题（或缺点）、确认目标，在遵循需求评估的标准程序，确认对方需求后，可再针对任务提出一些问题（如训练需求访谈），以厘清现况与期待及未来发展的差距，并通过彼此的沟通，澄清对方问题、对训练模式有清楚的了解，从而有助于进一步规划出缩小两者差距，甚或使其一致的训练课程。Dalton, Elias, & Wandersman（2001）研究说明：计划方案发展有一定的逻辑顺序，分别是计划方案发生的状况（conditions）、活动（activities）、结果与影响。计划方案的执行必须先评估方案的需求，依需求来规划方案的活动、执行，最后评估方案是否成功。最下层则是执行步骤，分别是设定目标、评估过程、评估结果及评估影响。逻辑顺序图如下（图2）：

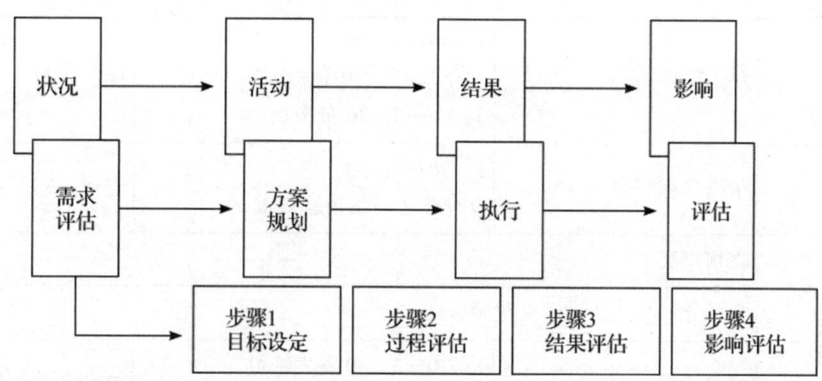

图 2　研究者改编自 Dalton, Elias, & Wandersman（2001）

2.3 关于台中科技大学暑期华语研习营

日本广岛安田女子大学历年都会为学生举办暑期华语研习营，合作伙伴原本为北京一所大学。2008 年起转赴台湾台中，一行 30 名学生与 2 名带队老师至台中科技大学“对日华语中心”研习华语（共 15 天）。在研习期间，他们与台湾学生建立深厚友谊，彼此中、日文能力均有精进，这是大学推动国际化的重要成效。

以下详述台中科技大学暑期华语研习营的活动内容。

为期 15 日的活动以华语文课程为主（沉浸式教学），中华文化课程为辅，结合台湾文化与体验活动。这个活动为应用日语系与应用中文系跨领域合作，提供专业师资，并由高年级学生（大二以上之学生）提供 1 对 1 课后辅导及口语练习。

文化体验课程的安排相当丰富，包括布袋戏、中国结编制、书法、绘画、太极拳，以及台湾美食体验等，让学生亲身体会台湾文化的特色。研习教材使用《これで大丈夫！中国語》（谢敏华 2010）。

“暑期华语文研习营”内容包括教学课程、校外参观、旅行与寄宿家庭接待等四大项目，简述如下（研习营行程，如表 1）：

表 1 研习营行程

日程	早上 8：30—11：30	下午 13：30—16：30	晚上 18：30—21：00
8/8（五）		台湾、台中到达 接机	欢迎 PARTY
8/9（六）	中部地区旅游观光景点导览		
8/10（日）			
8/11（一）	华语课程	1：00 出发 2：00 到达 文化学习—扯铃、杂耍	东海艺术村
8/12（二）	华语课程	1：30—3：30 文化学习—书法鉴赏	4：00 出发 雾峰书法工作坊
8/13（三）	8：30 出发 文化学习—科学博物馆及植物园	华语课程	台中公园、一中商圈、中友百货
8/14（四）	华语课程	1：30—3：30 文化学习—中国结学习 3：40—5：30 布袋戏	逢甲商圈
8/15（五）	华语课程	1：30—3：30 文化学习—民俗剧观赏	寄宿家庭
8/16（六）	寄宿家庭		
8/17（日）	宝觉寺、孔庙、鹿港文化园区		
8/18（一）	华语课程	1：30—2：30 发表练习 2：30—3：30 文化学习—太极拳	诚品勤美
8/19（二）	华语课程	谢师宴及送别会：包饺子及成果发表	
8/20（三）	北部古迹及观光景点导览		
8/21（四）			
8/22（五）		回国 送机	

教学课程方面包含：华语文课程与文化体验课程。华语文课程敦聘前英国剑桥大学华语教师授课及台中科技大学应用日语系专任教师 3 位老师担任口译教师，由应用日语系学生 15 名担任分组华语会话练习小老师。文化体验课程则安排舞龙舞狮表演、书法课、中国结制作、布袋戏欣赏、京剧赏析及学唱、太极武术介绍及学习等。

校外参观方面：由应用日语系堂坂顺子老师领队，应用日语系学生 15 名（汉语小老师）协助，带领安田女子大学师生计 32 位，至台中市孔庙、宝觉寺、台中公园、科博馆、东海大学、一中商圈及鹿港文化园区等地，参观导览中区名胜古迹。

校外旅行方面：安排两天一夜日月潭之旅及三天两夜北台湾之旅，由应用日语系洪国财老师领队，应用日语系学生 2 名协助，带领安田女子大学师生计 32 位，导览介绍台湾名胜及文化。

寄宿家庭接待方面：安排两天一夜寄宿家庭接待日本安田女子大学研习生，使日本学生亲身体验台湾人的日常生活文化和浓厚的人情味。

“暑期华语文研习营”内容预计达成的质化与量化指标罗列如下：

在质化指标方面，包含以下 6 点：

（1）让日本研习生了解华语发音。

（2）让日本研习生了解华语基础句型。

（3）让日本研习生学会简单华语日常生活用语。

（4）让日本研习生了解部分中华文化，包括扯铃、杂耍、舞龙舞狮、书法鉴赏及学习、中国结制作、布袋戏欣赏、民俗剧（京剧）赏析及太极武术练习等，拓展并提升鉴赏中华文化之素养。

（5）经由 2 天 1 夜中台湾及 3 天 2 夜北台湾之旅，让日本研习生初步认识台湾之名胜古迹。

（6）经由寄宿家庭 2 天 1 夜之接待，让日本研习生亲自体会台湾常民日常生活文化。

在量化指标方面，包含以下 6 点：

（1）华语教学训练共计 21 小时。

（2）文化学习鉴赏共计 18 小时。

（3）校外参访学习共计 28 小时。

（4）中区名胜古迹游览与讲解 2 天 1 夜。

（5）北部名胜古迹游览与讲解 3 天 2 夜。

（6）寄宿家庭接待 2 天 1 夜。

除上述课程教学相关活动外，对来台研习华语文的日本学生予以分组。各组皆安排生活辅导员约 2 至 3 名，负责从旁照顾其每日生活，协助其解决各项问题。

3. 研究方法

3.1 研究设计

本研究以质性访谈法及日籍学生研习心得来探讨日籍学习者赴台湾短期游学的需求，目的在了解对日短期游学华语教育训练的方向，例如：教材、行程规划、课程内容安排、教学活动、文化体验及生活照料辅导等，借以提供短期游学课程设计之建议，拟定对日短期游学华语推广策略发展。另一方面借由相关文献的分析汇整，归纳影响短期日本学习者学习华语的因素及其需求，进而作为探讨研究结果的基础。

3.2 执行步骤

本研习营之进行采用 Dalton, Elias, & Wandersman（2001）的研究方式，执行步骤分别是设定目标、评估过程、评估结果及评估影响。先评估方案的需求，与日本安田女子大学负责人以电话、e-mail 商谈多次，排定行程，反复修改，依其需求来规划方案的活动，执行，最后评估方案是否成功及其影响力。

3.3 研究对象

本研究以 2010 年日本广岛安田女子大学赴台湾台中科技大学“对日华语中心”进行暑期华语研习为例来探讨。研习时间为 8/8 至 8/22，为期 15 日，访谈对象为安田女子大学带队老师、华语课程授课老师、日籍生活辅导老师及生活辅导员。

研习学生全部为女性，包含：日文系 15 人（50%），书道系 11 人（36.6%）、药学系 1 人（3.4%）、现代经济系 1 人（3.4%）、生活设计系 2 人（6.6%）。年级分布为二年级 22 人（73.3%）、一年级 5 人（16.7%）、三年级 3 人（10%）。详细资料如表 2：

表 2　研习学生资料

学生系科别	人数（总共 30 人）	%
书道系	11	36.6%
日文系	15	50.0%
药学系	1	3.4%
现代经济系	1	3.4%
生活设计系	2	6.6%
学生年级		
一年级	5	16.7%
二年级	22	73.3%
三年级	3	10.0%

研究内容分成五大类，包含：日籍带队老师、华语课程授课老师、生活辅导老师、生活辅导员、研习学生心得[①]。简述如下：

类型一（A 类）：安田女子大学带队老师，男性一位，台湾籍，安田女子大学华语授课老师。

类型二（B 类）：华语课程授课老师，女性一位，专长为语言教育，30 年的教学经验，通过日语能力检定三级。

类型三（C 类）：生活辅导老师，日籍老师 1 名，协助文化课程口译、观光旅游行程导览及生活照料。

类型四（D 类）：生活辅导员，台中科技大学应用日语系学生，协助文化课程口译、观光旅游行程导览及研习期间生活照料。

类型五（E 类）：研习学生心得，即安田女子大学学生心得回馈。

①基于尊重受访者的个人隐私，我们无法提供真实姓名，所以用“类型”（A、B、C、D、E 类）来代表。

4. 研究结果

4.1 短期华语研习课程需求

以下随机罗列华语研习课程需求的调查结果：

A 类（带队老师）：

日本人喜欢去日月潭，中部地区的观光导览很适合。语学课程与文化体验的安排搭配很好，但是晚上的自由活动体验，学生都很累，所以一些体力较差的学生就留在饭店休息。

C 类（生活辅导老师）：

上午是语言学习的课，下午安排文化体验，我觉得很好，因为学生集中力无法持续太久。家庭接待我觉得很好，是一个很好的体验，可以体验日常生活，亲身感觉外国文化。

E 类（研习学生心得）：

家庭接待给我最深的印象是，我和他们家人交谈，因为家人不太会日文，我用简单的中文，或是英文，或是画画，或是查字典，是很快乐的交谈。他们带我去很多店，去菜市场，很好玩。各种文化体验很棒，例如布袋戏。我在寄宿家庭时学到最多中文。

4.2 短期华语研习教学策略需求

以下随机罗列短期华语研习教学策略需求的调查结果：

B 类（华语课程授课老师 1）：

（1）主要以交流者的生活需求为出发而编辑自我介绍、用餐、购物、旅游等 6 个主题，每单元以 3～5 个主句型为脉络，进行会话互动的听说练习，再结合研修行程中的参访活动、社会场域进行任务式的专题练习。

（2）结合语文学习策略之评量规划，将预习、复习等学习策略落实于每次课程后的回顾与预告，并结合课前单字、文法小测试与作业即刻回馈，使学生建立清楚的课程结构概念；对于单字与句型等基础知识精熟练习，以便口说与书写时得以应用；最后将种种评量汇整为学生个人学习历程档案（含书面与光盘）。

B 类（华语课程授课老师 2）：

（1）因为日籍学生中文差异很大，所以先用自我介绍来了解他们的中文程度及个性。有的学生很有口语表达勇气，有些书写能力很好。我一开始把目标定得太简单，对于在日本学过、程度很好的学生，就额外用故事书来加强阅读。

（2）每次上课先暖身，先复习前一次的内容，然后就是小考（单字＋小填空），三天后再延伸成写小文章。我觉得这种方式对日本人很适合，因为她们很在意成绩。课余时间生活辅导员会协助她们练习，效果很好。

（3）授课方式采用沉浸式全中文授课，以实际生活情境去组织课程单元，最后作语境练习。我每次授课会把教材和研习行程搭配、结合，将融入的东西在最后发表会发表。一开始节奏慢一点，助教（二名中文系学生）在课程中协助发讲义、改作业，帮助练习，还有说故事。生活辅导员一人协助两个学生，对课程帮助很大，因为学生对老师会有距离感，所以这样日籍学生比较敢发问，课程中也不会太吵。

A类（带队老师）：

授课老师很有经验，班级经营做得很好，也安排了很多活动，例如写信寄回日本、写感谢卡片给接待家庭等，很有互动性。当然文化体验的安排也很好，例如针对书道系学生安排书法绘画体验，收获很多。

C类（生活辅导老师1）：

老师用全中文授课，有两位助教帮忙发讲义，协助课程进行。另外在日籍学习者旁边有日语系的生活辅导员，可以立刻协助学习者。因为生活辅导员的年纪与她们相仿，比较亲切，效果更好。

C类（生活辅导老师2）：

上课很快乐，气氛很好，给予老师的教法很高的评价。老师会准备水果、饮料等给同学亲自体验，这样她们马上就知道什么是莲雾、珍珠奶茶了。

E类（研习学生心得1）：

在日本曾修习过一年的中文课，用简体字，拼音授课，到台湾来需要另外看繁体字；在日本学习只有句型文法及生活日常会话，没有听力练习。

E类（研习学生心得2）：

在台中科技大学学中文后，有很多实际练习的机会，我会用很多中文，例如“一共多少钱？”、“很好喝”、“红茶”、“珍珠奶茶”等。

4.3 短期华语研习教材需求

以下随机罗列短期华语研习教材需求的调查结果：

A类（带队老师）：

因为在日本上课教材是使用简体字及拼音，所以研习营使用简体字及拼音授课。教材很合适。

B类（华语课程授课老师）：

这本教材看得出来是针对日本人士设计的，我觉得很好，但是教授的老师如果对日语文法有一些了解，帮助会更大。教材＋练习册，对应性很好。

C类（生活辅导老师）：

我觉得教材很好，里面有日文的说明，方便学习者做确认。我觉得日籍学习者希望有针对日籍人士设计的教材。里面也有文化的说明，我觉得很好。我建议书籍里的图片编排，如果能够在提到单字时就出现图片，有益于理解单字意思。因为我本身以注音符号学习，所以我喜欢注音符号。安田女子大学的研修团因为时间的关系，只能从里面挑三、四课。

4.4 短期华语研习生活照料需求

以下随机罗列短期华语研习生活照料需求的调查结果：

A类（带队老师）：

台湾学生很热情，整天都陪在日本学生旁边，给日本学生安心的感觉，很感动。

E类（研习学生心得1）：

对于小老师（生活辅导员）的热情及对我们的支持，觉得很棒。让我很喜欢中文，也喜欢台湾。小老师给我的刺激很大，回去日本后要更用功学习中文。

E类（研习学生心得2）：

因为有这些年纪相同的小老师（生活辅导员），才让我们这么喜欢台湾。

4.5 整体评估

以下随机罗列整体评估的调查结果：

B类（华语课程授课老师1）：

我认为小老师帮助很大，情境的运用很成功，儿歌的效益很大（三首儿歌，一二三到台湾等）。研习营学生整体最大进步在：听力能力变好、与人互动的勇气与习惯建立。

B类（华语课程授课老师2）：

中午一起用餐很好，可以观察学生的反应，融入学生。另外，此次有邀请老师和助教们参与欢迎会，我觉得很棒。因为学生会观察老师，知道老师的个性，上课比较有亲切感。送别会时依依不舍，哭成一团。对于活动建议，下次可于课堂抽出时间介绍下午活动的重要单字，把华语课程与文化体验结合。下次也可以准备单字本，让她们随时记录。

C类（生活辅导老师）：

与其说是研习，交流的感觉比较多。研修团员之间有她们的相处问题，我觉得这是一个很好的经验，学生对课程很享受，对书法很有兴趣。但是生活辅导员的日文太好了，相对练习中文的时间就减少了。

E类（研习学生心得1）：

学语言的环境很重要，我在日本学了1年华语，到台湾却连买东西都无法沟通，非常的不安。经过2周学习，我转眼就能对答，不仅语言能力成长不少，还交了很多朋友。台湾人很友善，学校派了年纪相仿的台湾学生当学伴，在“语言交换”的过程中，让我更有自信说中文，也获得很多特别的人生经验。能来到台湾参加CCLP，我觉得很开心。接待家庭都很亲切，愿意倾听我不太好的中文，台湾人很棒。

E类（研习学生心得2）：

没有时间买名产。

E类（研习学生心得3）：

台湾的自然景色很美，食物很好吃，很有人情味，似乎可以接受所有事物，心胸宽广地接待我们。这次留学让我感受到了台湾的魅力，体验了很多文化，结交了很多朋友，对我这个日本人有很大的影响。

总结上述调查结果，2010年台中科技大学“对日华语中心”所举办的暑期华语研习应该有以下四点具体效益：

第一点，提供机会给有兴趣学习华语的日籍学生学习华语，并了解日籍人士学习华语之优缺点，进而研发适合日籍人士学习之华语教学方法。

第二点，推动具台湾文化内涵之华语文教育活动，激发日籍人士学习华语之动机，并学习欣赏台湾文化之美。

第三点，传达台湾多元文化特色，融合使用本地文化，向国外人士宣传台湾文化，积极促进国际文化交流。

第四点，培训本校学生华语文教学技巧，为未来毕业后有兴趣从事对外华语文教学之学生提供实习机会；尤其为有意担任对日华语文教师者，提供其了解工作内容及内涵的机会，让其尽早做好就业准备。

5. 结论与建议

5.1 结论

本研究初步结果有六点：

第一点，华语授课老师以全中文授课，并在学生理解需要时，适度以日文解说，或由生活辅导员以日文从旁协助。这种教学方式帮助短期来台学习者在最短时间达到学习成效，减少学习上的不确定性。

第二点，课程中提供任务导向（task-based）的学习模式，让学生立刻体验台湾饮食（水果、饮料品尝），能帮助学生记忆单字。

第三点，短期游学主要目的在交流，除了华语和文化学习外，更希望与接待大学能有更多交流，更深入理解台湾。

第四点，日籍学习者希望华语教材里有日文的解释说明，以确认自己所理解的是否正确。

第五点，文化活动（布袋戏、京剧、中国结、书画等）有助于文化了解。

第六点，家庭接待提供日籍学习者实际体验台湾家庭生活，对于台湾人民日常生活活动及饮食能深入观察（方丽娜 2009；陈纯音 2011；陈丽宇 2010，2011）。

5.2 建议

华语文已经逐渐成为国际性的强势语言，日本语言及生活习惯与台湾的差异不大，此为在日本发展华语文教学的优势。日本的华语文教学市场需求庞大，值得深入开发。相关单位可将日本的华语文实习，纳入师资培训的重要培训点。台湾应加速培育高质量的对日华语文师资，并以政府的力量，协助民间华语文单位前往海外开设境外华语中心。各大学也可以利用姊妹校的关系，达成“点对点”的交换制度，协助教学。本研究因为样本数还不够多，无法做全盘性的推断，所以目前暂时以研究者亲身经验与教学现象分析为基础，观察短期华语研修团学习者的学习诉求，提出一些参考建议。

参考文献

[1] Dalton, J.H., Elias, M.J., & Wandersman, A. (2001). *Community Psychology: Linking Individuals and Communities*. Stamford, CT: Wadsworth/Thompson Learning.

[2] Glick, D.F. (2004). Program Management. In M. Stanhope, & J.Lancaster. (Eds.) *Community and Public Health Nursing* (pp.490—515). St.Louis:Mosby.

[3] Suarez,T. M. (1994). Needs Assessment. In *the International Encyclopedia of Education* (2nd ed.) 7,4056—4060. Oxford：England：Pergamon.

[4] 方丽娜（2010），《对外华语文化教材的设计与编写研究——全球教育的视角》，《中原华语文学报》，第 6 期，第 101—123 页。

[5] 林振春（1995），《台湾地区成人教育需求内涵之分析》，《社会教育学刊》，第 24 卷，

第 105—122 页。

[6]蔡雅熏、陈鹏妃、赵日彰（2012），《中文全浸式师资专业成长培训模式之建立——以台湾华裔青年短期密集班华语教师》，《中原华语文学报》，第 10 期，第 27—49 页。

[7]蔡雅熏（2009），《华语文教材分级研制原理之建构》，台北：正中书局。

[8]徐昌火（2012），《基于 CEFR 的国别化中文教材编写刍议》，《华语文教学研究》，第 9 卷，第 4 期，第 1—16 页。

[9]彭妮丝（2012），《短期游学华语文课程设计与实施——以沉浸式课程/任务教学设计为基础》，《中原华语文学报》，第 10 期，第 75—99 页。

[10]任利、蔡乔育（2009），《日本大学生参与华语学习动机之探究》，《中原华语文学报》，第 4 期，第 185—201 页。

[11]陈纯音（2011），《第二语言课室研究》，台北：正中书局。

[12]陈丽宇（2010），《任务型旅游华语教材编写设计分析——以台师大应华系学生台北县、市旅游景点教材编写为例》，《中原华语文学报》，第 6 期，第 161—179 页。

[13]陈丽宇（2011），《情境分布对于华语文教材编写的重要性探讨——以 CEFR 之 B1 级商用华语教材为例》，《中原华语文学报》，第 7 期，第 135—159 页。

[14]方丽娜（2009），《华人社会与文化》，台北：正中书局。

[15]何德华（2009），《华语教学研究方法与论文写作》，台北：正中书局。

[16]谢敏华（2010），《これで大丈夫！中国語》，台北：致良出版社。

[17]谢敏华、David Favre（2011），《日英中生活用语字典》，台北：致良出版社。

[18]蔡美智（2010），《华语篇章衔接偏误类型——以日本学习者为例》，《华语文教学研究》，第 7 卷，第 3 期，第 31—53 页。

[19]蔡孟君（2013），《对日华语词汇教学研究——以〈实用视听华语三〉的“中日同形词”为本》，高雄师范大学硕士学位论文。

[20]陈淑玲（2012），《短期华语游学团课程设计与实践成效》，高雄师范大学硕士学位论文。

[21]平野健二（2011），《日籍学习者使用华语电子教科书满意度调查之研究》，高雄师范大学硕士学位论文。

[22]渡边俊彦（2011），《日本大学生书面中介语之分析——以日本汉字的语言迁移为探讨范围》，高雄师范大学硕士学位论文。

[23]徐淑萍（2010），《汉日同素异序词比较》，高雄师范大学硕士学位论文。

[24]陈静雯（2010），《华语日籍学习者异议语策略及语言特征研究》，高雄师范大学硕士学位论文。

[25]林立涓（2007），《日籍学生对中文笑话的辨认与理解》，高雄师范大学硕士学位论文。

[26]邵宝谊（2006），《日籍学习者于阅读中猜词策略使用之研究》，高雄师范大学硕士学位论文。

[27]平野健二（2012），《日籍学习者使用华语电子教科书满意度调查之研究》，高雄师范大学硕士学位论文。

[28]马樱文（2008），《在台日籍学生的语言及文化教育研究——以高雄日本人学校的华

语教育为主》，高雄第一科技大学硕士学位论文。

[29]吴佩华（2009），《“会”的中介语分析——以日籍学习者为例》，台湾师范大学硕士学位论文。

[30]大崎由纪子（2010），《现代汉语拒绝言语行为之中介语分析——以日籍学习者为例》，台湾师范大学硕士学位论文。

[31]范雅婷（2011），《美籍学习者作文偏误的篇章分析与教学应用》，台湾师范大学硕士学位论文。

[32]加纳刚（2009），《日籍学习者学习汉语词汇之难点——中日同形词使用偏误研究》，台湾师范大学硕士学位论文。

[33]陈庆华（2008），《日籍学习者华语发音之偏误分析矫正与教学研究》，台湾师范大学硕士学位论文。

[34]台北市日本工商协会（2012），《台北市日本工商会对台湾政府政策建言》，台北市日本工商协会。

[35]财团法人信息工业策进会（2008），《华语文数字产业推动分项计划：美日韩华语文市场分析报告》，财团法人信息工业策进会。

[36]华视新闻网 2012，http://news.cts.com.tw/cna/life/201207/201207251056056.html。

儿童华语教学之班级经营

——专注力提升活动设计

张忆如 吴贞慧
新竹教育大学附设实验小学 新竹教育大学

摘 要：对外华语教学在世界各地学习者的年龄层皆有向下延伸的趋势。不同于以成人为对象的华语教学，班级经营在儿童华语教学中扮演了极重要的角色，其中又以如何在课堂刚开始的暖身阶段，或是课堂中维持儿童的专注力，为华语教师最常关注的问题及最需要的上课技巧。本研究主要目的在于探究海外华语教师在儿童华语教学中班级经营的问题，并以合乎时代的创新设计为原则，针对学习华语的儿童在外语学习的课室环境中如何强化注意力，设计有效的方法与策略，盼此活动设计与结论能对从事儿童华语教学的教师有所贡献与启发。

关键词：班级经营；儿童华语教学；注意力；暖身活动

1. 前言

自 2003 年底美国大学理事会宣布将中文列入美国大学先修课程（AP Chinese）之一，2006 年正式设立 AP 中文班，更于 2007 年 5 月举办第一次 AP 中文测试，此举不仅为全球华语热推波助澜，更对华语教学的推广影响深远（《侨教双周刊》，2007）。除了美国，澳洲在 2012 年亚洲世纪白皮书（Australia in the Asian Century White Paper）25 项目标中，引起关注的焦点则是学生将有机会学习一门亚洲语言，如中文、印度语、印度尼西亚语和日语，亦明确规定中小学校需设立包含中文在内的亚洲语言。由此可见，对外华语教学在世界各地学习者的年龄层皆有向下延伸的趋势。

不同于以成人为对象的华语教学，班级经营在儿童华语教学中扮演了极重要的角色。心理分析学派 Erikson 在心理社会发展阶段论（psychosocial developmental theory）中提出，5～12 岁的儿童称为学龄期，这时期的发展危机是在学习上的成就，正面性发展是勤奋，但是负面性发展是退化，也就是不愿意接触的抗拒，假设自己完全不在意，公众下纠正效果不但不佳而且会更反抗。再者，学龄前的幼儿、国小阶段的学童，可以集中精神上课的时间本来就较短暂，加上要学习一门在日常生活中缺乏语言环境的外语，其学习动机和兴趣较难维持。

而一堂课中，各种教学活动是否能顺利进行，关键在于教师是否能够掌握学生动态、维持教室内的常规。因此，老师常常需要运用各种技巧或奖赏制度，使学生能不断地保持其专注力。尤其，又以如何在课堂刚开始的暖身阶段，或是课堂中维持儿童的专注力，为最常被关注的问题及最需要的上课技巧。

通过笔者在海外巡回教学以及在台湾华语教学师资培训研习课程中，向海外华语教师收集了儿童华语教学之班级经营具体问题 227 例，其中许多一线教师反应，儿童在学习专注力上不易持久，尤其是第二语或外语的课堂团体学习环境，华语教师必须阶段性地启动课室中的班级经营。笔者以符合时代、创新、解决问题为导向设计课堂初暖身活动及课堂中短时间内提升课室专注力的活动。儿童华语教学的班级经营技巧，除了能有效掌握学童学习效率之外，亦能通过口诀的复诵，进而演练短语。

本文第二章呈现海外华文教师对于班级经营问题的整理结果，并以角色区分，问题来源为教师、学生、家长、校方等；如以经营计划而言，可分为常规管理、师生关系及亲师关系经营等。第三章为班级经营活动设计，包括课前暖身活动及课堂中专注力提升活动。第四章总结本文。

2. 儿童华语教学班级经营问题探讨

2.1 研究方式

本文通过在海外巡回教学以及在台湾华语教学师资培训研习课程中，向海外华语教师收集了儿童华语教学之班级经营具体问题 227 例，将问题分类归纳比，借以了解海外华语教师在班级经营上的问题所在。而后，以解决问题为导向设计，探讨解决海外华语教师的部分问题。

在海外教师资料搜集可依地区分为三个部分：第一，笔者在 2012 年巡回教学美东美南六站：华盛顿特区、新泽西、纽约、亚特兰大、达拉斯、休斯敦中，对参与研习的其中 346 位的研习教师进行班级经营问卷调查，并搜集教师们提出关于班级经营的问题。第二，笔者在 2011 年巡回教学点温哥华及 2012 年巡回教学点多伦多两个加拿大城市中，对参与研习的其中 115 位的研习教师进行课室问题的来源统计以及班级经营的问题搜集。第三，笔者以 2012 年巡回教学中巡回点多米尼加站 18 位研习教师以及 2010 年淡江大学中南美洲海外华语教师回国研习班为研究对象，对参与研习的中南美 7 个国家——哥斯达黎加、巴拿马、厄瓜多、巴西、秘鲁、阿根廷、智利的 82 位研习教师进行课室问题的来源统计以及班级经营的问题搜集。表 1 为资料来源人数及提问数统计。

表 1　本研究资料来源人数统计

地区	美国	加拿大	中南美洲
研习人数	346	145	99
提问数	274	89	94

问卷设计主要包含基本资料（性别、年龄、学历、职业）、相关背景，如从事华语文教学年资、教学上的压力来源、学校本位优势、本校家长背景、开学座谈及期末发表家长参与度等，并以开放式作答调查华语教师进行教学时最感压力的来源以及班级经营问题。问卷因地区会进行些微的调整。

2.2 班级经营问题整理

2.2.1 美国

通过整合美国 6 区 274 个问题，笔者发现海外教师对班级经营的提问分类中，属于学生问题的部分最多，教师问题次之。

表 2　美国 6 区提问分类百分比

美国海外 6 区教师	问题分类百分比（%）			
研习教师 346 份问卷，提出 274 个问题分类。	学校	行政 5	学生	特质 24
		环境 2		偏差 20
	教师	教学 13		其他 3
		班规 8	家长	态度 3
		辅导 4		要求 4
		奖惩 5		介入 2
		其他 3		联系 4

在美国，海外华语教师的背景大多是中文学校家长转任帮忙，尤其大部分教师本身并未修习过教育学程，在课室管理与辅导这一区块，都是采取自身求学经验迁移，而在对象时空不同之下效果不彰，教师教学开始出现焦虑连带影响学生的学习，因此如何在华语教学课堂中营造出愉悦的学习氛围是每一位华语教师教学的首要任务，这些问题中学生因素大约占了一半。再者，对于以英文为母语的学习者而言，华语是不易学习的第二语言，所以教师除了要理解现代活泼好动的学生，使用交互式语言，还要引发学生的内在学习动机，更要经营出适当的教学节奏，能在亲、师、生三环节产生稳定的效果。在学生方面问题，华盛顿华语教师提问：对于总喜欢站起来走动的小朋友，有什么特别方法可让他安静？新泽西华语教师提问对于幼儿的注意力问题，是否有什么方式带动或吸引他们？纽约华语教师提问：对于那一两位不专心的孩子，如何吸引他的注意力？达拉斯华语教师提问：学生表示不愿意参与活动，也没法在课堂安静下来，怎么办？

由提出的问题可以看出，对于儿童学习者的问题都属于学习者无意愿上课或无法专注等问题，因此是否能提升华语学习儿童的专注力，有效解决海外华语教师的班级经营困扰问题，是本文重要的一环。

2.2.2 加拿大

对加拿大 89 个提问，分类出来，属于学生问题的部分最多，教师问题次之。

表 3　加拿大提问分类百分比

加拿大海外教师	问题分类百分比（%）
研习教师 145 份问卷，提出 89 个问题分类	学校 行政 5 环境 1 教师 教学 11 班规 5 辅导 8 奖惩 6 其他 3 学生 特质 22 偏差 22 其他 1 家长 态度 5 要求 3 介入 5 联系 3

加拿大海外教师事后受访，他们觉得现代孩子不好教，今天让学生不高兴，下星期学生可能就不参与课程，而每一所中文学校竞争都相当激烈，因此老师们是战战兢兢。老师们的提问以连续性问题居多，表示问题的产生也牵连出其他问题，例如：温哥华华语教师提问：班上有几位学生喜欢讲话，群聚玩手机，如何处理？以上问题，如何在处理时，又不影响整班教学？现代孩子生活物质好，比手机行头比功能，上课就会聚在一起比较与分享，教师如果无有效的当场处理，学生会觉得老师认同其行为，下次带来的聚集人数就会增多，如果当场处理，又会影响到其他学生学习，造成教师两难。多伦多华语教师提问：如果学生对于学习表现不在意，无法产生互动怎么办？硬要叫学生参与课堂活动又怕耗费许多时间，是否就此放弃？

这样同类的问题，就在于教师班级经营的斡旋功夫，不着痕迹地以其他提升专注力的活动带过是双赢，因此本文在设计班级专注提升策略时，除了能提升一些特殊情况，同时也要兼顾时间的效能不影响华语教学一周一次的短时程问题。

2.2.3 中南美洲

不同国家有不同的教育风格，中南美洲的地形长，大多有着拉丁民族浪漫开放国家的特性，因此和其他国家的问题有着不同的方向。问题多为学生行为方面，如：不专心上课、不写功课、上学迟到、爱聊天、开心上课学过就忘、上课听音乐，上华语课说本国语等。另外，也因国情、文化不同，华语教师对于客观环境、学生学习态度无法适应，如：课堂内自由走动、国外华裔子弟不懂得尊重长辈，喜欢和老师开玩笑等。

表 4　中南美洲提问分类百分比

中南美洲海外教师	问题分类百分比（%）
研习教师 99 位提出的 94 个问题分类	学校 行政 1 环境 4 教师 教学 8 班规 3 辅导 6 奖惩 6 其他 2 学生 特质 26 偏差 20 其他 4 家长 态度 12 要求 3 介入 2 联系 3

对中南美洲 94 个提问，分类出来，一样是属于学生问题的部分最多，教师问题次之。

比较特别的是家长态度比增加到 12%，其中一部分是因为中南美洲贫富差距产生的家长问题，经济条件较差的家庭，家长没参与小孩的学习过程；经济条件较佳的家长，早已在上课前请家教教完课程内容，导致学生上课时对老师的态度不佳，玩计算机、玩手机、不听课，这中间差异性非常大。因此一些多元开放的策略对于如何吸引学生，提升课堂学习相当重要。

2.2.4 华语教师教学压力

本研究第二阶段从前面三个地区（美国、加拿大、中南美洲）提出海外华语教师在目前教学中倍感压力来源的问卷结果。第一类是学校方面，指的是教师们在华语教学中认为最感压力及困难的地方在于学校行政、学校设备、校长、主任、行政要求等，例如选此项的海外华语教师有些认为在华语教学方面倍感压力及困难的是，学校要求学生人数的稳定，要求海外华语教师对招生使力；也有海外华语教师认为，学校靠租借教室进行教学，很难顺畅执行教学活动；还有海外华语教师认为学校将华语教学当安亲班，一班 60 人素质不齐，要求多，无法进行教学等。第二选项是老师及教学，这类选项在过去是海外教师最大压力来源，因为海外华语教师对于教材不适用，感到相当无力，对需要自编教材或自我教学能力的不足感到压力大，很多选择这一选项的海外华语教师还是希望能有增能课程或更适宜的教材，但现今市面上充斥各式各样的教材，选择适当的教材已并非最大压力来源。第三类选项是学生方面问题，也就是海外华语教师在教学中对于学生问题的处理是最大的压力来源，几乎束手无策到无法进行团体教学，甚至对华语教学却步；教师觉得自己的教学经验不足，无法驾驭学生，对于自己、对于学生在课堂中千奇百怪的问题处理感到无能为力。第四类的选项是家长方面，现在是溺爱战争时代，怪兽家长、直升机家长、随身听家长……不只在第一语言教学现场出现，在第二语言学习的重视方面也出现了这类问题，选这项的海外华语教师提到一些来自家长的棘手要求，家长执意要进入教室陪伴孩子上课，家长对于老师教学成效要求高，家长对华语考试分数相当在意等，这一项让海外华语教师感到压力和困难的比例渐增。最后一类的选项是无，也就是华语教师在目前的华语教学中各方面顺畅，无困难。

表 5　华语教师教学倍感压力回收问卷统计（人）

地区	学校方面	老师及教学	学生方面	家长方面	无
加拿大地区					
温哥华	10	23	28	8	7
多伦多	5	15	18	15	8
美国地区					
华盛顿	2	9	15	4	8
新泽西	0	18	16	5	7
纽约	0	10	18	6	10
亚特兰大	3	17	19	4	12
达拉斯	0	22	18	1	9
休斯敦	1	17	19	8	9

续表

地区	学校方面	老师及教学	学生方面	家长方面	无
中南美洲					
多米尼加	0	6	10	0	1
哥斯达黎加	3	6	9	2	1
巴拿马	5	5	12	2	4
厄瓜多	1	4	7	6	0
巴西	0	4	11	1	1
秘鲁	1	2	8	5	1
阿根廷	0	6	10	2	0
智利	1	5	6	1	3
统计（人）	32	169	224	70	81
百分比（%）	5.56	29.34	38.89	12.15	14.06

从上表的统计中可以看出，对于海外华语教师在华语教学上感到困难及压力的面向以学生方面的问题比例最高，将近40%，可见面对学生的问题最多最棘手，再看华语教师教学最感压力来源的统计表，我们可以更确认，过去我们认为华语教师对于教材、教学、教法等问题最担忧的部分，目前已经转为班级经营的面向，而在前面班级经营中学生问题出现最多的是海外华语教师觉得学生无心上课，“学习华语的学童容易呈现三无状态挑战华语教师：无聊、无趣、无味，华语教师对华语教材的困难输出不知所措。”（张忆如，2010）就如同2013年6月的 Technology, Entertainment, Design（TED）演讲者 Rita Pierson 在“教育不只是知识而已”讲题中，提到：“最难缠的学生永远不会消失”。那么，海外华语教师如何面对这不会消失的问题，每位华语教师如何去面对这班级经营学生问题的课题？是否能有一些简易的增强儿童专注力的策略去增加华语教学的吸引力是本篇主要的研究问题。

3. 集中注意力的活动设计

Rita Pierson 提到：“我们不可能喜欢每一个人，但是身为一个教育者，我们有义务要让学习情况变得更好！”（Pierson, 2013）华语教师的使命不只是华语知识的传授而已，如何让学生喜爱学习，不觉得华语学习是疲累无趣的，成了华语教师的新使命。“对不起，班级经营是我一直无法承诺带班级的阻因，为了来上课每天开3小时车程是值得的，让自己有更新的课室管理知识。”从休斯敦这位老师在问卷中的留言知道，班级经营的问题会让华语教师却步于门外，尤其是第二语言的学习，特别是对儿童感到困难的汉语学习，如何让学生能在进入教室时感受到学习开启的愉悦呢？本研究之研究设计着重在华语课堂刚开始的暖身阶段，或课堂中维持儿童的专注力的一些技巧，让老师穿插使用于对第二语言学习的华语教学中。

3.1 暖身活动

在海外，华语文上课时间是相当紧凑的，一周一次，因此海外华语教师在教学时几乎没有多余时间花在教学之外，所以在设计上课前的暖身要考虑三个要点：

（1）时间不能太长，最多 3 分钟。

（2）要能吸引现代儿童，具备儿童次文化的趣味性。

（3）能符合中文教学文化连结且具创新性。

下列表 6 列出笔者设计之课前暖身活动 8 招，其中"Do Re Mi"、"看我七十二变：你好"、"考考你"、"三明治上菜"、"手指变变变"、"顶刮刮"皆是在班级经营的同时，学童可以进行华语短语的口说练习。而"外星人发射"则与华人文化相关，"指令拍拍拍"则是以手部动作抓住学童一上课时的注意力。

表 6　华语教学上课前暖身活动 8 招

招式	活动设计	方式	解决问题
外星人发射	教师用双手做数个定格中国功夫的招式动作，学生接招。	[蛇形刁手] [无影快刀] [锦上添花] [金鸡独立]	手眼和口耳都要专注，协调回应
Do Re Mi	教师以 Do Re Mi 音调呈现和学生用中文问好的方式。学生反应 Mi Re Do 相反对应音调响应。	[早上好] [同学好] [回座位]	对应相反调，趣味增加
看我七十二变：你好	一上课，教师以慢节奏说出世界各国打招呼方式，从中文开始[你好]→[Hello]→[bonjour]→[sawasdee ka]……	[中]→[英]→[法]→[泰]→[西]→[日]→[韩]…….	多元文化的融合
考考你	教师一进教室复习上周学习课程内容，发出"考考你"指令，学生迅速响应："尽管考！"	[我说你做] [我说你接] [我说你指]	复习并暖身接下来的课程
三明治上菜	要求学生上课将课本放置桌上，并且告诉学生今天桌上放的是夹起司（生字卡）巧克力（笔）三明治，学生每次学习必问也会注意学用文具的准备。	[起司三明治] [火腿三明治] [巧克力三明治] [总汇三明治]	学生记得带学习用品、作业、学习单

续表

招式	活动设计	方式	解决问题
指令拍拍拍	上课钟响，学生还在走动，教师以行间巡视方式做指令拍，学生此起彼落以相同指令回拍，等学生就定位，教师站在讲台做指令加料拍，学生以相同指令响应。	[TE.TE.TA] [TA.TE.TE.TA] [TA.TA.TE.TE. TE] [滚轮拍]	手眼和口耳都要专注，协调回应
手指变变变	1.手指指令：教师和学生设定1、2、3默契指令。 2.手指猜猜猜：教师闪示，学童迅速以中文表达数字。	[手指指令] [手指猜猜猜]	专注力以及班级上课规范的提升
顶刮刮	上课钟响，教师口诀拍，学生跟着念拍，默契足后，教师上句，学生下句，边拍边完成口诀念。	[上下左右] [好学生] [坏学生]	一上课专注力，中文口念的流利度

3.2 课中专注活动

在教学中能运用一些技巧提升学生专注力及师生默契，学习效果才能加强。上课中提升专注力的活动设计要点：

（1）能穿插在课堂阶段性评量中提升专注力。

（2）能重复又富变化地成为长效性师生默契原则。

（3）能吸引学生有创意且兼顾个别化的活动。

表7列出专注力提升的8项活动设计，每一项活动皆设计华语短语让老师及学生互相响应对词，借此教师再次集中学童的注意力，将焦点拉回教师本身，同时达到华语口说练习的效果。其中，“爱的馒头”加入华人早餐文化，“兵马俑”加入中华文化的色彩，“ㄟ～～”则呈现华人当下的流行语。

表7　华语教学上课中专注提升8招

招式	活动设计	方式	解决问题
注意	上课中，教师讲述重点时，教师：“注意！”学生回应对词；教师：“大眼睛！”学生回应对词等。	[注意] [大眼睛] [千里眼]	上课中随时呼应老师
爱的馒头	上课中，学生好表现，教师带动全班同学做爱的拍拍，以中式早餐赠送，[馒头]、[油条]、[豆浆]，再加上[你最棒]。	[爱的馒头] [爱的火花] [爱的亲亲]	华人文化的学习应用及专注力
兵马俑	在教学中让学生做词义连结的定格，将木头人活动改成中式“兵马俑”，定格后请学生猜一猜。	[一二三兵马俑]	中华文化的学习应用及专注力

续表

招式	活动设计	方式	解决问题
说话要举手	上课学童说话干扰教师教学，教师设计接句口诀让学生对应，以活动提醒学生的方式。	[点到才开口] [叽里瓜啦我举手]	学童上课不插嘴，专心聆听
口香糖	教师指示学生移位，学生追踪聚集，似口香糖特性，教师问:“口香糖!”学生回应:“黏哪里？”	[秘密基地] [书香区] [度假区]	学生跑位避免呆坐在位子上
有没有问题	教师教学阶段性评量前，以特殊节奏问学生有没有问题，学生会对教师奇妙的创意增加响应兴致，中文的说话教学变化在其中。	[娃娃] [老火车] [大力士] [妈妈]	趣味性的回应增强学习专注力
ㄟ～	时下最流行的挑战质疑声[ㄟ～]，运用在华语教学活动挑战中，尤其是侦错及辨析的挑战，加上全班儿童的[ㄟ～]紧张刺激。	[大家来找碴] [左边右边选哪边] [确定吗]	百万小学堂最夯流行语，趣味增加
三冠王	教师的加分以放射状合作宾果，如果有三位斜联机或直联线或横联线都可是三冠王，三冠王得心愿一个。	[横宾果] [直宾果] [右宾果] [左宾果]	避免固定模式的专注加分，变化多

4. 结论

本文探讨对于近年来华语教学向下延伸而产生的对儿童班级经营的问题，并提出活动设计以解决华语教师的困扰。从部分海外教师实施上述的活动设计，反应专注力活动对师生默契的提升及学习正向吸引呈现双向成长，海外华语教师亦表示，在班级经营的设计，要以儿童其时代的次文化及儿童学习文化为原则加以设计活动，成效较高。笔者盼此活动设计与结论能对从事儿童华语教学的教师有所贡献与启发。

参考文献

[1]《侨教双周刊》，第 546 期，2007 年 10 月 16 日，http://edu.ocac.gov.tw/biweekly/546/p1.htm

[2]Erickson, Erik, et al. 1989. *Vital Involvement in Old Age*. Norton: NY.

[3]Pierson, Rita. 2013.《教育不只是知识而已》, TED Talk.

台湾华语“给”字句式的语法研究：语料库和教材编写的观点

张 群 江郁莹*
台中科技大学 新竹教育大学

摘 要：文献上对“给”字句式（双宾句式）有非常多的讨论，也有不错的成果（Lien 2005；Her 2006；Chen et al. 2006；Lin and Chen 2010），但是同时结合句式（Goldberg 1995）和语料库（Bybee and Hopper 2001）观点，并检视华语教材中“给”字句式的语法介绍的文章却不多见（Lee 2008）。

本文采用句式（构式）和语料库观点，分析台湾华语“给”字句式的相关语法现象（口语语料库中包含“给”字句式的用法），检视台湾对外华语教学上常被使用的教材《新版实用视听华语》中“给”字句式的语法编写情况，最后提出教学建议。

关键词：华语教学；“给”字句式；语料库；教材编写；语体

1. 前言

“给”字式是相当复杂的句式。因此，“给”字句的教学一直是学界相当关心的议题，文献上关于“给”字句式（双宾句式）有相当多元的探讨（Lien 2005；Her 2006；Chen et al. 2006；Lin and Chen 2010），然而同时结合句式（Goldberg 1995; 2006）和语料库（Bybee and Hopper 2001；Hans and Mair 2004）观点，并检视华语教材中“给”字句式的语法介绍的文章却是寥寥无几（Lee 2008）。

为了填补“给”字句式语法在语言分析和教材编辑上的空缺，本文采用句式（构式）和语料库观点，分析台湾华语“给”字句式的相关语法现象（口语和书面语料）。我们搜集到的语料显示“给”字句式主要分成四大类：句式一为双宾句式（“主语+给+间接宾语+直接宾语”），句式二为介词用法（“主语+动词+给+间接宾语+直接宾语”），句式三为使役用法（“主语+给+宾语+动词组”），句式四为语词“把”搭配“给”字句（“主语+把+直接宾语+动词+给+间接宾语”）。

* 张群，台中科技大学应用中文系助理教授兼对日华语中心副执行长（世界华语文教育学会副秘书长）；江郁莹，新竹教育大学中国语文学系华语文教学组硕士班研究生。

借由“给”字句式的类别（口语和书面）频率统计，本文认为：在华语教学课程内容设计中，真实口语的教材编写是相当重要的（陈丽宇 2010，2011）。在教授“给”字句式时，教师应考虑口语和书面语的差异（何淑贞、王锦慧 2009；何淑贞等 2009）。

本文架构涵盖六个部分：摘要、前言、文献回顾、研究方法与语料来源、语料分析与讨论、结论，以下依序论述。

2. 文献回顾：关于“给”字句式的研究

“给”字句式的语法现象相当复杂，常造成外籍生学习上的困难，因此“给”字句的研究一直是学界相当关注的热门议题，如：Her（2006）、Li & Thompson（2008）、陈昌来（2007）[①]、周红（2007）[②]、张莹如（2007）[③]、陈俊光（2007）[④]、胡佳音（2012）[⑤]。其中又以 Her（2006）和 Li & Thompson（2008）的文章，对于“给”字句的句法探究有较详细的分析，并且与本研究较为相关。以下简略整理这两篇文章中的主要看法：

Her（2006）的文章中指出：“给”字句搭配两个宾语，即直接宾语（通常为物品）和间接宾语（通常指目标对象，接受者）。根据 Her（2006）的分析，常用的“给”字句式分成以下五大类（例句 1—5）：

（1）丽丝给了他一封信［Her 2006：1275,（4a）］

“给”字句式的第一个类型为“主语+给+间接宾语+直接宾语”，这是“给”字句式的最基本句式。句式一表示“交付”的意思，直接宾语为第一个接触的物，通常为无生命的物品，间接宾语为第二接触的人，通常为有生命的生物。

（2）丽丝写了一封信给他［Her 2006：1275,（4b）］

句式二的类型为“动词+直接宾语+给+间接宾语”。句式二通常表示“使对方获得某物”的意思。直接宾语（信）为句子的重点，放在前，间接宾语在后。

（3）丽丝写给他一封信［Her 2006：1275,（4c）］

句式三的类型为：“动词+给+间接宾语+直接宾语”。句式三通常表示“使对方获得某物”的意思。直接宾语（信）为句子的重点，放在前，间接宾语在后。

（4）丽丝给他写了一封信［Her 2006：1275,（4d）］

---

①陈昌来（2007）归纳“主要动词+给”的搭配用法中“主要动词”的类别。

②周红（2007）指出“给”字句复杂的原因是：“给”字句的隐喻机制和功能拓展现象。文中依照语意诠释的不同将“给”字句分成五种类型：给予事物、给予行为、有意给予支配义、无意给予支配义、给予变化义。其结论为：“给”的动词属性弱化，并逐渐衍生出新的功能，即标示受影响的受词标记。

③曹逢甫、张莹（2007）从历史语言学的角度提出“给”的语源与发展过程和语言接触有关：蒙语及满语对“给”字句的影响。

④陈俊光(2007)采用问卷方式，从句法、语义、语用三个角度来分析双宾句式。作者的结论为：“有定—无定”的原则并不能成立，须同时配合语义和语用层面的考虑才可以做出比较适当的解释，如：“老李给我送了一本书”，乍看下似乎是病句，但若解释为“送货”的语义则理解上没问题。

⑤胡佳音（2012）采用对比分析的方式，分析英文版的红楼梦及中文版的红楼梦“给”字句的语料，指出在“给”字句和 *give* 句式的用法上，汉语表现分析性语言（analytic languages）的特色，英语则表现综合性语言（synthetic languages）的特色。

句式四的类型为："给+间接宾语+动词+直接宾语"。句式表示的意思为"帮忙、帮助"，此处的语词"给"可以用语词"帮"代替。

（5）丽丝拿去了一封信给他［Her 2006：1276,（4e）］

句式五的类型为[①]："动词+去+时貌+直接宾语+给+间接宾语"。这里的"给"表示"交付、交代"，可用语词"让"来代替语词"给"。

Li & Thompson（2008）的专书《Mandarin Chinese: A Functional Reference Grammar》对"给"字句式（即双宾句式）提出了许多细致的观点[②]：

作者定义双宾句式的特点为：在汉语语法中，一个动词通常是搭配一个宾语后成立一个完整的动宾句式，但有些动词（"双宾动词"）较为特别，可以接两个宾语，即直接宾语（direct object）（NP1）和间接宾语（NP2）（indirect object）。

在动词与双宾语之间的关系上："直接宾语"与动词的关系又比"间接宾语"来得密切，"直接宾语"代表动作所传递的物品（通常是无生命体），"间接宾语"代表动作的受惠者（有生命体）。

双宾句式主要有两种语序。第一类为直接宾语（"那块肉"）出现在间接宾语（"他"）之前，间接宾语前搭配动介词"给"（co-verb），如例句（6）：

（6）我扔了那块肉给他［Li & Thompson 2008：263,（1）］

第一类句式可以改为句式二，即间接宾语（"他"）出现在直接宾语（"那块肉"）之前，如例句（7）：

（7）我扔给他那块肉［Li & Thompson 2008：263,（2）］

这两种语序取决于语境的不同。假若谈话时，直接宾语已经提过则可用第一类句式。若是新讯息，则用句式二。

此外，双宾动词和"给"的搭配可以分成三种类型。

第一类型动词：必须加"给"。动词如输、递、分、拿/带、寄、叫、卖、丢/扔、写、租、留、打（电话）、踢、搬、推。（8c）的错误是因为没有使用动介词"给"：

（8）a.我输了一块钱给他

b.我输给了他一块钱

c.*我输了他一块钱

［Li & Thompson 2008：265,（10）］

第二类型动词：可以自由加"给"。动词如送/赠、教、赏/赐、加、转、还、陪、附、许、借：

（9）a.我送了一瓶酒给他

b.我送给他一瓶酒

c.我送了他一瓶酒

［Li & Thompson 2008：265,（13）］

第三类型动词：不可以加"给"。动词如给、告诉、答应、回答、问、偷、请教、赢、

---

①虽然作者以"自省法"方式造出句式五的用法，但是在经过我们调查有关"给"字句的口语和书面语料，跟华语母语者确认这个句式用法的接受度之后，我们发现这个句式并不常见。所以本文讨论的"给"字句主要是集中在口语和书面语料中常见的用法。

②本文引用 Li & Thompson（2008）专书 *Mandarin Chinese: A Functional Reference Grammar* 的数据是参考黄宣范（2010）所翻译的《汉语语法》版本。

抢、夺：

（10）a.*我问了一个问题给他

b.*我问给他一个问题

c.我问他一个问题

［Li & Thompson 2008：266,（18）］

“给”的语义在双宾句式中扮演重要的角色，“给”字当动词时，意义等于“给予”，而以上所提到的动介词“给”必须和语义涉及交易的动词连用，作用是标记此交易的终点。

第一类型动词及第二类型动词都牵涉到交易的成分，至于第二类型动词之前“给”为什么可加可不加，则尚无确切答案。第三类型动词不可以加“给”，其原因可再细分三小点来说明：

第一点：“给”为单纯动词，动介词“给”本来就是从动词“给”演变而来，因此两者一向不同时间出现。

第二点：第三类型动词，如“偷、请教、赢、抢、夺”等，牵涉的意义是“从”间接宾语处取得某物，而非“传送”到间接宾语手中，既然没有东西要“传送”给间接宾语则自然无需用“给”了。

第三点：第三类型动词，如“告诉、答应、回答、问”等，不接动介词“给”的原因是因为未涉及交易的意义。

另外，有一类“给”字用法也常被华语母语者使用：受惠名词（你、李四）与动词前常搭配“给”，受惠名词中动词的动作间接影响所及的名词（你、李四），如例句（11）。然而，这样的用法只限于少数动词，如：写、买、留、打（电话）、送、加。这些动词大都属于第一或第二类动词。

（11）a.我给你道歉

b.他给李四贺喜

［Li & Thompson 2008：270,（43）,（45）］

“给”字句式还有两类特殊用法。

第一类型表示“让”的语意，“给”字所引介的不是间接宾语或受惠名词，如例句（12）和（13）中的意思等于“让我”为你做某件事情：

（12）请你给我看那本书［Li & Thompson 2008：271,（49）］

（13）我唱歌给你听［Li & Thompson 2008：271,（50）］

第二类型表示“被”的语意，作为被动标记，用法像“被”字句，如例句（14）：

（14）我给他骗了［Li & Thompson 2008：271,（51）］

虽然，前人已经有不错的分析，但较着墨于句式分析归纳或双宾扩展式的中英对比分析，并且着重于自省式的书面语研究，对于口语语料和教材书面语料中关于“给”字句式的比较分析，却很少被深入讨论。本文尝试利用真实口语语料分析华语“给”字句的相关用法，并比较教材书面语料和口语语料的用法差异，最后，提出华语教学或学习上的建议。

3. 研究方法与语料来源

本文分析的语料包含口语语料和书面语料。口语语料来自台湾清华大学的口语语料库中包含“给”字句式的语料（总共 156 笔），约 60 小时的访谈和广播内容[①]。口语语料在四个句式出现的比例，由多至少的排列，依序为：句式二（56 笔，36%）、句式一（51 笔，33%）、句式三（43 笔，28%）和句式四（6 笔，4%）。

关于对话中的符号标记呈现，请参考表 1，讯息罗列如下：

表 1　“汉语数据库”口语语料标记说明表

类型一：语句间的持续状态	
[]：说话者间重叠的语句	,：持续
.：结束	？：恳求
类型二：语句结束时的语调	
\：下降	_：持平
/：上升	
类型三：重音和延长语音	
^：主重音	=：延长语音
类型四：停顿	
...（N）：long（0.7 秒以上）	..：short（0.3 秒以内）
...：medium（0.4～0.6 秒）	（0）：latching（马上接话）
类型五：口语杂音和笑声	
（H）：吸入	%：声门闭锁音
（Hx）：呼出	@：笑声
类型六：口语特性	
@：带笑声的话语	G：逐渐大声
F：快速	W：逐渐小声
S：慢速语句、字	X：代表不确定或不清楚的字词
A：逐渐加快	TSM：语码转换从国语转成闽南语
D：逐渐减慢	HK：语码转换从国语转成客家话
H：音调提高	E：语码转换从国语转成英语
L：音调较低	L2：语码转换从国语转成其他语言
MRC：语句中每字都特别强调而说得清楚明了	：

①本文分析的华语口语语料取自于台湾清华大学语言所曹逢甫教授所建构的“汉语数据库”（http://140.114.116.3）。这个口语语料库目前总共有 6475 句对话内容，包含三个不同类型的语料：电视节目（访谈）、广播节目（访谈）和自然语料。研究者在使用这个“汉语数据库”时，必须先使用密码登录后才可以进行语料搜寻。

书面语料的部分则取自于台湾对外华语教学上经常使用的教材《新版实用视听华语》(第一到第五册)(台湾师范大学 2008；2011)，包含“给”字句式的语料（总共 278 笔）。相较之下，书面语料的排序和口语语料的略有不同。书面语料在四个句式出现的比例，由多至少的排列，依序为：句式一（97 笔，35%）、句式二（92 笔，33%）、句式三（72 笔，26%）和句式四（17 笔，6%）。书面语料的排序和文献上的看法比较相同。

本文研究方法是采用构式语法理论观点（Goldberg 1995；2006）①，讨论“给”字句式在实际对话中的使用和书面教材中所呈现的例句。以下依序讨论“给”字句式在书面语料和口语语料的相同和相异点。

4. 语料分析与讨论

4.1 华语“给”字句式在口语语料中的用法

“给”字句式在口语语料中的用法，根据本文利用语料库的数据归纳分析后，发现大致上可以分为四种句式：

句式一为双宾句式（“主语+给+间接宾语+直接宾”）、句式二为介词用法（“主语+动词+给+间接宾语+直接宾语”）、句式三为使役用法（“主语+给+宾语+动词组”）、句式四是“把”字句搭配“给”（“主语+把+直接宾语+动词+给+间接宾语”）。

4.1.1 句式一：“主语+给+间接宾语（代名词）+直接宾语”

句式一（51 笔，33%）的语意表示主事者（主语）(Agent) 传递某物（通常是无生命体）给受事者（宾语）(Patient)。通常受事者为“受惠者”(Benefactive)。句式一中的“给”字为双宾动词（带有两个论元，即主语和宾语)，表示的意思为“交付、给予”，相当于英文动词 give 的语意。主语通常为人，而宾语则大多为具体事物，如（15)，但是有时候也可以是抽象事物，如（16)，代表例句如下：

（15）因为..因为..我们..条件不是很^好^，本身条件不是很好，然后..你要考虑说，老板给你的薪水之^外^，她是不是还有给你什么…优惠的=[东西]，[他给你什么优惠？]

（ky_rd_20100613, seq518-519）

（16）双方这个..巴勒斯坦非常的愤^怒^喔，然后 uh=冲突啊，那么=以色列的总理尼坦

---

①构式语法（Construction Grammar）(Goldberg 1995，2006；吴海波 2007；黄惠玲 2012）的观点认为：在诠释构式或句子时，构式或句子的整体意义会大于部分总和的现象。构式或句子的整体意义不能只靠词汇意义来判断，因为构式或句子本身也有其意义。构式句法与其他句式的差异点在于不是用某个视角就将语义成分对应到语法中。构式句式的组成里头会直接包含书写者的文化知识、生活经验、情境和事件等，所以构式本身带有自己的意义。例如在理解动词 *sneeze* 在句子 *He sneezed the napkin off the table*（“他打喷嚏时把纸巾喷到桌下”）的用法时［黄惠玲 2012：46,（95）］，必须透过构式本身具有的格式意义“某人致使某物移动”来诠释。*sneeze* 是不及物动词，然而在进入致使位移构式以后，原来的 *sneezer* 参与者角色与施事者论元融合，并且体现为句子的主语，于是致使位移构式提供了动词 *sneeze* 一个宾语论元（纸巾）和一个介词（off）所引导的斜格宾语。

雅胡也不给美国副总统<E Biden E>面子喔，..还是在<E Biden E>…拜访的时刻呢宣布了新的一波屯垦计划

（ky_rd_20100318, seq432）

这里的“给”皆为典型的双宾句式用法，直接宾语分别为“优惠”和“面子”，间接宾语为“你”和“美国副总统”。

4.1.2 句式二：“主语+动词+给+间接宾语+直接宾语”

句式二（56 笔，36%）的比例最高，是四类句式中最普遍的句型。句式二中的主要动词隐含“传递性”的概念。“给”在句式二中的语法功能为动介词（co-verb）。

主语通常为人，间接宾语也为人，直接宾语则为具体事物或事件。在句式二的使用上，假若主要动词的词汇属性含有明显的“传递性”概念，则可以不需要伴随“给”字的使用，如例句（17）中的“送”和（18）中的“交”。但是，若是主要动词的词汇属性没有明显的“传递性”概念，则一定要搭配“给”字的使用，如例句（19）中的“写”和（20）中的“念”：

（17）（0）hm...那首歌算是我录音期最后一首录的歌，_
..然后老师..就是方伟良老师，_..他跟我说..那是他，_
..就是磨了很久..词曲都是他自己写的.
..他想要送给我一个礼物，_..因为他觉得我..<D 就是有长大 D>，_
..可以..现在可以唱这样子的歌..hm.

（kc_rd_1109, seq 179）

（18）（0）以前还没有这个观念，我算是第一个这样子，去企业里要钱的这样. 你知道吗？他们反正也要缴税，缴给政府，他交给政府一千万，..那他挪一百万给我，他一方面又得到个美名，帮助大学生建立关系，他不用这个钱..可以不用缴给政府，是可以节税的，给大家一个这个讯息./

（ky_tp_20100325, seq 16）

（19）结果呢我讲了很多，..她不懂，..写个歌词给你应该看得懂我的意思了吧，她就是enn...她就叫我唱歌啦，她没有想到我是写给她，她知道另一个意思，他觉得你大概是要找我唱歌吧，..就诸如此类的事情.

（ky_rd_20100318, seq294）

（20）你那个<E /j/ E>的时候那就是<E Y E>子音的音，..所以年怎么念呢？先念 Ye 再加上<E Ear E>，..我先念给你听了 ho，..耳朵是吉祥如意的意^，然后舌头再卷起来叫作<E E-a-r E>，年是什么呢？

（ky_tp_20100325, seq 40）

在句式二中，间接宾语为人，直接宾语则为具体事物，如“礼物、一千万、歌词、子音的音”或事件，如“听子音的音”。句式二的直接宾语往往会提前，如例句（19）中的“歌词”和（20）中的“子音的音”。

4.1.3 句式三：“主语+给+宾语（代名词）+动词组”

句式三（43 笔，28%）的用法比较特殊：句式三的事件（动词组）为宾语可以掌控的行为。句式三大致上有三点特性，以下依序讨论：

（i）第一点，句式三中主语通常会呈现出来，但有时则会省略。省略主语的情况通常主语为第二人称（你或你们），并且语意通常为表示命令的使役句。

（ii）第二点，句式三中的宾语通常是代名词（你/我/他），但也有少数其他的代名词。

（iii）第三点，句式三中的动词组通常是听话者（代名词）可以自主的动作，但是有少数不可以自主的例子。

在三种代名词用法的使用上，可以分成三大类。以下依序说明。

第一类：代名词为“我”，通常有“为我”、“替我”、“帮我”的语意，如例句（21）和（22），或“命令他人”的语意，如例句（23）：

（21）[我相信她是一个很能干]的职员 ho，好，谢谢你张小姐，…现在有这么大的自信来跟老板说，你给我加^薪^百分之二十 ho
（ky_rd_20100613, seq429）。

（22）我说：eh，陈老板，我跟你讲，我喔，..甚么都能做，我很...我这个吃苦耐劳，然后我可以..不限时数，你不用加薪..给我，我可以加班这样，.. 老板就说：<TSM 啊...好啦，啊你不要给我出槌喔TSM>
（ky_tp_20100325, seq16）。

（23）..对./<H 有勇气 H>..老娘...不对<F 你跟我说不要.. 不回头.. 你就不要给我再回头 F>..对不对./..就是不要就不要...这样.
（kc_rd_1109, seq396）。

例句（21）“给我加^薪^百分之二十”的意思是“替我”加薪。例句（22）中其实可以不用使用“给我”两字，但是加上“给我”则更强调了“不要出槌”这件事情的必要性。例句（23）为“命令”听话者（“你”）不可以做某件事情，如“给我再回头”。

第二类：代名词为“你”，通常有“帮你”、“让你”、“被你”的含义。宾语（代名词）大多为受益角色，如例句（24）：

（24）._..那么另^外一点..就是说，_..当..连..<MRC自己要发动声援的团体MRC>的声音都莫衷一是的时候，_..那^么^<A你要求其他国家主动给你伸出援手A>，_（0）的<MRC难度MRC>喔..会加高._
（kc_rd_20081021k, seq346）。

例句（24）的“给你”伸出援手，引进动作者受益，产生得到帮助的效果。

第三类：代名词为“他、人家”，表示被动的状态，可替换成“让”或“被”，如下例句：

（25）..下半场<F 摇滚乐团出来的时候 F>，_..他们就开始<D 抗议啊 D>./..下去啊./..嘘./..wu./..这样./..所以...然后就给他嘘半天，_..<D 就集体离场 D>.
（kc_rd_1129, seq248&250）。

（26）（0）<A或者是说就是A>变成几个<D所谓古迹D>给人家凭^吊^.
（kc_rd_20081021k, seq118）。

例句（25）中的“然后就给他嘘半天”假若换成“然后就嘘他半天”，同样能表达完整的语意，但是就失去了“被动”的意思。“给他”的用法可能是受到台湾闽南语的影响，此一用法可能来自于闽南语“予（伊）”的用法（Lien 2005）。

句式三中的动词组通常是听话者（代名词）可以自主的动作，如例句（27），但是有少数不可以自主的例子，如例句（28）：

（27）去，..你得过来重录，三点多钟我都睡了，于是尤雅就告诉他说我明天一大早过来，他说你现在就过来，..她说我十一点才睡，他说你十一点睡到现在你够了，

你现在就给我过来，<D她说这个老头既固执又很疯狂
（ky_tp_20100325, seq53）。

（28）（0）^喔..我们那种听一千万个理由，_..一个人孤独地..坐在那个飞狗巴士上，_..眼泪就给他掉了下来._
（kc_rd_1101, seq22）。

例句（27）中的行为“给我过来”是可以自主的动作。虽然说话者命令听话者做某件事情“给我过来”，但听话者（我）有自我意识，可以选择去或不去。相较之下，例句（28）中的行为“眼泪掉下来”则是无法自主的动作：眼泪受心理感受影响，就算生理想自主停止，也无法停止。

4.1.4 句式四：“主语+把+直接宾语+动词+给+间接宾语”

句式四是四类句型中比例最少的（6 笔，4%）。句式四的特色是：“把”字句和“给”字句的搭配，用来加强直接宾语的处置效果，如例句（29）的“歌曲”和（30）的“门票”：

（29）..啊另外一首歌呢...<MRC 更有意义 MRC>，_
..我们期待今天就<D 把这首歌送给这个=啊=我们的胡市长夫人 D>._
（kc_rd_1206_01, 72）

（30）然后=她就<D 把她抽中的门票送给我 D>.
（kc_rd_1206_03, 317）

4.1.5 口语语料四类“给”字句式的综合分析

综合以上的分析，“给”字句式用法可以整理如表 2：

表 2　口语语料四类“给”字句式的使用比例

句式数量	句式一	句式二	句式三	句式四	总笔数
数量	51	56	43	6	156
百分比	33%	36%	28%	4%	100%

表 2 显示：在台湾口语的“给”字句中，句式一与句式二的比例相当接近，而句式三也有 28%的比例。“给”字的用法在语言的变化下，其语意已经更加多元化。

4.2 华语“给”字句式在书面语料中的用法

“给”字句式在书面语料的语法特色凸显上（《新版实用视听华语》书面语的表现）和口语中的“给”字句有些许不同：即句式使用比例的频率上有所不同。书面语也呈现四类“给”字句式（总共 278 笔），分别是：句式一（97 笔，35%）、句式二（92 笔，33%）、句式三（72 笔，26%）和句式四（17 笔，6%）。书面语料显示：句式一是最典型的用法，与文献上普遍的看法相同。“给”字句式在书面语料中的用法，也可以分为四种句式（与口语中的“给”字句的句型相同）：

句式一为双宾句式（“主语+给+间接宾语+直接宾语”）、句式二为介词用法（“主语+动词+给+间接宾语+直接宾语”）、句式三为使役用法（“主语+给+宾语+动词组”）、句式四是“把”字句搭配“给”（“主语+把+直接宾语+动词+给+间接宾语”）。以下依序讨论。

4.2.1 句式一："主语+给+间接宾语（代名词）+直接宾语"

句式一（97 笔，35%）中的"给"字为双宾动词（带有两个论元，即主语和宾语），表示的意思为"交付、给予"，相当于英文动词 give。书面语料显示句式一是最典型的用法，与文献上的看法相同，如例句：

（31）我没有零钱，我给你两块钱，请你找钱，好吗？
（第一册第四课：53页——Dialogue1）

（32）他给了你多少钱？
没给多少。
（第二册第一课：16页——Question Words as Indefinites）

例句（31）和（32）中的"钱"为直接宾语，"你"则为间接宾语。整个句式形成给予的语意。

4.2.2 句式二："主语+动词+给+间接宾语+直接宾语"

句式二（92 笔，33%）是四类句式中第二多的句型。句式二中的主要动词隐含"传递性"的概念。"给"在句式二中的语法功能为动介词（co-verb），如下例句：

（33）这些青菜是那个农人刚刚送给我，好新鲜哪！
（第二册第七课：184页——单字）

（34）你弟弟已经赌输了几十万了。你不能心软，不管他说什么，你都不能答应借钱给他。
（第四册第七课：172页——单字）

假若主要动词的词汇属性含有明显的"传递性"概念，则可以不需要伴随"给"字的使用，如例句（33）中的"送"。但是，若是主要动词的词汇属性没有明显的"传递性"概念，则一定要搭配"给"字的使用，如例句（34）中的"借"。

4.2.3 句式三："主语+给+宾语（代名词）+动词组"

句式三（72 笔，26%）的用法较特殊：句式三的事件（动词组）为宾语可以掌控的行为。句式三有三点特性，同口语语料的用法。以下提供相关语料来佐证。

在代名词的使用上，它可以分成三大类。

第一类：代名词为"我"，通常有"为我"、"替我"、"帮我"的语意，如例句（35）和（36），或"命令他人"语意，如例句（23）：

（35）老板说，只要我好好儿地干，三个月以后就给我加薪。
（第四册第八课：206页——单字）

（36）那家饭馆你去过，有什么可__________，给我介绍一下。
（第三册第十四课：392页——文法练习）

例句（35）和（36）的"给我加薪"及"给我介绍一下"，其实意思是"替我"或"帮我"的意思，并没有表示特别的情绪，只是说话者单纯地请听话者帮忙的语气。虽然，口语用法上有时会有命令的语气，但在书面语教材上只有"替我"或"帮我"等类型的意思，并没有命令的语气。

第二类：代名词为"你"，通常有"帮你"的含义。宾语（代名词）大多为受益角色，如下例句：

（37）虽然我是你妹妹，可是我没有义务给你介绍女朋友吧？！
（第三册第七课：185页——单字）

例句（37）的“给你”介绍女朋友，引进动作者受益（哥哥），产生得到帮助的效果。

第三类：代名词为“他”，表示被动的状态，可替换成“让”或“被”。有时候，代名词为“他”，可以省略，如下例句：

（38）我母亲几次邀了本家长辈来，给他订下每月用费的总目。

（第五册第八课：113页——佳文）

（39）才搬来那天啊，我兴冲冲地跑到河边去散步，给吓得以后都不敢再去了。

（第五册第十课：147页——阅读）

4.2.4 句式四：“主语+把+直接宾语+动词+给+间接宾语”

句式四是四类句型中比例最少的（17 笔，6%）。句式四的特色是“把”字句和“给”字句的搭配，用来加强直接宾语的处置效果，如例句（40）的“生气的脸”和（41）的“名单”：

（40）世间最下流的事，莫如把生气的脸摆给旁人看。

（第五册第八课：114页——佳文）

（41）请你替我把这张名单交给谢老师。

（第三册第三课：68页——单字）

4.2.5 书面语料四类“给”字句式的综合分析

综合以上的分析，“给”字句式用法可以整理如表 3：

表 3　书面语料四类“给”字句式的使用比例

句式数量	句式一	句式二	句式三	句式四	总笔数
数量	97	92	72	17	278
百分比	35%	33%	26%	6%	100%

表 3 说明：在书面教材的编写上，还是以典型的句式一比例较重，句式二次多，句式三在比例上较少，句式四则最少。

5. 结论

本文采用句式（构式）和语料库观点，分析台湾华语“给”字句式的相关语法现象。我们分析台湾清华大学口语语料库中包含“给”字句式的语料（共 156 笔），约 60 小时的访谈和广播内容，然后将研究成果用于检视台湾对外华语教学上经常使用的教材《新版实用视听华语》（第一册到第五册）（“国立”台湾师范大学 2008；2011）中“给”字句式的语法编写情况（共 278 笔）。

借由分析“给”字句式在口语和书面语料的语法，及整理句式类别频率，本文有以下几点重要发现：

第一点，文献上（Her 2006；陈昌来 2007；Lee 2008）普遍认为句式一是最典型用法的论点似乎有待商榷。因为，通过实际口语语料的分析（总共 156 笔），我们发现：句式二（56 笔，36%）的比例最高，句式一（51 笔，33%）和句式三（43 笔，28%）的比例差不多，句式四的比例最少（6 笔，4%）。“给”字句式的核心语义表示“主事者（主语）传递某物（通常是无生命体）给受事者（宾语）。句式二和句式四中的动词隐含“传递性”的概念。句式三的事件（动词组）为宾语可以掌控的行为。句式二的直接宾语往往会提前。

第二点，“给”字句式在口语的语法表现不同于《新版实用视听华语》书面语的表现。书面语都有呈现四类“给”字句式（总共278笔），分别是：句式一（97笔，35%）、句式二（92笔，33%）、句式三（72笔，26%）和句式四（17笔，6%）。书面语料显示：句式一是最典型的用法，与文献上的看法相同。对于句式一、句式二和句式四虽然都有语法概念的介绍，但是句式三只出现在对话及文章中，没有提供语法说明。

本文的结论和教学建议是：在以任务为导向的课程内容设计中，真实口语的教材编写是相当重要的（陈丽宇2010，2011）。所以，在教授“给”字句式和编写教材时，教师应该考虑口语和书面语的差异、说明“给”字句式的语法特点，并提醒学习者两种语体（genre）使用上的不同（何淑贞、王锦慧2009；何淑贞等2009）。

参考文献

［1］Bybee, Joan, and Paul Hopper. (2001). Frequency and the Emergency of Linguistic Structure. Amsterdam: John Benjamins.

［2］Charles N.Li &Sandra A. Thompson. (2008). Mandarin Chinese：A Functional Reference Grammar. Chicago：University of Chicago Press.

［3］Chen, C.-Y. Doris, Janet C.-H. Wu, and Sonya S.L. Shiu. (2006). Is There L1 Influence?—Evidence from L2 Acquisition of Ba and Bei Constructions. Chinese Teaching and Learning 3 (2): 117—147.

［4］Hans Lindquist and Christian Mair. (2004). Corpus Approaches to Grammaticalization in English. Amsterdam: John Benjamins.

［5］Her, One-Soon. (2006). Justifying Part-of-speech Assignments for Mandarin Gei: Lingua 116:1274—1302.

［6］Lien, Chinfa. (2005). Families of Ditransitive Constructions in Li Jing Ji: Language and Linguistics 6 (4): 707—737.

［7］Lee, Chia-Chun. (2008). Contact-Induced Grammatical Change: The Case of Gei 3 in Taiwanese Mandarin. National Tsing Hua University. Ph.D. Dissertation.

［8］Lin, Angela F.-P. and C.-Y. Doris Chen. (2010). Acquiring Double Object Verbs in Mandarin Chinese. Chinese Teaching and Learning 7 (3): 99—135.

［9］Goldberg, Adele E. (1995). Constructions: A Construction Grammar Approach to Argument Structure. Chicago: University of Chicago Press.

［10］Goldberg, Adele E. (2006). Constructions at Work: The Nature of Generalization in Language. Oxford: Oxford University Press.

［11］何淑贞、王锦慧（2009），《华语教学语法》，台北：文鹤出版社。

［12］何淑贞等（2009），《华语文教学导论》，台北：三民书局。

［13］陈丽宇（2010），《任务型旅游华语教材编写设计分析——以台师大应华系学生台北

县、市旅游景点教材编写为例》,《中原华语文学报》, 第 6 期, 第 161—179 页。

[14]陈丽宇（2011）,《情境分布对于华语文教材编写的重要性探讨——以 CEFR 之 B1 级商用华语教材为例》,《中原华语文学报》, 第 7 期, 第 135—159 页。

[15]台湾师范大学（2011）,《新版实用视听华语第 1 册》, 台北：正中书局。

[16]台湾师范大学（2008）,《新版实用视听华语第 2 册》, 台北：正中书局。

[17]台湾师范大学（2008）,《新版实用视听华语第 3 册》, 台北：正中书局。

[18]台湾师范大学（2008）,《新版实用视听华语第 4 册》, 台北：正中书局。

[19]台湾师范大学（2008）,《新版实用视听华语第 5 册》, 台北：正中书局。

[20]陈昌来（2007）,《“给予”类三个动词构成的句式及其论圆缺省的认知解释》,《汉语学报》, 第 3 期, 第 3—12 页。

[21]曹逢甫、张莹如（2007）,《试论语言演进的过程与机制：以把字句为例》,《华语文教学研究》, 第 4 期, 第 71—101 页。

[22]周红（2007）,《现代汉语“给”字句的语义类型语语义特征》,《宁夏大学学报》, 第 2 期, 第 8—14 页。

[23]陈俊光（2007）,《对比分析语教学应用》, 台北：文鹤书局。

[24]胡佳音（2012）,《论汉语双宾扩展式：汉英对比与语言类型学研究》,《第一届文化语言教学学术研讨会》, 台中科技大学。

[25]黄宣范（2008）,《汉语语法》, 台北：文鹤出版社。

[26]吴海波（2007）,《构式：论元结构的构式语法研究》, 北京：北京大学出版社。

[27]黄惠玲（2012）,《汉语“v 得/不住”格式：动力驱动学与构式语法的观点》, 新竹教育大学硕士学位论文。

动词重叠式的语义及功能研究

庄适瑜
文化大学

摘　要： 动词重叠式是汉语的构词方式之一，通过既有动词的重复造成其语义和句法功能的改变，形成新的词汇。关于动词重叠的研究其实很多，目前主要的研究方式是通过对动词重叠式使用情况的描述与归类，去推测其语法意义，然而在操作上容易发生将重叠式语法意义的外延（denotation）和内涵（connotation）混为一谈，以及无法分辨动词重叠式自身的语法意义和其例句语境的情况。根据现有的研究，综合各家说法，动词重叠式的"语法功能"主要包含了"时量短"、"动量小"、"尝试"、"缓和语气"、"减弱动作目的性和明确性"五种，然而其中究竟哪些是属于动词重叠式的基本语义，能够在所有的使用情况中维持不变，目前学界仍无共识。此外，动词重叠式的使用虽然常见，但并非所有的动词都能重叠，现有的相关研究主要着重在"能重叠动词"和"不能重叠动词"的分类，并讨论各个组群中动词的语义特征，但动词能否重叠的关键因素究竟是什么，至今仍无系统性的解答。本论文的主要目的在通过不同的研究方式，将语义和句法及语用等其他层面切开来，去界定动词重叠式的基本语义、探讨其他附加的语义色彩产生的原因，并从语义的角度说明动词重叠式使用限制产生的关键。此研究成果预计能够提供华语教师教学时必要的语言知识背景，协助研拟适当的教学语法，并作为教材编写时的理论依据。

关键词： 动词重叠；语义；内涵；外延

1. 导论

重叠（reduplication）是中文构词方式的一种（竺家宁，2009），通过既有词汇的重复来改变其语义及句法功能，形成新的词汇，如"吃吃饭"、"开开心心"和"摇摇晃晃"等。其中动词重叠式一直是语法研究的热门题目，而不断被讨论的原因有很大一部分是因为到目前为止学界对其语义范围并没有明确的共识，而对其使用限制亦尚未厘清其关键。本文的主要目的即在通过语义的分析试图找出上述问题的答案，而在方法上和其他的语义分析最大的不同，在于本文并非对动词作单纯直觉式的语义描述，而是参照 Klein（1994; 2009; 2010）对动词语义的解读，使用固定的语义判断标准来检视所有动词。这个判断准则一方面必须涵盖所有动词的语义，另一方面又要能够区别所有动词在语义上的不同，其建立的原则主要为以下两个（Klein, 1994:75-76）：

最小准则：词汇的内容越少越好。

对比准则：只有在某词汇内容无法和其他词汇内容做出区别时，才加入新的语义特征。

2. 动词重叠式的界定

在对动词重叠式进行分析前，首先要说明，本文所讨论的动词重叠式（例如走走）的重叠次数固定，即将原有动词重复一次，这和一般口语中将动词做次数随意的重复（例如走走走走）来表示动作或情况持续的使用方式，并不相同。我们先看看以下的例句：

例句 1 动词重叠式与动词重复

1a.他出去走走，马上就回来。

1b.他从大门出去，沿着巷子一直走走走走，走到巷口。

例句 1a 中动词“走”的使用方式，我们称为动词重叠式，而例句 1b 中动词“走”的使用方式，我们称它为动词重复。一般若要确认两个用语的语意是否相同，最简单的方式即是做代换测试，若用语 A 和用语 B 的意义相同，那么将 A 代换为 B 后句子的意思也应该维持不变。因此我们将例句 1a 和 1b（例句 1）中的“走”字用法对换，得出例句 2a 和 2b（例句 2）。此处我们先不做深入的语义分析，单凭母语者对语言的直觉，即可发现，原本存在 1a 和 1b 中不同词汇或语段之间的语意连贯性，例如“走走”和“马上”（例句 1a），以及“一直”和“走走走走”（例句 lb），因为“走”字出现形式不同造成的语意上的差异，在 2a 和 2b 中荡然无存，以致这两个句子整句语意的不协调。

例句 2 动词重叠式与动词重复

2a.*他出去走走走走，马上就回来

2b.*他从这里出去，然后沿着巷子一直走走，走到巷子口。

此外若将例句 1a 的“走走”再重复一次，改为例句 3a 中的“走走走”，其句义亦不相同，而相对的例句 1b 中的“走走走走”，就算多加一个走字，变成例句 3b“走走走走走”，也不影响其句子整体的意思。由此我们可以证实，例句 1a 中动词重叠式的重叠次数与形式固定，且此重叠形式和语义有固定的连结，这种可以造成新词汇的重叠形式才是我们在本篇文章中要讨论的。

例句 3 动词重叠式与动词重复

3a.他出去走走走，马上就回来。

3b.他从这里出去，然后沿着巷子一直走走走走走，走到巷子口。

3. 动词重叠式的形式

动词重叠的形式因动词本身结构的不同，有不同的可能性：单字词仅能做单字的重叠，而双字词则有仅重叠一字或两字皆重叠，以及双字为一组重叠或双字分开重叠的不同形式。关于动词重叠形式的种类，目前的讨论有从宽和从严（李菁菁，2009）两种角度，两者的差别主要在于是否将包含动词以外语素的重叠形式列入考虑，例如“AA看”、“A了A”、“A着A着”等等。这里我们将只针对那些单纯的重叠式作讨论，因为本文旨在探讨“重叠”对动词的语义功用，而“AA看”等复合重叠式的语义势必包含了附加语素自身的语义，例如AA看中的看（例如吃吃看、穿穿看），一般认为有尝试的意思，在厘清重叠式本身的语意功用时可能造成干扰。下表将本文讨论的单字词和双字词重叠形式做分类整理：

表 1 动词重叠式的形式

单字词		双字词	
重叠形式	范例	重叠形式	范例
AA	看看	AAB	看看书
A一A	看一看	ABAB	讨论讨论
		AABB	寻寻觅觅

4. 动词重叠式的语义功用

自 60 年代末赵元任在《汉语口语语法》一书中对动词重叠的讨论以来，相关研究已经进行了超过 30 年（康阳，2010），目前关于动词重叠式的语义范围虽尚无定论，但其内容大致不脱“时量短”、“动量小”、“尝试”、“缓和语气”以及“减弱动作目的性和明确性”五种，以下先借由例句对这五种语义功用作简单的介绍：

4.1 时量短

朱德熙（1982）、吕叔湘（1980）、王希杰&华玉明（1991）、朱景松（1998）、陈前瑞（2001）及刘月华等（2001）认为动词重叠式具有短时的意义，用来表示动作发生的时间短。

例句 4 动词重叠式表时量短

4a.我先考虑考虑，再答复你。

4b.你等我一下，我去去就来。

4.2 动量小

朱德熙（1982）、吕叔湘（1980）、王希杰&华玉明（1991）、胡裕树（1992）、朱景松（1998）及刘月华等（2001）表示动词重叠式具有反复次数少及动量小等语义特征。

例句 5 动词重叠式表动量小

5a.他伸伸舌头，不好意思地笑了。

5b.他看看那块表，然后马上冲了出去。

4.3 尝试意义

赵元任（1968）、吕叔湘（1980）、李宇明（1996）及刘月华等（2001）等认为动词重叠式具有尝试的意义。

例句 6 动词重叠式表尝试

6a.你们研究研究，或许有好办法呢。

6b.叫他生生孩子，他就知道做母亲的辛苦了。

4.4 缓和语气

朱德熙（1961）及李宇明（1998）表示动词重叠可以使口气显得缓和。

例句 7 动词重叠式缓和语气

7a.请您给我们指点指点迷津。

7b.你快骂骂他。

4.5 减弱动作目的性和明确性

吕洒雯（2000）与陈前瑞（2001）认为动词重叠式可以减弱动作的目的性和明确性。

例句 8 动词重叠式减弱动作目的性和明确性

他喜欢早上到公园活动活动筋骨。

退休以后他每天看看报，种种花，过得很悠闲。

上述的五种语义功能在其相对应的例句中似乎都能读出，然而这就代表它们全属于动词重叠式的语义吗？为了解答这个问题，我们必须先介绍一组在语义学上很重要的概念，即内涵（connotation）与外延（denotation）。内涵指的是词汇内在的、固有的意义，一般可以解释成字典上的意义；而外延指的是该词汇通过语言社群的使用而产生的和语境相关的新的意涵（Linke/Nussbaumer/Portmann 2004）。换句话说，词汇固有的内涵意义应该在所有使用情况中保持不变，而其外延意义则因语境而产生。这组概念提供了我们一个将前述的 5 种语义功能分类的指针，在操作上，首先我们必须先确定，哪些部分属于动词重叠式的内涵意义，而最简单的方式即是通过先前提到的代换测试。目前多数研究都认为动词重叠式有时量短的意涵，因此我们将它与代表时量短暂的词汇"一下"作替换。此处的"一下"义同"一下子"，表时间的短暂持续，并非动量词"一下"，表一次或一回的意思。

例句 9 动词重叠式和"一下"的代换测试

9a.请您给我们指点指点迷津。

9b.请您给我们指点一下迷津。

例句 10 动词重叠式和"一下"的代换测试

10a.她收拾收拾桌子，就回家了。

10b.她收拾一下桌子，就回家了。

例句 11 动词重叠式和"一下"的代换测试

11a.你们研究研究，或许有好办法呢。

11b.你们研究一下，或许有好办法呢。

通过代换测试我们发现，例句中的动词重叠式都能够用"一下"来替换，而不影响句子的意思。由此我们可以证实，动词重叠式的功用和"一下"这个词汇的语义相同，是用来表达它所修饰的动词所指动作的短暂持续。因此动词重叠式和"V 一下"一样，无法再接受其他表示时间持续的用语，例如："她看看表两秒"或"她看一下表两秒"。

相对于时间特质，动词的动量表现的方式较多元，除了动作的次数，也和动作的质量（程度强弱）及受动作支配物体的量有密切的关系。因此动量小很难找到全面相同的代换词汇，不过有些动词的动量能够被其所支配的宾语量化，例如"吃一点（儿）饭"借由吃的量少来代表吃这个动作的动量小，这类动词我们可以用"一点（儿）"来作代换，看看重叠式是否有动量小的意思。

例句 12 动词重叠式和“一点（儿）”的代换测试

12a.他吃吃饭就走了

12b.他吃一下饭就走了

12c.他吃一点（儿）饭就走了

由例句 12 我们明显看出，动词重叠式能和“一下”代换，却和“一点（儿）”不对等，因为吃的时间短未必代表吃得少。然而不可否认的是，动作时间越长，累积的动量越大，因此动作持续的时间短和动量小的确有逻辑上的连结，多数的学者也都将时量短和动量小当作一体来看，例如朱德熙（1961）认为动词重叠的基本语义为量的减少，在时量方面显现为动作的时间短，在动量方面则表示动作反复次数少。而这两个语义功能也的确是目前所有关于动词重叠式的语义研究最有共识的部分。

相对于在每个例句中都存在的“时量短”和“动量小”这两个语义功能，“尝试”、“和缓语气”、“减弱动作目的性和明确性”等语义功能的出现，则需要语境的配合，例如在例句 5 中我们读不出这些意义色彩。在研究过许多的例句后，我们发现尝试意味多出现在条件句或命令句（如例句 6），和缓语气的功能多出现在命令句（如例句 7），而减弱动作目的性和明确性的功用则多出现在无时间针对性的一般事实陈述当中（如例句 8），这三种功能的显现似乎和整个句子的语气有关。要解答这个问题，我们必须从时间在语言中的表达方式谈起。

关于时间表达最常被讨论的三种项目就是时态、时貌和动词本身的时间特性。自希腊时代以来，时态普遍被认为是事情发生时间和说话时间之间的关系，可分为事件发生时间在说话时间之前、事件发生时间和说话时间同时、事件发生时间在说话时间之后三种，分别代表了过去式、现在式和未来式三个时态的意义。但是任何学过外语的人都知道，时态未必只有三种，例如拉丁文就有六种时态，而且时态除了表达时间的关系之外，可能还包含了其他的时间信息，例如英文有过去简单式（例如：He slept.）和过去进行式（例如：He was sleeping.）的差别（Klein，2009）。为了厘清这个问题，19 世纪以后出现了事情发生时间和说话时间以外第三种时间的提案，也就是我们说话时所谈论或指涉的时间，这个时间 Reichenbach（1947）称它为指涉点（Reference point），Klein（1994）则叫它做主题时间（topic time）。以下我们采用 Klein 所使用的名称，因为说话时所指涉的时间一般来说都有一定的长度，并非点状，此外 Klein 利用事情发生的时间（time of situation）、说话时间（time of utterance）和主题时间（topic time）对时态和时貌重新做了明确的定义，为我们接下来要进行的论述提供了最重要的基础。

根据Klein（1994）的定义，时态为说话时间（time of utterance）和主题时间（topic time）两者之间的关系，而时貌则是主题时间（topic time）和事情发生时间（time of situation）两者之间的关系。事情发生的时间（time of situation）由句中词汇的内容所决定，且一般主要由动词来表现。这里必须强调的是，语言符号具有双面性，即符号形式和符号意义，语言的符号形式和现实中发生的情况并无直接对应，而是通过其意义，即该符号在心理上呈现的概念，与现实相连结。“吃饭”、“游泳”、“爆炸”等动词在意义上虽然包含了事情或动作发生的时间，但对这些动作和情况在时间轴上占有的位置和时间持续的长短并无陈述，因为动词的意义只是一种概念，只有实际发生的情况才能真正占有时间。那么我们究竟要如何利用词汇来描述这个世界所发生的事情呢？Klein（1994）认为词汇所表达的事情发生的时间（time of situation）是通过它与主题时间（topic time）关系的建立，实时貌标记，和时间轴连结起来。

现在让我们再回头来看看动词重叠式的语义功用。动词通过重叠，产生了对时间持续（duration）的标记，即短暂持续，然而动词重叠式基本上都无法加“了”、“过”、“在”、“着”等时貌标记①，因此其事情发生的时间无法和主题时间产生连结，以致无法在时间轴上标示其位置，通过时间的确认证实事情确实发生过②，而这也说明了为何动词重叠式多在祈使句和条件句这两种陈述未然的句型中出现，或者是用来作无时间针对性的一般事实陈述。若动词重叠式被用来表示已发生的事件，则需要和其他有时间标示的句子（+时貌标记）产生连结（如例句 5），无法单独存在。

通过以上的论述，我们可以得出动词重叠式在所有句子形态中维持不变的语义内涵应只包含“时量短”和“动量小”两个功能，“尝试”、“和缓语气”、“减弱动作目的性和明确性”等功能则是因语境而出现的外延意义，这些外延意义的产生和动词重叠式本身的语义及句法功用有密切的关系。

5. 动词重叠式的使用限制

虽然动词重叠式在口语中的使用很普遍，但其使用仍有其限制，因为并不是所有的动词都可以重叠：根据房玉清（2008）的统计，常用动词约有 68.2%可以重叠。现有的相关研究普遍认为，动词重叠的使用限制和其语义有密不可分的关系（王希杰&华玉明 1991；朱景松 1998；刘月华等 2001），而其研究的方法大致可分为两种：一种是采取列举可重叠动词的方式，并将其依语意作归类；另一种是从列举无法重叠的动词下手，并描述其共同的语义特征。这两种方法的限制主要有三：第一，因为我们很难穷尽所有的动词，所以没被列举的动词未必就可以或不可以重叠；第二，动词分类的原则有时比较抽象，例如词意较轻、没有庄重色彩等（朱景松 1998），使后续的研究在判断上无所依据；第三，无法提出判断动词能否重叠的准则，对教学上能够提供的帮助有限。为了突破以上的限制，找出动词能否重叠的关键，以下的论述将从动词的语义入手，找出能重叠和不能重叠动词的语义的关键差别。

根据 Klein 在“On Times and Arguments”（2010）一文中的论述，动词的语义包含其所支配的论元（argument）、每个论元的时间结构（time structure）和描述性特质（descriptive property）。动词拥有连结其他词汇的特质，受其支配的词汇，我们称之为论元（Argument），论元的功用是使谓语（通常由动词担任）的意义完整。动词的内容赋予它所支配的论元（形态为名词词组或代名词）在某段时间某些描述性的特质，不过动词的内容只提供论元和时间的变项，例如“跑”支配一个论元为 X，其描述性特质（双脚可同时离地的快速前进动作）

---

①“A 了 A”这个含时貌标记的重迭式用法仅限于某些单字词，如“跑”、“看”等等，然而现代汉语多为双字词，双字词的重叠式无法加时貌标记。

②时间名词或副词，例如“昨天”、“刚刚”等，虽然能表达主题时间，但主题时间的标示和主题时间与事情发生时间关系的标示并不相同，后者才能将词汇所表达的事情所发生时间放上时间轴，而这个功能在中文主要通过时貌标记符号来完成。

的对应时间为 T1，只有在句子当中，当动词的论元和时间等变项通过其他词汇被对应的人/事/物以及时间填补的时候，才能够形成真正的话语（utterance）（Klein, 1994），例如："他跑了很久"。中文绝大部分的动词都是支配一个或两个论元，例如"跑"（一个论元）和"看"（两个论元），拥有三个论元的动词也有，只是比较少，例如"给"和"帮"，而支配四个论元的动词似乎不存在。

例句 13　支配一个论元的动词

她	跑出去了
主语	谓语
论元 1	

例句 14　支配两个论元的动词

她看	了	一本书
主语	谓语	直接宾语
论元 1		论元 2

例句 15　支配三个论元的动词

她	给	他	一颗苹果
主语	谓语	间接宾语	直接宾语
论元 1		论元 2	论元 3

动词赋予每个论元的描述性特质都有时间的参数，例如"睡"这个动词支配一个论元（句法功用为主词），并赋予他在某段时间（时间 1）睡的特质。

睡：论元 1（主语）

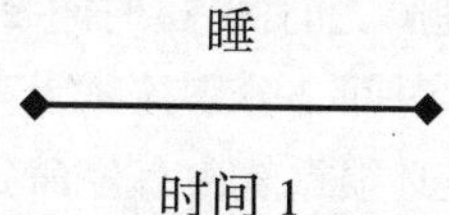

有些动词则拥有两个以上的描述性特质，例如"死"这个动词支配一个论元（句法功用为主词），并赋予它两个互斥的特质，即有生命和无生命，不过这并不矛盾，因为这两个特质所占有的时间并不相同，我们称有生命的那段时间为时间 1，无生命的时间为时间 2，唯有经历从有生命状态到无生命状态的转换，才能称作死，所以时间 1 和时间 2 是时间上互相连结的。当一个论元被赋予的描述性特质分别占有两段不同的时间时，我们称前面的那段为原始时间（source time），后面那段为目标时间（target time）。

死：论元 1（主语）

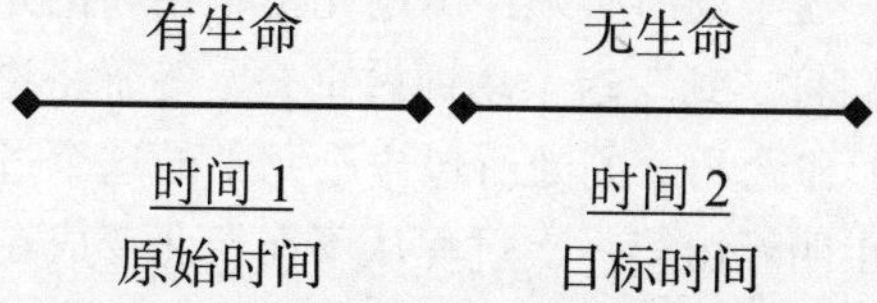

而和"死"同样涉及生命状态的改变，却有不同论元结构的"杀"则支配了两个论元：一个在句中担任主语，一个担任宾语，担任主语的论元1被赋予致力于某事（be active in）的特质，来造成论元2状态的改变，这个特质的有效时间我们称它为时间1；担任宾语的论元2则被赋予有生命和无生命这两个特质，我们称有生命的那段时间为时间2，无生命的时间为时间3。这三段时间的关系为：时间1和时间2重叠，时间3接在时间2之后。

杀：论元 1（主语）+论元 2（直接宾语）

论元 1（主语）

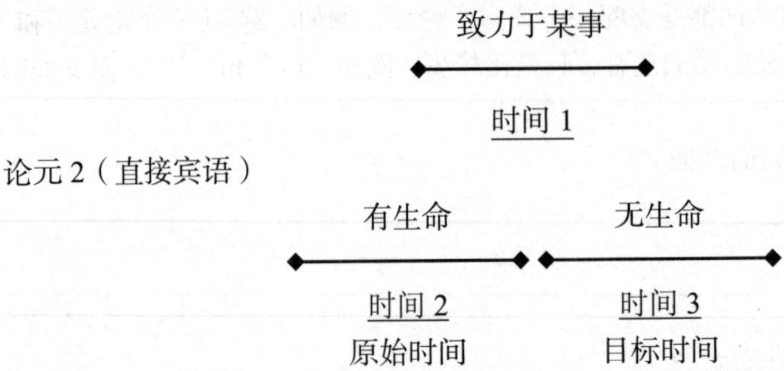

在对动词语义有了大致了解之后，我们再回到动词重叠式的使用限制这个问题来。先前我们谈到过，动词重叠式的语义功能在表达动作时间的短暂持续，如果动词本身的语义只涉及一段时间，那么我们可以推论，所谓的短暂持续即是这段时间的重复，以“跑”为例，跑这个动词赋予一个论元（主语）在某段时间跑的特质，那么动词重叠式“跑跑”的语义即是将跑步这段时间（时间 1）做重复来造成持续。

跑跑：论元 1（主语）

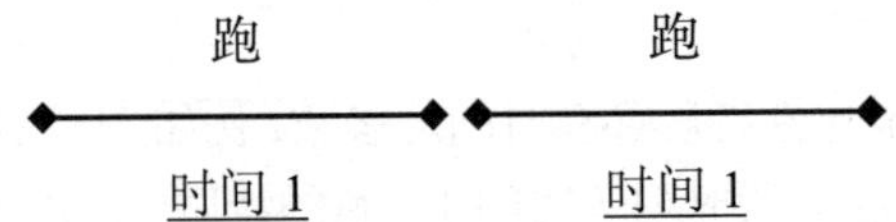

然而如果动词因拥有不同的描述特质造成所涉及时间不止一段，在构词形式和语义相呼应的前提下，动词的短暂持续可以理解为时间 1+时间 2 为一个单位的再次重复，以前述的“死”为例，唯一的论元在时间 1 和时间 2 分别被赋予有生命和无生命两个不同的特质，若我们将“死”这个动词重叠，就代表必须重复由有生命到无生命的状态，而这在逻辑上是不可能的，因为这段过程是不可回复的。

*死死：论元 1（主语）

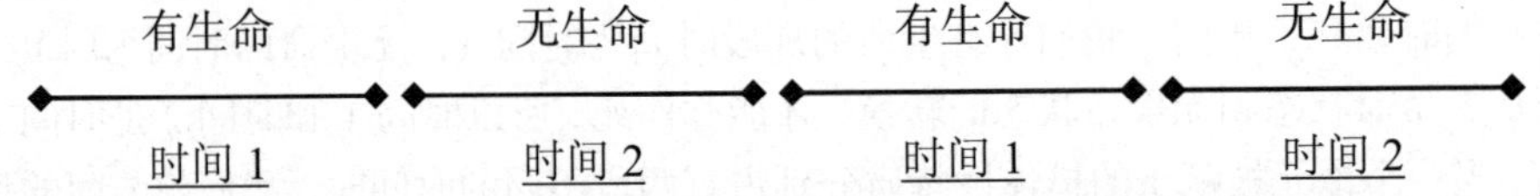

而其他涉及两段以上时间的动词也有同样的限制，例如“到”这个动词支配了两个论元，论元 1 为主语，被赋予的描述性特质为致力于某事以达成论元 2 的状态改变；论元 2 为宾语，在语义上为处所，这个处所必须经历论元 1 不在和论元 1 在的两个状态，才构成“到”的语义，因此若我们将“到”这个动词做重叠，等于将论元 2 的处所（例如台北）不包含论元 1（例如小明）和论元 2 的处所包含论元 1 的这个过程进行两次，然而这在逻辑上是有问题的，因为若小明经由第一次过程从不在台北变成在台北，便无法再回复到不在台北的状态再进行相同过程的重复，而“到”这个动词和“死”一样也属于不可重叠那一类。

*到到：论元 1（主语）+论元 2（处所）

论元 1（主语）

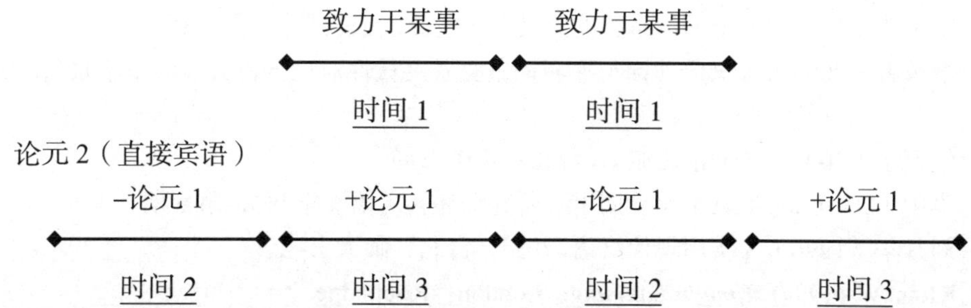

通过动词的论元、时间和描述性特质这三者之间交互关系的论述，我们不难发现，可重叠和不可重叠动词语义的关键差别，在于动词是否因拥有两个互斥的描述性特质而涉及状态的改变，在此种情况下，动词是因为状态改变的不可逆而无法重叠，造成时间上的持续。

例句 16 不可重叠的动词（单字词）

16a. *他杀杀王小明，结果被判了无期徒刑。

16b. *你到到台北，就知道有多热。

另外要说明的是，“死”和“到”两个例子都是一个语素包含了两个以上的描述性特质，中文还有很多动词是通过两个语素的组合将两个不同描述性特质结合起来，来表达状态的改变，例如“吃完”、“摔破”、“花光”等，在这些例子中由于代表结果的第二个描述性特质借由第二个语素（完/破/光等）被明确地指出，不能重复的感觉更加强烈。

例句 17 不可重叠的动词（双字词）

17a. *你摔破摔破这个盘子。

17b. *你吃完吃完这个面包，就赶快去上学。

6. 结论

30 多年来中文动词重叠的研究已经对其语义功能和使用条件划出了一个大致的范围，本文的贡献主要在以下两个方面：一，透过代换测试及“内涵”与“外延”的分辨，对已在诸多文献中被列举的语义功能作划分，指出“时量短”与“动量小”为动词重叠式不变的核心语义，而其他如“尝试”、“缓和语气”和“减弱动作目的性和明确性”等语义色彩，只有在特定语境下才会产生；二，通过动词的语义成分的分析，指出可重叠和不可重叠动词语义上的关键差别在于是否涉及状态的改变，涉及状态改变的动词由于其描述性特征的不可逆，无法通过语义的重复来造成时间上的持续，也因此无法重叠。此处要特别强调的是，语言是历史发展的产物，承载了许多因时间演变与特殊典故所造成的变异，因此词汇的语义和使用方式很难有一个毫无例外的定论，本文的目的也不在此，而是在于厘清目前已有研究的模糊与冲突，并提供华语教学上可依循的基本原则。

参考文献

[1]朱景松（1998），《动词式的语法意义》，《中国语文》，第5期。

[2]朱德熙（1982），《语法讲义》，北京：商务印书馆。

[3]李字明（1996），《论词语重叠的意义》，《世界汉语教学》，第 1 期。

[4]李菁菁（2009），《汉语动词与形容词重叠式之量性对比分析》，《清华学报》，第 31 期。

[5]竺家宁（2009），《词汇之旅》，台北：正中书局。

[6]康阳（2010），《近三十年动词重叠研究综述》，《语文学刊》，第 6 期。

[7]刘月华（1996），《实用现代汉语语法》，台北：师大书苑。

[8]Klein, W. (1994): *Time in Language.* London：Routledge.

[9]Klein, W. (2009): “How time is encoded.” In W. Klein, & P. Li (Eds.), *The Expression of Time* (pp. 39-82). Berlin: Mouton de G.ruyter.

[10]Klein, W. (2010): On Times and Arguments. *Linguistics*, 48.1221—1253.

[11]Linke, A.; Nussbaumer, M.; Portmann, P. R. (2004): *Studienbuch Linguistik.*Niemeyer: Tübingen.

外籍生华语文阅读策略之研究

吴宗立　苏玲巧*
屏东教育大学　高雄市蚵寮国小

摘　要：本研究主要目的在于探讨外籍生在阅读华语文时之策略运用情形。为达研究目的，本文以问卷调查法进行，以自编之“外籍生华语文阅读策略调查问卷”为其研究工具，研究对象为在成功大学文学院华语中心、文藻外语学院及屏东教育大学修读华语文之外籍生，以便利抽样方式进行采样，共计发出问卷125份，回收率为96%，可用率为91.67%。依据资料分析之结果，所获得之研究结论如下：外籍生在华语文阅读时以认字策略的使用频率较高；在认字策略中，又以使用“个别汉字组合成词义”之技巧较多；外籍生在性别、国籍及母语对华语文认字策略运用之间存在差异现象，女性高于男性，东亚地区高于欧美地区。外籍生在其华语文阅读认字策略方面常使用上下文猜测词义；由下而上策略方面常以参考数据协助理解；由上而下策略方面常以先快速浏览再细读的方式；后设认知策略方面则常对阅读内容提出问题。

关键词：外籍生；华语文；阅读策略

1. 绪论

本研究旨在探讨“以华语文为第二语言的外籍生使用的阅读策略”之情形，分析不同文化背景、不同性别使用的阅读策略之差异。兹说明研究动机、研究目的、研究问题、名词释义如下。

1.1 研究动机

学习语言就是为了用来沟通，沟通不一定需要面对面谈话。古人留下来的文章，将其思想流传下来，后代人阅读古人的文章，领悟古人表达的意涵，达成某种形式上的沟通。沟通因此可以超越时空的限制，可是先决条件是古人与今人必需使用同一种语言。沟通的双方若使用不同的语言，必定陷入鸡同鸭讲的窘境。

***吴宗立**，屏东教育大学社会发展系教授兼进修暨研究学院院长；**苏玲巧**，屏东教育大学华语文教学硕士，高雄市蚵寮国小教师。

外国人为何要学华语文，主要是用来和华人沟通。台湾虽在 20 世纪 70、80 年代经济出色，但主要是出口导向，加上人口仅一千多万，面积也不大，内需市场规模不够大。所以当时外国人并没有学习华语的现象，反倒是台湾为了能与外国人沟通，所以加强了外语学习。现今，外国人想学习华语，当然是针对大陆而来。依大陆国家统计局的资料，根据 2010 年第六次全国人口普查的结果，人口数约 13.4 亿，尚不包含香港约 710 万人口，澳门约 55 万人口。依“行政院”主计处的数据显示，台湾在 2012 年的人口有 2324 万。土地面积方面，大陆约有 960 万平方公里，台湾约仅 3.6 万平方公里。大陆自从邓小平改革开放，引入外资，经济突发猛进。世界银行于 2008 年发布一份《2008 年世界发展指针》，其中显示大陆是世界第二大经济体。有许多生活用品，看一下制造地会发现几乎是大陆制造，大陆俨然成了世界制造工厂。经济的诱因才是引发华语学习热潮的主要原因，绝非是因中国的悠久文化历史使这些外国人慕名而来学习。

以世界第一大经济体的美国来说，学习华语文是基于国家安全及经济利益的考虑。美国外语教育学会（American Council on the Teaching of Foreign Languages, ACTFL）在 1996 年提出“外语教育国家标准”（National Standards for Foreign Language Education），以 5C 为外语教育宗旨：Communication（运用语言进行交际）、Cultures（体认多元文化）、Connections（连贯其他学科）、Comparisons（通过比较了解语言与文化的特性）、Communities（运用于国内国外的多元小区）。从中可以看出，美国外语教育的目的十分注重实用性。

听（listening）、读（reading）、说（speaking）及写（writing）为语言的四项主要技能，前两者是声音与文字符号的接收，后两者是声音与文字符号的产出。要达到语言的产出，一定得先学会语言的接收，这样比较之下，听与读的能力培养更显重要。从这四项语言技能的实用性来说，阅读的实用性最强，可以说只要人张开眼睛，看见文字符号，等于就是在阅读。在现今网络普及的环境之下，打开网页浏览器就等于在进行阅读。如果看得懂外国的语言，人们就可直接在外国的网页上进行浏览，亲自探索数据源头，不必通过翻译中介。基于阅读的实用性，故本研究特别挑选与阅读有关的主题来进行研究。

吴勇毅（2001）曾指出“汉语既然有不同于其他语言的特点，那么外国人学习汉语是不是也使用了一些不同于其他语言的学习策略？”言下之意，汉语的学习策略是有其独特之处的，引人感到好奇的是，华语文的阅读策略应该也有不同于其他语言的阅读策略之处。本研究的目的不在比较不同语言间的阅读策略之异同，而是将目标放在外籍生对华语文阅读策略的运用情形做一项调查，以作为华语文阅读教学的参考。

1.2 研究目的与问题

依上述研究动机，本研究之目的如下：

（1）了解外籍生在阅读华语文时，使用的阅读策略情形。

（2）探讨外籍生的不同背景变项在华语文阅读策略上的差异情形。

（3）探讨外籍生经常使用之华语文的阅读策略运用情形。

依上述研究目的，本研究主要探讨下列问题：

（1）外籍生在阅读华语文时，使用哪些阅读策略？

（2）外籍生不同背景变项影响华语文阅读策略差异情形为何？

（3）外籍生在经常使用之华语文的阅读策略运用情形为何？

1.3 名词释义

本研究所使用的重要名词，兹将其涵义说明如下：

（1）外籍生

本研究指称之外籍生是指在台湾成功大学文学院华语中心、文藻外语学院及屏东教育大学修读华语文之外籍生，母语非中文者，例如：国籍为欧美地区学生、日本籍学生、韩国籍学生或东南亚籍学生等。

（2）华语文

本研究指称之华语文系指台湾一般所称的“国语”，不包括闽南语、客家语等方言，在印刷形式上以繁体字为主。对外籍学习者而言，华语文属于一种“第二语言”。

（3）阅读策略

阅读者在阅读时所采取的各种方式，用来使阅读更流畅、更有效，且目的在于理解文章意义。不同阅读者在阅读策略的使用方面并非全有全无，而是程度、种类上的差别。本研究阅读策略系指常用的认字策略、由下而上策略、由上而下策略及后设认知策略。

2. 文献探讨

本研究旨在探讨外籍生在华语文阅读策略方面之运用情形，经由整理归纳文献，以作为本研究之理论基础，并建立适当之研究工具。兹就“阅读策略与阅读的关系”、“第一语言的阅读理论”、“第二语言的阅读理论”、“华语文阅读策略的相关研究”说明如后。

2.1 阅读策略与阅读的关系

阅读的目的在于理解阅读材料，而阅读的过程是一项复杂的内在心理活动，难以从表面加以捕捉细节。对以华语文为第二语言的外籍生来说，华语文的文字系统在根本上与英文等的字母拼音系统有很大的不同，加深了学习与阅读的困难度。要了解阅读策略，需先了解何谓“阅读”。各专家学者由于切入点的不同，因此对阅读的看法就会有所差别。我们先看专家们对阅读有哪些看法：

Anderson、Hiebert、Scott和Wilkinson（1985）认为阅读是一种由文本创造意义的过程。阅读是一种复杂的技巧，需要数种互相关联的信息协调合作。有技巧的阅读者，具备下列特征：

（1）建构性的——能运用日常生活知识及学习过的知识去推论阅读材料。

（2）流畅的——基本的处理程序能达到自动化，因此能专注在意义的分析上。

（3）有策略的——能运用策略达成阅读理解。

（4）有动机的——持续对阅读材料保持注意与兴趣。

Goodman（1988）认为阅读是一种心理语言的接受过程，从文本表面所呈现的讯息开始，结束于阅读者所建构出的意义，本质上是一种语言及思想的互动过程。写作者将思想转化成文字，阅读者将文字译码成思想。有技巧的阅读者，具备下列特征：

（1）通常能有效创造出意义，而此意义同化了写作者的原始意义。

（2）能运用策略降低不确定性以发现意义。

（3）选择性地使用可用的线索。

（4）能深入先备知识获取可用线索。

（5）减少视觉细节上的依赖。

至于“策略”（strategy）这个名词，起源于古希腊文strategia，意指兵术或战术的意思。衍生到一般的用法上，指的是为了达到一定的目标所采取的计划、步骤或有意识的行为（Oxford, 1990）。Brown（1980）认为策略是有助于理解目标而有计划且受控制的种种活动。信世昌（2001）认为策略含有主动自发、针对目的、思维意识、增加效率、克服障碍等特性。因此总括来说，我们可以将阅读策略定义成：阅读者所采取的各种方式，用来使阅读更流畅、更有效，且目的在于理解文章意义。

既然阅读策略旨在增进阅读理解，而阅读理论主要在于探究阅读的本质，反映真实的阅读过程，因此阅读策略需与阅读理论的构成要素相契合。换言之，阅读策略建立在阅读理论之基础上，为阅读理论的实践；而阅读理论又需于阅读策略的运用过程中，不断修正理论内涵，两者的关系十分密切。

2.2 阅读理论分析

阅读理论的研究主要有三类阅读模式：（1）由下而上处理模式（bottom-up processing model），如 Gough（1972）。（2）由上而下处理模式（top-down processing model），如 Goodman（1967,1973, 1988）。（3）互动模式（interactive model），如 Rumelhart（1977）、Stanovich（1980）。

（1）由下而上处理模式

受行为主义的影响，阅读的过程是一种刺激与反应的过程。读者掌握一套有次序“由下而上”（bottom-up）的技巧，接受文本的视觉刺激后，运用这套技巧从文本中获得内容的理解。这种技巧着重于文本的书面形式，文本的意义就存在于文字之间，读者仅是被动地接受文本呈现的讯息，逐字、逐句译码，依据译码讯息产生出文本的意义。易言之，由下而上处理模式主要采用文本驱动之观点，认为文本的意义只包含在文本本身。阅读者仅是被动地从文本中接收讯息，将符号、字母、单词、句子等循序解码，而理解文本意义。此观点以 Gough（1972）为代表，Gough 不仅采用行为主义的观点，更从讯息处理论的角度来看阅读过程。

（2）由上而下处理模式

由上而下处理模式采用读者驱动之观点，认为阅读者在建构文本含义中扮演重要的角色，阅读者在阅读过程中是主动的。在由上而下处理模式中，读者不断预测文本的意义。此理论以 Goodman（1967）的心理语言理论（psycholinguistic model）为代表。Goodman（1967）认为阅读是一种心理猜测游戏（psycholinguistic guessing game），读者在阅读过程中，会进行一连串的程序，包括：文本采样、提出假设、接受或修正假设、若有错误产生则重提假设，如此不断循环进行阅读理解。在此阅读的过程中，主角不是文本本身，而是读者自己。

（3）互动模式

阅读历程本身充满动态复杂的心理机制，无论是由下而上或由上而下，均无法单独说明阅读的处理过程，因而 Rumelhart（1977）提出阅读的互动模式。他认为由下而上及由上而下模式，彼此之间维持着互动关系。在互动模式中，阅读者运用由下而上及由上而下双向策略，以获得阅读理解。

由以上的探讨可以看出，阅读理论的发展趋势，从最早各守一方的由下而上与由上而下，到最后的集大成者——互动模式，兼收由下而上及由上而下的优点。兹将此三种模式的优缺点分析如下：

①由下而上模式的优缺点：

对于以华语文为第二外语的学习者，在学习华语文的初级阶段，由于认识的词汇量有限，因此在阅读的过程中通常会花费很多精神在解读词汇的意义上。因此华语文初级程度阅读者，会大量使用由下而上的阅读模式。换句话说，由下而上阅读模式的优点在于可以解释华语文初学者常用的阅读过程。其缺点在于太偏重在文字解读的低阶层次，可能会产生见树不见林的盲点，仅通过文字层次的解读，可能会发生理解出的意义与文章作者的原意大相径庭的状况。

②由上而下模式的优缺点：

对于以华语文为母语且受过良好教育的阅读者而言，在阅读报纸、白话小说等文章时，其实并没有将心力放在理解词汇的意义上，而是通过上下文的脉络，致力于理解整个段落、篇章的意义。也就是说，由上而下的阅读模式的优点在于能解释华语文流利者常用的阅读过程。其缺点在于无法解释例外状况，例如：在遇到没有学过的词汇且无法通过上下文猜测其意义时，如引用自日语汉字语词“痴汉”、“花火”等词汇，在阅读理解上便会产生困难。因此即使是华语文流利者，仍然会使用到由下而上的策略。

③互动模式的优缺点：

在上述的讨论中，可以看出无论是由下而上或由上而下的阅读模式，并非全有全无，而是使用频率高低的差别。因此互动模式最大的优点是将此二种模式融合在一起，形成一种能双向、互补的模式，比较能全面解释阅读过程中讯息的处理方式。互动模式的缺点在于其中的各组成要素较不完整，例如缺乏后设认知、文化层面的背景知识等元素。当阅读者与原作者之间存在文化断层时，阅读者就难于理解原作者的文章意义。

2.3 华语文阅读策略的相关研究

（1）第二语言阅读策略之相关研究

Pritchard（1990）以文化基模对阅读策略的影响为研究主题，发现：

①以质性研究法得到22种策略，并归类为5种类别：

a.知觉发展（Developing awareness）

b.接受意义不明确的信息（Accepting ambiguity）

c.建立句子内的联结（Establishing intrasentential ties）

d.建立句子间的联结（Establishing intersentential ties）

e.使用背景知识（Using background knowledge）

②以量化研究法发现：

a.美国籍较帛琉（帕劳）籍使用较多的阅读策略。

b.美国籍与帛琉（帕劳）籍使用的策略类型不同。

Davis和Bistodeau（1993）以母语阅读与第二语言阅读使用的阅读策略之差异为研究主题，发现：

①以质性研究法得到13种阅读策略，并归类为3种类别：由下而上策略（bottom up strategies）、由上而下策略（top down strategies）及后设认知策略（metacognitive strategies）。

②量化研究法采用Kruskal-Wallis ANOVA，发现：第一，母语为英语的研究对象在母语阅读及第二语阅读使用的策略比较，由下而上策略及由上而下策略存有差异，后设认知策略则没有差异。第二，母语为法语的研究对象在母语阅读及第二语阅读使用的策略比较，三种策略类别均无显著差异。

Young（1993）以第二语言阅读者在阅读真实文本与教科书文本使用的阅读策略之研究为研究主题，发现：

①通过前人的文献回顾，整理归纳出27种策略，并归类为3种类别：一般策略（general strategy）、局部策略（local strategy）及认知的知识（knowledge of cognition）。

②在阅读真实文本时，大量使用一般策略，较少使用局部策略；在阅读教科书文本时，一般策略与局部策略的使用大致相当。

（2）以华语文为第二语言的阅读策略之相关研究

Everson和Ke（1997）的调查以中级与高级CFL学习者在阅读策略的运用情形为研究主题，发现：

①分析研究对象使用的阅读策略，大致上均能归到Bernhardt的阅读理论架构中，换言之Bernhardt的阅读理论大致上能解释中文的阅读过程。

②另提出在Bernhardt的阅读理论中，文字辨识要素应加上一个要素：图像文字困难度（orthographic layer of difficulty）。

Lee-Thompson（2008）以研究CFL的美国大学生在阅读记叙文及议论文时使用的阅读策略情形为研究主题，发现：

①以质性研究法采集到27种阅读策略，并归类为2种类别：由下而上策略（bottom up strategies）及由上而下策略（top down strategies）。

②在阅读这两类文体时，由下而上策略类别中有3种策略有较高作用频率，分别是：

a.翻译

b.标记文本

c.写出拼音或英文同义字

由上而下策略类别中也有3种策略有较高的作用频率，分别是：

a.改述

b.假设

c.监控理解

③理解困难的因素主要是：词汇、图像文字、文法及背景知识。

杜雯华（2000）以比较中级与高级程度的CFL美籍学生在阅读中文时阅读策略运用差异为研究主题，发现：

①使用Block（1986）的阅读策略分类架构。

②中级与高级程度使用的阅读策略没有显著差异。

③程度越高，越能运用Bernhardt理论架构中的“知识导向”阅读因素。

④发现5种阅读风格。

王如音（2008）以比较中级与高程度的CFL华裔学生在阅读中文时阅读策略运用差异为研究主题，发现：

①使用Young（1993）及信世昌（2001）的阅读策略分类架构。

②随着语言程度的提高，全面性策略的使用频率跟着上升，而局部性策略的使用频率则跟着下降。

③程度越高，调控支配阅读策略的能力的确越好。

④汉字量可能是华裔学生阅读程度进步的关键因素，而非上下文的篇章关系。

⑤除了现有的阅读策略以外，华裔学生实际上还使用了“汉字轮廓”、“汉字代换”、“词汇群组”、“口语协助”四种阅读策略。

综合理论文献探讨及相关研究结果归纳，本研究将外籍生华语文阅读策略类型归纳为：认字策略、由下而上策略、由上而下策略及后设认知策略。

3. 研究设计与实施

依据文献探讨的理论模式，本文归纳整理相关研究报告，进行研究设计与实施。兹就研究架构、研究假设、研究对象、研究工具、研究程序及数据处理与分析叙述如下：

3.1 研究架构

本研究旨在探讨外籍生的背景变项对阅读策略使用之影响。背景变项包括：性别、年龄、国籍、母语类型、中文程度、专长科目及家庭文化因素等项目。本研究之架构如图1所示：

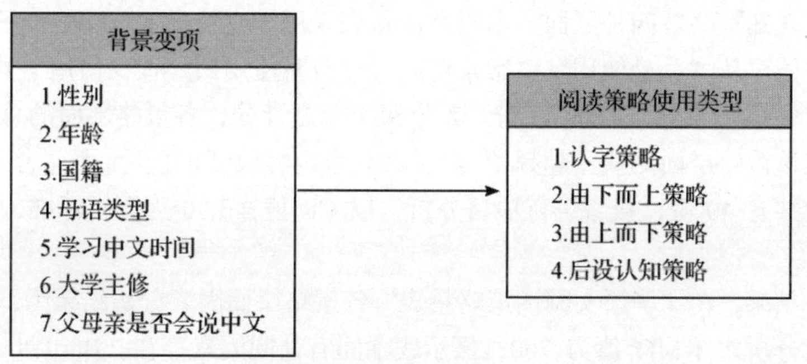

图 1　研究架构图

在图1中，本研究以t考验及单因子变异数分析，探讨不同的背景变项对阅读策略的运用差异情形。

3.2 研究假设

本研究提出之研究假设分别如下：

假设一：不同性别的外籍生在华语文阅读时运用的策略有显著差异。

假设二：不同年龄的外籍生在华语文阅读时运用的策略有显著差异。

假设三：不同国籍的外籍生在华语文阅读时运用的策略有显著差异。

假设四：不同母语类型的外籍生在华语文阅读时运用的策略有显著差异。

假设五：不同中文学习时间的外籍生在华语文阅读时运用的策略有显著差异。

假设六：不同大学主修的外籍生在华语文阅读时运用的策略有显著差异。

假设七：父母亲是否会说中文对外籍生在华语文阅读时运用的策略有显著差异。

3.3 研究对象

本研究的对象是就读于台湾成功大学经营管理研究所、文藻外语学院华语中心及屏东教育大学语言中心之外籍生。由于人数不多且样本具特殊性，故采取便利抽样方式，在征询参与填答问卷的意愿后，有意愿者均纳为研究对象。本次总共发出125份正式问卷，问卷回收率为96%，可用率为91.67%。本研究之研究对象属性，在性别方面，男性有51人，女性有59人；在年龄方面，21～25岁者占全体的一半；在国籍方面，大部分为东亚地区的国籍；在母语方面，母语为英语者约占四分之一，母语不是英语或西欧语言者约占二分之一；在学习中文时间方面，有超过两年以上经验者，约占三分之一，学习经验在六个月以内者，同样约占三分之一；在大学主修方面，有二分之一为商学院方面的专长；在父亲或母亲是否会说中文方面，约有五分之四者是不会说中文的。

3.4 研究工具

本研究为探讨外籍生华语文阅读策略之使用情形，参酌 Pritchard（1990）、Davis 和 Bistodeau（1993）、Young（1993）及 Everson 和 Ke（1997）等文献后，研究者以自编之“外籍生华语文阅读策略调查问卷”为主要研究工具。问卷内容分为三大部分，第一部分为“受试者基本资料”，第二部分为“华语文阅读策略”，第三部分为“经常使用的华语文阅读策略”。其中第二部分“华语文阅读策略”包含：“认字策略”、“由下而上策略”、“由上而下策略”及“后设认知策略”四种层面。本研究的量表采用李克特氏（Likert Type）五点量表来计分，其选项依序从“总是使用”、“常常使用”、“有时使用”、“很少使用”到“从不使用”五个等级，依序给予 5 分、4 分、3 分、2 分和 1 分之计分，各策略层面的总分得分越高则代表受试者在该策略层面的使用越频繁。经学者专家内容效度审析后，研究者进行问卷预试，有效预试回卷共有 40 份，接着进行项目分析，以 CR 值≧3.00 为删题标准，删除不必要的题目。

因素分析结果，在“华语文阅读策略量表”各策略层面因素分析结果为：第一，在认字策略层面因素分析之 KMO 值为 700，显示题项间有共同因素存在；Bartlett 球形检定的 χ^2 值为 45.06，$p<.001$，达到显著水平，适合进行因素分析，最后保留 4 项试题。第二，在由下而上策略层面因素分析之 KMO 值为.711，显示题项间有共同因素存在；Bartlett 球形检定的 χ^2 值为 88.829，$p<.001$，达到显著水平，适合进行因素分析，最后保留 6 项试题。第三，在由上而下策略层面因素分析之 KMO 值为.748，显示题项间有共同因素存在；Bartlett 球形检定的 χ^2 值为 99.528，$p<.001$，达到显著水平，适合进行因素分析，最后保留 5 项试题。第四，在后设认知策略层面因素分析之 KMO 值为.804，显示题项间有共同因素存在；Bartlett 球形检定的 χ^2 值为 233.607，$p<.001$，达到显著水平，适合进行因素分析，最后保留 5 项试题。因此本研究之“华语文阅读策略量表”最后共保留 20 项试题

Cronbach α 信度分析结果，总量表 Cronbach α 值为.828，各层面之 α 值分别为：“认字策略”.621、“由下而上策略”.673、“由上而下策略”.710、“后设认知策略”.838，上述

结果显示本量表题目内部一致性高，具良好信度。

4. 结果与讨论

4.1 现况分析

外籍生在华语文阅读方面运用之策略类型的频率由高至低依序为“认字策略”（M=3.60）、“由下而上策略”（M=3.54）、“由上而下策略”（M=3.38），以及“后设认知策略”（M=3.06）。对于较不熟练的第二语言阅读者来说，由于译码尚未达到自动化，因此在阅读时会花费很大的心力在解码的处理上（Eskey, 1988）。本研究结果支持Eskey的论点。

（1）认字策略现况分析

经各题平均数分析后，使用频率最高的认字策略为“我会将个别汉字的意义组合成词义”（M=3.91），此策略对于学会大量词汇的外籍生来说是较有利的。

（2）由下而上策略现况分析

由下而上策略中使用频率以“我会使用参考数据，例如查字典，以帮助阅读”（M=4.05）较高。

（3）由上而下策略现况分析

由上而下策略中使用频率最高者为“我会使用背景知识和个人经验来猜测阅读材料”（M=3.57），突显背景知识在阅读理解上的重要性，此结果支持Coady（1979）及Bernhardt（1986）的阅读理论。

（4）后设认知策略现况分析

后设认知策略中使用频率最高者为“我会监测自己对句子的理解程度”（M=3.35）。在监测理解的对象呈现句子>生字>词语>文章之顺序的有趣现象，这表示外籍生在阅读上并不完全去理解每一个生字的意义，而采用猜测的方式去理解整个句子的涵义，句子理解之后，配合个人的背景知识及经验去推测段落涵义，进而达成整篇文章的理解。

4.2 差异分析

（1）不同性别在阅读策略运用上之差异比较

女性比男性更偏好使用“认字策略”，其余各策略层面的运用则无性别上的差异。

（2）不同年龄在阅读策略运用上之差异比较

不同年龄组别在本研究中显示在各策略层面的使用上没有差异。

（3）不同国籍在阅读策略运用上之差异比较

“东亚地区”比“欧美地区”更偏好使用“认字策略”，其余各策略层面的运用则无国籍上的差异。

（1）不同母语在阅读策略运用上之差异比较

母语为“其他”者比母语为“英语”者更偏好使用“认字策略”，其余各策略层面的运用则无母语上的差异。

（2）不同的学习中文时间在阅读策略运用上之差异比较

不同学习中文时间组别在本研究中显示在各策略层面的使用上没有差异。

（3）不同的大学主修在阅读策略运用上之差异比较

不同大学主修组别在本研究中显示在各策略层面的使用上没有差异。

（4）父母亲是否会说中文在阅读策略运用上之差异比较

父母亲是否会说中文在本研究中显示在各策略层面的使用上没有差异。

4.3 外籍生对华语文阅读策略分析

（1）经常使用的认字策略

在“认字策略”方面，在110位有效样本中，选填“我会利用上下文线索以猜测词义”的有54人，占所有填答者的49.1%。其余依次为“我会先找出生词的词性，再猜测词义”的有48人，占43.6%；“我会依据邻近的句意判断词汇的意义”的有45人，占40.9%；“我会读出声音以帮助阅读”的有36人，占32.7%。

（2）经常使用的由下而上策略

在“由下而上策略”方面，在110位有效样本中，选填“我会使用参考数据，例如字典、插图，以帮助阅读”的有81人，占所有填答者的73.6%。其余依次为“我会寻找句型以帮助理解阅读内容”的有46人，占41.8%；“我会重复阅读，直到我了解其涵义”的有42人，占38.2%；“我会利用连接词或标点符号将上下文加以连贯”的有31人，占28.2%。

（3）经常使用的由上而下策略

在“由上而下策略”方面，在110位有效样本中，选填“我会很快浏览过去，再仔细阅读”的有55人，占所有填答者的50.5%。“我会使用背景知识和个人经验来猜测阅读材料”与“当我发现阅读内容前后不一致时，我会回头分析比较”此两种策略均为52人，占47.7%。其余依次为“我会预测接下来的文章内容”的有33人，占30.3%；“我会分辨阅读材料的主要叙述及次要叙述”的有20人，占18.3%。

（4）经常使用的后设认知策略

在“后设认知策略”方面，在110位有效样本中，选填“我会对阅读材料的内容提出问题”的有54人，占所有填答者的49.1%；“我会监测自己对文章的理解程度”的有45人，占40.9%；“我会评估阅读策略时的效率”的有39人，占35.5%；“我会评估阅读策略的使用”的有27人，占24.5%；“我会拟定阅读的计划”的有25人，占22.7%。

5. 结论与建议

5.1 结论

（1）外籍生华语文阅读上普遍运用认字、由下而上、由上而下及后设认知策略，其中以认字策略的使用频率较高。

（2）外籍生华语文阅读认字策略中使用“个别汉字组合成词义”之技巧较多，以“汉字外形认字”较少。

（3）性别、国籍及母语在华语文认字策略运用上存在差异现象，女性高于男性，东亚地区高于欧美地区。

（4）外籍生在其华语文阅读认字策略方面常使用上下文猜测词义；由下而上策略方面

常以参考数据协助理解；由上而下策略方面常以先快速浏览再细读的方式；后设认知策略方面则常对阅读内容提出问题。

5.2 建议

（1）给华语文教师教学的建议

①运用多元策略融入阅读教学中。

②重视学习者的个别差异现象。

（2）给外籍生学习华语文的建议

①多使用认字策略层面中的“利用汉字的外形轮廓辨认汉字”策略。

②多使用由下而上策略层面中的“我会在长句中判别句子的语意分界点”策略。

③多使用由上而下策略层面中的“我会分辨阅读材料的主要叙述及次要叙述”策略。

④多使用由后设认知策略层面中的“我会拟定阅读的计划”策略。

参考文献

[1]王如音（2008），《不同程度华裔学生之阅读策略研究》（未出版的硕士学位论文），台湾师范大学华语文教学研究所，台北市。

[2]杜雯华（2000），《美籍学生中文阅读过程的策略研究》（未出版的硕士学位论文），台湾师范大学华语文教学研究所，台北市。

[3]吴勇毅（2001），《汉语“学习策略”的描述性研究与介入性研究》，《世界汉语教学》，第4期，第69—74页。

[4]信世昌（2001），《华语文阅读策略之教程发展与研究》，台北市：师大书苑。

[5]Bernhardt, E. B. (1986), Reading in the Foreign Language. In B. H. Wing (Ed.), Listening, Reading, and Writing: Analysis and Application (pp. 93—115). Middlebuny, VT Northeast Conference on the Teaching of Foreign Languages.

[6]Brown, A. L. (1980), Metacognitive Development and Reading. In R.J. Spiro, B.C. Bruce, & W.F. Brewer (Eds.), Theoretical Issues in Reading Comprehension (p.431—481). Hillsdale, NJ: Erlbaum.

[7]Coady, J. (1979), A Psycholinguistic Model of the ESL Reader. In R. Mackay, B. Barkman, and R. R. Jordan (Eds), Reading in a Second Language (pp. 5—12). Rowley, Mass.: Newbury House.

[8]Davis, J. N., & Bistodeau, L. (1993). How do L1 and L2 Reading Differ? Evidence from Think Aloud Protocols. The Modern Language Journal, 77 (4), 459—472.

[9]Eskey, D. E. (1988). Holding in the Bottom: An Interactive Approach to the Language Problems of Second Language Readers. In P.L. Carrell, J. Devine, and D. E. Eskey (Eds.), Interactive Approaches to Second Language Reading (pp. 93—100). New York: Cambridge University Press.

[10]Everson, M. E., & Ke, C. (1997). An Inquiry Into the Reading Strategies of Intermediate and Advanced Learners of Chinese as a Foreign Language. Journal of Chinese Language Teachers Association, 32(1), 1—20.

从教学的角度看现代华语差比句的句法表现及语序类型

张淑敏
台中教育大学

摘　要：对于华语文的学习者而言，若其母语为其他外语或方言，就很容易被母语的习惯干扰，甚至将母语的规则迁移覆盖到华语文的规则上，故本文主要的内容拟从教学的角度，用较为简明易懂的方式来仔细厘清现代华语“差比句”（含“比字句”、“于字句”、“过字句”等）重要的句法特征，借以协助华语文差比句的教导与学习。本文的讨论重点如下：

（1）现代华语“差比句”的“比较标志”、“比较基准”，以及“比较谓语”之间的相对词序。

（2）引介“比较基准”的比较标志，其相关的语法范畴、出现位置、格位表现等句法特征。

（3）“比字”其后邻接的词组，表面上可分为名词组、介词组、动词组、句子，甚至是一个不完整的句法成分。对于这样多元的句法表现，到底是什么原因造成的？和“比较标志”的词类有无关联？本文拟提出一个适切合理的解释。

我们会把本文的研究成果，建立成电子数据库，挂于我们的网页上，以便提供给华语文教师及学习者使用。因此，本文无论在教学应用上、学术研究上，或者语料的保存上，都将具有相当程度的重要性、创新性以及参考价值。

关键词：现代华语；差比句；句法表现；语序类型

1. 前言

多年来，许多语言学家以及语言教师已经证明了“语序类型”对语言的教导与学习具有相当程度的影响力，并且不少学者［如：Hawkins（1983）、Siewierska（1988）、Dryer（1992, 1999）、刘丹青（2004）等］更发现了“介词语序类型”可能比“动宾语序类型”更具影响作用。此外，近年来更有不少西方学者发现了“比较句”的句法特征可充当“语序类型”教学与研究的重要指标，并陆续加入了不少世界语言的语料。其中 Stassen（1985）的研究更是涵盖了 110 种语言的比较句，故在此我们拟加入华语差比句的语料，来探讨其相关的句法表现，并分析句中带有比较意义的介词（组）与其他句法成分的语序关系，最后讨论这些语序关系与类型学中各种语序原则的互动情形。

2. 华语“差比句”的介词（组）类型与相关语序

现代华语差比句中，含有介词（组）的句子大致有下面例（1）的几种句式：

（1）a.我比你（更）矮。

b.他的力量大于你。

不管是现代华语还是闽南语的差比句，“比字句”都占最大宗，而“于字句”在华语差比句中已很少使用了。

“比字介词组”中的“比字介词”源自于动词，并且在现代语法中属于“前置词”用法，后接受格宾语；整个介词组通常出现于主语比较项之后，谓语之前［如：（1a）］。另一方面，“于字介词组”中的“于字介词”虽然也属于“前置词”用法，后接受格宾语，但是整个介词组只能出现于谓语之后［如：（1b）］，故两种句式中的介词组与其他句法成分的相对语序，具有很大差异性。

此外，还有一种含有比较标志“过”的差比句，如下面例句（2）所示：

（2）我的成绩{赢/胜/高...}过你的。

对于这类差比句中的“过”字，学者一般认为其词类尚不属于介词，因为其动词性质还太强，如下面例句（3）所示：

（3）他{赢/胜/高...}过了你/*他{高/赢/胜}了过你。

例句（3）是说明：如果我们将完成貌标志“了”插入含“过”的差比句时，是插在“过”字之后，而非之前，可见“过”字与前方的动词或形容词关系较为紧密，甚至形成复合词。因此我们在此不将“过”字词组视为介词组。

综合以上所述，现代华语的差比句中，含介词组的只有“比字句”与“于字句”。在下面各节中，我们就一一来检验这些句子与语序类型学各相关规则的互动关系。

3. “语序类型学”的各个相关规则

在本节中我们拟逐一探讨：“联系项原则”、“语序和谐原则”、“时间顺序像似原则”以及“信息结构原则”，如何制约华语差比句的介词（组）语序。

3.1 “联系项原则”

Dik（1997）所提出的“联系项原则”是对介词或连词的语序影响最直接的普遍原则。此原则要求：联系项（介词或连词）位于所联系的两个语法成分之间，如：“动词+介词组”（V+PP）的语言，宜使用前置词；“介词组+动词”（PP+V）的语言，宜使用后置词，所以，更精确地说，此原则可称为“联系项居中原则”。世界上有很多语言的语序是符合这个原则的，因此 Dik 认为这个原则的作用很强。可是它对现代华语差比句的作用又是如何呢？其核心论点是否可行？此处是我们想讨论的重点。

如上一节所述，现代华语“比字句”中的“比字介词组”，是出现于谓语词组之前的（如：

比你高），而充当联系项的“比”字是属于前置词，并非位于这两个词组的中间位置，所以并不符合“联系项原则”的要求。

另一方面，现代华语差比句中，亦残存了少数古华语遗留下来的“于字句”（如：大于你）。在这类句子中，“于字介词组”出现于谓语词组之后，因此担任联系项的“于字介词”，正好位于谓语及受格宾语之间，故满足了“联系项原则”的要求。然而，“于字句”多用于书面语，相较于“比字句”而言，其数量算是相当稀少，因此较不具有指标性。

此外，根据多位语言学者的考证[如：史佩信（1993）、李讷&石毓智（1998）、张赪（2002）等等]，华语自东汉以后，介词组逐渐前移至谓语前，故华语差比句也逐渐从谓语后的句式，转变为谓语前的句式，经过历史的递嬗，演变成现代华语及其相关方言间“比字句”占最大宗的情况。故“比字句”在差比句式中最具指标性。然而，这种最具指标性的“比字句”，语序却不符合“联系项居中原则”的要求，因此，Dik 所说的“联系项原则”作用很强，这个论点是否真的那么正确，就有待斟酌。因为 Dik 研究的语言中，不含汉藏语系和南岛语系的语言。未来我们可以多运用这些语言，来进一步深入地考证。

另外，值得注意的一点是：刘丹青（2004）讨论吴方言时，发现有多样的框式介词，所以他建议：华语及其相关方言的语序不符“联系项原则”的相关问题，可以利用后置词或框式介词的概念来解决。例如谈到华语差比句时，他建议：把“比……来得/要/更”重新分析为框式介词，而“来得/要/更”在此应分析为框式介词中的后置词，用来担任框式介词组与其后方谓语词组之间的联系项。然而，这个分析是有待商榷的，因为“来得/要/更”这些词的功能，其实是用来修饰其后的谓语，而非与前方的“比”字结合成一个框式介词，并且这些词在现代华语差比句中都不是必用成分，通常都可以省略，所以硬要将其视为后置词，着实太过牵强，相关例句如下列（4）的句子所示：

（4）a.她比我更漂亮，更活泼，更聪明。

b.有机农产品比传统农产品（{更/来得..}）安全

如果“放宽标准”来看，我们不要硬把“来得/要/更”这一类的词汇视为“框式介词中的后置词”，而只是单纯把这些词视为句中介词组以及谓语词组之间的“联系成分”，那么反而可能获得较适切的诠释。我们可以用现代闽南语的差比句作为例子来看，其比字介词组以及谓语词组之间，确实需要出现一个“较”字（如：比汝较悬），如果把这个“较”字视为联系成分的话，那么现代闽南语的“比字句”就可符合“联系项居中原则”的要求了。而现代华语的“比字句”中，也是经常使用“来得/要/更”等词来充当联系项，只是目前这些词尚属于可用成分，还不是必用成分，因此我们或许可以说：现代华语的“比字句”正朝着满足“联系项居中原则”的方向前进。

3.2“语序和谐原则”

Greenberg（1966）提出许多语言的共性原则，其中有一些是与“语序和谐”相关的原则，其内容指出了不同结构的语序之间跨语言的相关性。其中一条是与“介词语序”相关的部分，内容大致言及：后置词与 OV 语序和谐；前置词与 VO 语序和谐。此外，Dryer（1992）更进一步注意到了介词组（PP）相对于动词的语序，并且发现介词组是所有参项中与动宾结构语序的对应关系最密切的，几乎没有例外。他的论点是：VO 语序与 V+PP 语序和谐，而 OV 语序与 PP+V 语序和谐。

使用上述的“语序和谐原则”来检验现代华语的“比字句”，我们可以发现：其语序并不符合上述 Greenberg（1966）的“语序和谐原则”，亦即：“比字句”是 OV 语序，使用的却是前置词（如：比你高、比汝较悬）；另一方面，“比字句”却符合 Dryer（1992）所提的介词组与动宾结构语序的和谐原则，亦即：“比字句”是 OV 语序，并且“比字介词组”出现在谓语前（PP+V）。然而因为 Dryer 的这一条语序和谐原则是经过 940 个语言的验证而得，而且几乎没有例外，因此我们可以说：经过现代华语“比字句”的验证，Dryer（1992）的此一原则，确实比 Greenberg（1966）的“语序和谐原则”来得精确。

接着，再来检验现代华语的“于字句”，我们可以发现：其语序符合上述 Greenberg（1966）的“语序和谐原则”，亦即：“于字句”是 VO 语序，并且使用前置词（如：大于你）；此外，“于字句”也符合 Dryer（1992）所提的语序和谐原则，因为“于字句”是 VO 语序，而且“于字介词组”出现在谓语后（V+PP），故“于字句”符合了以上两种语序和谐原则。

小结本节所述：除了 Dryer（1992）检验过的 940 个语言之外，现代华语的“比字句”与“于字句”，也都符合 Dryer（1992）的“介词组语序和谐原则”，因此 Dryer（1992）的这个原则应该比 Greenberg（1966）的“介词语序和谐原则”更具可信度。

3.3 “时间顺序像似原则”

自 Haiman（1980）把“像似性”（iconicity）的概念运用到语法上之后，陆续就有不少语言学家使用这个概念来诠释语言相关现象。而在戴浩一（1985）的文章中，更进一步使用“时间顺序像似原则”来解释华语句法结构的语序，之后便有更多的华语学者相继加入讨论相关的各项问题。

华语不像其他西方语言，拥有众多的语法标志，因此华语的语序对语法的表现承担了重要责任。行为的时间顺序通常表现为句法成分的排列顺序。反过来，句法成分的排列顺序也就像似于动作的时间先后关系。戴浩一（1985）为解释汉语里的语序现象而提出了一条“时间顺序原则”（the principle of temporal sequence），表述为“两个句法单位的相对次序决定于它们所代表的概念领域里的状态的时间顺序”。他举了两个经典例子：

（5）a.他[在马背上][跳]。

b.他[跳][在马背上]。

据此，戴浩一（1985）认为：华语的句子在词序和动作顺序上是一致的。

然而对于本文所要讨论的现代华语“差比句”的“介词”类型而言，前置词与后置词并无“像似性”方面的差异；而“介词组”相对于核心动词的位置，也无“像似性”方面的差异。也就是说，这些差比句的介词（组）是出现于动词前或动词后，并不是由于“像似性原则”造成的。因为华语及其相关方言自介词组大量移至谓语前之后，这个语序演变至今，在大部分的句式中，已成为语法化程度很高的固定位置，并非是受到像似性的相关原则影响所致。

此外，据刘丹青（2004）的说法，在介词组与核心动词的语序保持一致的语言里（如：日语），像似性原则难起作用；而在介词组与核心动词的语序不固定的语言中，像似性原则才会起一点作用，如：广西武鸣壮语，大部分的介词组都在动词后，但表示起点、来源的介词组却出现在动词前，就是受到“时间顺序像似原则”的制约所致。最后刘丹青（2004）总结出：在现代华语中只有表示下列两大类语意的介词组，是因为“时间顺序像似原则”之故，而被置于动词后，亦即：(1) 表示方向的终点介词组（如：开往台北）；(2) 表示接收者的终点介词组（如：寄给小明）[1]。

然而，我们若检验现代华语“比字句”及“于字句”的介词组，就可以发现：在古汉语残存下来的“于字句”中，表示“比较基准”的“于字介词组”仍留在动词后，但这个结果并非由于“时间顺序像似原则”所造成，而是因为先秦汉语的主要句式是 SVO 语序，因此上述刘丹青（2004）所提的结论也并不完全正确。

3.4 “信息结构原则”

Halliday（1967）提出了所谓“信息结构原则”的概念，而刘丹青（2004）指出：在华语介词组语序中起作用的“信息结构原则”主要是“从旧到新的原则”，包括从有定到无定、从已知信息到未知信息、从话题到焦点等。这个原则是否能适用于解释华语的“差比句”，就是本节所要探讨的课题。

诚如上一节所述，古汉语及其相关方言自“介词组”大量移至谓语前之后，这个语序演变至今，在大部分的句式中，已成为语法化程度很高的固定位置，也并非因为受到“信息结构原则”的影响所致，所以现代华语的差比句中，介词组在动词前的“比字句”占最大宗，而介词组残留在动词后的“于字句”，只剩下极少的数量，表示这个语法化的过程尚未结束。若没有其他阻碍因素，按这个演变途径的方向持续进行的话，在未来的某个时期，“于字句”就有可能会被其他拥有“动前介词组”的差比句完全取代。

3.5 余论与小结

刘丹青（2004）指出：介词与介词组的类型必须受到多种语序原则的制约，并非单一的原则就可以处理。这说法是否正确，是本节所要讨论的最后议题。

在上述第三节里，我们逐一探讨了各个语序类型学相关原则，如何制约现代华语差比句的介词（组）的语序。在此，我们归纳出下列三点结论：

(1)“联系项原则”与“语序和谐原则”较有制约的力量，而“时间顺序像似原则”以及“信息结构原则”则较无效用。

(2) 不管是“比字句”还是“于字句”，都符合 Dryer（1992）的“语序和谐原则”，而“比字句”却不符合 Greenberg（1966）的“语序和谐原则”，因此这个结果更进一步验证了“介词组（PP）与动宾语序的和谐关系”，确实比“介词类型（前置或后置）与动宾语序的和谐关系”在语言类型学上更具有指标性的意义。

(3)“于字句”符合 Dik（1997）所提出的“联系项居中原则”，而“比字句”则必须在我们放宽标准去把“来得/要/更”等词视为联系项的情况下，才能符合此原则的要求。因此这个原则在现代华语差比句上的运作，效用看起来并没有比“语序和谐原则”来得强烈，这个结果和刘丹青（2004）与 Dik（1997）的看法有了出入。到底“联系项居中原则”和“语序和谐原则”在华语及其相关方言上的作用哪个较强，可能还需要持续加入更多相关的语料，才能做更精确的定论。

总结以上所述：由于非单一原则或因素的制约，华语差比句的介词（组）语序，格局并

---

①其实有部分表示“处所”的介词组（如：住在台中）也可出现于动词后，所以刘丹青（2004）的说法尚有缺漏。

不单纯，就目前我们观察到的语言现象，正如同刘丹青（2004）所言："……的确存在违背某一原则的局部现象，但总体格局和演变趋向都是尽可能符合更多原则的"。这些经过诸多世界语言检验过的语序类型学原则，在汉藏语系及南岛语系各个语言上的运作能量究竟如何，仍是未来相当值得深入研究的课题。

4. 检视比字词组的多样的句法表现：历时加上共时的观点

关于华语的比字句，其"比字"后方邻接的词组，在表层结构上可分为名词组、介词组、动词组、句子，等等，甚至是一个不完整的句法成分。例句如下所示：

（6）a.张三[打字]比[写字]快。（动词组比较）（洪伟美（1991））

b.[林志玲]比[蔡依林]高。（名词组比较）

c.[张三骑车]比[李四走路]快。（子句比较）（邢仁杰（2003））

d.我[在家里]比[在学校]（更）快乐。（介词组比较）

e.我[今天]比[昨天]心情更好。（副词组比较）

（7）a.张三[$_{VP}$打字]比[$_{NP}$李四]快。（中研院平衡语料库）

b.张三[$_{PP}$对他妈妈]比[$_{NP}$菲佣]细心

对于这样多元的句法表现以及比字的词类归属，我们认为：仅仅运用共时的观点来分析比较句的语料是不够的，应该还要参照李佳纯（1994）所提的历时的观点，方能得到完整的解释。

根据李佳纯（1994）的研究，整个汉语方言群的比较句，还是处于历时的演变过程当中，整个演变方向大致是从第二比较项处于谓语后的结构，演变成谓语前的结构，所以现代华语的比字句中，比字词组才会出现于谓语前，然而还有很多方言是谓语后结构与谓语前结构并存，显示演变过程尚未结束。同样地，邢仁杰（2003）的文章中亦指出：刘辰生老师与曹逢甫老师（p.c.）也提到"比字"还在虚化的过程中，因此我们才会看到华语比较句中那样多元的句法表现同时存在。而参照汉语方言动词的虚化方向，我们可以发现：大致方向是：动词（verb）→介词（preposition）→连接词（conjunction）→补语连词（complementizer）[①]。所以针对华语差比句，我们不能像过往的学者们那样，只用共时的观点加上单一的分析方式来说明，而是必须以历时加上共时的观点，才能解释华语差比句中同时具有平行的连接与不平行的加接两种句法特征，例句如下所示：

（8）a.[打小孩]，[张三]比[李四]打得凶。（平行的连接结构）

b.[他]不见得比[你]更了解状况。（不平行的加接结构）

c.[我]（不）可能比[你]胖。（不平行的加接结构）

d.[他]应该会比[你]先到。（不平行的加接结构）

e.[林志玲]肯定比[蔡依林]高。（不平行的加接结构）

我们可以说：华语差比句中，"比字"从动词虚化成介词后，亦可能像其他方言一样，

---

①虽然也有极少数方言的虚化过程是动词同时演化成介词与连接词，或者跳过中间某个程序，直接变成下一种词类（如：跳过[介词]的程序，直接变成[连接词]），但大致上都是遵循我们所列出的这个虚化方向。

也有虚化成连接词的倾向，因此才会在加接的特征之外，出现了一些连接结构的句法特征。此外，“比字”后方除了名词组外也可以出现子句，这可能是“比字”继续朝“补语连词”的方向演化所造成的结果。如此一来，“比字”亦绝非一种词类可以囊括。

此外，从上述例句（7）中我们可以发现：不同结构的两个词组也可以拿来担任比较项，从而形成特殊形式的差比句。这种现象则是肇因于第二比较项中与第一比较项相同的句法成分（如：[$_{VP}$打字]、[$_{PP}$对他妈妈]）被删略掉所促使的（参邢仁杰（2003:35））。

5. 结语

由于篇幅的限制，本文大致讨论了现代华语差比句一些重要的句法表现与相关语序问题，其他未竟之处，留待日后再与大家一起切磋。

参考文献

[1]史佩信（1993），《比字句溯源》，《中国语文》，第 6 期。

[2]吕叔湘（1942），《中国文法要略》，北京：商务印书馆。

[3]邢仁杰（2002），《汉语中带比字的比较句》，清华大学硕士学位论文。

[4]李讷、石毓智（1998），《汉语比较句嬗变的动因》，《世界汉语教学》，第 3 期，第 16—28 页。

[5]科姆里（沈家煊译）（1989），《语言共性和语言类型》，北京：华夏出版社。

[6]张　赪（2002），《汉语介词词组词序的历史演变》，北京：北京语言文化大学出版社

[7]赵君萍（2005），《汉语词组与子句比较句之研究》，交通大学硕士学位论文。

[8]刘丹青（2004），《语序类型学与介词理论》，北京：商务印书馆。

[9]钟绣如（2006），《汉语比字比较句的句法》，中正大学硕士学位论文。

[10]熊仲儒（2007），《现代汉语与方言中的差比句》，《语言暨语言学》，第 4 期，第 1043—1063 页。

[11]Dik, Simon C. (1997). “The Theory of Functional Grammar. Part 1: The Structure of the clause.” 2nd edition, edited by Kees Hengeveld. *Functional Grammar Series 20*. Berlin: Mouton de Gruyter.

[12]Dryer, Matthew S. (1992). “The Greenbergian Word Order Correlations” *Language* 68: 81—138.

[13]Greenberg, Joseph H. (ed.) (1966) *Universals of Language*. Cambridge, Mass. First Edition, 1963. [2nd. ed. 1966].

[14]Haiman, John. (1980). “The Iconicity of Grammar: Isomorphism and Motivation.” *Language*, 56: 515—540.

[15]Halliday, Michael A. K. (1967). “Notes on Transitivity and Theme in English, Part 2.” *Journal of Linguistics*, 3: 199—244.

[16]Hawkins, John, A. (1983). *Word Order Universals*. New York: Academic Press.

[17] Huang, Hsuan-fan. (1982). "Historical Change of Prepositions and Emergency of SOV Order." In *Huang's Papers in Chinese Syntax*. 165-206. Taipei: Crane.

[18] Lehmann, Winfred P. (1978). "Conclusion: the profound unity underlying languages." In W. Lehmann (ed.) *Syntactic typology : studies in the phenomenology of language*. Austin: University of Texas Press.

[19] Li, Charles N., and Sandra A. Thompson. 1981. *Mandarin Chinese: A functional reference grammar*. CA: University of California Press.

[20] Li, Chiachun（李佳纯）.（1994）. *Comparative Constructions In Southern Min—A Diachronic and Typological Perspective*. Master thesis. National Tsing Hua University.

[21] Siewierska, Anna. (1988). *Word Order Rules*. New York: Croom Helm.

[22] Stassen, Leon. 1985. *Comparison and Universal Grammar*. Oxford: Basil Blackwell.

[23] Sun, Chaofen. (1996). *Word Order Change and Grammaticalization in the History of Chinese*. Stanford: Stanford University Press.

[24] Tai, H-Y. James(戴浩一). (1973). "Chinese as a SOV Language." In C. Corum et al (ed.) Papers from *the 9th Regional Meeting of Chicago Linguistics Society*, Chicago: Chicago University Press.

[25] —. (1976). "On the Change from SVO to SOV in Chinese." Papers from *the Parasession on Diachronic Syntax.* Chicago Linguistic Society. Chicago: Chicago University Press.

[26] —. (1985). "Temporal sequence and Chinese word order." *Iconicity in Syntax*, ed. by John Haiman. Amsterdam and Philadelphia: John Benjamins.

[27] Vennemann, Theo. (1974). "Topics, Subjects and Word Order. From SXV to SVX via TVX." In J. M. Anderson and C. Jones (eds), *Historical Linguistics*, I. Amsterdam: North-Holland.

[28] —. (1984). "Typology, universals and change of language." In Fisiak, J. (Ed.), *Historical Syntax.* Berlin: Mouton. 593—612.

英语语者和法语语者于华语声调感知之比较

廖淑慧
文藻外语学院应华系

摘　要：本研究通过听觉感知与发音朗读两部分的分析，观察8名以英文为母语的学习者和8名以法语为母语的学习者在华语声调习得方面的情形。研究结果显示，英语语者和法语语者普遍比较无法掌握华语的第二声（tone2）与第三声（tone3），其中英语语者倾向将Tone2听成Tone3，法语语者则倾向将Tone3听成Tone2。本文将对此现象进行分析，研究以语音听辨作为听觉感知的实验方法，采60个包含四声的单音节词语与64组四声调组合的双音节词语，由被研究的对象进行听辨。在发音朗读方面，本研究录下研究对象包含60个单音节词语与96组双音节词语的语音文件，利用praat软件进行语音分析，再比对英语语者和法语语者的表现。由发音的分析来看，本研究发现英语语者和法语语者普遍有调域过窄的情形，这个现象可以与其听辨测试中Tone2、Tone3混淆的情形互相印证，由此可知学习者在华语声调学习上的具体难点，有助于教师制定有效的教学策略。

关键词：声调感知；英语语者；法语语者；调域

1. 前言

Dupoux（1997）等人曾对比法语与西班牙语的受试者对于重音的感知，发现法语受试者无法区分西班牙语重音有无的差别，所以，以“deaf”来形容法语受试者在重音感知方面的表现。因为法文是非声调语言（nontone language），它同时也是无重音语言（nonstressed language），法语语者在华语声调方面的表现如何，是一个值得探讨的主题。英语也是非声调语言，但是双音节以上的词汇则会标示重音，这项特色是否影响英语语者在华语声调上的表现，是本研究计划探讨的重点。

拙著《法语语者华语声调习得之偏误分析——从声学观点谈起》对于法语语者习得华语声调的偏误现象已有所分析，研究中简单比较了法语语者和英语语者对于华语声调的听辨能力，发现英语语者和法语语者普遍比较无法掌握华语的第二声（tone2）与第三声（tone3），其中英语语者倾向将Tone2听成Tone3，而法语语者则倾向将Tone3听成Tone2，是否因为母语迁移的原因而造成这种偏误现象呢？何以两者偏误的情形会以这种方式呈现？本研究计划将对此作进一步探析。

2. 文献探讨

关于华语声调的学习方法与策略，前贤的研究十分丰富，如：朱川《外国学生汉语语音学习对策》（1997，北京：语文出版社）、曾毓美《对外汉语语音》（2008，长沙：湖南师范大学出版社）、吴宗济《现代华语语音概要》（1992，北京：华语教学出版社），这些研究大致是针对普遍性的语音学习议题；此外，席洁、姜薇、张林军、舒华的《汉语语音范畴性知觉及其发展》（2009，〔北京〕《心理学报》，第 41 卷第 7 期，第 572—579 页）、张月琴、石磊的《台湾华语声调范畴感知》（2000，《清华学报》，新 30 卷第 1 期，第 51—65 页）、陈彩娥、李思恩、钟荣富的《音高与声调的相互关系及其在华语文教学上的启示》（2004，《华语文教学研究》，第 1 卷第 1 期，第 109—135 页）、曾金金的《东南亚学生华语声调听辨分析》（2006，《华语语音数据库及数字学习应用》，台北：新学林出版公司，第 107—121 页）等研究，在语音的范畴感知方面，有详尽的探讨，只是研究对象或为台湾的华语母语者，或为东南亚的华语学习者，并未针对法语或英语语者，然而以英、法语等非声调语言之语者为对象的研究也有一定的必要性。

Wang, Y., Spence, M. M., Jongman, A., & Sereno, J. A. (1999)的研究，以英语语者学习华语声调为研究范畴，指出了英语语者在声调感知方面的若干现象，具参考价值；而 Hallé, P. A., Chang, Y.-C., & Best, C. T. (2004)的研究比较了华语语者和法语语者对华语声调感知的差异，在研究的对象与主题方面与本研究计划较接近，但文中仅仅对焦于法语语者声调感知的现象分析，并未将之与其他非声调但有重音的语言使用者（如英语语者）之感知情况作对比，本研究计划拟在上述研究的基础上进行串连式的探讨。

根据 Wong, P. C. M., & Perrachione, T. K. (2007)的研究显示，将声调与词汇相互搭配学习是必要的，因此本研究计划也将以词汇为单位，进行听辨与朗读两部分的语料采集。

3. 研究方法

3.1 受试对象

本文研究对象是 8 名以英语为母语的学习者和 8 名以法语为母语的学习者，均为文藻外语学院华语中心的学生。英语语者包括 5 名男性（代号为 EM1-EM5）、3 名女性（代号为 EF1—EF3），国籍为美国、英国和澳洲；法语语者包括 4 名男性（代号为 FM1—FM4）、4 名女性（代号为 FF1—FF4），国籍为法国和比利时。全体受试者平均年龄约为 25 岁，华语程度介于 A2 至 B1 之间，在学习华语以前，均无声调语言的学习背景。

3.2 测试语料

本研究测试包含两部分，一为声调听辨，一为发音分析。听辨测试包含“单音节词语”与“双音节词语”两部分。语料为 60 个包含四声的单音节词语，与 64 组四声调组合的双音节词语。听辨测试中的单音节与双音节词语，第三声（以下简称 T3）均采用全上发音。

发音测试是包含单音节词语 60 个、双音节词语 64 组和短句 32 句的朗读录音，录音用的题目印制于纸本上，所有词语与语句皆以汉字与汉语拼音并行标示，部分词汇也标注英文。

3.3 录音人员与测试仪器

听辨的语音数据由一名女性发音人（代号为 C1）在文藻外语学院华语中心计算机教室录制，发音人年约 60，为资深的华语正音教师，生于南京，长于台湾，母语为华语，且无其他地方方言背景。

发音测试是通过 Audacity 软件在计算机上录制。对照组的语音数据，则是由 3 名华语语者利用相同仪器在同一地点录制。代号 C1 为听辨测试中的发音人，C2 为年约 40 岁的女性，母语为闽南语，无明显闽南语口音。C3 是年约 40 的男性，为文藻外语学院华语中心教师。

3.4 施测步骤

听辨与发音测试分三次进行，采个别测试的方式，每次间隔一周，进行的步骤为：先听辨测试，后发音测试。

听辨与发音测试施测的地点在文藻外语学院华语中心计算机教室录音间。听辨测试通过录音机播放语料，再由受试者将听到的单音节与双音节词语的声调标示在答案纸上。每个单音节词语约间隔 4 秒，每组双音节词语约间隔 5 秒，测试只播音一次，不可回头重听，但鼓励受试者对不确定的声调猜测作答。

录音测试的步骤是，录音前先发给纸本题目，受试者录音前已看过题目，且可以提出问题获得解答，在自觉准备妥当的情况下进行录音。每次录音的内容包括单音节词语、双音节词语和短句。

4. 听辨测试结果分析

4.1 单音节词语

听辨测试的结果显示，无论英语语者或法语语者，在单音节词语方面均有不错的表现。英语语者答错率仅 9%，其中第一声（简称 T1）答错率占 4.4%，第二声（简称 T2）占 16.1%，第三声（简称 T3）占 11%，第四声（简称 T4）占 6.2%。在法语语者方面，答错率为 12%，其中第一声（简称 T1）答错率占 5.5%，第二声（简称 T2）占 11.7%，第三声（简称 T3）占 17%，第四声（简称 T4）占 9.2%（见表 1）。英语语者在 T2 出现较高的错误率，主要是将 T2 听成 T3；而法语语者则在 T3 的错误率明显高于其他三个声调，其错误类型则以错听成 T2 的情形最多。

表 1 单音节词语听辨错误统计

	T1	T2	T3	T4	总计
错误百分比英/法	4.4% / 5.5%	16.1% / 11.7%	11% / 17%	6.2% / 9.2%	11% / 12%

在 T2 的错误中，英语语者将 T2 听成 T3 的这种错误类型占该项错误的 83%，将 T2 听成 T1 的占该项错误的 16%；而在法语语者方面，法语语者将 T3 听成 T2 的这种错误仅占该

项错误的29%，将T2听成T1的占该项错误的48%，是前项的1.7倍。

在T3的错误中，英语语者将T3听成T2的错误类型占该项错误的35%，而法语语者将T3听成T2的，则占该项错误的91%。

这项结果说明受试者错误类型具有方向性，英语语者倾向将曲线弧度小的往曲线弧度大的一方靠近，如：将T2听成T3；而法语语者则倾向将曲线弧度大一点的调听成较平的调，如T3往T2倾靠，T2则往T1倾靠。法语语者这种错误的类型与英语语者不太一样，Kiriloff（1969）曾调查12名澳洲学生对单音节声调的感知，发现T2、T3也是英语语者错误最多的声调，其中T2听成T3约为T3听成T2的两倍。Bent（2005）针对美国学生的研究也得到相同的结论，英语语者似乎较倾向将声调听成往下沉的音，这与我们在测试中看到法语语者的错误类型是不同的。

4.2 双音节词语

在64组双音节词语的听辨测试中，受试者错误的数量比单音节词语高出很多（表2），且错误类型复杂，此与受试者须处理的语音讯息增多有关，本文兹举几项观察原则与现象在此说明。

表2 双音节词语听辨错误统计

	T1+T1	T1+T2	T1+T3	T1+T4	T2+T1	T2+T2	T2+T3	T2+T4
（英）错误百分比	6.6%	20%	20%	16.7%	45%	40%	30%	30%
（法）错误百分比	10%	16.7%	27.5%	26.7%	30%	26%	17.5%	30%
	T3+T1	T3+T2	T3+T3	T3+T4	T4+T1	T4+T2	T4+T3	T4+T4
（英）错误百分比	20%	26%	66%	28.3%	33.3%	36.7%	25%	16%
（法）错误百分比	40%	44%	68%	53%	47%	47%	45%	22%

1.双音节词语中，出现一个或两个音节标示错误即认定错误，则双音节词语错误的调型，英语语者多集中在以T2和T3为前音节的词组上，法语语者则集中在以T3与T4为前音节的词组上，两者尤以T3+T3类型为错误的高峰。

2.图表2与图表3统计交叉分析的结果显示，英语语者在以T2为前音节的词组，其错误大多发生在前音节的误判，这类词组后音节正确率较高；以T3为前音节的词组，其错误大多发生在T3+T3的类型，其他类型尚佳。

3.法语语者以T3为前音节的词组，其错误大部分出现在前音节的误判上（错误百分比42%），最大宗的错误类型是把T3判读为T2（见表3），以T3+T3的词组中，受到上上相连，前上变调的影响，将T3误判为T2，而出现82%的错误率是可以理解的，但在T3与其他三声调相搭的双声调词组中，受试者也倾向将T3判读为T2，说明在双音节中，T3往T2倾靠的情形一样存在。

表 3　以 T3 为前音节词组之 88 个错误分布统计

前音节 T3→误判	T3+T1	T3+T2	T3+T3	T3+T4	总计
前音节 T3→T1 英/法	0 / 0	0 / 1	0 / 4	0 / 0	0 / 5
前音节 T3→T2 英/法	3（15%） 14（70%）	5（27.8%） 16（89%）	8（28.6%） 23（82%）	4（27.3%） 14（64%）	20（22.7%） 67（76%）
前音节 T3→T4 英/法	4 / 6	0 / 1	1 / 1	6 / 8	11 / 16
总计 英/法	7 / 20	5 / 18	9 / 28	10 / 22	31 / 88

4.以 T4 为前音节的词组，错在前音节与错在后音节的比例相当。

5.以 T2 与 T3 为后音节的词组，容易出现误判，英语语者与法语语者皆然。（见表 4）

表 4　双音节词语前、后音节错误统计

	T1	T2	T3	T4
前音节总数	13	17	21	13
（英）错误百分比	10%	35.3%	19.5%	9%
（法）错误百分比	16%	20%	42%	21%
	T1	T2	T3	T4
后音节总数	15	16	15	18
（英）错误百分比	6.7%	25%	14.7%	5.6%
（法）错误百分比	8%	22%	17%	9%

5. 发音测试结果分析

5.1 单音节词语发音测试

华语四种声调各有其基频走势（F0 trajectory），声调的基频走势就是基频于时间向度上的变化曲线（contour）。赵元任（1948）所创的五度标记法，即是将华语四种声调形态简化的结果。我们的做法是，分析受试者的发音，绘出其基频走势曲线，用以观察他们在声调发音方面的现象。在单音节词语部分，包含 T1 词 8 个，T2 词 19 个，T3 词 20 个，T4 词 13 个共 60 个音节，每个音节取起始、中间和末尾 3 个点，利用 Praat 软件测量每一个点的音高（pitch），将测得的音高值（Hz）键入 Excel 中统计，同一个声调的 3 个点各有其平均值，3

个点的平均值连画出的曲线，即是受试者在该声调上的表现形态。

经上述音高追踪（pitch tracking）的方式，检验受试者声调的基频形态，发现无论英语语者或法语语者都普遍有调阈窄化的情形，且 T2 与 T3 无论在调阈或基频曲线形态上都过于接近，甚至模糊难辨，这种现象与听辨测试中 T2、T3 经常混淆的情况相呼应。16 名受试者的四声平均基频值（Hz）表列如表 5。

表 5 16 名受试者的四声平均基频值（Hz）

编号	T1 始	T1 中	T1 末	T2 始	T2 中	T2 末	T3 始	T3 中	T3 末	T4 始	T4 中	T4 末
EM1	138	134	131	108	85	128	98	85	123	131	109	85
EM2	140	140	140	111	95	133	109	91	130	150	130	111
EM3	122	122	122	84	94	140	80	82	131	145	120	96
EM4	137	137	137	97	88	122	97	86	109	157	122	86
EM5	145	145	145	96	87	133	96	83	141	145	116	86
EF1	208	205	205	176	168	263	180	149	220	269	226	183
EF2	266	266	266	195	189	265	201	180	249	280	225	171
EF3	236	236	236	214	153	216	210	161	203	262	219	177
FM1	150	133	142	103	99	122	98	73	107	172	137	108
FM2	139	140	140	105	104	120	108	103	124	145	124	106
FM3	136	132	131	101	103	140	88	85	130	146	113	94
FM4	112	107	108	86	78	127	82	75	102	127	93	76
FF1	262	249	253	224	195	245	225	189	248	269	244	218
FF2	248	225	229	206	194	215	215	193	224	263	240	215
FF3	274	260	253	207	194	243	227	170	252	284	252	226
FF4	243	232	232	194	165	190	180	150	167	248	231	215

为了进一步说明受试者声调偏于扁平的情形，我们请 C1 与 C2 作为对照组，朗读相同的内容，用同样的方法测量，并绘制声调曲线图如图 1（上左、上右）。图 1（下左、下右）分别为受试者 EF1 和 FM2 的声调曲线图，EF1 为美国籍女性，学习华语一年半，华语程度为初中级；FM2 为比利时籍男性，学习华语两年，华语程度为初中级。检视 16 名受试者的声调曲线，我们发现英语语者的 T2 有往下降而靠近 T3 的现象，而法语语者则刚好与之相反，其 T3 曲线趋于平缓，而有往 T2 粘贴的情形。（16 名受试者个别之单音节声调曲线图请详见附件一）

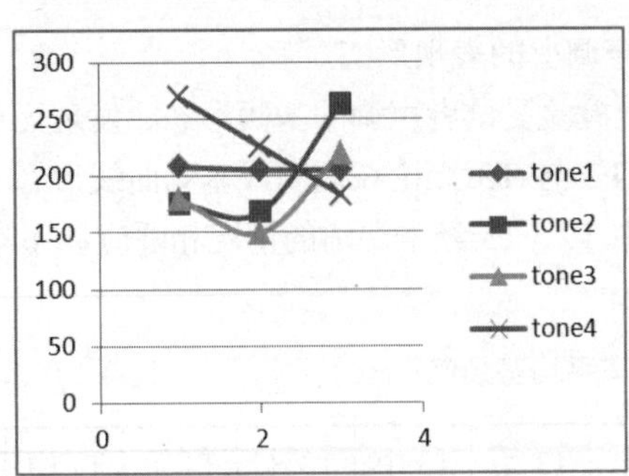

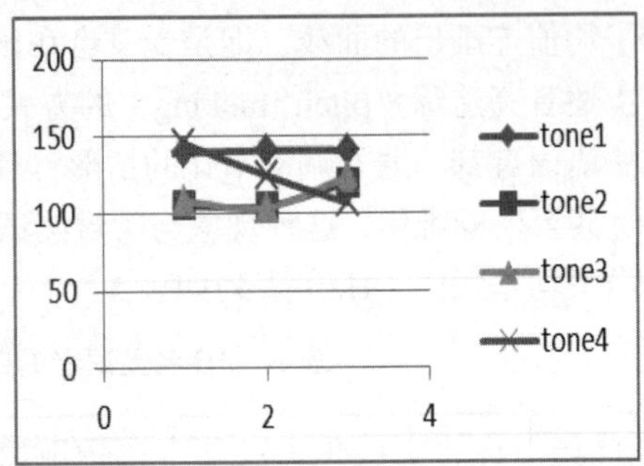

图 1 声调曲线图

注：（上左）为 C1 单音节声调图；（上右）为 C2 单音节声调图。（下左）为 EF1 单音节声调图；（下右）为 FM2 单音节声调图。

华语语者的调阈是比英语语者和法语语者宽阔的，C1 介于 336Hz 与 122Hz 之间，相差 214Hz；C2 介于 328Hz 与 13.5Hz 之间，相差 193Hz。反观 EF1 介于 269Hz 与 149Hz 之间，相差 120Hz，几乎只有华语语者的一半而已；FM2 介于 145Hz 与 103Hz 之间，调阈更只在 42Hz 之间，极为扁平。整体而言，调阈扁窄与 T1、T4 起调不够高有关，T2、T3 的起调也须适当的调整，总之，英语语者的声调是较为扁平的，法语语者尤为明显，虽然他们都有调阈不够宽阔的问题，然而两者在 T2 与 T3 的表现情况上又有些微差异。

5.2 双音节词语、语句发音测试

相较而言，单音节词语的声调容易掌握，在双音节词语的朗读中，因为受到旁边音节连动的影响，走样的机会大多了。在双音节发音的测试中，我们请受试者朗读 64 组双音节词语，包含了 16 种声调组合的形态，每种形态的数量分布见表 6。在双音节发音测试的部分，我们制定了以下的观察原则。

表 6 朗读测试 64 组双音节词语分布情形

调组	1+1	1+2	1+3	1+4	2+1	2+2	2+3	2+4	3+1	3+2	3+3	3+4	4+1	4+2	4+3	4+4
数量	3	2	4	4	5	5	5	3	5	5	6	7	2	2	2	4
型态	HH	HR	HL	HF	RH	RR	RL	RF	LH	LR	RL	LF	FH	FR	FL	FF

T3 采用“半上”形式。由于日常对话中，除了特殊情况之外，T3 实际上皆简化为半上的形态，此原则是回归实际语境。

为了强调各声调的曲线特色，并区隔全上与半上的差别，我们在此依据吴宗济（1992）的区分法，将 T1 定为高调（H），T2 为升调（R），半上的 T3 为低调（L），T4 为降调（F）。T1 确切的说法应该是高平调（H），也就是起音在高调阈的平调。T2 是低升调（R），也就是起音于较低的调阈而终于较高的调阈的形态。至于需上升多少高度，根据王士元等人（1976）与张月琴等人（2000）的研究显示，起点与终点至少必须相差 11～12Hz 才能被听成升调，否则就被听为平调，本文也据此判断受试者 T2 是否合于标准。当然，区辨两个声调最重要的声学特征还是在基频曲线的变化上。王士元的研究指出，T2 的调形为前 20%平调而后上升，与赵元任五度标记法画出的 T2 略有不同，但都可视为 T2 的形态（图 1C1 与 C2 的 T2

曲线正好表现出这两种形态）。T3 若为半上，则成了降调。它与 T4 最大的区别在于，前者起音于低调阈，称为低降调（L），后者起音于高调阈，称为高降调（F）。综上所述，对于声调语言的语者而言，调阈的高低是区别声调的重要特征。

双音节连调最重要的就是起调是否在正确的调阈，譬如一组 T1+T4 的双音节词，两个音节起音都是高调阈，如果 T1 起得太低，T4 就降不下去，挤压的结果，造成了调阈过窄。我们的受试者，也存在相同的问题，以下举实例说明。

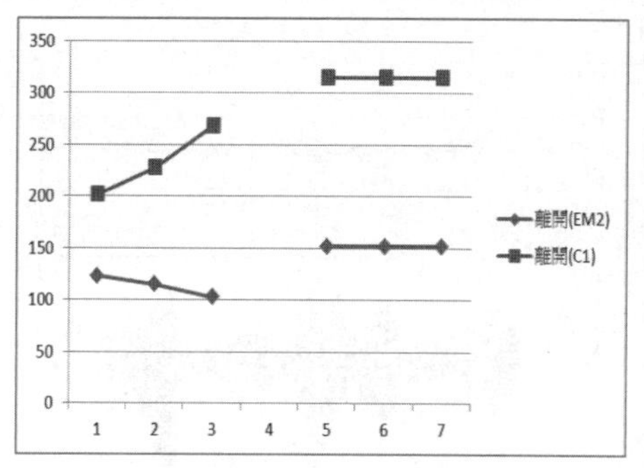

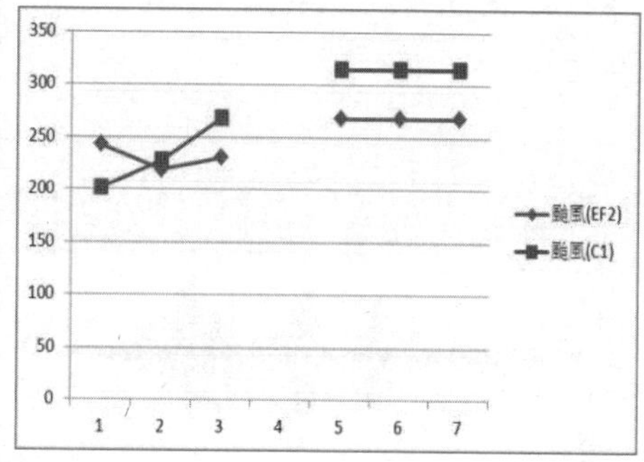

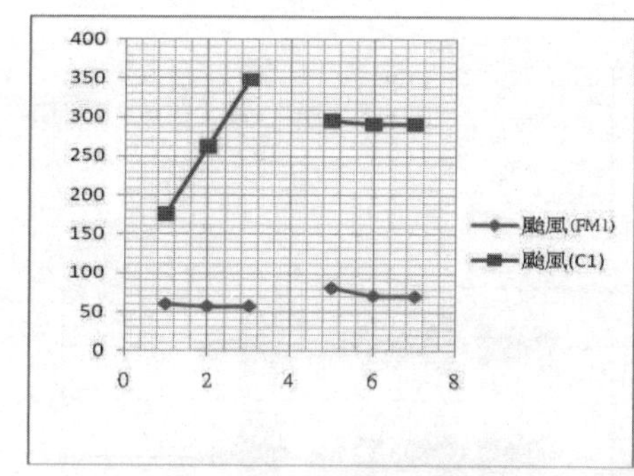

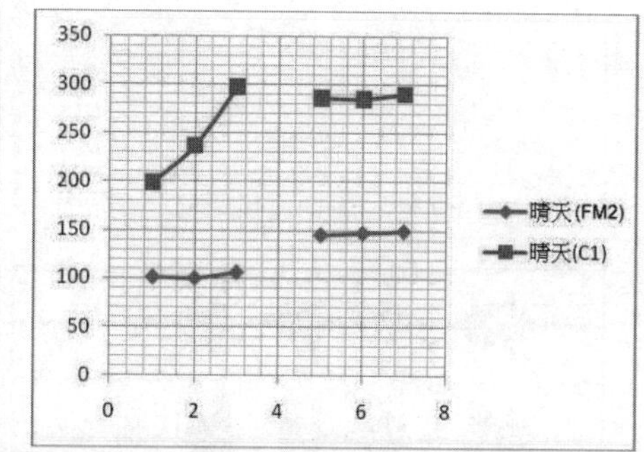

图 2　双音节连调调阈比较图

注：（上左）EM2 与 C1 发 R+H 比较图；（上右）EF2 与 C1 发 R+H 比较图；（下左）FM1 与 C1 发 R+H 比较图；（下右）FM2 与 C1 发 R+H 比较图。

图 2（上左）EM2 的发音，前音节“台”应为升调（R），EM2 却略往下，成为降调；（上右）EF2 也出现略往下降再升起的情形，英语语者在双音节词语上，处理其中的 T2 音节，与其单独朗读 T2 时出现类似的特征，均有向下沉的状况；在法语语者方面，（下左）FM1 的发音，前音节“台”应为升调（R），FM1 起音于 60Hz 处，终于 57Hz 处，表现成平调，连带使得“风”字音高升不上去，整个词的调阈比起华语语者 C1 扁窄很多。（下右）FM2 在 R+H 类型中的表现与上述 FM1 的情形一样，受试者都读成平调，这说明在发音测试中，法语语者 T1 与 T2 间的音位界线是模糊的，与单音节听辨测试中 T2 向 T1 倾靠的情形相呼应。

图 2 显示，无论英语语者或法语语者，其声调曲线均偏于平坦，由于起音调阈的高低与基频曲线是区别声调的重要依据，这两类的受试者在个别词汇中 R 和 L 的发音上几乎没有差别，不但调阈相近，基频曲线也一律扁平，声调的表现也就缺少华语语者那样的高低变化，在连续语流中，更可看出这种扁平的现象。以下图表，上方一列之二图为华语语者的发音，

中间一列为英语语者，下方一列为法语语者的发音。

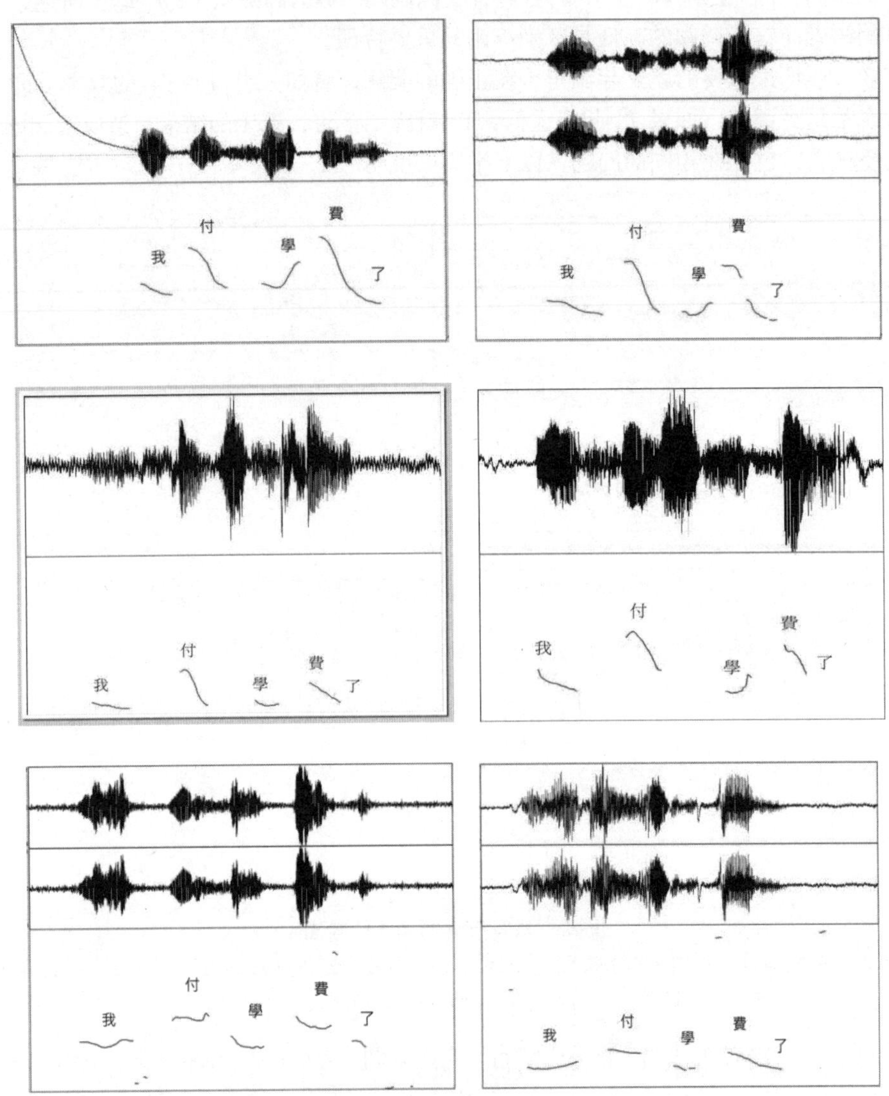

图 3 声波、音高图

注：（上左）C2；（上右）C3；（中左）EM2；（中右）EF1；（下左）FF4；（下右）FM3。

6. 讨论

华语的声调与词调（lexical tone）和语调（intonation）一样，都属语音的超音段（suprasegmental）性质，也就是附属于音段之上的语音特质，不能如音段一样独立存在，虽然如此，但是因为华语的声调具有辨义的功能，每个音节的意义因声调调值的不同而异，因此它不能成为文字或词汇的副产品，必须与文字和词汇等同看待。

张月琴等人（2000）曾针对台湾华语声调的范畴感知（categorical perception）进行研究，结果显示，华语的声调具有范畴感知的特性，且受试的台湾学生具有声调范畴感知的能力，对于四声的分辨没有困难。这项能力应该是学习得来的。声调的范畴是将音高加以分类之后的结果，华语语者必须先习得这项分类的辨别能力，才能掌握文字，也就是说，学习一个文字的时候，须先辨识它的声调，才能辨别意义，声调是先行于文字和词汇的。英语语者和法语语者并不需经历这样的历程，他们以不同的形式在其语言中表现声调。

Hallé（2004）等人曾经利用上述张月琴实验的相同材料，对法语语者进行范畴感知的研究，受试者完全没有声调语言的学习背景，结果发现这些法语语者对于华语声调范畴的感知模糊，无法辨别四声。这项研究也指出，法语词汇“无重音”的特质，也是法语语者对于声调变化缺乏敏感度的原因。英语也是非声调语言，但它是有重音的，具有同样音段的两个词汇，重音标示位置不同，意义可能也不一样。Repp 和 Lin（1990）还有 Lee 和 Nusbaum（1993）的研究显示，因为重音对词汇有辨义作用，所以英语语者视音段和重音为一体，这与华语语者视音段与声调为一体的情况十分相像，换言之，英语语者可能比法语语者更有能力掌握声调。这些研究间接说明法语语者学习华语声调的先天难处。

尽管婴儿在三个月大时已经会辨识不同的声调（Chao 1971），然而华语母语者对语言的范畴感知却是受语言经验的影响，孩子在华语的环境中耳濡目染，渐渐地归纳出声调的知觉范畴，在这个过程中，过滤掉中间细微的音高变化，逐渐习惯声调的分类。譬如，Fon 和 Chiang（1999）的研究提到，台湾华语语者发 T2 音时，有起头些微的下降再微微上升的情形，虽然他们与北京华语语者 T2 的发音形态不太相同，但是并不妨碍辨识，因为这些都在 T2 的范畴内。语言经验让华语语者忽略了范畴内（within-category）些微的差异，但是不同声调范畴间（between category）的差异，华语语者是敏感的，他们可以轻易地区别不同范畴的声调。

对无声调语言的语者来说，范畴间的界线概念很模糊，他们没有华语语者这样的分类能力，不是他们听不出声调的差别，而是尚未习得华语语者的分类概念。他们对声调的感知或许很敏感，然而却可能因为过于注意那些不相干的讯息，反而干扰了他们对声调范畴内讯息的掌握。以 T2、T3 来说，因为此两者的声学特征很类似：起头调阈高度相近，部分 T2 的起头些微下降，近似 T3，而且都有上升段，只是 T2 的上升段占了音节的大部分，T3 的上升段只占一半，对法语语者来说，这种范畴间的差异不易觉知，因此经常产生混淆。

在听辨与发音测试中，我们可以看出受试者 T2 与 T3 相混的情形，而双音节词语发音时，受试者 T2（R）、T3（L）的基频形态常呈现为调阈相近的平线，这可能是受法语语言特征的影响。因为法语是无重音的语言，法语语者以平坦无高低变化的方式来表现华语声调的升降是可以理解的，虽然法语的字尾或句尾常以往下沉降的方式呈现，但是这不是重音，它与词汇是不相关的，不像英语的重音同时标示词汇的意义，法语字尾、句尾的下降仅仅表示字或句子的完结而已。声调对法语语者是不具约束力的，他们是从语调上表现韵律（prosody），换句话说，法语的音高变化是在语句层次实现，他们无法适应华语声调在短时间内的音高变化，所以，双音节词语的朗读偏于平坦，反映出法语的语音模式。

无声调语言的语者对语音的感知模式与华语语者有很大的差异，因为声调是华语语音系统的一部分，华语语者的语言经验，使他们能感知华语的音位范畴，Hallé 的研究认为，法语语者采用心理物理学（psychophysical）模式来处理声调，他们感知的声调比较偏于非语言的旋律变化，尤其是以语调传达情感、见解、态度等语言或非语言的讯息。在连续语流中，语调变化是多样的，而在法语的句子里，语者不必为这些多变的语调的范畴做分类，然而，华语声调对单独词汇具辨义作用，在句子里依然，句子中的每个词汇仍然须将四声清楚地读出来，听者才能了解讲者的意思。只是多音节或语句的讯息量较大，在有限的时间内，语段（utterance）越长，语者越不能兼顾每个词汇的声调，而且，受语调的影响，长语段中的声调也变化极大，对法语语者来说，要在瞬息间处理这么多讯息是有困难的，所以在语流中的声调表现不及他们在单音节发音中的水平，整个语句听来就像飘在风中一样。

从语言习得的角度来说，学习者对语音的感知应该是领先于发音的，如果没有正确的语音输入，学习者则无法发出正确的语音。法语语者的华语声调教学，也应该是以声调感知训练为第一阶段的任务。对于声调差异的感知，法语语者不见得比英语语者或华语语者来得迟钝，只是知觉的范畴不同，因而感知训练的价值在于使法语语者习得正确的华语声调分类，将与语音范畴不相干的“噪声”排除，集中注意力于范畴内的语音。Wang（1999; 2003）等人先后的两项研究值得参考，研究中指出，初级华语程度的美国大学生，在经过两周的单音节声调感知训练后，感知正确率进步了21%；而在仅接受听觉训练下，发音方面有13%～18%的进步幅度，可见加强听感训练确实可以强化声调范畴的感知，且有助于发音。

然而感知训练不应只在单音节声调，从我们的测试中可知，法语语者纵使在单音节上的听辨或发音表现不错，进入双音节或语句中，仍然跑音得很严重，英语语者的表现则稍好。Wong（2007）曾针对前述Wang的研究提出看法，质疑单音节的感知模式是否依然适用于实际语境的词汇感知上，常常可以看见一些精通华语的外国人，虽然沟通无碍，但词汇的声调表现还是没办法像华语语者那么精准，他们的沟通是靠上下文与其他重复的语义来补充，未必是靠不准确的词汇声调。我们认为，声调教学应与词汇教学结合，不应只在单音节上操作，将声调与意义绑在一起，较符合华语语者习得的模式。

7. 结语

非声调语言的语者对于声调的感知模式是有别于声调语言的语者的，因为声调在华语中具有辨义作用，华语语者必须能够感知音位的范畴。英语和法语是非声调语言，声调对无声调语言的语者而言是非语言的旋律变化，因此对华语的声调范畴，他们的感知是模糊的。由于受到法语语音系统的影响，法语语者的声调偏于扁平，这个特性表现在听辨与发音两方面，在听辨方面容易将T2听成T1，将T3听成T2，发音时T2与T3相混淆时有所见，T4起调不够高；英语语者在发音时与法语语者一样，都无法精准地处理T2和T3，只是偏误的情况和法语语者恰恰相反。调阈过窄，与其他声调压缩在一起是这两种语者共同的问题，拉宽调阈是教师进行声调训练的重点。

听感训练是可以尝试的做法，也就是让无声调语言语者“重新调音”（re-tune），提高不同声调范畴间（between category）差异的敏感度，用华语语者的感知模式学习声调的辨识。听感训练不应只在单音节词语中进行，尤其应与词汇教学结合，也就是将声调与意义视为一体，在实际的语境中调整声调范畴界线，使之越来越接近华语语者的声调曲线。

成年学习者的第二语言的语音能力和语言经验多寡有关，语言程度越高的学习者，声调的感知和发音能力越好，这也是因为对范畴的感知更明确的缘故。保持较高频率的接触是不二法门，所谓勤讲多练仍是声调学习无可避免的步骤。

参考文献

[1]Bent, T. (2005). *Perception and Perduction of Non-native Prosodic Categories.* Unpublished Doctoral Dissertation, Northwestern University, Chicago.

[2]Chao, Y.-R. (1948). *Mandarin primer.* Cambridge: Harvard University Press.

[3]Chao, Y.-R (1971), The Cantian Idiolect: An Analysis of Chinese Spoken by a Twenty-eight-months-old Child. *Child Language: A Book of Readings,* ed. By A. Bar-Adon and W.F Leopold, 116-130. Englewood Cliffs, NJ: Prentice-Hall Inc.

[4]Dupoux, E., Pallier, C.,. Sebastian-Gallés, N., & Mehler, J. (1997). A Destressing "Deafness" in French? *Journal of Memory and Language*, 36, 406—421.

[5]Fon, J., & Chiang, W. Y. (1999). What Does Chao Have to Say About Tones? A Case Study of Taiwan Mandarin. *Journal of Chinese Linguistics*, 27 (1), 15—37.

[6]Hallé, P. A., Chang, Y.-C., & Best, C. T., (2004). Identification and Discrimination of Mandarin Chinese Tones by Mandarin Chinese vs. French Listeners. *Journal of Phonetics*, 32 (3), 395—421.

[7]Kiriloff, C. (1969). On the Auditory Perception Tones in Mandarin. *Phonetica,* 20（2-4）, 63—67.

[8]Lee, L., & Nusbaum, H. (1993). Processing Interactions Between Segmental and Suprasegmental Information in Native Speakers of English and Mardarin Chinese. *Perception and psychophysics*, 53, 157—165.

[9]Repp, B., & Lin, H.-B. (1990). Integration of Segmental and Tonal Information in Speech Perception: A Cross-linguistic Study. *Journal of Phonetics*, 18, 481—495.

[10]Wang, Y., Spence, M. M., Jongman, A., & Sereno, J. A. (1999). Training American Listeners to Perceive Mandarin Tones. *Journal of the Acoustical Society of America*, 106 (6), 3649—3658.

[11]Wang, Y., Jongman, A., & Serno, J. A. (2003). Acoustic and perceptual evaluation of Mandarin Tone Productions Before and After Perceptual Training. *Journal of the Acoustical Society of America*, 113(2), 1033—1043.

[12]Wang, W. S.-Y. (1979). Language Change. Ann. N. Y. Acad. Sci.280, 61—72.

[13]Wong, P. C. M., & Perrachione, T. K. (2007). Learning Pitch Patterns in Lexical Identification by Native English-speaking Adults. *Applied Psycholinguistics*, 28(2007), 565—585.

[14]陈彩娥、李思恩、钟荣富（2004）,《音高与声调的相互关系及其在华语文教学上的启示》,《华语文教学研究》, 第 1 卷，第 1 期，第 109—135 页。

[15]张月琴、石磊（2000）,《台湾华语声调范畴感知》,《清华学报》, 新 30 卷，第 1 期，第 51—65 页。

[16]曾金金（2006）,《东南亚学生华语声调听辨分析》,《华语语音数据库及数字学习应

用》，台北：新学林出版公司，第 107—121 页。

[17]席洁、姜薇、张林军、舒华（2009），《汉语语音范畴性知觉及其发展》，《心理学报》，第 41 卷，第 7 期，第 572—579 页。

[18]朱川（1997），《外国学生汉语语音学习对策》，北京：语文出版社。

[19]曾毓美（2008），《对外汉语语音》，长沙：湖南师范大学出版社。

[20]吴宗济（1992），《现代华语语音概要》，北京：华语教学出版社。

图书在版编目(CIP)数据

第三届两岸华文教师论坛文集/贾益民主编. —厦门:厦门大学出版社,2015.12
ISBN 978-7-5615-5491-3

Ⅰ.①第… Ⅱ.①贾… Ⅲ.①华文教育-教学研究-文集 Ⅳ.①G749-53

中国版本图书馆 CIP 数据核字(2015)第 125946 号

厦门大学出版社出版发行
(地址:厦门市软件园二期望海路 39 号　邮编:361008)
总编办电话:0592-2182177　传真:0592-2181406
营销中心电话:0592-2184458　传真:0592-2181365
网址:http://www.xmupress.com
邮箱:xmup@xmupress.com
厦门集大印刷厂印刷
2015 年 12 月第 1 版　2015 年 12 月第 1 次印刷
开本:787×1092　1/16　印张:19.75　插页:2
字数:526 千字　印数:1～1 200 册
定价:58.00 元